传世经典

中国皇帝传

秦始皇嬴政　汉高祖刘邦　魏武帝曹操　隋文帝杨坚　唐太宗李世民　宋太祖赵匡胤　元太祖铁木真　明太祖朱元璋　清太祖努尔哈赤

邵士梅◎编

典藏版

陕西新华出版传媒集团
三秦出版社

图书在版编目（CIP）数据

中国皇帝传 / 邵士梅编.— 西安：三秦出版社，2008.4（2018.7重印）
（中华传统文化精粹）
ISBN 978-7-80736-373-6

Ⅰ.①中… Ⅱ.①邵… Ⅲ.①皇帝-列传-中国-古代 Ⅳ.①K827=2

中国版本图书馆CIP数据核字（2008）第027060号

中国皇帝传

邵士梅 编

出版发行	陕西新华出版传媒集团 三秦出版社
社　　址	西安市北大街147号
电　　话	（029）87205121
邮政编码	710003
印　　刷	阳信龙跃印务有限公司
开　　本	710×1000 1/16
印　　张	22
字　　数	320千字
版　　次	2008年4月第1版 2018年7月第3次印刷
标准书号	ISBN 978-7-80736-373-6
定　　价	32.00元

网　　址 **http://www.sqcbs.cn**

前 言

皇帝，古时最高统治者的称号。“皇帝”最早是“皇”和“帝”的合称，分别为两个称号。秦始皇统一全国后，认为“皇者，大也，言其煌煌盛美。帝者，德象天地，言其能行天道，举措审谛。”因此将“皇”“帝”两个人间最高的称呼结合起来，作为自己的帝号，自此以后，皇帝一词便正式成为中国古代王朝最高统治者的专称。

“普天之下，莫非王土；率土之滨，莫非王臣”，皇帝是中国历史上最重要的人物。对于生杀予夺的大权，都掌握在他一人手中，他的举手投足，对国家的命运与臣民的生死荣辱起着决定性的作用，对历史进程所发生的影响也是不可低估的。

唐太宗李世民曾说：“以史为鉴，可以知兴替。”了解这些“口含天宪”的皇帝们所处的时代背景和他们本人的所作所为，对了解中国几千年的历史

具有重要的意义，是毋庸置疑的。

这也正是此书编著的本意。

《中国皇帝传》从秦始皇起，至溥仪止，蕴含了中国所有皇帝的传记。内容以史实为主，以政事纲，涵盖艺文，因而具有知识广博，史料丰富，可读性强的特点。其材料大多来自正史，也兼有别史、稗史的记载；以政事为主，辅以轶闻、生活。每位皇帝独立成传，不但具有浓厚的传记色彩，而且还彰显了鲜为人知的趣闻和生动形象的细节。

《中国皇帝传》对当今无论是知识的借鉴，还是经验的增长或者休闲的乐趣，都不无裨益。因此，《中国皇帝传》是一本不可多得的好书。

秦 汉

魏晋南北朝

隋唐五代

宋辽金元

明 清

秦 汉

秦始皇嬴政

少年即位 一统天下

嬴政于公元前259年生于战国时期的赵国邯郸。当时秦赵两国正在交兵，他的父亲异人作为人质被扣押在赵国，处境相当危险。公元前257年，赵国战败，赵王想杀掉异人，但异人因有大富商吕不韦的帮助而安全地脱离险境回到秦国。赵王大怒，想要杀死赵姬母子，赵姬闻讯，急忙怀抱嬴政藏了起来。事后，赵姬带着嬴政也逃离了赵国。

异人凭借吕不韦的资助，回国后便被立为太子，后又继承了王位，是为庄襄王。可是好景不长，公元前247年，异人即位不到3年便因病而亡。年仅13岁的太子嬴政顺理成章地继秦王位，把立有大功的吕不韦尊为相国，并让其主持朝政。

按秦国制度，嬴政应于公元前238年亲政。就在这前一年，吕不韦和嬴政之间的政治斗争开始了。公元前238年，嬴政下令发兵镇压了嫪毐发动的叛

乱。又以嫪毐为吕不韦推荐为由，借机免除了他相国的职位。同年，秦王政加冠亲政，掌握了朝政大权。

秦王嬴政看到国内形势已经安定，便以东方六国为目标，开始了统一全国的战争。在军事家尉缭的建议下，嬴政用贿赂、离间等手段，采取分化瓦解、各个击破的策略，破坏了六国联合攻秦的计谋，为统一天下做好了准备。从公元前230年灭韩，到公元前221年灭齐，嬴政用了10年时间，终于将东方六国并入自己的版图之内，建立了统一的国家。

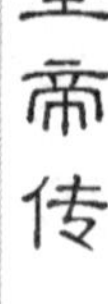

焚书坑儒　身死异乡

秦始皇十四年（公元前213年）的一天，秦始皇在咸阳大宴群臣。席间博士淳于越对秦制定的郡县制表示反对，主张继续实行分封制。丞相李斯以“五帝不相复，三代不相袭，各以治”的例证反驳淳于越，并指责儒生各尊私学，颂古非今，诽谤朝政，扰乱民心。李斯还把古代天下动乱，无法一统的根源归罪到各种儒门学说和私学的存在，因为这些学说和儒生的存在才使人心不一，诸侯互斗，四海分裂。于是，李斯建议秦始皇消灭私学，除《秦记》之外的史书一律烧毁；除秦博士官所藏《诗》《书》等书外，都要交到所在郡，由郡守、尉监督烧毁；医药卜筮、种树的书不在烧毁之列，若要学习法令，则以吏为师。李斯的建议马上被秦始皇采纳了，焚书行动也很快在全国施行。于是，大量的文化典籍顷刻间化为灰烬。随后，方士侯生、卢生因求仙药不得，又认为给自高自大、刚愎自用、好杀贪权的秦始皇求仙药不值得，于是相约逃跑。秦始皇知道后，非常生气，迁怒于其他儒生，说他们也在妖言惑众，又责令御史审问在咸阳的儒生。酷刑之下，儒生们互相揭发，致使460多人受到牵连。这些儒生最终在咸阳被秦始皇坑杀。

秦始皇三十一年（公元前120年）的巡游，是秦始皇的最后一次巡游。他从咸阳出发，首先来到南方的云梦（今洪湖、洞庭湖一带），在九疑山祭祀了虞舜。

然后顺江东下，由丹阳(今安徽当涂东)登陆，来到钱塘(今浙江杭州)，绕道向西120里渡江登上会稽山，祭祀大禹并刻石留念，后经吴中(今江苏吴县)北上。秦始皇一行从江乘(今江苏镇江)渡江沿海边向北来到琅玡，但仍然没有遇到仙人或得到仙药，失望之极的秦始皇无奈之下只好决定返回咸阳。连日的旅途劳累和张良等人的伏击，使秦始皇病倒在了平原津(今山东平原附近)。于是秦始皇和随从一路疾驰，准备赶回咸阳，不料到了沙丘(今河北广宗县西)，秦始皇病逝。时为始皇三十一年(公元前210年)七月。秦始皇在位37年，称王25年，称帝12年。终年50岁，安葬于骊山脚下。

秦二世胡亥

秦二世，名胡亥(公元前230-前207年)。秦始皇少子。秦始皇死，靠赵高等伪造遗诏继位。在位3年，又被赵高逼迫自刎而死，终年24岁。葬于杜南宜春苑(今陕西省西安市东南曲江池南岸)。

秦始皇于公元前210年夏巡游途中病死，尸体运回咸阳后，赵高、李斯才将死讯宣告天下，并假造遗诏，立胡亥为太子，于同年7月袭位，为秦"二世皇帝"，史称"秦二世"。

胡亥即位后，在赵高唆使下，杀死兄和姐妹22人及大将蒙恬、蒙毅兄弟和许多大臣。第二年，又以谋反的罪名腰斩李斯，灭其三族，以防止篡位的事泄露出去。

胡亥在位期间，由赵高专权，继续推行秦始皇时的暴政，征调二、三百万民夫，续修阿房宫，驰道，骊山陵和服兵役，其赋税的繁重，刑罚的苛暴，比秦始皇统治时有过之而无不及，致使阶级矛盾更加尖锐，终于在公元前209年7月激起了陈胜、吴广农民大起义。陈胜、吴广牺牲后，项羽、刘邦领导起义军继续反秦。

公元前207年，秦主力军在巨鹿(今河北省巨鹿县)之战中被项羽击败投

降，咸阳城内人心惶惶。当时大权全部由赵高垄断，赵高对胡亥封锁消息，只让他在宫中花天酒地。

有一天，赵高为了考验朝中谁服他，谁不服他，牵了一只鹿上朝，对胡亥说："我弄到一匹马，特来进献陛下。"胡亥说："这明明是头鹿，怎么是马呢？丞相在开玩笑吧！"赵高板着脸，一本正经地说："是马，请大家认吧。"许多大臣惧怕赵高，就附和着说是马，只有几个忠厚的大臣如实地指出这是鹿。几天后，这几个大臣就被赵高处死了。这就是历史上"指鹿为马"的故事。自此，更没有人敢向胡亥奏告真实的情况。

不久，刘邦军攻破武关(今陕西省丹凤县东南)，逼近咸阳。胡亥终于知道了这消息，惊恐万状，慌忙派人催赵高发兵抵御。赵高见形势危急，难以为继，决定杀死昏庸无能的胡亥，和刘邦谈判。

8月的一天夜间，赵高派女婿、咸阳令阎乐，率领党羽1千余人，假称皇宫内将有变乱，杀入胡亥所在的望夷宫。赵高弟、郎中令赵成则作为内应，将阎乐引进内殿。阎乐为了示威，向殿内射箭，箭矢射入了胡亥的坐帐，吓得胡亥大声呼叫侍卫。但侍卫见有兵变，都纷纷逃散了。胡亥只好转身逃入卧室。他回头见有一个太监跟随在身后，就厉声责问他说："你为什么不将臣下要谋反的先兆早些奏告？"太监回答说："如果我早奏告陛下的话，我就活不到今天了。"

这时，阎乐追进卧室，指着胡亥大声斥责说："你骄恣无道，滥杀无辜，天下人都背弃你了，你赶快自寻归宿吧！"胡亥问道："谁派你来的？"阎乐回答说："丞相。"胡亥要求面见赵高，阎乐不许。胡亥叹了口气说："看来，丞相是要我退位。我愿意退位作一郡之王，不再称皇帝。"阎乐也不准。胡亥央求说："那么，就让我做个万民侯吧！"阎乐还是不准。胡亥这才着了慌，哭着哀求说："愿丞相放我一条生路，我只要和妻子同做平民就行了。"阎乐不耐烦，瞪眼呵斥说："我奉丞相之命，来杀你这昏君。你再求也没用，我不敢回报。"说完喝令兵士动手。胡亥只好拔剑自刎而死。

秦三世子婴

子婴(公元前? -前 206 年),秦始皇孙,胡亥侄。胡亥自刎后继位。在位 46 日。刘邦兵到灞上(今陕西省西安市东),他出降。后为项羽杀死于咸阳,葬处不明。

赵高逼迫胡亥于公元前 207 年 8 月自刎后,原想自己称帝,但见人心不服,只得于同月立秦始皇长子扶苏的儿子子婴为王,取消帝号。同时,派人去刘邦军中谈判,策划再次大杀秦宗室。

子婴得知赵高要大杀宗室,决定先下手除去赵高。即位那天,一切礼仪都准备就绪,子婴却推说有病不去。赵高急了,亲自前去催促。子婴乘机捕住赵高,将他处死。然后派兵 5 万去驻守峣关(今陕西省商县北),阻挡刘邦大军。刘邦大军用疑兵之计绕过峣关,从东南侧杀入,歼灭守军,进驻灞上。

子婴见大势已去,于公元前 206 年 10 月,率领群臣,手捧国玺、兵符、节仗,俯身站在咸阳城门外,投降刘邦。秦朝灭亡。刘邦将子婴监管在咸阳城内。

同年 12 月,子婴于项羽率大军进入咸阳后被杀。

汉高祖刘邦

汉高祖刘邦,西汉开国皇帝。泗水郡沛县(今江苏沛县)人。

刘邦出身农家。为人豁达大度,有大志。初为秦朝泗水亭长(管理十里地方的小官)。有一次,他奉命押运一批民夫去骊山服役,途中民夫逃散了不少。他眼见无法交差,干脆就将民夫全部放走,自己和十几个自愿跟随他的人逃入芒砀山,聚集了百余人,并和沛县衙门的文书萧何、监狱官曹参暗暗联络。

公元前209年，陈胜、吴广率领的义军攻占了陈县，自立为王，建号“张楚”。当时，各郡县的民众纷纷杀掉秦朝的官吏来响应陈胜。惊惶不已的沛县县令也想起义来响应陈胜。萧何和曹参当时都是县令手下的主要官吏，他们劝县令说：“您是秦朝的官吏，却要率沛县人背叛秦朝，百姓未必会听信您的。”于是他们又建议召回流亡在外的刘邦。县令觉得有理，便让刘邦的妹夫樊哙去把刘邦找回来，刘邦便带人往回赶。没想到县令却又后悔了，害怕刘邦回来后会抢了自己的位置，甚至还会被刘邦所杀。所以，他命令将城门关闭，还准备捉拿萧何和曹参，萧何和曹参闻讯赶忙逃到了城外。刘邦将信射进城中，鼓动城中的百姓起来杀掉出尔反尔的县令，大家一起保卫家乡。很快，不得民心的县令被百姓所杀。刘邦顺利进城，又被推举为沛公，领导大家起事。刘邦便顺从民意，设祭坛，又称自己为赤帝之子，开始了反秦的征程。

刘邦起兵之时，反秦的斗争已经遍布全国。其中以原楚国贵族项羽、项梁所率领的江东子弟兵为主力，另外的还有自立为王的原六国贵族。

秦二世元年(公元前207年)十二月，陈胜被车夫庄贾所杀。次年(公元前208年)六月，项梁将各部将领召集到了薛县，立了楚怀王的孙子心为楚王。这时，秦大将章邯已经攻灭了魏国和齐国。七月，经过休整后的楚军开始反攻秦军。

九月，关中援兵赶到，章邯如虎添翼，突然夜袭定陶。毫无准备的楚军被打得大败，项梁也死于军中。章邯在击杀项梁后，认为楚国已不再构成威胁，遂渡河进攻赵国。赵王向楚王求救。接到赵国的求援信，楚王和众将商讨，决定分兵两路：一路以宋义为上将军，项羽为次将，范增为末将，北上救赵；一路以刘邦为将西进关中，并约定谁先进入关中就封谁为王。

刘邦率军一路西进，几番征战，攻破武关。十月，刘邦进入咸阳。将士们纷纷争着抢着去找皇宫的仓库，往自己的腰包里揣金银财宝。刘邦自己也被阿房

宫的富丽堂皇和貌美如仙的宫女所迷惑,准备以“关中王”的身份好好享受一番。但在樊哙要打天下还是要当富翁的提醒下顿时醒悟,忍住了贪图享乐的念头,吩咐将士封了仓库和宫殿,带着将士仍旧回到灞上的军营里。之后,刘邦约法三章,顺利地笼络了民心。刘邦为防止项羽入关,还派兵驻守在函谷关。

不久,攻破函谷关的项羽来到关中,把军队驻扎到了鸿门,距霸上仅40里。十二月,项羽听说刘邦想称王,大怒,决定进攻刘邦。当时项羽拥兵40万,号称百万,比起只有10万兵马的刘邦来,在兵力上占绝对优势。在项羽的叔叔项伯和张良的斡旋下,刘邦只好亲往鸿门,到项羽军中赔罪。刘、项以礼相见,彼此都把一度有过的误会,归过于小人的挑拨。随后,项羽大摆鸿门宴,宴席之间杀机不断,而刘邦却有惊无险,最终逃离是非之地回到军中。

之后,项羽西进咸阳,屠杀百姓,焚烧宫殿,处死秦王子婴。然后,项羽分封各路将军为王,共封了19个诸侯王。刘邦被封为汉王,巴蜀和汉中共41县归刘邦管辖,国都为南郑(现在的陕西南郑)。

来到南郑的刘邦并不满足受封为汉王,只是考虑到自己势单力孤,当时才没有立即起来反对项羽。但是,由于刘邦所率士卒大多为东方人,日夜思念东归,形势迫使他必须立即决断,另外,齐国的田荣因不满项羽的分封而起兵反叛,也为刘邦提供了东进的机会。刘邦决定出关,与项羽争夺天下。不久,刘邦便拜丞相萧何推荐的韩信为大将,让他全权部署作战。汉王元年(公元前206年)五月,刘邦以萧何为丞相,留守巴蜀,安抚后方;自己则和韩信率领大军暗度陈仓(今陕西宝鸡东),迅速地将整个关中地区据为己有,楚汉战争正式爆发。

战争初期,刘邦虽处劣势,又屡次败北,但他善于扬长避短,充分了解项羽军中矛盾和弱点,因此势力迅速壮大起来,不久就乘虚攻下了项羽的老窝彭城。闻报大怒的项羽立即兵发3万直扑彭城,仅用一天就将正在置酒庆功的刘邦大军杀得大败,损伤十几万人。

刘邦于是收拾残兵败将退守荥阳。汉王二年(公元前205年)四月,项羽包围了荥阳。五月,楚军对荥阳的攻势更加猛烈。无奈之下,将军纪信假扮刘邦替死才使刘邦逃离出来。

之后,刘邦与项羽两军长期对峙在荥阳北的广武山地区。在一次会面中,

刘邦被项羽射中胸膛，伤势严重，为了稳定军心便装作伤势不重的样子。楚汉对峙了10个月之久，刘邦兵盛食多，项羽兵疲食绝。最后在辩士侯公的说和下，刘邦和项羽约定双方以鸿沟（今河南荥阳、中牟、开封一带）为界，平分天下，西边属汉，东边归楚，同时刘邦的父亲和妻子也被释放。

约定之后，项羽东去，刘邦却率军继续追击楚军。汉王四年（公元前203年）十月，刘邦在阳夏之南追上项羽。刘邦用高官厚禄说动韩信、彭越，使他二人约期会师，共击项羽。到十二月，项羽被汉军围困垓下，势尽力竭的项羽率少数人马冲出重围之后，不肯东渡，自杀而死，刘邦最终取得楚汉相争的胜利。汉高祖五年（公元前202年）二月初三，刘邦在今山东定陶汜水北岸正式即皇帝位，把洛阳定为都城。

刘邦称帝后，大封功臣为王。韩信原来是齐王，改封为楚王，建都下邳；彭越被封为梁王，建都定陶；韩王信仍为韩王，建都阳翟（后来迁都太原）；吴芮原为衡山王，改封为长沙王，建都临湘（今湖南长沙）；英布原为九江王，也改封为淮南王，建都于六；赵王张敖封地不变，建都襄（今河北邢台西南）；臧荼的燕王封地不变，建都蓟。此外，闽粤王无诸、南粤王赵佗，他们在反秦斗争中都自立为王，他们的地位也被刘邦所承认。

刘邦分封韩信、英布、彭越等7人为诸侯王是不得已而为，是出于政治需要而进行的。这些异姓诸侯王占据原来东方六国的广大地域，拥有很大权力，后来成为统一的中央集权国家的严重威胁。刘邦在位期间，为了解决这些问题他前后用了8年。刘邦首先依萧何的计策处死了韩信。作为与其出生入死的韩信，只能遗憾地留下这样的话："'狡兔死，走狗烹；飞鸟尽，良弓藏；敌国破，谋臣亡。'现在天下已经平定，我这样的人也早就该烹杀了"。刘邦接着又用不同的方法削弱了各地"王"以及宰相萧何的权力，从而使皇权得到巩固，统治力量大大加强。

在刘邦的努力下，汉朝在诸多方面都有了长足发展。但是，汉高祖刘邦也已经心力交瘁，加上本来平定英布叛乱时中的箭伤，他的身体状况每况愈下。公元前195年，刘邦病逝，时年62岁。

汉惠帝刘盈

刘邦当泗水亭长的时候，家境并不丰裕。因此，年幼的刘盈常和母亲、姐姐一起到田间做活。刘邦起义以后，刘盈与家人并未跟着刘邦，生活不安定并长期处于惊恐之中。

在刘邦的岳父与妻子被楚军俘虏后，刘盈姐弟在路上遇见了父亲刘邦。姐弟虽与父同行，但在一次被秦兵追击中，刘邦为了让马车快跑，竟三次将他们推下车子。太仆夏侯婴不忍，三次下车把他们抱了上来，并责备高祖说：“车子本来就跑不快，把两个孩子扔了又能起多大作用？”后来，他们被送到汉军的大后方关中，流亡的生活到此才算告一段落。

汉王五年（公元前 202 年），刘邦打败项羽称帝，年仅 9 岁的刘盈被立为皇太子。但是，汉高祖刘邦认为刘盈胆怯懦弱，与自己不像，因此并不喜欢他，反而觉得宠姬戚夫人所生赵王如意与己颇似，便想改立如意为太子。汉高祖十年，刘邦廷议改立如意为太子，终因众大臣的极力反对才作罢。

高祖十一年，淮南王英布造反，刘邦原准备让刘盈带兵前往平叛，但四皓认为太子带兵，胜则无功，败则有过。无奈之下的刘邦只好亲征，谁知在此役中身受重伤并一病不起。刘邦在病重期间，仍想改立太子，最后还是四皓使他改变了主意。高祖十二年四月二十五日，刘邦病逝，于是刘盈登上了皇帝宝座。

汉惠帝即位后，虽说是万人尊崇，但在独断专行的母亲管制下生活，郁郁寡欢，很是不幸。

汉惠帝很多事情并不能做主，就连册立皇后都是由母亲吕太后为他一手操办。不可思议的是，吕太后竟将刘盈的外甥女张氏立为皇后。婚后，吕后曾想方设法让她生子，但张氏却始终没有怀孕。无奈，吕后就让她谎称怀孕，取后宫美人之子做儿子立为太子，又将其亲生母亲杀死。

刘盈即位后，本希望母亲能和睦亲族，但吕后掌权后变本加厉地迫害他人。

高祖在世时诸姬多被宠幸,长期受冷落的吕后此时便把高祖的嫔妃作为迫害对象。她下令把高祖生前宠幸的戚夫人囚禁在永巷中,拔掉头发,戴上枷具,穿着红色囚衣舂米。然后下令把赵王如意骗至京师,用药酒毒死。最后斩断戚夫人四肢,挖眼熏耳,让她吃药致哑,扔在厕所里,称为“人彘”。

刘盈本来就胆小怯懦,吕后的所作所为又深深地刺激了他。一次,吕后让他看“人彘”,他知道是戚夫人后,吓得大哭不止,为此生病一年多。汉惠帝七年(公元前 188 年),年仅 22 岁的刘盈病逝。后葬于安陵。

汉文帝刘恒

高后八年(公元前 180 年),临朝称制的吕后去世。汉宗室、大臣与外戚吕氏间本来存在的矛盾顿时公开激化。吕禄、吕产害怕被诛,阴谋作乱。周勃、陈平等大臣与汉宗室刘章等合谋诛除诸吕,内外结合,一举成功。大臣们认为代王刘恒乃“高帝中子,最长,仁孝宽厚。太后家薄氏谨良。且立长故顺,以仁孝闻于天下便”。立刘恒为帝较为合适。于是派使者去召代王刘恒。刘恒一再推辞,探听了消息之后才来到长安,受到大臣们的欢迎。他先居在代邸。大臣们去拜谒,送上天子之玺,尊他为皇帝。他谦逊地说,自己不足以当此重任。陈平等群臣坚决请求。他谦让再三,然后才说:“宗室将相王列侯以为莫宜寡人,寡人不敢辞。”于是当夜入未央宫,登上帝位。

文帝很慎于用法。他在即位之初,曾对群臣说:“法者,治之正也,所以禁暴

而率善人也。”就是说，用法当正，以禁暴导善。他不同意那种一人犯法、株连全家的做法，强调法用的正才能使民诚实，罪定的当才能使民服从。官统治民，本应导之为善，既不能导，又用法不正，定罪不当，这是反而害民为暴，怎能禁民为非？于是下诏除收帑相坐律令，就是废除一人有罪株连全家的法令。但后来（文帝后六年）新垣平谋反，文帝“复行三族之诛”，可见在那个时代是不可能根除苛滥之法的。

文帝二年（公元前178年）五月，下诏废除诽谤妖言之罪。诏中有“今法有诽谤妖言之罪，是使众臣不敢尽情，而上无由闻过失也”之语，又说百姓说错了话就以为“诽谤”，都不可取，今后不必处治。对于秦定的诽谤妖言之罪，不许臣民议政，偶语者弃市的做法，文帝一概除之。

文帝三年济北王刘兴居叛乱时，下诏明确地规定，首恶者定重罪；主动归顺者鼓励，官可复原职；随从谋反而不坚决者不问。这是一条区别对待的法令。平乱后，文帝“赦济北诸吏民与王反者”，说明政策是兑现的。

文帝十三年五月，齐太仓令淳于公有罪当刑，逮系至长安。淳于公无子，少女缇萦随至长安，上书提出要求：“愿没为官奴婢，以赎父刑罪，使得自新。”文帝受了感动，随即下令废除肉刑。他说，现在有三种肉刑（黥、劓、刖），而奸不止，这是上未尽训导之过；而用了肉刑，造成终身残废，这不是为民父母之意。丞相张苍、御史大夫冯敬等又拟定处治罪人之法。事实上仍有受刑致残致死者。故史称文帝“外有轻刑之名，内实杀人”。但不管如何，文帝对原来的肉刑有所减轻是无疑的。

曾有这样三个有关文帝与法故事：文帝有次经过中渭桥，有个人从桥下走出来，惊了皇帝的坐骑，因而被捕。廷尉张释之审查，知其并非故意惊驾，只处以罚金。文帝生气，以为罚得太轻。张释之认为，“法者天子所与天下公共也”，不能因人而异，如果随便更改，“天下用法皆为轻重，民安所措其手足”。文帝称是。有人偷了高祖庙坐前的玉环，廷尉张释之定了弃市罪。文帝以为轻了，说要族诛。张释之说，偷玉环就株连全家族，如果偷更多更大的怎么处治？文帝只好同意。云中郡守魏尚治军有方，守土有功，只因小过就被罢官削爵。冯唐对文帝说，“陛下法太明，赏太轻，罚太重”，用人有问题。文帝听了，立即赦了魏

尚，复其官职。

文帝还十分重视有识之士，听取和采纳他们有利朝廷的建议。思想家贾谊提出农业生产是立国的根本，只有把粮食积贮得多了，才能攻能守。政治家晁错提出重农轻商的主张，提出使农民附着于土地的观点，文帝都采取了措施加以实行。

文帝不仅在政治上宽厚，在生活上也素有恭俭的作风。他从代地即位以来，二十三年中“宫室苑囿狗马服御无所增益，有不便，辄弛以利民”。他曾经想作一露台，召工匠计之，置百金，便放弃了这个念头，说：“百金中民十家之产，吾奉先帝宫室，常恐羞之，何以台为！”他常衣绨衣，还令他的夫人穿衣不得拖地，帏帐不得文绣，以示淳朴。他又主张薄葬，“治霸陵皆以瓦器，不得以金银铜锡为饰，不治坟，欲为省，勿烦民”。他的这种俭朴的作风，一直为史家所称颂。

后元七年（公元前 157 年）六月，文帝死于未央宫，遗诏薄葬。

汉景帝刘启

公元前 157 年，文帝刘恒病逝，其长子刘启即位，是为汉景帝，时年 32 岁。刘启上台伊始，同姓王可能谋反的问题便摆在了首要位置，于是，他在晁错的建议下开始实行削藩的政策。

胸怀大志、博学多才、能言善辩的晁错在景帝即位后便被任命为内史，不久，又拜为御史大夫，位列三公。晁错以为，藩王势力强大而又最危险的是吴王刘濞。刘濞是刘邦的侄子，他一到封国便收买人心，发展势力，企图有朝一日夺取帝位。景帝为太子时，在京城将吴王太子误伤致死，刘濞怀恨在心，更加紧了准备叛乱的步伐。到景帝即位，刘濞已经准备了 40 年，成为威胁最大的诸侯王。故此，晁错主张先削吴王的封地。但窦婴对此事表示反对，所以削吴的事只好暂时搁了下来。不过，此外的楚、赵、胶西三国分别以罪被削，楚王削了东海郡，赵王削了常山郡，胶西王削了 6 县，一时诸侯喧哗，反响强烈。晁错也便

成为各诸侯王的众矢之的。

吴王刘濞借此之机，以诛晁错、安社稷的名义，联合各地诸侯王起兵。公元前154年正月，刘濞首先在广陵起兵，接着胶东、胶西、济南、淄川四国起兵，包围临淄；赵则与吴兵汇合西进。此次叛乱以吴王为首，共为七个藩王，所次史称“七国之乱”。最初景帝刘启被其气势所惊，又听信了与晁错有隙的袁盎的谗言，于是处死了晁错。

景帝诛杀了晁错，诸藩王自然称心如意，但以吴王为首的七国藩王并没有就此停止叛乱。此时，景帝方才后悔错杀了晁错，急忙派郦寄率领一支队伍击赵，派栾布率领一支队伍入齐，派太尉周亚夫率大军讨伐吴楚叛军，又拜窦婴为大将军，屯兵莱阳，监视战局。在汉景帝及大臣的共同努力之下，仅用3个月的时间，便平定了七国之乱。

七国平定之后，景帝刘启继续奉行文帝的治国方针，保持安定局面，发展生产，休养生息。景帝重农、薄敛、轻刑，从而使社会有了迅速发展。在思想领域，景帝奉行无为而治的思想，学术上则对诸子采取兼容并蓄的态度，允许各家争鸣。儒家的教化作用也一向被景帝所注重。当时为儒家设立了不少博士官，还起用儒学大师董仲舒等为博士，这些措施大大推动了儒家的教化和影响。在对待匈奴的问题上，景帝依然以和亲为主。在汉、匈边界设置关市，互通有无，大大促进和便利了汉、匈之间经济文化的交流。这种宽厚的对外政策，保证了汉朝社会的安定局面，对人民的休养生息起了很大作用。景帝在位期间，社会稳定，人民富足，没有劳役之苦，这个难得的太平时代与文帝时代在历史上被称为“文景之治”。

汉景帝刘启宽厚仁慈，且知人善任，是非分明，因此当时政治清明。郅都是执法不避权贵的“酷吏”。强氏是济南的大豪，历任郡守无人敢制，景帝拜郅都为济南太守，郅都诛杀该族首恶，一年之后，济南郡成了道不拾遗的清平地界。后来景帝又任郅都为雁门太守，匈奴畏惮郅都，引兵远避，不敢靠近雁门。宁成也是执法不避权贵的“酷吏”。在长安，有好多宗室权贵居住，他们中的有些人胡作非为，京官无人敢管，景帝调宁成为中尉，一举就镇住了犯法的宗室权贵。程不识敢于直谏，景帝任他为诸侯相。周仁守口如瓶，景帝任命他为郎中令。

这些人都在自己的职位上发挥着各自的优势。

景帝对同胞姐弟以及宫中的妃嫔们也充满了仁爱之心，多能体谅、庇护，避免了许多不必要的冲突。但对于那些原则性问题他则是非分明，毫不姑息迁就。

公元前 141 年，汉景帝死在未央宫，终年 48 岁。

汉武帝刘彻

汉武帝是汉景帝刘启的第十个儿子、汉文帝刘恒的孙子、汉高祖刘邦的曾孙，其母是皇后王娡。7 岁时被册立为太子，16 岁登基，在位五十四年，建立了汉朝最辉煌的功业之一。

汉武帝创立年号同时也是中国第一个使用年号的皇帝。他登基之初，继续他父亲生前推行的养生息民政策，进一步削弱诸侯的势力，颁布大臣主父偃提出的推恩令，以法制来推动诸侯分封诸子为侯，使诸侯的封地不得不自我缩减。同时他引入了刺史的官级，监察地方。在军队和经济上则加强中央集权，将冶铁、煮盐、酿酒等民间生意变成由中央管理，同时禁止诸侯国铸钱，使得财政权集于中央。他采用董仲舒的建议，“罢黜百家，独尊儒术”，为儒学在古中国的特殊地位铺平了道路。但是一般认为他利用儒学敦化民风，同时采用法术、刑名巩固政府的权威，即是所谓的“表儒里法”。当时积极启用的汲黯和对司马迁用宫刑即是其中著名的例子。

汉武帝即位初，一方面政治形势比较稳定，国家经济状况也相当好，另一方面诸侯王国的分裂因素依然存在。所以，他在继续推行景帝时各项政策的同

时，又采取了一系列强化专制主义中央集权的措施。在政治方面，首先颁行“推恩令”，使诸侯王多分封子弟为侯，使王国封地被分割，以进一步削弱诸侯王国势力；其次建立中朝削弱相权，巩固了皇权的神圣地位；再设置十三部刺史，加强了对地方的控制。在军事方面，主要是集中兵权，充实了中央的军事力量；在经济方面，整顿财政，颁布“算缗”“告缗”令，征收商人资产税，打击富商大贾；又采取桑弘羊建议，将冶铁、煮盐收归官营，禁止郡国铸钱；设置平准官、均输官，由官府经营运输和贸易，大大增强了国家经济实力。同时兴修水利，移民西北屯田，实行“代田法”，有利于农业生产的发展。在思想方面，采纳董仲舒的建议罢黜百家，独尊儒术，使儒学成为了中国社会的统治思想，对后世中国政治、社会、文化产生了深远的影响。

汉武帝晚期由于连年对匈奴和西域用兵，并由于举行封禅，祀神求仙，挥霍无度，加以徭役加重，捐税增高，致使农民大量破产流亡。天汉二年（公元前99年），齐、楚、燕、赵和南阳等地均爆发了农民起义。汉武帝曾在轮台颁下《轮台罪己诏》“朕即位以来，所为狂悖，使天下愁苦，不可追悔。自今事有伤害百姓，靡费天下者，悉罢之！”以表示承认自己的错误。

通过连年的战争开辟西域、东征朝鲜、将闽越、蜀及百越等蛮族融入中华民族中。

公元前88年，汉武帝叫画公画了一张“周公背成王朝诸侯图”送给霍光，意思是让霍光辅佐他的小儿子刘弗陵做皇帝。子幼母壮，为了防止太子的年轻母亲钩弋夫人重演吕后称制的局面，汉武帝狠下心找借口处死了她。公元前87年，汉武帝驾崩，葬于茂陵，庙号是世宗。

汉昭帝刘弗陵

汉武帝是有眼光的，汉昭帝刘弗陵有乃父遗风，治理国家有声有色，在处理和辅政大臣霍光的关系上，可以称得上君臣不相疑，是老臣和幼主成功合作的

典范。

对父亲留给自己的辅政大臣，刘弗陵非常重视发挥他们的才能，遇事与他们商量，保持了大汉帝国的强盛。他命令桑弘羊征召贤良、文学，召开了著名的盐铁会议，询问老百姓的疾苦。贤良、文学力主罢盐铁、酒榷，均输官，厉行节俭，刘弗陵听从了他们的建议，推进了休养生息的政策，有效地缓和了汉武帝末年的社会矛盾，促进了社会经济的发展。

不过刘弗陵毕竟年幼，即位之后，他的同父异母兄长燕王刘旦心里很是不服气，老是想着夺位自立，辅政大臣霍光自然成了他的眼中钉，意欲除之而后快。霍光的政治敌对势力上官桀等人于是和燕王刘旦勾结起来，密谋策划先除掉霍光，然后废掉刘弗陵，拥立燕王为帝。

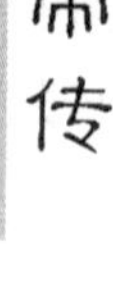

有一天，霍光出长安城去检阅御林军，并且调了一个校尉到大将军府，应该说，这是霍光的正常工作。上官桀等人认为这是陷害霍光的好机会，于是乘机以燕王刘旦的名义给昭帝上书，状告霍光。罪名主要有两个，一是霍光检阅御林军的时候，一路上耀武扬威，乘坐的马车与皇帝出巡时乘坐的一样，严重违反了礼仪规定，不是人臣所为；第二个罪名是霍光擅自作主，私自调用校尉，有图谋不轨的阴谋。同时还表示愿交还燕王大印，回到宫里来保卫皇上，查处奸臣作乱。刘弗陵看了上书之后，什么话也没有说，也没有表示自己的态度。

第二天早朝时，霍光已知道被上官桀等人告到皇帝那里去了，就不敢擅自上朝，而是留在偏殿里等待刘弗陵的处置。刘弗陵一上朝，发现霍光没有上朝，马上就问："霍大将军怎么没来上朝啊？"上官桀立即回答道："大将军因被燕王告发，心里有鬼，当然不敢进来了。"刘弗陵没有说什么，只是派人去叫霍光进来。霍光赶紧入朝，心里自是紧张得很，他脱下帽子叩头请罪："臣罪该万死！请皇上发落。"刘弗陵说道："大将军不必紧张，戴上帽子，快请起来。朕很清楚上书是假的，你没有什么阴谋。"霍光听了小皇帝的话后，真是又惊又喜，于是问道："陛下怎么知道上书是假的呢？"刘弗陵胸有成竹地答道："你出京城去阅兵，也就是这两天的事，选调校尉入府也不过十来天罢了，可是燕王远在北方，怎么这么快就知道了呢？就算能够知道，马上就写信过来，现在也赶不到京城啊。再说大将军真的要作乱谋反，调一个校尉也没有什么大的作用。这件事明摆着

是有人想陷害你。朕虽然年幼，但也不会上这种当，怀疑大将军的。”一席话说得大臣们惊讶不已，霍光也放下心来。聪明机智的刘弗陵接着下令追查冒名伪造上书的人。上官桀等人怕查下去会暴露自己，就劝刘弗陵：“这点小事不知道是谁恶作剧呢，就不值得再追查了吧！”刘弗陵一听，嘴上虽然没有坚持，但实际上已经开始怀疑上官桀等人了。

上官桀等人陷害霍光的目的没有达到，并且实际上已经暴露了自己，但他们还是没有收手，经常在刘弗陵跟前说霍光的坏话。刘弗陵已经不信他们所说的了，于是警告他们：“大将军是先帝临终前托付的忠臣，他辅佐朕治理国家，做了很多事情，天下百姓有目共睹，以后再有人毁谤他，朕一定从严处罚，绝不宽贷。”可见，刘弗陵年龄虽然小，但是已经很是识人。上官桀等人密谋在长公主府刺杀霍光，发动宫廷政变，结果阴谋泄漏。刘弗陵在霍光的帮助下，粉碎了政变阴谋，把上官桀等人处死，燕王刘旦和长公主也畏罪自杀。刘弗陵和霍光君臣相互信任，在朝廷安危的关键时刻，平定了政变，保持了西汉王朝的稳定。

汉宣帝刘询

刘询被大将军霍光迎立为皇帝后，不顾霍光希望立自己的小女儿霍成君为皇后的要求，却下了一道莫名其妙的诏书：在我贫微之时很喜欢一把古剑，现在我十分想念它啊，众位爱卿有没有办法帮我把它找回来呢？

这大概是中国历史上最浪漫的一道诏书了。智商高的大臣开始找剑，情商高的大臣却想起了刘询少时落难民间时娶的糟糠之妻许平君，转而力荐她入主后宫——这才有了历史上著名的“许皇后”。

三年后，权臣霍光的夫人竟然派人毒杀了许皇后。史书上当然不会记录一个男人的悲痛了。在病床前，许平君表示：她觉得没有多少人能真正了解自己的丈夫，所以她还放不下。宣帝哽咽，说要陪她一起去。平君笑了摸了摸他的脸，说：“我还不了解你吗？那不是你的性格，你的心中有我，还有天下。从今往

后,你再也不会因为我分心了吧。好好地做你的事,大汉是你的疆土。”宣帝泪如雨下,站起身来往外走,那一刻他不是皇帝,只是刘询。他说:“好,好,很好,那你在南园等我。”

南园,那是他的陵墓,几十年以后,他也会在那里的。

从此之后,他勤俭治国,关心民间疾苦,广开言路,整顿吏治,大汉王朝迎来了著名的“中兴时代”。这是一个男人在没有被磨难和仇恨打倒后超越“小我”后的升华,是一个“大男人”的开阔胸襟与责任承担。

汉元帝刘奭

刘奭既为汉宣帝刘询长子,又为许皇后所生,所以顺利地被立为太子。公元前49年,宣帝逝世时,27岁的刘奭登上了皇位,是为汉元帝。

汉元帝为振兴国家,在位期间也采取了一系列的政治措施。但是终因积弊太深,刘奭本人柔弱无能,又宠信奸臣,未能如愿。

元帝刚刚继位,刘奭的师傅和儒臣纷纷进谏,禁奢靡,行节俭。贡禹指出,高祖、文、景之时,皇帝宫女不过十多人,厩马百余匹,后来日益奢侈,后宫女子竟达数千人,厩中食粟之马达到万匹。上行下效,诸侯妻妾有的多达几百人,豪富者的歌女也有数十人,这就是造成众多怨女和旷夫的原因。他建议刘奭首先从自己做起,成为节约的表率,来纠正社会的奢靡之风。在贡禹规谏下,刘奭在皇室范围内先后采取了许多节俭的措施。他诏令停止维修那些不

经常去的离宫别馆，太仆减少喂马的谷，水衡减少喂兽的肉，撤消黄门署的乘舆、狗马和玩物，并把水衡禁囿、宜春下苑、少府飞外池和严御池田以及田猎游玩等场所假与贫民耕种、居住。他又将甘泉、建章的卫士送回田间务农，令百官各署务必减省费用，将实际情况向上汇报。他还诏命负责宫中饮食的太官，不要每日屠宰，伙食费照以往省减二分之一；乘舆养马以不误正事为准则，不可铺张浪费；将角抵戏以及常用的上林宫馆废除。

重用儒生，虚心纳谏，轻减刑罚，力行节俭，尽管刘奭做了一定的努力，但丝毫也不能改变西汉王朝的没落。刘奭曾减省刑罚70多项，并连年大赦，但今日大赦，明日犯法，相随入狱，盗贼满山，社会治安极为混乱。而节俭方面，刘奭做出不少示范动作，但奢靡之风有增无减。再无良策可施的刘奭忧心忡忡，再也无力振兴，又有宠信奸臣的挑唆，朝纲不整，地方吏治败坏，以致贪官暴敛，酷吏横行，人民生活日趋艰难，西汉王朝日趋衰落。

当时，尚为太子的刘奭尽管有众多的姬妾美人，可他独宠司马良娣。司马良娣去世以后，用情专一的刘奭不再亲近其他姬妾。宣帝刘询无奈之下，选美女王政君入宫。而这位王政君仅伴刘奭一夜，就怀上刘骜。刘骜诞生后，宣帝非常喜爱，亲自给他起名为骜，字太孙，常留在身边玩耍。刘奭即位后，自然就把刘骜立为太子，立王政君为皇后。即使身为皇后，王政君也难得刘奭的喜爱，很少受到刘奭的亲近。

刘奭到了晚年，对政事开始懈怠，追求安逸与享受。他不喜皇后，而太子刘骜年少时还能喜好经书儒学，后来却贪恋酒色，刘奭发现自己的儿子不能将自己独尊儒术的方针继承下去，自然就不那么宠爱了。此时，刘奭已经移情于傅昭仪，由母及子，自然对其子刘康也非常宠爱，遂生易储之念。公元前33年，刘奭病重，傅昭仪和刘康常侍左右，而皇后王政君和太子刘骜稀得进见。刘奭几次问尚书关于景帝废黜太子而立胶东王刘彻的旧例，打算易储。这使王政君、刘骜和刘骜的长舅卫尉十分担心忧愁，不知如何是好。史丹是元帝的亲密旧臣，能入禁中看望元帝。他乘元帝独寝时，径直闯入卧室，跪在元帝面前哭诉不可易储。元帝性格柔弱而仁慈，不忍见爱臣伤心流泪，又被史丹言辞恳切所感动，于是叮嘱史丹尽心辅佐太子，易储之事也就此告终。

竟宁元年(公元前33年)五月,43岁的汉元帝逝于未央宫,后葬于渭陵(今陕西咸阳东北)。

汉成帝刘骜

刘骜出生之时,其父亲刘奭尚为皇太子,母亲王政君为太子妃。他生下来就很得祖父宣帝的喜爱,还亲自给他命名取字。宣帝去世后,父亲继位为元帝,皇太子的位置自然而然地被他所占有。

公元前33年,元帝病重去世,年仅19岁的刘骜顺利继承皇位,是为成帝。

在发展文化方面,汉成帝也做了几件很有创意的事情。比如对我国的图书进行一次大规模的收集和整理,这项工作由当时的著名学者光禄大夫刘向具体负责。刘向死后由其子刘歆继续完成,编成了一部我国最早的图书分类目录《七略》。此书的编撰,既有利于我国古代文化典籍的保存,也有利于文化知识的传播,极大地推动了我国文化的发展。

刘骜做太子时就纵情声色,奢靡无度,这个习性一直延续到他做了皇帝之后。他在位的后期经常带侍从十余人,便服出入市井之间。他还曾在北宫置私田于民间,蓄私奴车马。一意孤行的成帝根本不顾大臣们的进谏,继续我行我素,令大臣们十分痛心失望。成帝最宠爱许皇后,但随着许皇后年老色衰,成帝便也移情别恋,逐渐冷落了许皇后,开始宠信班婕妤。

虽贵为君王,但外面的花花世界仍然吸引着汉成帝。鸿嘉元年(公元前20年),汉成帝在富平侯张放的陪同下,身着便装,"微行"出游,跑到闹市区去寻欢作乐。一次,汉成帝"微服出行"经过阳阿公主家,公主盛宴款待,唤出几名美女歌舞助兴。成帝就在此时遇见的那位光艳照人、歌声清脆、舞姿袅娜的赵飞燕。意荡神摇的汉成帝,便乞请公主将飞燕送给自己,带回宫去。

赵飞燕入宫不久,她就把妹妹赵合德推荐给成帝做婕妤。赵合德不仅姿容出色,肌肤雪白、光滑,而且性情温柔,比飞燕更有一番魅力。为此,成帝自她进

宫后便把心思移到了她的身上,还称合德的怀抱是“温柔乡”。

赵飞燕姐妹入宫之时,许皇后已失宠。为了登上皇后宝座,赵氏姊妹参与了对许皇后的陷害。于是许皇后被废,飞燕被立为皇后,其妹被封为昭仪。

为了取悦新皇后,成帝令工匠在皇宫太液池建造了一艘华丽的御船,叫“合宫舟”。一天,成帝带着飞燕一同泛舟赏景。飞燕穿着南越所贡云英紫裙、碧琼轻绡,一面轻歌《归风送远》之曲,一面翩翩起舞,成帝令侍郎冯无方吹笙以配飞燕歌舞。舟至中流,狂风骤起,险些将身轻如燕的赵飞燕吹倒,冯无方奉成帝之命救护,扔掉乐器,拽住皇后的两只脚不肯松手,飞燕则继续歌舞。成帝由此对能在掌上舞的赵飞燕更加宠爱。

绥和二年三月,酒色侵骨的汉成帝暴死在赵合德的怀抱中,孝元王太后与大司马王莽追查皇帝死因,赵合德畏罪自杀。死后的汉成帝被安葬在延陵(今陕西咸阳市东)。

汉哀帝刘欣

刘欣是在祖母定陶傅太后(即元帝妃傅昭仪)的抚养下长大的。3岁时,父亲去世,他即被嗣立为王。他自小受到了良好的教育,喜欢文辞和法律,知识比较丰富。但按规制,他与帝位是毫无缘分的。

元延四年,成帝因无子,决定议以藩王为太子,少弟中山王刘兴和刘欣是两个所议人选。正好这时中山王和刘欣都来入朝,成帝就借机对二人进行考核。刘欣入朝有太傅、国相、中尉陪同,中山王却只有太傅侍从。成帝首先问刘欣:“为什么把太傅、国相、中尉都带着入朝?”刘欣回答说,按规定诸侯王来朝可由国中二千石官陪同,傅、相、中尉都是二千石官,所以就让他们陪着入朝。成帝又让刘欣背《诗》,他不仅背得非常流畅,还能解说其中意义。而成帝问中山王为什么只带太傅一人人朝,中山王却回答不出。让他背《尚书》,他也背不出。在与成帝共同吃饭之时,中山王又因吃得太饱不得不把裤带解开。相比之下,

成帝深感刘欣有才。与此同时，刘欣的祖母傅太后也在积极活动，她偷偷送了许多钱财、礼物给成帝宠爱的赵皇后和外戚骠骑将军曲阳侯王根。于是刘欣在第二年就被立为太子。

被立为太子的刘欣并没有得意忘形，反而向成帝谦让说："我的才能还不足以任太子，陛下您圣德宽仁，肯定还会有儿子。我现在只愿在您身边朝夕奉问，一旦您有了圣嗣，我就归国守藩。"这使成帝更加喜爱刘欣。于是下诏立楚孝王孙刘景为定陶王，奉恭王祀，以奖励刘欣太子。不久，绥和二年三月，成帝猝然驾崩，年仅 19 岁的刘欣继承了皇位。

哀帝即位之初，琅邪东武（今山东诸城）人师丹代王莽为大司马辅政，他一上任就向皇帝提出限田、限奴的建议，企图使汉家摆脱厄运。经过群臣讨论，丞相孔光、大司空何武等制定了具体规定：诸侯王、列侯、公主、史民占田不得超过 30 顷；诸侯王的奴婢以 200 人为限，列侯、公主 100 人，史民 30 人；商人不得占有土地，不许做官。超过以上限量的，田蓄奴婢一律没收入官。这个方案尽管给了官僚地主极大的优势，但还是遭到了把持朝政的权贵的反对。

限田、限奴婢之令，首先遭到了丁、傅两家外戚的反对。哀帝对这一诏令也没有支持，后来他竟一次赏赐董贤 2000 顷土地，是限田最高额的近 70 倍，于是，限田、限奴婢令成了一纸空文。除了限田、限奴婢令之外，哀帝还下达了一系列诏令，如废除任子令和诽谤欺诋法，罢乐府，禁郡国献名兽等等。然而，这些全都成为了一纸空文。

哀帝有治国之志却无治国之才，又是中国历史上有名的同性恋者，著名典故"断袖之癖"就源于此，他宠信一位男宠董贤。据《汉书·佞幸传》记载，汉哀帝与董贤共寝，清晨汉哀帝醒，却见董贤睡得正熟，汉哀帝不忍惊醒董贤，于是挥刀短袖。后来"断袖之癖"在古代就泛指男同性恋了。汉哀帝宠董贤，赏赐田，令限田变赐田。董贤除贪婪、善媚外一无本事，却位居大司马、大将军三公之职。在位时天灾频频，民众苦不堪言，连汉武帝的陵寝都被烧毁。在位五年卒。元寿二年庚申（公元前 1 年）六月戊午日，在位仅七年的汉哀帝因贪色纵情把身子掏空而死，年仅二十五岁；另有一说：死于服用春药过量。葬于义陵（今陕西咸阳市西八里处）；一说葬在扶风，去长安四十六里，谥为孝哀皇帝。后外

戚王莽篡汉，西汉走向没落。

汉平帝刘衎

公元前 37 年，汉元帝刘奭封 5 岁的刘兴为信都王。14 年后，改封为中山王。刘兴为王多年都没有儿子，后来成帝诏以卫子豪之女许给了刘兴。公元前 9 年，这位卫姬终于为刘兴生了一个儿子，取名箕子，即后来的汉平帝刘衎。

公元元年，汉哀帝刘欣病死。由于刘欣不好女色，且好男宠，所以没有儿子，于是与他血缘最近的箕子顺理成章地登上帝位，是为平帝。平帝也是在这一年将名字改成了刘衎，取其“和乐”之意。但这个名字并没有给他带来什么好运，和乐也只是他的一厢情愿而已。

由于汉哀帝刚刚去世，所以朝政大权暂时由哀帝的祖母操持，哀帝的祖母又办理了王莽入官秉政的相关事宜。平帝那时候还是个 9 岁的孩子，他根本也不懂得如何操持这复杂的政务，再加上自己本来就体弱，所以年迈的太皇太后王政君临朝称制。王莽也就抓住了这个时机登上了展示自己的舞台。王莽是太皇太后王政君的侄儿，在王政君当上太后的时候开始进入官场，但却碰上了个专爱男宠的哀帝。这时的王莽自然只有靠边站的份，哀帝死后，董贤主动让出了自己的位置，再加上太皇太后王政君的安排，王莽于是由后台慢慢转入前台，朝政大权也逐步归到自己手中。

公元 3 年，王莽打算把自己的女儿嫁给刚满 11 岁的平帝作皇后，利用裙带

关系进一步稳固自己的权位。为此,他向太皇太后上了一篇冠冕堂皇的奏章,说服老迈昏庸的太皇太后王政君下旨,为汉平帝刘衎择选淑女做皇后。太皇太后王政君下令将淑女的名字呈上来,供她选择。王莽担心自己女儿落选,让别人的女儿做了皇后,便上书说女儿不材,不配入选。不解王莽苦心的太皇太后对王莽大加赞赏,下诏不选王莽的女儿。谁知太后此诏一下,庶民、儒士、百官公卿纷纷上书,极力称赞王莽和他的女儿,面对那些连篇累牍的奏疏,他们的请求终于被太皇太后通过了。

随着汉平帝的一天天长大,他对王莽专权跋扈日益不满,逐渐有了除掉王莽的念头。王莽害怕,于是先下手为强,除掉平帝。5 年冬,王莽将毒置于酒中,又将其进贡给平帝。不知阴谋的平帝一饮而尽,结果一命呜呼。平帝死时,年仅 13 岁。

新帝王莽

伪饰攀升　代汉自立

王莽的先世为田安,当年被项羽封为“济北王”,田安失国后,齐人称之为“王家”。王氏家族因为孝元皇帝的皇后王政君的关系而在元帝、成帝时期担任要职,一家人共有 9 个列侯,5 个大司马。王莽的父亲王曼早死,因此没有被封侯。王莽恭敬俭朴,勤奋学习,侍奉母亲和守寡的嫂子,抚养死去了父亲的侄子,很受地方人的好评。王莽对家族中的伯父、叔父等也十分注重礼节。他的伯父大将军王凤生病时,王莽侍疾,亲自尝药,蓬头垢面,不解衣带数月。因此王凤在弥留之际,把他托付给太后及成帝。皇上于是封王莽为黄门郎,后又封

新都侯、光禄大夫、侍中。

王莽很是内敛,他的官阶职位越尊贵,态度作风越谦恭。为了追求名声,他经常施舍衣物给宾客,还结识名士与王公贵族,以求拓展个人空间。为了能够得到别人的重视,王莽也不惜要一些手段。比如,王太后的外甥淳于长担任了九卿,名誉地位在王莽之上。王莽就暗暗搜集他的情况,并向大司马曲阳侯王根揭发他。淳于长被处死,王莽也因此而被看重。绥和元年,38 岁的王莽被任命为大司马,辅佐朝政。

元始元年,王莽获得"安汉公"的称号。为进一步稳固自己的权位,王莽费尽心机,让汉平帝娶了自己的女儿并立为皇后。不久,王莽便获得了"宰衡"的称号,位上公。王莽觉察出日渐长大的平帝对自己有所不满,便先下手鸩杀了平帝,又把年仅 2 岁的刘婴做"孺子"立为皇帝,自己做起"摄皇帝"来。

居摄三年,王莽代汉而立,定国号为"新",改元"始建国",以十二月为始建国元年正月。始建国元年元旦,王莽在未央宫前殿隆重地举行了新朝皇帝登基大典。这位先黄门郎、射声校尉、骑都尉光禄大夫侍中、大司马、摄皇帝而一步步攀升的王莽终于达到了篡汉的目的,建立了自己的王朝。

改革失败　加速灭亡

西汉末期的社会已经十分腐朽,潜伏着重重矛盾与危机,改革也是势在必行的。但王莽进行的改制是地主阶级的一次自救运动,企图通过改制,强迫大地主、大商人放弃一部分利益,限制土地兼并,使封建经济得到适当调整,缓和当时已经激化的阶级矛盾,以巩固新政权。但由于大地主、大官僚、大商人的顽强反抗,而王莽又未能将此改革坚持下去,加之其又重用了一批不称职之人,为此使本来已经混乱的社会雪上加霜。

政治的腐败,不符合实际的改革措施的实行,官吏豪强的阻挠,普通百姓的反对,边境战事的频繁使新朝财政日益紧张,为此民间课税日益增加:盐税、酒

税、铁税、山泽采办税、赊贷税、铜冶税等等多如牛毛。贫民无法谋生，富人也朝不保夕。揭竿造反的流民，四处攻城略地。从新朝建立开始，刘氏宗族及各地豪强就不断起兵反抗。而这段时间，又恰是自然灾害最频繁的时期，有旱、蝗、瘟疫、黄河决口改道等自然灾害，灾区范围大，持续时间长。如此大的灾害，即使是国家储备充足，社会秩序稳定也会造成巨大的损失，何况此时又是一个剧烈变革的动荡时代。面对四起的饥荒，王莽叫百姓煮草根代粮，因此引起了饥民的暴动，赤眉、绿林军相继揭竿而起。23 年，绿林起义军拥立宗室刘玄称帝，年号定为“更始”，这使王莽受到了前所未有的打击。为了冲走这个坏消息带来的晦气，王莽举行了盛大的婚礼，为了显示自己没有老，他还特意将自己的胡子染成了黑色。王莽必将败亡的命运并不能因此而改变。当时，隗崔等人推举隗嚣为大将军，在陇西举起义旗，劫持了地方官员，杀了雍州太守，直逼长安。紧接着，邓晔、王匡率百余人在南乡起兵，劝说析县县令统率数千名士兵，一起投降。邓晔自称辅汉左将军，王匡自称辅汉右将军，进攻武关，武关守将不战而降。邓晔、王匡一路势如破竹，直杀向长安，很快便抵达京兆地区。

更始元年(公元 23 年)，绿林军在各路义军的策应下，顺利攻入了长安。

十月一日，长安的宣平门被起义军攻破，军队进入城中。三日凌晨，群臣拥簇着王莽逃出皇宫西白虎门，逃入渐台。起义军奋勇冲杀，王莽躲进了一个小房间。黄昏，长安商人杜吴冲进王莽藏身房内，一刀结果了他的性命，摘去绶带。最后，王莽的首级被校尉东海公宾就割下，尸身则被义军剁成了肉酱。

汉光武帝刘秀

汉光武帝刘秀，东汉开国皇帝，汉朝中兴之主。生于公元前 15 年，他是汉高祖的九世孙，长沙定王的后裔，九岁而孤，寄养在叔父刘良家里。他有两个哥哥，长兄刘縯，次兄刘仲，都气度恢弘，轻财仗义。刘秀更是生得一表人才，待人接物，慷慨磊落，行事更是睿智勇毅。

刘秀自幼钟情于阴丽华，少年时期就立下一个心愿——娶妻当娶阴丽华。阴家先世是辅佐齐桓公“九合诸侯，一匡天下”的管仲一脉，传到第七代管修，以医术名世，从齐国迁居楚国，为阴大夫，便以“阴”为姓。秦汉之际，阴氏子孙又来到南阳新野。这一志愿在当时看来只是不着边际的空想，因为当时汉代已历12帝，总计213年，帝裔子孙众多，不可能一一照顾周全，更何况当时王莽已经篡位称尊，刘氏子孙更受到无情地打击，刘秀一家早已失去贵族的身份，在乡里的财势与声望上，刘家似乎还比不上阴家。刘秀虽然熟知阴丽华貌美，但真正能把她娶过来作为自己的妻子，还是一件十分渺茫的事，当时只是心里想想而已。

刘秀当时还有一个志愿。一天，他在长安市上，看到执金吾出巡，前呼后拥，车骑很盛，于是发出“仕宦当作执金吾”的感慨。“执金吾”相当于现在的首都卫戍司令，刘秀当时在政治上最大的追求也就如此而已。想不到时势造英雄，后来他竟成了中兴汉室的光武帝。

刘秀后来参加了“绿林军”，在消灭王莽的过程中，刘秀的功劳最大。公元23年，“绿林军”几千人被王莽主力42万人包围在昆阳城中，是刘秀带18人突围，带回3万多援军，以少胜多，把王莽军队打得落花流水，从此，“绿林军”乘胜前进，推翻王莽的统治，进占长安。

就在此时，随刘秀作战的阴氏兄弟，说服家人，把阴丽华嫁给了刘秀，也正因为两人的结合，刘秀才逃过了更始皇帝诛杀功臣的一劫。

更始皇帝先是杀了刘秀的哥哥刘演，刘秀表面还只能强颜欢笑，要哭也是晚上偷偷地哭。阴丽华劝慰丈夫：“更始皇帝气度狭小，小具规模便沉迷酒色，为求自保，不如向河北发展，也好相机独树一帜。”阴丽华的话给刘秀指明了一条正确的道路。

一切计划妥当，19岁的新娘回到母家暂住，刘秀以有名无实的特使虚衔，带

领数百人马渡过黄河，一路抚缉流亡，废除苛政，排除万难，争取民心，赢得了河北诸郡的爱戴和拥护，刘秀就是以此作基础，建立东汉，他的“云台二十八将”也多出在这一带地区，可说阴丽华不仅使刘秀避祸，而且还使他建立了一个政权。

当时，邯郸地方有一个以卜卦为生的术士王郎，乘群雄并起之际，自称是汉成帝的儿子刘子舆，自立为王，声势浩大，是刘秀在河北扩展势力的主要障碍。刘秀要彻底击灭他，必须借重刘扬的势力。作为权宜之计，答应娶刘扬的甥女郭氏为妻，终于借得精兵十万，击败王郎，廓清河北。他拒绝了更始皇帝的封号，另树一帜，不久即帝位于部南的千秋亭，以建武为年号，定都洛阳。

在称帝后的十年之中，刘秀恩威并济，终于使天下归心，成就了大一统的局面，转而偃武修文。休养吏民，保全勋臣，崇尚义节，阴丽华也陆续生养了五名子女，在建武十七年，刘秀废掉郭皇后，册立阴丽华为皇后。当上皇后的阴丽华不改初衷，恭俭仁厚，谦让自抑，不喜笑谑，事上谨慎柔顺，处下矜惜慈爱，天下都称她为贤后。

刘秀在位32年，每日凌晨起临朝处理朝政，直至日已西移方休，午后常召集公卿郎将讲论经书，入夜还秉烛诵读，直到更阑夜深。皇太子一次利用刘秀休息的时间加以劝说：“陛下有禹汤之明，而失黄老养生之福，愿颐养精神，优游自宁。”刘秀微笑说道；“我自乐此不疲！”

刘秀在位33年，勤修仁政，大兴儒学，抑制豪强，恢复生产，史称“光武中兴”。公元57年，光武帝崩，葬于原陵。

汉明帝刘庄

汉光武帝死后，刘庄以第四子的身份继承大统，这引起了其兄弟们的不满。刘庄同母弟刘荆就曾伪造郭皇后的弟弟郭况的手笔，写信劝刘强起兵叛乱，但胆小怕事的刘强忙连人带信一齐交给刘庄。刘庄查知幕后主使是刘荆后，为了顾全大局而压下，对阴、郭二皇后和前太子刘强都关怀备至。然后刘庄分别委

任邓禹、刘苍、赵熹为执政核心的重要官员,使宗室、功臣和官僚集团都有了自己的代表,保证了政权的稳定。同时,刘庄继续实行休养生息政策,缓和社会矛盾,巩固自己的统治。

为了加强自己的统治,刘庄待政权稳定之后开始了对反对派的镇压。70年,刘庄借楚王刘英被诬陷叛乱一案,将刘英屈打成招,把许多无辜之人都牵连进来。这些人中,有的人与刘英素昧平生,互不相识,但刘庄为了一泄多年来对宗室诸王隐忍的仇恨,对刘英所招之人,不论罪名是否成立,一律严惩,再加上一些溜须拍马官员的诬告,造成了许多的冤狱。直到后来在大臣的劝谏下,亲自对案情进行核查,才释放了1000余名无辜之人。

刘庄即位以后,处处精明的性格依然存在,为此他发现了很多问题。有一次,刘庄赐给西域使者10匹丝绸,而负责登记的人误写为100匹,刘庄发现后大怒,急召负责登记的人进殿,命令侍卫将其按住,自己手持大棒,狠狠揍他。还有一次,郎官药崧犯了很小的错误,刘庄抄起木棒就打。在刘庄的躬亲政务和严格监督下,东汉在他统治时期政府纲纪整肃、吏治谨严,取得很多有效的政绩。刘庄还命人修治黄河,制服了黄河水患。

公元65年,北匈奴骑兵进攻河西,烧杀抢掠,无恶不作;72年,北匈奴又攻河西。面对北匈奴势力的猖狂侵扰,刘庄见社会安定、国力恢复,便决定放弃保守的政策,开始转入积极进攻的状态,他派遣窦固和耿秉出屯凉州,准备北伐。73年,刘庄命令窦固和耿秉会同南匈奴及乌桓、鲜卑等少数民族组成的骑兵部队,北伐北匈奴,拉开了东汉同北匈奴之间的战争序幕。此后,窦固派班超出使西域,班超不辱使命,在鄯善国杀死北匈奴的100多名使者,迫使鄯善王依附汉朝,永无二心,并且将自己的儿子作为人质送到洛阳。从此以后,西域逐渐成为中原帝国的一部分。

永平十八年(公元75年)秋天,明帝染病,不久病逝于洛阳东宫前殿,享年48岁。当年,葬于显节陵。

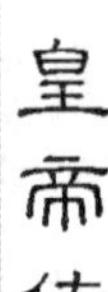

汉和帝刘肇

汉和帝刘肇享年27岁（公元79–106年），东汉第四位皇帝，在位17年（公元89–105年），他是章帝第四子，死后谥号为孝和皇帝，庙号穆宗，葬于慎陵。

他即位时，只有10岁，由母后窦太后执政，从此汉朝由稳转乱，进入外戚、宦官相继掌权的时期，和帝在位时期东汉日益衰败，窦太后排斥异己，让弟弟窦宪掌权，窦家人一犯法，窦太后就再三庇护，窦氏的专横跋扈，引起汉和帝的不满。永元四年壬辰年六月二十三日（公元92年8月14日），汉和帝联合宦官郑众将窦氏一网打尽，但是也由此进入宦官专权时期。元兴元年乙巳年十二月二十二日（公元106年2月13日），汉和帝郁郁而终。

汉和帝在位时期，科技、文化有了很大发展，蔡伦发明了造纸术，班固、班昭写了《汉书》。另外，和帝初年窦宪灭亡了匈奴，扩张疆土数千余里，在世界历史上也是一件大事。

汉殇帝刘隆

刘隆（公元105–106年），汉和帝次子，养于民间，东汉第五位皇帝（公元106年在位）。谥号孝殇皇帝。前任皇帝为和帝，后任皇帝为安帝。

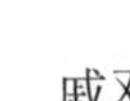

和帝在世的时候，生了许多皇子，皇子大都夭折。和帝以为宦官、外戚在谋害他的儿子，便将剩余的皇子留在民间抚养。永元二年（公元106年）一月汉和帝死，邓皇后因长子刘胜有痼疾，将刘隆迎回皇宫做皇帝，刘胜被封为平原王。

刘隆登基时候刚刚好出生满100天，是为汉殇帝，改元“延平”。朝政由外戚邓氏掌权。

可怜一个婴儿皇帝汉殇帝，只做了 8 个月的皇帝。当延平元年八月辛亥日，汉殇帝得了场大病就死在襁褓之中了。死后葬于康陵。

汉殇帝是中国帝王中即位年龄最小、寿命最短的皇帝。

汉安帝刘祜

汉安帝刘祜(公元 94–125 年)，东汉第六位皇帝，在位 19 年(公元 106–125 年)。他是汉章帝的孙子、当年被废太子清河王刘庆的儿子，母左小娥。公元 106 年，他被外戚邓氏拥立为帝，改元“永初”。

汉安帝即位后，仍由邓太后执政。外戚邓氏吸取窦氏灭亡的教训，联合宦官，袒护族人。邓氏专政直到永宁二年(公元 121 年)，邓太后去世，安帝才亲政。安帝亲政后下令灭了邓氏一族，安帝虽灭邓氏，但是尚未制止妇人干政的局面。再加上安帝常年不理朝政，沉湎于酒色，导致当时汉朝朝政腐败，社会黑暗，奸佞当道，社会矛盾日益尖锐，边患也十分严重。史称安帝之世，全国多地震，水旱蝗灾频繁不断，外有羌族等少数民族入侵边境，内有杜琦等领导的长达 10 多年的农民起义，社会危机日益加深。东汉王朝更进一步衰落。到了延光四年(公元 125 年)，汉安帝在南巡的途中死于南阳，享年 32 岁，葬于恭陵。

安帝谥号孝安皇帝，庙号恭宗。

汉桓帝刘志

公元 132 年，刘志生于蠡吾(今河北博野西南)侯国。他是汉章帝的曾孙，父亲是蠡吾侯刘翼，母亲是刘翼妾匽明。因为父亲早逝，刘志年龄还很小的时

候就袭爵为侯。146 年,皇太后让刘志到洛阳城北的夏门亭,准备把她的妹妹许配给刘志。但在即将举行婚礼之时发生了一件改变刘志命运的事。当时,太后的哥哥梁冀为大将军,控制着朝政。这梁冀颐指气使,气势凌人。年仅 8 岁的质帝对此很看不惯,一次竟当着群臣的面说他是“跋扈将军”。梁冀认为小皇帝很聪明,怕长大后于己不利,便命人将质帝毒死。因此,朝中又要议立新帝。

因为这门婚事,梁冀把目光锁定了刘志。那时候刘志也才只 15 岁,又是外地的诸侯王,在朝中基本没什么势力,所以也很容易操纵,于是就提议要策立刘志为皇帝。为了削弱梁冀的势力,太尉李固、司徒胡广、司空赵戒都主张迎立年长的清河王刘蒜。所以当梁冀召集群臣来讨论时,结果很多大臣都认为清河王以“明德著称”,且血缘与质帝最近(为质帝兄),应立为嗣。梁冀再找不到理由反对,所以只好宣布以后再论。不料仅隔一天,梁冀就自食其言,逼迫群臣一定要立刘志为帝。那些公卿在梁冀的淫威下只好屈从,只有李固坚持己见。睚眦必报的梁冀后来让梁太后下诏罢免了李固。扫除一切障碍后,公元 146 年,刘志就这样在外戚梁氏的一手操纵下做了皇帝,梁太后临朝听制,梁冀把持朝政。

刘志即位后的前 13 年,大权被梁冀所掌握,因此刘志基本上是一个傀儡皇帝。梁冀在策立桓帝后,权力达到顶点,他先后将朝中异己统统罢黜或杀掉,然后将所有亲戚封官。梁冀专横暴虐,朝中政事,无不由他决定,官员们升迁任免,都要先到他家里谢恩,才能再去办理手续,地方郡县每年进献的贡品,要先把上等的送给梁冀,然后才把次等的献给桓帝。梁冀如此穷奢极欲,残忍贪暴,引起了民愤。

刘志对于梁冀的横暴也早有怨恨,但梁冀将他的两个妹妹安插在刘志身

边，因此不敢发作。直到公元159年，梁皇后病死，刘志方才开始策划诛灭梁氏。他将梁冀不和的宦官唐衡、单超、徐磺和具瑗等人召集起来，密谋诛除梁冀，并用牙齿咬单超手臂出血为盟。安排妥当后，他开始行动，很快逼梁冀、孙寿自杀，梁、孙家族全部弃市。其他公卿大臣因牵连而死的也有数十人，故吏宾客被罢免的有300多人，铲除梁氏一门，使朝廷和百姓无不拍手称快。

但诛灭梁冀以后，朝廷的大权又落到因谋诛梁冀有功的宦官单超、左倌、徐璜、具瑗、唐衡等5人手中，世称“五侯”。他们挟天子以令诸侯，刚从外戚泥淖中拔出来的东汉王朝又陷入了另一场灾难中。

不过，桓帝很快意识到他们势力的强大会威胁到自己的皇权，于是就开始对他们几个压制打击。左倌自杀，具瑗被贬后死在家中，单超、徐璜和唐衡均遭贬黜。不过，桓帝清理“五侯”以后，照样使用其他宦官，致使宦官干政的局面并没有得到根本改变。

由于宦官当政、卖官鬻爵等种种弊政，致使桓帝朝政糟糕至极。一部分正直的官吏和一些太学生及郡国生徒，就联合起来发起“清议”，议论政治、品评人物，在舆论上对宦官集团进行猛烈抨击，同时，一些比较开明的官吏在自己的职权范围内也极力打击宦官集团。由此形成了以李膺为首的反对宦官的集团。因为他们的斗争触动了宦官集团的既得利益，延熹九年（公元166年），宦官派人诬告李膺等与太学生、郡国生徒“结成朋党，诽讪朝廷”。桓帝大怒，于是诏令全国，逮捕“党人”，收执李膺等200余人。有的党人逃走，桓帝就悬金购赏，反对宦官的斗争遭受挫折。第二年，在窦武等人的请求下，桓帝对“党人”略为宽恕，下诏将他们放归田里，但规定对他们都终身禁锢，不得做官。这就是桓帝时著名的“党锢”。

永康元年（公元167年），十二月二十八日，汉桓帝刘志于德阳前殿去世，享年36岁。

汉献帝刘协

汉献帝刘协生于公元 181 年，是汉灵帝第三子，汉少帝之弟，起初被封为陈留王，后来董卓控制朝政，少帝被废，董卓迎立刘协为帝。汉献帝一生坎坷，历经劫难，被逼禅位后被封为山阳公，最终寿终正寝，病死于公元 234 年。

年少聪慧　乱世登位

刘协生母被何皇后毒杀，自小在皇宫中由董太后悉心抚养长大，举止端庄，很是受灵帝喜爱。灵帝去世后，立刘辨为帝，是为少帝。新主年幼，外戚与宦官相互攻杀，最终宦官张让、段珪等杀死了何进，朝廷重臣带兵捕杀宦官两千人。董卓浑水摸鱼，渐渐控制了京城。后来董卓宣布废除少帝刘辨，立陈留王刘协为帝，于是刘协就开始了他作为傀儡皇帝的漫长生涯。

另立新帝后，董卓自封为相国，后又加封为太师，完全控制了中央政权，权势熏天，更加嚣张跋扈。董卓的军队在洛阳劫掠财物，奸淫妇女，无恶不作。各地州牧起兵讨伐董卓，包围了洛阳。董卓害怕了，于是又挟持献帝由洛阳迁都长安。

汉献帝刘协生活在董卓的阴影下，千方百计想摆脱这个虎狼之臣。初平三年(192 年)，司徒王允与司隶校尉黄琬、仆射士孙瑞、中郎将吕布刺杀董卓成功，举国欢庆，为除掉国贼而兴奋不已。但是王允骄傲自满，气量狭小，想要对董卓的余党赶尽杀绝，结果董卓部将李傕等人击败吕布，占领长安，杀死王允，于是献帝又再次被人控制。李傕升为车骑将军、开府、领司隶校尉、假节、池阳侯，后李傕又升为大司马，郭汜为后将军、美阳侯，樊稠为右将军、万年侯，张济

被封为镇东将军、平阳侯，外出屯驻在弘农。

兴平二年(195 年)，控制朝政的李傕杀樊稠，之后与郭汜相攻。两人在长安城中各自拥兵混战，百姓惨遭牵连。献帝派尚书、侍中去为李、郭二人和解，二人不仅没有听从，还阴谋劫持献帝。李傕抢在前面，派兵将献帝、皇后、宫人及大臣们全部劫走。幸好在杨奉、董承等的护卫下，献帝摆脱了李、郭的控制，逃往弘农。最终到达了洛阳。

才出狼窝　又入虎穴

曹操具备雄才伟略，占据了大部分中原地区。他看重迎取汉献帝这件事蕴藏的政治价值，于是抢先率军进驻洛阳，取得了“挟天子以令诸侯”的地位。然后他挟持献帝迁都许昌。正式以天子命令征伐天下，这为他统一北方打下了坚实基础。

随着曹操实力的增长，他的奸雄面貌也渐渐暴露。建安五年(200 年)刘协不满曹操大权独揽，不甘心再做傀儡，于是暗中和车骑将军董承商议，设法诛杀曹操。董承又联系了左将军刘备、长水校尉种辑、将军吴子兰、王子服等一起密谋，很快事情败露，董承等人都被曹操诛杀，就连怀孕的董贵人也被绞杀。看着自己的爱妃被权臣害死，自己身为皇帝却不能施救，汉献帝刘协心如刀割。但是他没有实权，自己又被曹操控制，每日见到曹操都是如坐针毡，战战兢兢。伏皇后对曹操的手段又恨又怕，于是求救于自己的父亲伏完。希望伏完能够效仿董承为国锄奸，但伏完始终未敢行动。后来密谋败露，曹操逼迫献帝废黜伏皇后，伏皇后披头散发地被曹操的部将拖出来，向献帝哭诉求救，刘协无奈地说：“朕也不知自己会何时走向生命的终结啊！”伏皇后被幽闭而死，而刘协与她所生的两位皇子也被曹操下令毒杀，伏氏宗族百余人被处死。曹操竟敢处死国母，鸩杀皇子，引起天人共愤，而身为傀儡的汉献帝对于自己的处境更是无奈。后来，曹操威逼刘协立其女为皇后，从而全面控制了汉献帝刘协。

被逼禅位　汉室终结

公元220年，魏王曹操去世后，曹丕继位，曹氏爪牙加紧逼迫汉献帝把帝位禅让给魏王。终于在公元220年12月10日，刘协禅让帝位给曹丕，刘协被封为山阳公，虽然不用在帝位上过着战战兢兢的日子，但是也始终活在曹魏的监视之下。魏明帝青龙二年(234年)，刘协寿终正寝，魏明帝率群臣亲自哭祭。以汉天子礼仪葬于禅陵。谥号为孝献皇帝。

魏晋南北朝

魏武帝曹操

曹操是三国时期魏国的奠基者,他在世的时候并没有称帝,但是他的儿子曹丕在逼迫汉献帝禅位后,追尊曹操为魏武帝。

乱世英雄　初试锋芒

曹操(公元155—220年),字孟德,小名阿瞒。沛国谯县(今安徽亳州)人。出身低微,父曹嵩为宦官曹腾养子。他年轻时就聪明机灵,富有权术,又放荡,不治行业。当时并不引人注意,但是善于相人的桥玄等人认为他不平凡,桥玄对曹操说:"天下将乱,非命世之才不能济也,能安之者,其在君乎?"南阳何颙对他说:"汉室将亡,安天下者,必此人也!"时人许劭对曹操的评语是"君清平之奸贼,乱世之英雄"。20岁时当上了洛阳北部尉,不久调任顿丘(今河南省浚县西)县令。黄巾起义爆发后,他受任为骑都尉,因镇压颍川(今河南省禹县)波才所领导的黄巾军有功,升为济南相。

统一北方 文武全才

后来他还参加了讨伐董卓的关东盟军，并在其中担任重要职位。公元192年，他占据兖州（今山东省金乡县西北），击败青州（今山东省淄博市临淄北）黄巾，选其精锐30万，编组成“青州军”，势力开始壮大。此后，他采取了许多统一北方的措施：

第一，于公元196年将汉献帝劫持到许昌，“挟天子以令诸侯”（控制皇帝，用皇帝的名义发号施令），取得了政治上的优势。

第二，面对破败的社会局面，他招募流亡农民，利用荒田命令军队从事耕作以自给，称为军屯，使北方的社会经济得到恢复。这样就加强了他的经济实力。

第三，注意招收和提拔人才，三次发布“唯才是举”命令，不论门第高低，只要有“治国用兵之术”的，都可以当官。这使他招纳了不少人才。

曹操不仅在任用官员时注重才学，而且在选择女婿时也注重才学。曹操有个长得很美丽的女儿，许多王孙公子纷纷前来求亲。曹操见他们都是些纨绔子弟，就一一拒绝。后来，听说有个才子名叫丁仪，从小勤奋好学，博览群书，很有学问，只是相貌不雅，一只眼还是瞎的，曹操还是决定将女儿嫁给丁仪。儿子曹丕听了，急忙劝谏说，丁仪虽然有才学，但是相貌如此不雅，让堂堂的魏王公主下嫁这样的人，太失身份了。曹操严肃地说：“用人必须唯才是举，选择女婿也应当要求德才兼备。既然丁仪博学多才，就不能苛求外貌。要知道，天下人是没有十全十美的啊！”不久，曹操派人将丁仪接到府上，当面试他的学问。丁仪果然对答如流，谈吐不凡，才华横溢。曹操当场就将女儿许配给他，几天后为他们举行了婚礼。

曹操依靠这些条件，开始发动统一北方的战争。公元200年，他以一比十的劣势兵力，在官渡大败地广兵强的袁绍。此后，又用了几年时间，消灭了其他割据势力，统一了北方。

公元208年，曹操率领大军南下，试图一举统一南方。在赤壁之战中，被

孙、刘联军用火攻击败，损失惨重，逃回北方，形成了三国鼎立的局面。

公元208年，曹操晋位为丞相。公元216年，受封为魏王。曹操善于用兵，精通兵法，著有《孙子略解》《兵书接要》等著作。他又善于诗文，现在还存有诗20余首、较完整的散文40余篇，都为后人所传诵。

公元220年正月，曹操病重，秘密命令亲信，他死后安葬时，要设置72座假坟，以防真坟被盗。遗命后宫姬妾分取名贵的香，今后要勤习女工，以卖鞋自给。庚子日，病死于洛阳。

曹操的墓在哪里呢？这是一个难解之谜。他生前命令设立的72座假坟，位于今河北省临漳县三台村以西的讲武城至磁州一带。民国初年，这些墓经人盗掘，内多有墓志，均系北魏、北齐时王公大臣之墓，并不是曹操的真墓。

根据古籍记载，我们只能知道曹操真坟的大区域所在，即在曹操死去的同年2月，曹丕遵照遗命，将其遗体运回邺地（今河北省临漳县一带）安葬。曹丕称帝后，追尊曹操为魏武帝。

魏文帝曹丕

魏文帝曹丕与其父曹操、弟弟曹植皆有文采，文学史上称为“三曹”。曹丕在政治上对他的弟弟很冷酷，但在文学上对文友们却很敬重。建安七子之一的王粲，才学俱佳，少年时为著名学者蔡邕看重。传说，有一次，他到蔡邕府中拜访。蔡邕闻知，忙撇下众多客人，连鞋子都没穿好，就跑着去迎接他。王粲到府中后，大家见他年纪轻轻，个子矮小，相貌平常，都很惊奇。蔡邕向大家介绍说：“这位王公子，是天下奇才，我自愧不如，将来我家藏的书籍文章都会传给他。”王粲入曹操幕府以后，官居侍中。

他的诗文语言刚健，词风慷慨激昂，一直为曹丕所敬重。世子曹丕总以朋友的身份与王粲交流学问。体弱多病的王粲不幸于盛年而逝，终年仅39岁。曹丕对王粲之死感到非常悲痛。王粲被亲朋好友安葬到洛阳东郊外。王粲有一个让人莫名其妙的爱好，就是爱听驴叫。大家感伤一番之后，曹丕对大家说：

“王粲先生平生最喜欢听驴叫，现在就要永眠于此。我提议大家每人在他的灵前为他学一声驴叫，以此向他的亡灵告别。”说完，曹丕到王粲的灵前，神色庄重地学了一声驴叫。其他人见到贵为世子的曹丕亲自为王粲的亡灵学了一声驴叫，都非常感动。于是，大家都排着队到王粲的灵前，每个人学了一声驴叫来送别王粲的亡灵。后来，曹丕为朋友亡灵学驴叫的事情传开后，人们都纷纷称赞他对朋友的深情。

公元197年，曹操率军征张绣，10岁的曹丕随行军中。宛城之战，曹操遭张绣火攻而负伤，败渡清水。张绣军追至岸边，箭如雨下，曹操中箭，身边卫士几乎死尽，曹昂、曹安民皆死于箭下，而曹丕却骑马生还。宛城之役，锻炼和考验了幼年的曹丕，他的机智和勇敢，令曹军将士称奇，当然也引起了曹操的注意。曹丕同母兄弟四人，三个弟弟分别是曹彰、曹植、曹熊。曹彰勇而无谋，曹熊体智皆弱，曹植文才超人。曹昂死了以后，世子人选，自然落在曹丕、曹植之间。曹丕虽是建安文豪之一，其文才略逊于曹植，但是富有政治、军事斗争经验，这为曹植所不如。曹植虽然文采超人，曹操也感到荣耀，却恃才傲物、放荡不羁、厚文薄武、厌恶政治军事斗争。如此，世子之位，最终落在曹丕身上。公元217年，曹丕被立为世子，时年30岁。从此，文臣武将的眼光自然投向曹丕。不出数年，曹丕左右，人才济济，幕僚成群。公元220年正月，西征归来的曹操病死于洛阳，曹丕闻信从邺城（今安阳）急赴洛阳。汉献帝被迫下诏，以曹丕袭父丞相之位、魏王之爵。曹丕有惊无险地控制了名存实亡的东汉政权。经过九个月的过渡期，曹丕认为称帝的条件已经成熟，挟天子令诸侯的时代应该结束了。秉承他的旨意，心腹大臣们紧锣密鼓地做准备。与此同时，19岁的汉献帝在皇后曹节支持下，正在做着亲政的美梦。曹丕派人到宫中要传国玉玺，刘协不敢言语，皇后曹节怒斥来人：“你们胆敢造反？我父（曹操）功盖当世，尚且为臣；我兄（曹丕）何功之有，便想篡位，这定是你们让他干的！”来人不便下手，回去复话曹丕。几天后，曹丕卫士闯入宫中，夺走玉玺，曹皇后哭闹一场，也无济于事。十月底，曹丕准备完毕，于是公开废汉建魏称帝，改元“黄初”，定都洛阳。至此，历时公元196年的东汉政权结束。

魏明帝曹叡

曹叡的生母甄氏，原来是袁绍二儿子袁熙之妻。当曹丕随曹操攻破邺城（今河南安阳北）时，见甄氏美貌，便娶为妻，随后即生曹叡。曹丕后来纳安平人郭永之女为贵妃，郭贵妃聪明伶俐颇懂权术，甄氏逐渐失宠。曹丕继位为魏王后，郭贵妃一心想谋取正宫之位，对甄氏加以排挤，甚至说曹叡不是曹丕的儿子，而是甄氏与袁熙的后代。曹丕信以为真，对甄氏常加斥责，最终下令将其勒死。郭氏后来被立为皇后。母亲死了，曹叡的日子当然也不好过。幸亏郭氏一直未生出儿子，曹叡才勉勉强强存活下来。

一年初春，曹叡随父亲曹丕外出打猎，山谷中奔出母子二鹿，前面的曹丕举箭射死母鹿，回头见小鹿已跑至曹叡马前，便大声喊道："快射死它！"曹叡却在马上哭了起来，轻声说道："陛下已射死母鹿，我不忍心再将小鹿杀死。"曹丕听了，恻然心动，扔下手中的弓箭，感慨地说道："我儿真是仁德之主啊！"于是罢猎回宫。正是这次围猎彻底改变了曹叡的命运，曹丕对他在围猎时不忍杀死小鹿的举动和言词非常赞赏，认为他能做一位仁德的国君，遂将他封为平原王，并且有了立他为太子的打算。但曹丕还在犹豫，直到后来已是皇后的郭氏不再可能生出儿子，曹叡才被立为太子。

公元226年，曹丕临死前，嘱咐中军大将军曹真、镇军大将军陈群和抚军大将军司马懿等辅佐曹叡，然后死去。于是曹叡即位，是为魏明帝。

魏明帝即位后，首先就下令对前朝的大臣优抚，赢得了他们的支持，顺利地巩固了自己的统治。又下令让有实力的曹休、曹真和司马懿分别镇守淮南、关中和南阳，使他们独当一面。这样做，既给了他们一定的权力，使他们高兴，又将力量分散到各地，有利于他在中央的执政。通过这些办法，明帝把中央政府的权力紧紧地抓在了自己的手中。待自己羽翼丰满，政权巩固后，他就下令任用贤能，罢黜浮华，还对官员进行考察，用法律进行监督。明帝又于公元229年

让司空陈群等修改汉朝法规，制定《新律》180多篇，并要求官员认真遵守，不得违犯。曹叡还经常告诫大臣们，要务实、肯干，如果发现浮夸、虚伪的官员，便给予罢免。由于曹叡重用贤能，奖罚分明，魏国朝政稳固，经济发展，为日后的对外战争打下了坚实的基础。

公元227年，曹叡听从大臣孙资建议，采取以守为主，拖垮蜀汉的策略，下令避开蜀汉丞相诸葛亮的北伐势头，不与其正面交锋，只准坚守，而不准进攻。又任用谋臣司马懿为大将军与诸葛亮对峙，逼得诸葛亮六次北伐皆以失败而告终，最终于公元231年病死五丈原军中。诸葛亮的死标志着蜀魏之间的战争告一段落，蜀汉也再无能力进攻曹魏，最后被曹魏所灭。

在与诸葛亮对峙的同时，东吴也几次派兵与蜀汉相呼应，进攻曹魏的南部地区。公元226年，孙权御驾亲征，进攻曹魏的江夏郡，魏将文聘据城坚守。消息传到洛阳后，曹魏一些大臣请求出兵援救，曹叡却说："孙权的优势是在水上，现在离开水面进行陆战，就根本不可能成功的。现在，文聘据城坚守，说明孙权的突击没有成功。所以孙权必定不会久留。"曹叡料事如神，几天后真的传来了孙权撤退的消息，众大臣对曹叡更加佩服了。

公元238年，辽东太守公孙渊叛乱，曹叡立即命令司马懿率军讨伐公孙渊。司马懿到了辽东后，便深入辽东，包围公孙渊的老巢襄平城。司马懿最后杀死公孙渊，占据襄平城。辽东一带的局势重新稳定下来。

曹叡即位后，确实为国家做了一些贡献，但他更多的是作为一个奢侈的皇帝出现在历史舞台上的。如果他不当皇帝的话，倒也许会是个建筑家。他喜欢享乐，对建筑宫殿更有一种莫名的狂热。他刚刚即位，就在邺城（今河北临漳）给母亲甄氏建筑墓园。以后又下令修建其他宫殿。

公元232年，曹叡又整修许昌宫，兴建景福殿、承光殿。之后，他又在洛阳兴建洛阳宫，造昭阳殿、太极殿，筑总章观，还命令马钧监造崇华殿、青霄阁、凤凰楼、九龙池。如此大动作的修筑宫殿，使得百姓整日都在服役，弄得土地大片大片荒芜。面对大臣们的劝谏，曹叡并没有认识到错误。

除了大兴土木，曹极还喜欢出游。为了出游方便，他还命令马钧造成指南车，然后乘车随意游玩，如果遇到美女，便拉上车，抓进宫中，致使后宫充斥大量

美女。曹叡于是每日在群芳中戏耍，还选拔了6名识字的美女担任女尚书，让她们处理奏章，甚至还可以代替他批阅奏折。皇后毛氏略有怨言，立即被他赐死。

曹叡肆意享乐，荒淫无度，虽有大批美女，却一直未有子嗣。后来，为使皇位有人接替，他便从宗室中领养两个儿子。

由于荒淫无度，曹叡虽只有30多岁，却已骨瘦如柴，疾病缠身。景初二年十二月，曹叡因病卧床不起，急召司马懿托孤。景初三年正月去世，终年35岁，葬于高平陵。

蜀汉昭烈帝刘备

刘备，字玄德，是汉中山靖王刘胜的后代，三国时期蜀汉开国皇帝，三国时期著名的政治家。刘备虽然是汉中山靖王刘胜的后代，但是他父亲早死，家境贫寒，与母亲贩草鞋、织草席度日。但他志存高远、以卓越的品质、谦逊的作风招揽了一大批至死不渝的忠志之士（如关羽、张飞、糜竺，孙乾等），虽然他一生遭遇多次挫折，最后却坚韧不拔的毅力，终成大事，建立蜀汉，从一个卖草鞋的变成昭烈皇帝，其一生是充满传奇色彩的。

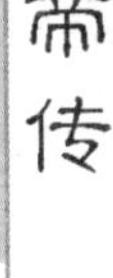

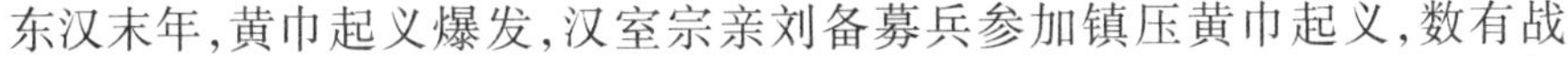

东汉末年，黄巾起义爆发，汉室宗亲刘备募兵参加镇压黄巾起义，数有战

功，先后任安喜尉、高唐令、平原县令、平原相。在平原县，刘备深得人心，《三国志·先主传》记载，刘备当平原相时，郡民刘平常常轻视刘备，雇了一个刺客刺杀刘备，谁知那个刺客居然不忍心刺杀刘备，反将事情告诉了刘备。陈寿在此不禁叹道："其得人心如此"。

曹操攻打陶谦，欲夺取徐州，陶谦求救于刘备。刘备出于大义，前往救援，曹操兵退后，陶谦三让徐州给刘备，刘备以才德不足为由，不肯接受，直到陶谦病故，刘备才不得已而领徐州。后徐州又被吕布夺去，刘备依附曹操，与曹操共擒吕布于下邳。后曹操表奏汉献帝，封刘备为左将军、豫州牧，然而刘备志不在此，乘机逃脱曹操的控制，斩杀徐州刺史车胄，重新占领徐州。但是，曹操亲自率大军前来攻打，刘备大败，势力集团被打散，关羽被擒，刘备依附袁绍。

后刘备又退至新野依附刘表，荆州人才多归附刘备，曹操大将夏侯惇、于禁等率大军来攻，刘备（不是诸葛亮）火烧博望坡，击败曹军。后来又三顾茅庐，得诸葛亮忠心辅助。曹操南征荆州，又败刘备于当阳长坂。

建安十三年（公元208年），刘备联合孙权，与周瑜率领联军大败曹操于赤壁，又南收荆州四郡，并向东吴借得南郡，拥有了荆州五郡之地。后刘备又吞并刘璋所统辖的益州的大部分地区，建安二十四年（公元219年）在汉中之战斩杀曹操名将夏侯渊，又迫使曹操退军，完全占据了曹操的汉中，进位为汉中王，至此，刘备事业达到了最为鼎盛的时期。

然而，占领汉中不久，镇守荆州关羽孤军北伐，被魏吴两国夹击，最后关羽丢失荆州被吴军杀害，"失荆州"使得刘备元气大伤，刘备的事业也开始走下坡路。

魏黄初二年（公元221年），刘备在曹丕篡汉为魏后，于成都称帝，以汉室宗亲的身份重新建立汉朝，继续东汉大统，改元章武元年。同年，刘备以为关羽报仇的名义，发兵讨伐东吴，意图夺回荆州，但于章武二年（公元222年）夏被吴将陆逊在夷陵之战中打败，最终撤退到白帝城。

刘备于章武三年（公元223年）四月逝世，谥号为昭烈帝。

蜀汉后主刘禅

谨遵遗训　鞠躬尽瘁

公元223年，刘备逝世，后主刘禅继位。他一上台，就先封诸葛亮为武乡侯，兼任益州牧，以丞相府作为蜀汉的最高行政和军事主管机构，全权处理中央和地方的军政要务。

刘禅执政后，诸葛亮就制定了必须首先解决的几件大事：整顿内政，发展经济，与孙权重修旧好。公元223年，诸葛亮派尚书郎邓芝出使东吴，邓芝不辱使命，说服孙权和曹魏断绝关系，专与蜀汉联合。

在恢复吴蜀联盟的同时，诸葛亮又集中精力整顿内政，奖励生产，积聚粮草。两年之后，蜀汉的经济情况好转，诸葛亮见条件成熟，遂于公元225年亲率大军平定南中叛乱。

蜀军所到之处，节节胜利，对少数民族首领孟获七擒七纵。这一战不仅平定了南中四郡的叛乱，也稳定了蜀汉的大后方。

平定后方后，诸葛亮开始积极准备，以图北出祁山，进取中原。公元227年，诸葛亮将朝政安排妥当后，准备北伐。临行前，他向刘禅上了一道表章，这就是千古流传的《出师表》。

诸葛亮北出祁山后，接连攻取天水、南安、安室三郡，天水将领姜维向诸葛亮投降。诸葛亮攻占祁山的消息传到洛阳，魏国朝野上下一片恐惧。

这时，曹丕已经死了，他的儿子曹叡在位。曹叡急调大将司马懿、张郃西上，以抵御蜀军。由于诸葛亮用人失误，他的将军马谡把军事要地街亭丢失了，使蜀军陷入极大的被动境地，别无选择的诸葛亮只好率军退回汉中。

诸葛亮对街亭失守十分痛心，追查责任，首先是马谡违背部署，造成致命的错误，诸葛亮便依法处死了马谡。马谡被处死后，诸葛亮亲自设祭，想起与马谡多年的情谊，不禁热泪盈眶，蜀军将士也被感动得个个流泪。诸葛亮认为王平在街亭曾经劝阻过马谡，在退兵的时候，又用计保全了人马，立了功，应该受奖励，就把王平提拔为参军，让他统率五部兵马。

接着，诸葛亮又上书刘禅，自请处分。随后的六年间，诸葛亮又先后五次北伐曹魏，都没有成功，但他谨守自己对刘备的诺言，辅佐刘禅真可谓是“鞠躬尽瘁，死而后已”。最后于公元234年农历八月，病逝于五丈原前线。

诸葛亮去世后，刘禅为了表彰和纪念其生前的品德功绩，赐谥号“忠武侯”，又依照诸葛亮的遗愿，将他葬在定军山。

昏愦亡国　乐不思蜀

诸葛亮死后，继任的蒋琬等人已无法约束刘禅，因而蜀汉朝政日益腐败。尤其是公元246年蒋琬病死后，刘禅更是肆无忌惮，贪图享乐的性格如脱缰的野马自由地发展起来。

蒋琬死后，费祎继任大将军辅佐刘禅，此时的蜀汉已无能力再图北伐，因此之后的几年时间里，蜀汉与曹魏之间基本上没有什么大的战争，两国相安无事。

费祎死后，姜维继任大将军。姜维的心思都放在北伐上面，而朝中又再无正直有才的大臣，刘禅宠信的宦官黄皓趁机掌握了内政大权。黄皓想撤掉姜维大将军职务，让他的同党来操纵军权。姜维厌恶黄皓专权，密奏刘禅，要求杀掉黄皓。刘禅却回答说：“黄皓不过是供我奔走的小臣，你又何必介意！”姜维见黄皓党羽众多，又得到刘禅的信任，怕黄皓再来陷害自己，便称说自己虑事不周，要求去沓中（今甘肃临潭西南）屯兵种麦，再也不敢回到成都。从此，在刘禅的纵容下，黄皓等人为所欲为，蜀国内政越发不可收拾。

公元263年，魏军分三路进兵蜀汉，很快攻下汉中，姜维得知汉中失守，急忙集中力量，坚守剑阁，挡住了钟会大军。不料，邓艾突出奇兵，从阳平出发，经

过700里荒无人烟的崎岖山地，直攻江油（今四川江油北），江油太守不战而降。邓艾长驱直入，兵临成都城下，刘禅只得向邓艾投降。

司马昭见刘禅胸无大志，乐不思蜀，对自己构不成什么威胁，就对他十分优待，以魏帝名义，封刘禅为安乐县公。刘禅作为亡国之君，受辱敌国，却怡然自得、乐不思归。有一次，司马昭与刘禅宴会，故意命人弹奏蜀国的音乐，想看看刘禅到底有何感受。从蜀国来的人听到蜀国音乐，想起家乡故国，无不感伤；而刘禅却嬉笑自若。又有一次，司马昭问刘禅："你想念蜀国吗？"刘禅回答："在这里我很快乐，不思念蜀国。"于是司马昭便没有杀害刘禅之心了。

西晋泰始七年（公元271年），刘禅在魏国度过了将近10年的亡国之君的生活后，终于病死在洛阳，终年65岁。

吴大帝孙权

孙权非常喜欢喝酒，酒喝多了，往往会耽误大事。不过，他有个优点，能虚心听取别人劝说，改正错误。孙权当了吴王之后，就大摆酒宴，招待群臣。到酒宴将要结束的时候，他亲自起身，向大臣们行酒。走到骑都尉虞翻面前，虞翻假装喝醉，伏在地上。等到孙权回到座位上，他又起身坐下。于是孙权大怒，手持利剑要杀他。当时在座的大臣都吓得不敢上前劝阻，只有大司农刘基上前抱住了孙权，不让他去杀虞翻，并劝说：大王在饮酒之后，杀掉有才能的人，是非常不妥当的。即使虞翻有罪，天下人又有谁知道呢？正是因为大王能广招人才，容纳

贤士,所以天下有才之人望风而至,现在一下子废弃了自己的好名声,这样做值吗?孙权说:曹操尚且杀掉孔融,我为何不能杀虞翻呢?刘基说:曹操轻易害死贤人,天下人都反对他,而大王施行仁义,与尧舜这样的贤君相比,怎么可以与曹操相提并论呢?孙权听了刘基的一番话后,怒气慢慢地消退。虞翻因此而免于死罪。酒席后,孙权对手下人说:从今以后,我酒后说要杀人,你们都不要去杀。

吕蒙出身于行伍,孙权视其机智勇敢,提拔为大将,还非常关心他的学习,曾教导他要好好读书。孙权对吕蒙说:"你现在当权管事了,不可不学习!"吕蒙以军中事务多来推辞。孙权说:"我难道想要你钻研经书当博士吗!只粗略地阅读,了解以往的事情罢了。你说事务多,谁比得上我事务多呢?我经常读书,自以为大有益处。"于是吕蒙开始学习。到了鲁肃来到浔阳的时候,和吕蒙聊天,鲁肃十分惊奇地说:"以你现在的才干、谋略来看,你不再是原来那个吴下阿蒙了!"吕蒙说:"士别三日,刮目相看,兄长知道这件事太晚了啊!"吕蒙通过读书学习,终于成为了能文能武的一代儒将。后来继鲁肃而担任都督,白衣渡江,兵不血刃,智取荆州,擒杀关羽,为东吴立下了不朽功勋。

公元221年,刘备亲率十万大军,对吴国发动大规模的战争。大敌当前,孙权破格用人,任命年仅三十几岁的陆逊为大都督。当时,不少大臣提出异议,担心位卑职轻的陆逊担负不了如此重任,孙权对此却非常放心,说:"孤亦素知陆伯言乃奇才也!孤意已决,卿等勿言。"毅然拜陆逊为大都督、右护军镇西将军,赐以宝剑印绶。陆逊果然不负众望,上任后,针对刘备兵势强大,锐气正盛,求胜心切,果断地实施战略退却,后撤到夷道(今湖北宜都)、犹亭(今湖北宜都北古老背)一线,然后伺机破敌,相机采用火攻大败刘备,刘备逃到白帝城后,一病不起,不久病逝。

黄武五年(公元226年)春天,战事减少,国家相对安定,孙权下令要求各州郡对百姓采取宽容的安息政策。将军陆逊上表请求孙权让诸将领广开农田。孙权非常赞同,说:"非常好。现在我们父子亲自接受一份农田,用给我驾车的八头牛,去拉四张犁耕种。虽然赶不上古代的圣贤君主,我也想与大家同等地劳动。"孙权积极推广耦耕法,实行屯田,务农重谷,大大促进了江南地区的开发。江南经济的发展,实始于东吴时期,这与孙权的身体力行以及重视农业的政策有很大的关系。

山越，是汉末三国时期分布于江南山区的古越族后裔的通称，因居住于山地，形成了自己的组织和社会，故亦称“山民”。他们以山险为依托，组成武装集团，拒绝向孙权政权交纳租税，甚至联合起来，与孙权政府进行对抗。孙权为了集中兵力对外用兵，解除后顾之忧，不断地调集重兵对付山越族，逐渐将山越人的领袖抓获，迫使山越人迁徙到山外来，实行“强者为兵，羸者补户”，区别对待的办法：强壮的青年人充实军队，老人、妇女统一管理，从事农业生产。孙权集中兵力镇抚山越，后方得到了彻底稳固，既充实了军队，为对外用兵奠定了基础，也补充了民户，为开发江南经济创造了条件，更促进了江南民族的快速融合。

晋武帝司马炎

三国末年，晋武帝司马炎，夺取魏国政权以后，预备出兵攻打东吴，实现统一全中国的愿望。他召集文武大臣们商量灭吴大计。多数人认为，吴国还有一定实力，一举消灭恐怕不易，不如有了足够的预备再说。大将杜预不同意多数人的看法，写了一道奏章给晋武帝。杜预认为，必须趁目前吴国衰弱灭掉它，不然等它有了实力就很难打败它了。司马炎看了杜预的奏章，找自己最信任的大臣张华征求意见。

张华很同意杜预的分析，也劝司马炎快快攻打吴国，以免留下后患。于是

司马炎就下了决心，任命杜预作征南大将军。公元279年，晋武帝司马炎调动了20多万兵马，分成六路水陆并进，攻打吴国，一路战鼓齐鸣，战旗飘扬，战士威武雄壮。第二年就攻占了江陵，斩了吴国一员大将。杜预率领军队乘胜追击，在沅江、湘江以南的吴军听到风声吓破了胆，纷纷打开城门投降。司马炎下令让杜预从小路向吴国国都建业进发。此时，有人担心长江水势暴涨，不如暂收兵等到冬天进攻更有利。杜预果断反对退兵，他说："现在趁士气高涨，斗志正旺，取得一个又一个胜利，势如破竹，一举攻击吴国不会再费多大力气了！"晋朝大军在杜预率领下，直冲向吴都建业，不久就攻占建业灭了吴国。晋武帝统一了全国。

统一全国之后，司马炎的信心开始膨胀，接着便下了一道前无古人后无来者的"罢兵令"，下令全国的军队除了边防军，其余的编制全部取消。每个大都市留100个人，小城市50个。多灾多难的中华大地转眼间俨然变成了路不拾遗的文明之邦。或许是嫌罢兵还不够到位，司马炎突然想到了女人。王浚从东吴带回来的5000多名宫女，那可都是正宗的江南美女！面对5000多个美女司马炎当时有点犯难了，每天晚上临幸谁，不临幸谁，自己该如何是好呢？后来有人想出了一一个主意：用羊车拉着司马炎到处逛，逛到哪家就睡在哪家。玩得真可谓是不亦乐乎。一天临幸一个，应该没有什么问题。而那些宫女们为能争得机会，纷纷想尽了办法。有的女人居然想到用羊最喜欢吃的桑叶加盐水来引诱羊群，还有的女人则更有办法，她们把母羊的崽子抱到自己的寝宫内，结果母羊要找小羊哺乳，便纷纷往那些人的寝宫跑。

如此一来，原本已有所好转的社会风气在晋武帝这一腐化奢侈之风的影响下，又开始混乱起来。整个西晋王朝顿时刮起了一股奢侈之风。太尉何曾的帷帐车服穷极绮丽，厨膳滋味过于王者，即使在饮食上日费万钱，犹言无处下箸；而尚书任恺的奢侈更是有过之而无不及，何曾不过是日费万钱，而他每顿饭就要花去万钱；晋武帝的女婿王济，菜肴中的乳猪，居然用人乳烹制；富豪石崇宴请客人时总让美女敬酒，如果客人饮酒不尽，便将美女斩首。而且，石崇家也特别讲究，就连厕所也建造得如闺阁一般。一次，散骑常侍在他家做客，需要解手，仆人把他带到一间挂着锦绣帐幔、布置豪华的房屋，他见一些侍女捧着香囊站在两边，以为走进了内室，吓得退了出来，向石崇道歉，但石崇告诉他那就是

厕所。

即便有金山银山也经不起这样的挥霍，再强壮的身体也经不住无节制的纵欲享乐。曾经豪情万丈、心怀天下的司马炎，在无度的挥霍之下，他的身体发生了问题。公元290年农历三月，晋武帝司马炎病重。四月，这位开国皇帝病逝，终年55岁。

晋惠帝司马衷

晋武帝司马炎与皇后杨艳共育有三个儿子，由于长子司马轨早夭，所以王位的继承人只能是在剩下的二儿子司马衷与小儿子司马柬中间选了。按照立长不立幼的原则，立次子司马衷是理所应当的事情，可偏偏这个司马衷是个傻子，而三子司马柬则聪明伶俐。不用问，立司马柬是不会有什么问题了。可是杨皇后却极力反对，非要司马衷做太子不可。杨皇后是个聪明人，她自然知道这个弱智的儿子是当不好这个皇帝的，但是作为母亲，她对于儿子的天生白痴非常内疚，所以就想方设法要补偿司马衷。武帝也从自身考虑过：他也是长子，却从小不得父亲司马昭的欢心，可能他也要从司马衷身上，得到自己曾经想得到的吧。于是夫妻二人同心，不论群臣如何反对，还是将傻儿子推上了帝位。

然而，傻子毕竟是傻子，闹了不少笑话。即位之前，有一次，他在皇家花园中玩，听到蛤蟆叫，就问左右："它是为官家叫，还是为私家叫？"对于这种哭笑不得的问题，仆人们早就知道该如何来回答他，便说："在官地里叫的是为官，在私家地里叫的是为私。"司马衷听后，很满意地笑了。又有一次，他听说许多地方百姓因饥荒而饿死，觉得不可理解，便说："他们为什么不吃肉糜（肉粥）？"

虽说立司马衷为太子是司马炎同意的，但是这个傻儿子是否能做好皇帝，说真的，司马炎心里还是没底。因此，他决定在太子登基之前再对他进行一次测试。没想到这次测试竟然在太子妃贾氏的操纵下蒙混了过去。经过这次测试后，武帝心情大有好转，越看越觉得太子真是天天都有进步。

后来，司马炎又在孙子的身上，看到了新的希望。司马通十分聪明，有一

次，宫里突然晚上失火，司马炎准备出门去查看火情，刚刚5岁的司马通居然拉着他的衣襟要他进屋去。武帝奇怪，问他为什么？司马通说：“夜间突然发生火灾，应该防备有非常事件发生，不能让火光照见人君。”武帝见他小小年纪，竟有如此见识，不禁大为惊奇。从这次之后，他就想：儿子虽然不理想，可是孙子却大有希望，因此他决定仍让白痴司马衷当太子，将来可以传位给他的孙子，也不错。

公元290年，司马炎因纵欲过度病死，白痴太子司马衷即位登基，是为晋惠帝。惠帝封贾南风为皇后，将朝廷事务全部交给舅舅杨骏弟兄三人掌管，内部事务则全由皇后贾南风负责。谁知这个皇后却是个精明强悍的女人，不但有心机，而且更加有手段，她看国舅杨骏兄弟三人掌握了朝政大权，自己娘家人却没有得到什么好处，遂想一计，将杨氏兄弟三人都给处死了。

在除掉杨氏后，贾后又将目标瞄准了掌握兵权的楚王司马纬。那时，汝南王司马亮和卫瓘一直不满司马纬的残暴作风，想夺掉他的兵权，司马纬得知这件事情后，便投靠了贾后，贾后留下他当了太子少傅。公元291年，贾后叫司马衷命令司马纬率兵诛杀汝南王司马亮和卫瓘。司马纬本以为此次就可以除掉他的心中大患，却不知“螳螂捕蝉，黄雀在后”，在他杀了司马亮和卫瓘后，贾后又以皇帝司马衷的名义杀了他。就这样，兵权也落到了贾后手中。

当一个人具有至高无上的权力后，他就开始疯狂了。贾后便是这样，大权在握的她已经忘记了自己的身份，变得肆无忌惮。只要她看上的男人，她就拉上床。她还令官吏在洛阳城里到处给她物色美男，把后宫弄得污秽不堪。她知道自己的专横淫乱一定会激怒朝中大臣，为了防备暴乱，她派人将祸根——太子杀死。

这一下可激起了众怒，大家原本没有起来造反是因为还有太子这个希望，现在太子死了，谁还能容忍一个淫乱的女人在司马氏的朝廷里作威作福。赵王司马伦攻进洛阳，杀了贾后，废了司马衷，自立为帝。白痴做皇帝，人们只当作是笑话，可是一旦有人篡位，那就会有更多的人站起来阻拦。于是，齐王司马冏、成都王司马颖、河间王司马颙等七位王爷起兵讨伐，这一打，可就打了16年，历史上称为“八王之乱”。

“八王之乱”造成几十万人死亡，上百万人流亡，城市毁坏，土地荒芜，北方经济受到严重的破坏。白痴皇帝这时也走到了生命的尽头。

光熙元年(公元306年)十一月,晋惠帝司马衷吃面饼时突然中毒去世,终年48岁。据说下毒的凶手是东海王司马越,但查无实据。

晋明帝司马绍

司马睿的长子司马绍自幼就非常聪明,所以十分得晋元帝的喜欢。司马睿为晋王后,被立为王太子。太兴元年(公元318年)三月,被立为皇太子。司马绍不但有文韬武略,而且也好交结各方才士,因为能够礼贤下士,所以身边一直围绕着许多贤才。他个人又比较喜欢文章诗赋,所以与当时的名臣王导、庾亮、温峤、桓彝等人,都有亲密的关系。他曾与王导辩论学问经义,王导辩不过他。同时他武艺超群,不仅能够统率好部卒,还能和众将士们同甘共苦,所以在军队里的威望也很高。

公元322年,司马睿病死,司马绍即位,是为晋明帝。由于司马绍很有才能,所以一上台就深得大家信任。这一切都被野心勃勃的王敦看在眼里、急在心里。所以,他一直都在想办法废掉晋明帝。有一个晚上,王敦与侄儿王允之喝酒,王允之不胜酒力,便去先睡了。这时王敦心腹钱凤来访,两人商量了半天谋反之事,竟然把睡在内屋的王允之忘了,后来王敦赶紧去看王允之,并准备杀掉他。来到内屋,见王允之把床上吐得狼藉不堪,估计他醉了酒根本没听见他们的谈话,于是就没有杀王允之。而实际上王允之根本就没有醉,他听到了王敦和钱凤的密谋,为了防止被王敦灭口,故意吐出来骗王敦的。后来,王允之请求回去看望父亲,王敦答应了。于是王允之便急忙把王敦与钱凤所商量的事情告诉父亲王舒。王舒与王导便马上向皇上司马绍报告了这件事。

司马绍得知王敦要再次谋反的事后,特别地镇定。为了探听虚实,做到百战不殆,他竟然不顾自己的身份与安危,毅然决定到王敦的军营中去。他换上平民服装,潜行至王敦驻军营垒。不料一些士兵对他起了疑心,报告了正在睡午觉的王敦。王敦听了来人描绘的形貌,断定必是司马绍无疑,立刻派人去捉拿。司马绍知道自己已为王敦发觉,遂快马加鞭而去。到了一座小镇,司马绍

把自己马遗下的新马粪用水泡凉,并把镶嵌金玉的七宝鞭托人交给追赶者。追赶者忙着看那七宝鞭,又见马粪已凉,便知司马绍早已跑远了,所以就放弃了追赶,司马绍安然返回。

司马绍在掌握了王敦的情况后,决定彻底消除这个心腹隐患。为了瓦解敌军的士气,增强己军的军威,他和王导定下了计策。由王导来宣布王敦突然暴毙,为王敦发丧,到时敌方一定军心大乱,而己方又士气高涨。紧接着司马绍又下诏宣布王敦的罪状,下令讨伐叛党余孽钱凤之流。王敦见到诏书后,气得火冒三丈,使得病情加重,不能起床。于是王敦便派王含与钱凤、周抚、邓岳等人以诛杀奸臣温峤为借口,率兵向建康进攻,很快,叛军打到建康南岸。司马绍亲自率兵前往迎战,并派将军段秀、曹浑等率敢死队于夜间渡河,突袭叛军,结果大破王含军,并斩其前锋将何康。

王敦灰心丧气,忧愤不已,不久死去。叛军内部自此群龙无首,乱成了一窝蜂,司马绍挥军而来,打得叛军溃不成军。之后,司马绍大赦叛军士兵及一般将领,只将王含、钱凤等枭首正法。由于王敦已死,司马绍命人掘墓暴尸,斩首示众。

平定内乱后,司马绍很想有一番作为,可惜命运没有给他留下施展才华的时间。公元 325 年便因病去世,年仅 27 岁。

晋简文帝司马昱

司马昱 3 岁时即被封为琅讶王,被桓温弄去当皇帝时,已经 51 岁了,比当朝的太后年龄都大。司马昱很明白,自己是来皇宫做什么的,所以他把皇位、皇权这些东西根本没有放在心上,因此他和桓温的关系也还处理得不错。

即便如此,桓温还是经常试探司马昱。有一次,桓温、司马昱及同父异母的兄长武陵王司马晞一同出行。桓温早在半路上布置乐队敲锣打鼓,惊得辕马狂奔不已。以武勇著称的武陵王司马晞被吓得面无人色,连呼救命,而司马昱却稳坐车中,泰然处之,脸上毫无半点惊惧之色。一试之下,桓温对司马晞十分鄙

视，对司马昱却非常佩服和畏惧。

其实，司马昱到宫中之后，已大概知道自己的处境，司马氏皇族的软弱和朝臣的强大早已是历代司马氏默认的事实，所以，他早就将自己的生死置之度外了。

当他被立为帝时，已经是知天命之年，即使年少时有再大的抱负，也在岁月的磨炼中消失得一干二净。何况桓温早已把朝政大权牢牢掌握在自己手中，所以，司马昱也只能是个坐在龙椅上的傀儡，任由桓温行事了。

虽然如此，但“国家兴亡、匹夫有责”，更何况还是一个知书达礼的皇室子弟？自家皇权旁落，家人备受凌辱，这一切都使他殚精竭虑，进宫还不到半年，他那一头黑发已变成满头白霜，身体也日渐虚弱。

公元 372 年七月，司马昱终于一病不起。临终之前，他一再地派人请桓温来安排后事，即使连发四道诏书，心怀鬼胎的桓温却依然推托不至。司马昱实在等不到桓温的到来，只有立 11 岁的儿子司马曜为太子，然后在恐惧中死去。

光文帝刘渊

西汉末年以来，一部分匈奴人散居在山西一带的边远郡县，他们逐渐接受了汉族的文化。匈奴族认为祖先曾多次跟汉朝和亲，是汉朝皇室的亲戚，后来就改姓刘。曹操统一北方后，把匈奴分为五个部，每个部都设部帅，匈奴贵族刘豹是其中一部的部帅。刘渊便是刘豹的儿子。刘渊很喜欢学习，年少时就阅读了大量古代典籍，而且还练就了一身的好武艺。

刘渊十几岁时，以人质的身份到了洛阳，他在这里广泛结交汉族官僚。刘

豹病死后，刘渊接替左部帅之职，后来又被封为北部都尉。

刘渊从严治理，轻财好施，以诚相待，逐渐吸引了一大批有志之士。匈奴五部都归附了刘渊。后来刘渊又被调到邺城，升任宁朔将军，负责匈奴五部的军事工作。

这时“八王之乱”已经拉开了序幕，北方地区成了西晋宗室互相残杀的舞台，人民生活在水深火热之中。匈奴左贤王刘宣等人见恢复匈奴故业的时机已到，便秘密推举刘渊为大单于，并派人到邺城请刘渊回来。

刘渊接到邀请后，迫切地希望离开邺城，但司马颖不同意，刘渊只好暂时作罢。公元304年，王浚、司马腾起兵反晋，刘渊乘机对司马颖说：“王浚、司马腾兵多将广，仅凭我们目前的实力恐怕很难把他们消灭。我想回去为殿下调动匈奴五部的兵马，共同对付他们。”司马颖答应了。

刘渊离开邺城，马不停蹄地赶到左国城，自称大单于，起兵攻击司马腾，不到20天，手下士兵就发展到五万人。

刘渊离开邺城不久，王浚手下就率领鲜卑人包围了邺城。刘渊听到这一消息时，准备发兵攻打鲜卑、乌桓，解邺城之围。刘宣等人劝刘渊说：“西晋君臣不值得相救，难道你忘了他们把我们像奴仆一样对待，这口气您能咽得下去吗？现在司马氏互相残杀，正是灭晋的大好时机。况且，鲜卑、乌桓与我们同是受欺压的少数民族，我们可以联合他们，使他们成为我们的外援，怎能去伤害他们呢！”刘渊一听如梦初醒，激动地说：“好！我现在有十万雄兵，消灭晋朝，就像秋风扫落叶般容易。但是，我们不要忘记，占有天下需要赢得人心。从长远利益着想，我们应当打出汉朝的旗号。我们都知道，我们的祖先冒顿单于曾经娶汉女，和汉高祖刘邦是结拜兄弟，我们都是汉朝的外甥。这样，我们把国号叫做汉就名正言顺了。”于是刘渊便自称汉王。这时，汲桑、王弥、石勒遭到晋军重创后，先后投入了刘渊的怀抱，刘渊的势力更加强大了。

公元308年，刘渊自称皇帝，把国都迁到了平阳（今山西临汾西北），以图进攻洛阳。

之后，刘渊派王弥、刘曜两次进攻洛阳，但都没有成功。公元310年，刘渊病死。

秦王刘曜

刘曜自幼就是孤儿，后来堂伯父刘渊收养了他，对他也非常器重。刘曜从小就喜欢读书，但他对文史类书籍只是浏览一下，了解个大概即可，对军事书籍却大都能背诵如流，深解其意。刘曜身高力大，射箭时竟能把厚厚的铁皮射穿，被人们称为“神射”。

刘渊建国后，对刘曜非常倚重，把他封为相国、都督中外诸军事，镇守长安。刘渊死后，刘聪对刘曜也是恩宠有加，把刘曜封为车骑大将军、中山王，刘曜也知恩图报，在南征北战中为汉国立下了汗马功劳。刘聪病危时，嘱托刘曜和石勒共同辅政。刘粲继位后，被发动叛乱的大司空靳准所杀。刘曜听到靳准叛乱的消息后，马上率兵讨伐靳准，并在赤壁由太保呼延晏和太傅朱纪拥立为帝。之后，刘曜进军靳准，将靳氏全部消灭后迁都长安，改国号为赵。同是顾命大臣的汉将石勒气得暴跳如雷，公开宣布与前赵决裂。

刘曜当上皇帝后，不服之人甚多。就在前赵建立的当年，晋南阳王司马保便自称晋王，在扶风起兵。刘曜在手下大将无力战而胜之的情况下亲自上阵，很快将其平定。到了公元320年，解虎和尹车又联合巴酋句徐、库彭发动叛乱，刘曜闻讯后先下手，将解虎、尹车捕杀，并将句徐、库彭等五十多人投进监狱，之后也一一杀掉。

刘曜此举激起了巴人的反对情绪，推举句渠知为大秦王，氐、羌、羯族三十多万人积极响应，关中重新陷入了动乱之中。刘曜要亲征句渠知，手下大臣苦劝其宣布大赦，叛乱者才纷纷投降，西部总算又重新安定下来。

但面对石勒的不断侵扰，刘曜就显得有些力不从心了。石勒也是汉刘渊手下的一员大将，其实力与刘曜不相上下，所以两人之间的战争互有胜负。不过战争初期，刘曜的实力还是要强一些，经常打得石勒部队狼狈而逃。

刘曜自以为稳操胜券，便陷入酒乡之中，每日喝得酩酊大醉，对军务不闻不问。但当石勒渡过黄河，向他扑来的时候，刘曜又如热锅里的蚂蚁急得团团转，

急忙下令抗击石勒。但刘曜已经染上酒瘾，成了一名酒鬼，上阵前，他还要先喝几斗酒，然后才摇摇晃晃地跨上战马指挥战斗。还没和后赵兵开战，前赵军队已经逃散，刘曜昏昏沉沉往后退却，不料战马陷入泥坑，把刘曜摔在地上。刘曜束手被擒。

石勒抓住刘曜后，将其送到襄国软禁起来，并命其写信劝刘熙投降，刘曜表面上答应了，但信中只是说："挽救社稷为重，千万不要牵挂我。"石勒看后气得暴跳如雷，于是杀掉了刘曜。

昭公张寔

晋建兴二年(公元 314 年)五月的一天，副凉州刺史张寔从极度痛苦中恢复过来后，又把父亲张轨的遗嘱翻来覆去地看了几遍，口中不住地念叨着："文官武将，务必安抚百姓，报效国家，保全家族。"

料理完父亲的丧事，张寔及时派人向晋愍帝作了汇报，晋中央很快给了答复，让张寔接替凉州刺史的位子，管理凉州。

张寔和父亲一样，也是晋朝的一个忠臣。建兴三年(公元 315 年)，凉州军士张冰得到一块赫然刻着"皇帝行玺"四个字的玉玺，献给了张寔。张寔的大臣们看后不约而同地向张寔祝贺，暗示张寔称帝。张寔看着大臣们手舞足蹈的高兴劲，也听出了他们的弦外之音，突然变了脸，气愤地说："父亲之所以能在凉州平安无事，完全由于他对晋朝皇帝忠心耿耿。父亲临终时明确告诉我们要报效国家，我们怎能把他的话当作耳旁风！玉玺虽是好东西，但不是臣民应当收留的。"当天就派人把它送到长安。同年，汉国将领刘曜攻陷长安，消息传到姑臧

（今甘肃武威）后，张寔立即派韩璞、张阆、贾骞、陈安等将领带着万人大军前去勤王。

韩璞出发后，张寔又给晋相国司马保写了一封信，信中说：“王室有难，作为臣民有责任分担忧愁。起先我曾派贾骞去配合你的行动，后来按你的意见准备撤军，但是，没过多久，就听说敌军围困长安，胡崧观望不前，于是临时决定让贾骞继续前进，和敌军拼个你死我活。不幸长安失陷，道路堵塞，我们无法效忠于朝廷。每想到这些，我就悔恨至极，痛不欲生。现在重新派韩璞等将领去配合你的行动，以表我对朝廷的赤诚之心。我的将领也是你的将领，由你全权指挥。”尽管张寔对晋廷赤胆忠心，但是，由于氐、羌沿途拦截，韩璞等人无法继续前进，只好中途折回。

张寔作为前凉的一国之主，既有和其他君主一样喜欢独断专行的一面，又有不同的一面，就是知错能改。一次，张寔下令人们坦率地指出他的过失，并表示对批评他过失的人赏给多少不等的布帛羊米。命令刚下达，曹佐隗瑾就很不客气地说：

“自你执政以来，事无巨细全由你一个人说了算。大臣们惧于你的威严，什么事情只是点头而已。即使你赏给他们千金，他们也不敢表态。恕我直言，你不要以为自己是天下最聪明的人，其实好多事情还不如大臣。所以，以后处理军政大事时如果能倾听一下大臣们的意见，那么，有利于国家的言论不用赏赐，也会源源不断地送到你的耳中。”张寔听后没有发火，表示以后虚心听取大臣们的意见。

凉州由于是一块远离战火的安全地带，所以云集了形形色色的人。京兆人刘弘也到了凉州。刘弘是个爱搬弄是非和有野心的人，1000 多人都受了他的蒙骗。张寔的部下阎沙、赵印是刘弘的老乡，轻易被刘弘收买过去。晋大兴三年（公元 320 年）六月，阎沙、赵印在刘弘的指使下准备谋杀张寇，拥戴刘弘。张寔的弟弟张茂告诉了张寔这一消息后，张寔慌忙派牙门将史初去收捕阎沙等人。史初刚离开张寔，阎沙就怀揣利剑进了宫殿，一刀刺进了张寔心脏。不多一会儿，张寔就停止了呼吸。

成公张茂

晋大兴三年(公元320年)六月,前凉国君张寔突然被部下阎沙杀害。谁来继承他的位子呢?如果按照父死子继的成规,该由张寔的儿子张骏来接替,但张骏还是一个儿童,无法处理政务,所以只好按照兄终弟及的传统由他的弟弟张茂当凉州牧、西平公了。

张茂很喜欢讲排场,即位的第二年春就着手建造灵钧台。灵钧台的建筑规模很大,仅台基就高达九仞。建台的民工在张茂派来的工头监督下不分昼夜地苦干,不少人累倒在工地上。武威人阎曾看在眼里,恨在心里。阎曾很有心计,怕直言劝谏对自己不利,便把自己打扮成一副鬼模样,在夜半三更时用拳头猛敲府门,边敲边阴声阳调地叫喊:“张茂的父亲张轨派我到这里来,告诉张茂不要劳民伤财。”卫兵把阎曾当作妖怪,请求张茂把他杀掉,不料,张茂十分严肃地说:“我也承认这是劳民伤财。阎曾以我父亲的名义来劝我,这是好意,怎能说他是妖怪呢!”当天,张茂就下令停工。

停工没过多久,张茂总感到心里像缺些什么,不时地望台兴叹。尤其是夺取陇西、南安扩大了前凉版图之后,灵钧台成了一块心病,时时折磨着张茂。继续营建,怕遭到人们反对,对不住父亲的在天之灵;继续让台基遭受风吹雨淋又于心不忍,更显示不出一国之主的威严。这样折磨了一段时间,最后还是下足决心开工营建。晋太宁元年(公元323年),灵钧台的工地上又重新沸腾起来。与此同时,国都姑臧(今甘肃武威)的修城工程也拉开了序幕。别驾吴绍见状,找到张茂,毫不客气地指出了重新开工的危害,劝谏张茂马上停工。张茂早就预料到会有人反对,便把早就编好的理由向吴绍抖了出来:“修建都城是国家安全的需要,谁都知道,有些祸患往往发生于我们的意料之外,即使再智勇双全也无济于事。我大哥被杀的例子,就很能说明问题。再说,整个中国的政局极不稳定,说不定哪个国家会向我们发起进攻,如果我们不修建都城,增加防御工事,一旦入侵之敌到来,我们怎么抵挡!”吴绍听到这里,突然感到自己的一大堆

理由似乎全成了废话，只好灰溜溜地离开了张茂，眼睁睁地看着灵钧台建完，姑臧城修好。

建台修城完工的第二年（公元 324 年）五月，张茂身患重病，临死前紧握侄子张骏的手，泣不成声地说：“我家世世代代以忠孝著称，我死之后，你要继承这一传统。”当天，就告别了人间。

高祖石勒

石勒年少时，家庭条件还不错，后来家道中落，石勒为生活所迫，14 岁时就常常到洛阳做些小生意。

到了公元 4 世纪末，石勒家乡出现大饥荒，白骨露于野，活下来的人都逃荒去了。石勒也跟着去逃荒，结果被卖到冀州为奴。后来，他的主人见他是个人才，就让他重新获得了自由。

获得自由后的石勒，万般感慨在心头，正巧这时八王之乱开始，天下大乱，石勒乘机召集了 18 个人起义，号称“十八骑”。

后来，石勒率 18 骑先是投靠了起兵反晋的公师藩，公师藩被杀后，石勒收留了公师藩的残余部队，又召集了一些犯人和流民，终于建立了他的武装。公元 307 年，石勒投靠刘渊，被刘渊封为辅汉将军、平晋王。

为了得到刘渊的重用，石勒向刘渊献计，并亲自执行，杀掉不肯向刘渊投降的伏利度，然后领着伏利度的兵马向刘渊报功领赏。刘渊大喜，于是提拔石勒为督山东征讨诸军事，并把伏利度的兵马交给石勒管理。

公元 308 年，石勒先后攻陷了魏郡、汲郡、顿丘、邺城、赵郡，中丘，迅速扩大了自己的实力。公元 312 年，石勒准备进攻建邺，于是征集民工赶造战船，结果大雨连下三个月，使得石勒的兵力大为受损。这时，司马睿又命令各路大军讨伐石勒，无奈之下，只好率兵后撤。

石勒到了邺城，在谋士张宾的建议下，占领襄国，并让其作为自己的根据地，发展生产，扩充武装，然后四处征讨。先后击败占据河北之地的王浚、刘混

等势力，使自己的力量迅速壮大。

公元318年，刘聪在临终前，将太子刘粲托付给刘曜和石勒。刘聪死后，刘粲即位不久，就被靳准发动叛乱杀掉。之后，刘曜称帝，石勒认为自己与其实力相当，但却要向刘曜称臣，于是与刘曜翻脸，分道扬镳。

这时的石勒已经有了称帝之心，谋士张宾、张敬等人看出他的企图，于是联名劝进，请求石勒称帝。石勒在半推半就下，于公元319年自称赵王，建立后赵政权。

建立后赵国后，石勒将一心扑在发展生产，增强国力的朝政上。为了笼络统治区的人民，石勒下令对普通百姓实行减租，给每位孤寡老人三石谷子，对出名的孝子孝孙和努力耕作的农民赐给数量不等的帛；又对有功的大臣进行分封，迅速巩固了自己的统治地位。除此而外，石勒为得到中原地主的支持，以便自己在中原地区站稳脚跟，于是让张宾负责制订门阀士族的等级还命令公卿及州郡推荐人才，笼络人心。

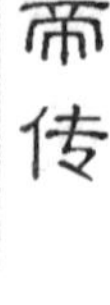

石勒称王后，对戎马生涯已感疲惫，主要精力都放在国家的长治久安上。当时祖逖正准备北伐，石勒为与之交好，下令修复祖逖的祖坟，从而使一场战争得以避免，保证了人民的休养生息。

公元325年，国力日盛的后赵，准备出兵讨伐刘曜，经过多次战争后，石勒终于率兵打败刘曜，灭掉前赵。

公元330年，石勒在大臣的劝说下先是自称大赵天王，后来又称帝，改元建平。随后于次年迁都邺城。

晚年的石勒，也喜欢评价自己的功过。公元332年，石勒大宴群臣，酒兴正浓时，石勒问手下大臣说："我可以和前代哪位皇帝相比？"善于拍马屁的大臣赶紧回答："陛下的功绩要高于汉高祖刘邦。"石勒高兴极了，笑着说："人有自知之明，你说的太过分了。如果我遇到汉高祖，一定向他称臣。大丈夫做事情应当光明磊落，不能像曹丕、司马炎那样靠欺负孤儿寡母夺取天下。"大臣们听完，少不了高呼几声"陛下万岁"。

公元333年，石勒病逝，享年61岁。

太祖石虎

石虎从小就被叔父石勒收养。但在11岁时突然失踪,直到17岁时,石虎才重新回到石勒身边。也许是这些年里,石虎经受了太多的磨难,其间痛苦和耻辱也给石虎留下了强烈的心理障碍,加上流浪当中,多习了一些流氓性格,造成石虎在称帝后大肆杀人,成为一个暴君。其实在他刚回到石勒身边时,他的残暴就初露端倪。石勒为此曾想杀掉他,以绝后患,还是石勒的母亲劝阻了他,石虎方才有命活到后来称帝。但就是石勒的仁慈,使得石勒子孙被石虎杀个精光。

石虎成年后,在每次战斗中,都英勇杀敌,所向披靡。石勒也慢慢地对他比较器重,提拔他为征虏将军。公元330年,石勒称帝,封石虎为中山王、尚书令。石虎本来以为石勒称帝后会把大单于的位子送给自己,不料石勒却给了儿子石弘。石虎从此有了怨恨之心。石勒病死后,石虎终于有了发泄的机会。他先逼迫太子石弘退位,之后又将其废为海阳王,不久,又将石弘及其他石勒的儿子们全部杀掉,总算解了心头之恨。

称帝后,石虎就开始大兴土木,下令在襄阳建太武殿,在邺城建东、西两宫,又在显阳殿的后面营建灵凤台九殿。这些工程完工后,石虎就派人在民间挑选一万多名女子,分配到各殿,以供自己玩乐。

有其父必有其子,在父亲荒淫无耻的影响下,太子石邃也学着寻欢作乐,在残暴荒淫方面,甚至比石虎有过之而无不及。他经常在夜里闯进大臣家里,奸淫大臣妻妾,还经常把美姬杀掉,把头颅洗干净放在盘子上让大臣传看。

但石虎却把朝政大权交给了石邃,但这石邃也经常难以忍受父亲的独断专行。后来,石邃无法忍受,于是带着五百名骑兵到冀州去,准备发动叛乱。刚动身不久,士兵们不愿跟他去送死,便纷纷逃跑,石邃无奈,只得回到宫中。石虎知道后,把石邃找来,一边怒骂,一边用鞭子抽打,之后便把他软禁在东宫。过了几天,石虎消了气,又把石邃放了出来。石邃倒也有些硬脖子。见了石虎,连声感谢都没有就掉头扬长而去。

石虎气得当即宣布把他废为庶人,当天夜里又把石邃及其妃子儿女 26 人全部杀掉。

石虎还喜欢炫耀自己的武力,于是穷兵黩武,四处征讨。但他的讨伐大多以失败告终。征伐不力的石虎,就把一厢怒气全撒在了后赵臣民的身上,他早已在民间搜罗了三万多女子充实后宫,还嫌不够,又于公元 345 年再次搜寻民女。各郡县官吏为了讨好石虎,四处寻找美女,也不管是否结婚,只要漂亮就抢走送给石虎。地方官吏也趁火打劫,抢夺美女,一时后赵国内人心惶惶,百姓日益不满,眼看一场大起义就要爆发了。可石虎不管,还是照样鱼肉百姓,公元 347 年,石虎听了和尚吴进的胡言乱语,命令征发男女 16 万人、10 万辆车,在邺城北边修筑华林苑和几十里长的苑墙。这时,太子石宣杀掉了为石虎祈福的儿子石韬。石虎闻知大怒,他让人在邺城北部堆起干柴,让人分别拖着石宣的头发,扯着石宣的舌头,把石宣拖到干柴上面,又让人把石宣的手脚砍断,挖出眼睛和肠子,然后点燃了干柴。石虎亲眼看着大火把石宣烧成灰烬,但仍觉得解不掉心头之恨,于是又把石宣的妻儿全部杀掉。石宣的小儿子才有几岁,从小就跟着石虎长大,此时吓得抱着石虎的腿哇哇直哭,石虎产生了怜悯之心,想把他抱起来,但执行命令的刽子手硬是把他从石虎怀中夺去杀害。

公元 348 年,染病在身的石虎本想通过称帝、改元消灾冲喜,于是称帝,改元太宁。但此时的后赵人民的起义已是箭在弦上,就在石虎称帝后不久,被石虎派去戍边的士兵在梁犊领导下发动起义,石虎倾全国兵力才把起义军镇压下去。

公元 349 年,石虎在平息起义中耗尽精力,终于病死。

武悼天王冉闵

冉闵就是石闵，他是石虎的养孙，因而改冉姓为石姓，称帝后，他又把自己的姓改回原姓。

冉闵在石虎手下颇受器重，石虎对他就像亲孙子一样宠爱。长大后，胆识过人的冉闵自然被石虎提拔为将领。冉闵也不负石虎的厚望，在多次战争中冲锋陷阵，视死如归，在军队中逐渐建立了较高的威望。

公元349年，石虎病死，太子石世即位。

冉闵和姚弋仲、蒲洪、刘宁等人在镇压了梁犊起义回邺城的途中听到这些消息，便鼓动统帅他们的大将军彭城王石遵起兵。石遵也有当皇帝的野心，便让冉闵打先锋。石遵为了让冉闵更好地为他卖命，对冉闵许愿说："好好干，事成之后，我立你当太子。"但石遵杀掉石世当上了皇帝后，却又食言，把石衍立为太子，还在左右的煽动下准备杀掉冉闵。冉闵得到石鉴的密报，立刻带兵把石遵等人全部杀掉，推石鉴当皇帝，冉闵自己则当上了大将军。

石鉴即位不久，就密令手下在深夜时分袭击冉闵，结果他的手下是有去无回，被冉闵打垮。龙镶将军孙伏都率三千羯兵攻打冉闵，也被冉闵打败后龟缩到凤阳门内。冉闵命令士兵砸毁金明门攻进宫内，活捉了石鉴，杀死了孙伏都。

冉闵把石鉴关进御龙观后，宣布命令说："近日孙伏都等人逆天行事，发动叛乱，已经被我消灭。自即日起，愿意在我的统治下发展的人全部留下，不愿跟我干的可以各奔东西。"后赵汉人听到消息后，纷纷回到邺城，胡、羯则扶老携幼纷纷出城。冉闵一看，对胡人的怨恨又大增，便对士兵们说："杀一个胡人，文官可以升三级，武官一律封为牙门将。"士兵们在高官厚禄的诱惑下，个个都成了杀人不眨眼的刽子手，一天之内就让几万人头落地。冉闵还嫌杀人太少，又亲自带兵到处杀人，只要是胡、羯，不管男女老少，一律斩杀，共杀20多万人。冉闵杀得兴起，又把石鉴及石虎的子孙后代全部杀死，自此，胡、羯族彻底消亡。

冉闵杀掉石鉴后，在手下的劝进下，称帝即位，改国号为大魏。史称冉魏。

公元350年,冉闵又与后赵残余石祗所部进行了一系列战争后,终于把其消灭。但冉闵刚刚回到邺城,前燕大军已前来攻击,开始,冉闵还能连战连胜,后来由于前燕军队设计,包围了冉闵。冉闵力战前燕士兵,一连砍掉了300多个燕兵脑袋,终于冲出了包围圈。但由于战马力竭而亡,冉闵摔了下来,被燕兵俘虏。

冉闵被送到蓟城后,慕容儁训斥他说:“就你这副样子还想称帝?”冉闵理直气壮地说:“天下大乱,连你们这些夷狄禽兽都想称帝,何况我乃中原英雄,为什么不能称帝呢?!”慕容儁听了,气得举起鞭子抽他,然后派人把他送到龙城杀死。

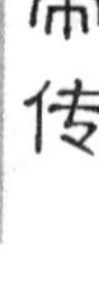

文明帝慕容皝

慕容皝是前燕的开国皇帝,也像很多开国皇帝一样,能文能武,能屈能伸,既有伟人的文功武略,也有小人的卑鄙行径。因而前燕在他手里,迅速得到振兴,可惜之后的前燕国君都不争气,把慕容皝辛辛苦苦创下的一番基业,弄得三世而亡。

慕容皝即位后,首先做的事情,就是为了自己的子孙能够顺利继承大统,而杀掉所有“功高震主”的大臣,就连他自己的亲生兄弟都不放过,从而导致了前燕内部的一场混乱。

慕容翰、慕容昭、慕容仁是慕容皝的亲兄弟,也曾为前燕的建立东征西讨,立下赫赫战功。正因为如此,慕容仁把兄长慕容翰逼得投奔了鲜卑段辽,然后杀掉弟弟慕容昭,又派兵征讨在辽东地区很有势力并和段辽的鲜卑诸部勾搭成奸的慕容仁,打败慕容仁后,又逼他自杀。

后来,慕容翰又重新投靠了慕容皝,慕容皝因为慕容翰熟悉段辽、宇文归的情况,没有立即杀他,而是利用慕容翰消灭段辽、宇文归。等到段辽、宇文归都被其消灭后,慕容皝就利用别人诬陷慕容翰欲图谋不轨的机会,不问青红皂白,将其杀掉。

公元337年,慕容皝称王,建立前燕。之后,慕容皝为扩大前燕的实力,想

出一招借刀杀人之计，他派人出使后赵，以向后赵称臣为条件请求后赵出兵，消灭段辽。后赵国君石虎中计，将段辽赶到密云山。而慕容皝就尾随其后，带兵抢劫了大量的畜产和5000户居民，尽收渔翁之利。石虎上当后，勃然大怒，率兵攻打慕容皝，结果被慕容皝在凌晨偷袭，打败而归。之后，慕容皝再次对后赵用兵，又一次取得大胜。

公元342年，迁都龙城（今辽宁朝阳）后的慕容皝亲率大军征伐高句丽，将五万多名高句丽臣民弄回龙城。公元343年，慕容皝又出兵鲜卑宇文归部，把宇文归打得跑到漠北，葬身于沙漠之中。

国家的安全得到保证后，慕容皝终于把精力放在国家的治理上来。此时的前燕，被连年征战弄得元气大伤，国家财政拮据。为增加国家收入，慕容皝于公元345年宣布，准备把苑囿按八二分成租给百姓，国家得八，百姓得二。记室参军封裕感到分配比例不合理，便上书劝谏慕容皝。这慕容皝也算是有点纳谏之心，接受了封裕的劝谏，下令把苑囿无偿地分给无地或少地的农民，如果农民一无所有，国家还发给一头耕牛，按四六分配，国家得六，农民得四。此举激发了平民百姓的垦荒热情，没有几年，前燕的国库殷丰厚实，富贾一方。

为了培养人才，慕容皝在旧宫建立学校，招收学生1000多人，慕容皝还经常亲自到学校讲课，考问学生，成绩优异的提拔成近侍，不合格的则予以裁减。几年下来，燕国的实力大大增强。

慕容皝正想干一番事业的时候，却不幸于公元348年染病而死。

惠武帝苻洪

乱世出英雄，西晋末年，天下已是大乱。那些自认为有些实力的人也不管自己是骡子还是马，都跑出来撒着欢的跑开了。苻洪就是其中一个，先不管他是骡子还是马，他毕竟是氐族的一个酋长，加上自己还有些武艺和雄心，所以这天下一乱，苻洪见有机可乘，便笼络了一批英雄豪杰，占山为王了。

想做皇帝的苻洪，起初只能四处寄人于篱下，他在同族蒲光等人的逼迫下

投靠了刘曜，等到刘曜被石勒俘杀以后，苻洪便带着自己的人马上山做强盗去了。后来，石虎准备攻打他，苻洪很有自知之明，料到不是石虎的对手，便主动向石虎投降，石虎见苻洪主动交械，当然非常高兴，就把苻洪封为冠军将军，并在苻洪的建议下，将秦、雍及氐、羌十万户迁到关东，把苻洪任命为流民都督，负责管理这些新迁的居民。

等到石遵即位后，冉闵就煽动石遵摘掉了苻洪头上流民都督这顶乌纱帽。苻洪知道大祸即将临头，赶紧就跑到东晋，投奔晋穆帝。这么三投奔两投靠的，苻洪的官是越做越大，实力也是越来越雄厚。实力增强了，苻洪也有了欲与天公试比高的劲头，于是决定称帝。恰在这时，有人出来劝他称帝，这建议正合他意，于是便自称大将军、大单于、三秦王。

苻洪当了皇帝后，地位变了，说话的口气也大了。一天，他对手下大臣说："我只要率兵十万，再占领有利地形，就可以不费吹灰之力，把冉闵、慕容儁、姚襄父子彻底消灭。夺取天下这事，对我来说，简直就是易如反掌。"

说话的口气虽大，但也从另一个方面说明了苻洪的抱负。可偏偏这老天爷要捉弄他，正当他运筹帷幄准备付诸行动的时候，军师麻秋在宴席上给他下了毒药，苻洪就此一命呜呼。

成武帝慕容垂

在前燕灭亡以前，慕容垂曾是前燕的功臣，备受世人尊敬。不料被前燕奸臣所害，只得投奔前秦。

前秦苻坚久仰慕容垂大名，听说他前来投奔，如获至宝，亲自到郊外迎接。公元 370 年，前燕被前秦消灭，慕容暐和前燕文武大臣被苻坚俘虏。

慕容垂心中不禁产生了伤感之情，从此有了复国之心。

慕容垂在前秦虽然很受苻坚的器重，但随着时间的推移，恢复燕国的想法也越来越强烈。公元 382 年，苻坚想出兵攻打东晋，遭到大臣们的反对，慕容垂认为这是恢复燕国的好机会，于是坚决支持苻坚的想法，他对苻坚说："弱肉强

食，这是自然规律。现在前秦很强大，消灭东晋不费吹灰之力，大臣们虽然反对，但你根本不必理会他们。”苻坚听了，高兴地说：“能和我齐心协力平定天下的人，就只有你了。”公元 393 年，苻坚命慕容垂和张蚝为先锋，率二十五万人出征东晋。

淝水一战，前秦大军被打得一败涂地，唯有慕容垂所率领的三万人安然无恙。苻坚狼狈逃到淮北，前往慕容垂军营。慕容垂的儿子慕容宝见苻坚到来，便对慕容垂说：“苻坚现在就像一条丧家之犬，我们可以乘机把他宰掉。这是苍天赐给我们报仇复国的大好时机啊！”慕容垂摇了摇头，长叹一声，说：“你讲的很有道理。但是，苻坚诚心诚意地来找我们，我们怎能对他下毒手呢！再说，如果上天要惩罚他，就不怕他不灭亡。我们现在还不如暂时收留他，以报答他对我们父子的恩情，等有了机会再收拾他也不迟。到那时，我们再杀他的话，就不怕别人说我们不仁义了。”于是将自己的兵马交给苻坚。

之后，慕容垂准备脱离苻坚，到北方去发展，于是对苻坚说：“北部的一些百姓听说你失利，都有反叛的迹象。我想去安抚他们，顺便看一下我的祖坟。”苻坚很放心慕容垂，便派三千人护送慕容垂前往。

慕容垂离开苻坚后，就开始发展自己的势力。恰在这时，有人背叛前秦，苻丕立即派慕容垂去镇压。苻丕给了他二千兵马，又派心腹将领苻飞龙率领骑兵一千，暗中监视慕容垂。慕容垂于是设计歼灭了苻飞龙及其所部。慕容垂杀了苻飞龙之后，带兵向邺城进发。到达荥阳时，慕容垂终于跳将出来，自称燕王。

公元 384 年，慕容垂兵临邺城城下，围攻邺城将近一年。到公元 385 年，苻丕弃邺城西撤到晋阳，慕容垂这才占领了邺城。公元 386 年，慕容垂称帝，重建燕国，史称后燕。

建立后燕后，慕容垂就出兵攻打西燕，设计将西燕军队打得大败，俘获慕容永及西燕的王公大臣三十多人，随后全部斩杀。

之后，忘乎所以的慕容垂又于公元 395 年出兵征伐北魏，结果被北魏军队打得大败而归。

慕容垂仍不放弃对北魏的攻击，公元 396 年，慕容垂又带病亲自率后燕大军秘密离开中山，出其不意地穿过云中，攻陷平城，俘虏了北魏三万多人。

此战过后，慕容垂终于病倒了，在撤离平城回后燕的途中，不幸病逝。

武烈帝赫连勃勃

赫连勃勃原是匈奴铁弗部首领刘卫辰的儿子，在公元 391 年，北魏拓跋焘攻入铁弗部所在的代来城。结果父亲刘卫辰在逃跑中被自己的部下杀死。

赫连勃勃则机智地甩掉了北魏的骑兵，逃到了野外。投奔薛干部。随后又被惧怕北魏强兵的薛干部首领太悉仗送给后秦高平公没奕于。没奕于对赫连勃勃的印象很好，便把自己的女儿嫁给了他。

到了后秦后，赫连勃勃身受到后秦国君姚兴的器重，被封为骁骑将军，经常参与军国大事。后来赫连勃勃又被封为安远将军，并让他带领三城、朔方以及卫辰原来的部众到高平协助没奕于。赫连勃勃还没出发，姚兴又把他封为安北将军，让他驻守朔方。赫连勃勃从此便有了自己的根据地。

赫连勃勃到了朔方不久，便以到高平打猎为名，袭击高平，杀害了岳父没奕于，收编了他的部队。然后于公元 407 年自称大夏天王、大单于，建立夏。随后赫连勃勃借口南凉拒婚，出兵攻打南凉，凯旋而归。随后又恩将仇报，出兵夺取了姚兴在三城以北设立的军事据点，杀了后秦杨丕、姚石生等将领。之后，赫连勃勃便常常侵扰后秦，大肆扩张自己的领地，并于公元 408 年和公元 409 年两次大败后秦军队，巩固了夏的统治。并积极准备，一心想夺取长安。恰好这时，东晋大将刘裕趁后秦主姚兴死，率师北伐后秦。赫连勃勃认为夺取长安的机会来到，于是厉兵秣马，积极准备。

公元 417 年，刘裕消灭姚泓，进入长安。不久，刘裕让儿子留守长安，自己回到了江南。刘裕走后，赫连勃勃便趁机南攻长安，并于公元 418 年被长安城内的百姓迎入城内，随后，赫连勃勃便在灞上设坛即皇帝位。

赫连勃勃当了皇帝后，更加残暴凶狠，杀人成性。他常在城上拿着弓箭，看路过的人，如果看谁不顺眼，就将其射死。如果大臣露出不恭敬的眼神，他就下令挖出那大臣的眼睛；如果大臣笑他，他就让人撕裂大臣的嘴；如果大臣敢劝谏他，他就把大臣的舌头割掉，然后再残忍的杀害，大臣们叫苦连天，人人自危。

公元 425 年，赫连勃勃病死，结束了他罪恶的一生。

武帝刘裕

刘裕以汉高祖刘邦的弟弟楚王刘交的子孙自居。祖籍彭城绥里(今江苏徐州),曾祖刘混时随晋室南迁,客居京口(今江苏镇江)。

刘裕出身帝王之后,官宦世家,但因他的父亲刘翘早逝,家境贫苦,幼年竟沦落到靠卖草鞋为生。在当时,他只不过是一个简单而又贫穷的东晋下级官吏。不过,刘裕少有大志,一心想做一番惊天动地的大业。带着如此雄心壮志,刘裕年轻时从军,成为东晋北府军的下级军官。

隆安三年(公元399年),孙恩、卢循在会稽起兵反抗晋朝,晋朝廷派前将军刘牢之东来镇压,刘牢之请刘裕为参府军事。刘裕为人机智有谋,勇敢善战,多次克敌致胜,屡立战功。因功升建武将军、下邳太守、彭城内史。刘裕从此起家。

元兴三年(公元404年)二月初一,刘裕在家乡京口起兵讨伐篡晋的楚帝桓玄。公元405年,击败桓玄,晋安帝司马德宗复位,任刘为侍中、车骑将军、中外诸军事、徐青二州刺史、兖州刺史、录尚书事。刘裕从此控制了东晋朝政。刘裕在不到二十年的时间里,对内平息战乱,先后击败了孙恩、卢循的海上起义,消灭了桓玄、刘毅等军事集团;对外致力于北伐,取巴蜀、伐南燕、灭后秦,从一名普通的军人成长为名垂青史的军事统帅,取得了令世人瞩目的成就。

刘裕执政晋室后,于公元409年率军灭掉广固(今山东省益都县)的南燕政权,又回师击败卢循。义熙六年(公元412年),又西攻盘据四川的谯纵,收服巴蜀。公元405年~415年,刘裕消灭南方各大割据势力,统一南方,实现了东晋南朝史无前有的大一统。义熙九年(公元415年),后秦姚兴病逝,姚泓继位,兄

弟相残，关中大乱。元熙元年（公元 417 年）攻克长安，灭后秦，受封为宋王。

元熙二年（公元 420 年），刘裕迫司马德文禅让，即皇帝位，国号宋，改元永初。东晋灭亡，中国开始进入南北朝时期。刘宋初期，因刘裕在晋朝末期收复北方的青、兖、司三州，大致拥有黄河以南的广大地区，成为东晋南朝时期疆域最大，实力最强，经济最发达，文化最繁荣的一个王朝。刘裕在位三年，在位期间，政治清明，颇有作为，于公元 422 年在建康去世，终年 60 岁，庙号高祖，谥为宋武帝，葬在初宁陵。

高帝萧道成

萧道成，宋元嘉四年（公元 427 年）生。字绍伯，小名斗将。祖籍东海兰陵县（故地在今山东苍山县西南兰陵镇）。其高祖萧整始过江，侨居南兰陵（在今江苏常州市西北）东城里。其父萧承之，少有大志，才力过人，曾为宋之汉中太守，加龙骧将军，后为南泰山太守，迁右军将军。母陈道正。

道成十三岁，在儒生雷次宗门下就读《礼》和《左氏春秋》。元嘉十七年（公元 440 年），宋司徒彭成王刘义康被贬为江州刺史，出镇豫章，承之领兵防守，道成弃学同行。二十三年（公元 446 年），道成至雍州刺史萧思话手下任左军中兵参军。

宋明帝即位，为右军将军。当四方反叛之时，奉命东讨晋陵（今江苏常州市），一日破敌 12 垒。及徐州刺史薛安都之侄索儿进逼青、冀二州刺史张永时，又奉命救援。泰始三年（公元 467 年）八月，行南徐州事，将千人镇淮阴。在此，道成收养豪俊，宾客始盛。翌年七月，为南兖州刺史，镇广陵。

道成身高七尺五，姿表英异，民间盛传有异相，当为天子。明帝疑之。

六年（公元 470 年）六月，征为黄门侍郎、越骑校尉。目的是调入京城，便于控制。道成惧，不欲内迁，又无计可施。冠军参军荀伯玉建议遣数十骑人北魏境，制造边境紧张局势，道成从之。北魏果遣数百骑游巡境上。

道成据此上报，终得留任。九月，复镇淮阴。

有人谮言道成在淮阴有异心。明帝封银壶酒，令淮陵太守吴喜持赐道成以试之。道成惧，欲逃。喜告以实情，道成即饮之，明帝之疑始解。

次年七月，明帝复调道成入朝。左右以朝廷方诛大臣，劝其勿往。道成认为："今唯应速发，淹留顾望，必将见疑。"至建康，拜散骑常侍、太子左卫率。泰豫元年(公元472年)四月，为右卫将军，领卫尉(掌管禁卫)，与尚书令袁粲共掌机密事。后解卫尉，加侍中，领石头戍军事。

后废帝即位之时，桂阳王刘休范从寻阳发兵二万，直捣建康。朝廷惊恐，一筹莫展，独道成勇担重任，提出"不宜远出"，"宜顿新亭(在今江苏江宁县南)、白下(在今南京市北)，坚守宫城、东府(在今南京市东)、石头(在今南京市西石头山后)，以待贼至"之作战方针。并率兵守卫新亭。抗击休范大规模进攻。同时令屯骑校尉黄回与越骑校尉张敬儿诈降以取之。休范不疑，置回和敬儿于左右。敬儿在休范饮酒无备之时，夺其防身刀杀之。

元徽二年(公元474年)六月，为中领军、南兖州刺史，留卫建康，与袁粲、护军褚渊、仆射刘秉共理朝政，号称"四贵"。

四年(公元476年)六月，南徐州刺史建平王刘景素谋举兵叛乱。事泄，被迫于七月一日据京口起兵。八日，道成遣军攻入京口，斩景素，叛乱遂平。

两次叛乱之平息，后废帝也因之更加骄纵，随意杀人。并忌道成威名欲杀之。还刻木为道成形，自射之，又命左右射之，射中者赏。次年六月，天盛热，道成昼卧裸袒，废帝入，画腹为的，以骨箭射之，正中其脐。道成忧惧，命越骑校尉王敬则密结帝左右之杨玉夫、杨万年等十五人伺机图之。七月七日晚，玉夫趁帝熟睡之后，取其防身刀杀之。道成拥安成王刘准为帝，是为顺帝。并自为司空、录尚书事、骠骑大将军，总兼军国事，大权独揽。

粲、秉不满道成专权，拟于十二月二十三日夜举事。事泄，道成抢先下手，杀粲、秉。之后，集中力量对付荆州刺史沈攸之。

攸之自以为才略过人，早有异心，道成亦早有准备。元徽三年(公元475年)三月，道成以张敬儿为雍州刺史，以制攸之。初，攸之有所戒备。

后由于敬儿奉事周到，攸之亦以诚相待。五年(公元477年)，攸之起事之时，敬儿立即密报建康。

闰十二月，攸之攻郢城(今湖北汉口)，历时三十余日不下，道成援兵又将至，攸之军士纷纷逃亡，将帅不能制。攸之拟撤至江陵，但江陵为敬儿所攻占，相随二万士卒皆散。攸之无所归，升明二年(公元478年)正月，逃至华容界(今湖北监利县)，自缢于栎林。

攸之之乱平定后，道成又杀数欲反叛之郢州刺史黄回，还先后将明帝嬖臣阮佃夫、杨运长等调迁外地，自为太尉，大权进一步归于自己。三年（公元 479 年）三月，为相国，封十郡，为齐公。四月，进为齐王，增封十郡。同月，宋顺帝禅位，道成即皇帝位于建康南郊，国号齐，史称南齐，都建康。

道成气量大，深沉静默，喜怒不形于色。博学，善作文，擅长草隶书（是我国历史上著名书法家），好下围棋。即位后，儒者刘桓建议："戒前车之失，加之以宽厚，虽危可安；若循其覆辙，虽安必危矣。"因之改革宋孝武帝以后之暴政，朝政较严明，官民始得安业。同时下诏："二宫诸王，悉不得营立屯邸，封略山湖。"还提倡节俭。身不着精细之物，后宫器物栏杆，以铜为装饰者，皆改用铁。每日："使我临天下十年，当使黄金与土同价。"为巩固政权，削除部曲私兵，限制将吏随身护卫人数，下令整顿户籍。又尽除宋宗室之残留者，树齐宗室之势力。

道成在位期间，北魏虽有侵犯，但规模小，边境较安宁。

建元四年（公元 482 年）三月，病死于建康临光殿。在位 4 年，死时 56 岁。谥日高皇帝，庙号太祖。四月，葬于泰安陵（在今江苏丹阳县陵口镇东南）。

武帝萧衍

萧衍出生于贵族之家，自幼酷爱读书，博学多才，加上天资聪颖，年纪轻轻就在文学方面崭露头角。当时与之交往甚密的有沈约、谢朓、王融、范云等七人，被世人称为"八友"。

萧衍是在北魏伐齐的战争中起家的，他虽是文人，却有政治家的谋略和果敢，又有军事家的运筹帷幄之才，因此在抗击北魏军队的战斗中屡屡获胜，深得当时的齐明帝萧鸾赏识，对他的职位也是一升再升。最后为加强雍州防务，齐明帝将萧衍封为辅国将军兼领雍州刺史，萧衍终于有了一块坚实可靠的根据地，为以后夺取萧齐天下奠定了基础。

齐明帝死后，即位的萧宝卷残暴嗜杀，文武群臣被杀者无数，百官皆不自安，于是江州刺史陈显达、豫州刺史裴叔业等人反叛，但都被镇压下去。而萧衍则韬光养晦，虽暗中支持众人叛乱，却让萧宝卷抓不到任何把柄。就这样，萧衍

不断扩充实力，等待机会。这时，萧宝卷将镇压叛乱有功的萧懿赐死，萧衍见机会到来，便于公元500年起兵征讨，各地响应者甚众。

为了号召天下，萧衍将萧宝卷的弟弟萧宝融拥立为帝，然后挟天子以令诸侯，沿途攻取城池犹如探囊取物，于公元501年秋兵临建康城下。萧衍率军与守军激战，不久将其击溃，遂进击到齐宫城，并将其围得水泄不通。萧宝卷的大将王珍国投靠萧衍，将正在笙歌夜饮的萧宝卷杀死，然后开门迎降。

萧衍占领建康后，遂掌握了朝中大权，而齐和帝萧宝融不过是傀儡而已。萧衍自此踌躇满志，准备篡位称帝。为了顺利称帝，萧衍先指使心腹让萧宝融封自己为相国，领扬州牧，梁公；然后将萧宝融的三个10岁上下的兄弟邵陵王萧宝信、晋熙王萧宝篙和桂阳王萧宝贞除掉，再就是作谶语"行中水，为天子"交各地儿童传唱，造成舆论攻势。

由此万事俱备，只欠萧宝融下诏禅位了。

公元502年春，萧宝融下诏禅位，于是萧衍登基称帝，是为梁武帝。南齐灭亡。

萧衍即位后，便将齐和帝萧宝融杀死，而明帝诸子中，唯有自幼残疾的晋安王萧宝义得以存活。

萧衍登基之后，倒也能接受齐亡的教训，总是勤于政务，孜孜不倦，即便是寒冬腊月，也是五更就起来批改公文，以至于双手冻裂。萧衍还注重纳谏和勤俭廉洁，分别施行了相应的措施，使得吏治有了不少起色。

"狡兔死，走狗烹"，这句话用在助萧衍登基称帝的开国元勋身上，倒也贴切。萧衍对开国功臣尤其刻薄，但好在一点，萧衍并没有大肆屠杀这些功臣，只是在即位后对其冷淡疏远，任这些人自生自灭。

萧衍未当皇帝之前，毕竟是"八友"之一，因此即位之初，对儒学非常重视，设立了国子监，增加了生员，还亲自撰写了《春秋答问》《尚书大义》《中庸讲疏》《孔子正言》等200余卷书籍。但到了晚年的萧衍，竟然逐渐看破红尘，遁入空门，成为中国历史上的皇帝中在位时剃度出家的和尚皇帝。

自此以后，佛教渐盛，萧衍也三番五次地舍身入空门。第一次是到同泰寺"舍身"，做了四天和尚后，萧衍便被接回去。后来想想不对，因为按当地的风俗，和尚还俗，要出一笔钱向寺院"赎身"。皇帝当和尚赎身，怎么能够例外，更应该做出表率。

这时有位印度僧人菩提达摩不远万里来到东土，萧衍听有远方高僧到来，立即命令地方官吏马上将其护送入都，亲自于内殿召见，谈论佛理。然而没过多久，达摩见话不投机即告辞出来，后来渡江至篙山少林寺传经授徒，竟成为中国禅宗第一世祖。

公元529年秋，萧衍再次来到同泰寺，他脱去御衣换上法衣，宛如一位入寺多年的老僧，第二天讲完经后，又将肉身舍入寺中，自号三宝奴。如此过了十天，大臣们拿来钱一万亿，请求赎回皇帝菩萨。萧衍语意恳切，竟然对群臣用"顿首"之辞，声称既已舍身入寺就无返俗之意。

群臣连连劝谏，萧衍才好不情愿地回到宫中。

第三次是在公元546年，萧衍还是来到同泰寺中舍身，这次赎身的钱翻了一番，达到二万亿，这才让这个皇帝菩萨回到皇宫。一年后，萧衍因侯景来降，认为是佛祖保佑，于是又演出一场舍身闹剧。

在这种政治形势下，梁朝政腐败是不可避免的，到了萧衍做皇帝的第47年，即公元548年，便发生了著名的侯景之乱。

侯景曾在西魏为官，后来因与高欢之子高澄不合，所以投奔南梁。萧衍知道后大喜，不但没有夺其兵权以富贵养之，而且还将侯景封为大将军、河南王，都督河南北诸军事。结果侯景刚降，不久即生乱，将梁朝天下搞得大乱。

侯景起兵后，屡败南梁军队，不久就兵临建康城下，并打败前来勤王的众军，将皇城紧紧包围。城中守将见大势已去，遂开门投降，于是萧衍被抓获。

当时侯景虽有称帝之心，但面对众多勤王部队，还是不敢轻举妄动，于是将萧衍软禁起来。可怜萧衍被软禁后，竟经常断食，即使有什么要求，也得不到满足。萧衍百感交集，竟抑郁成疾，卧床不起。侯景对其更是刻薄，既无食物也无饮水，不久这个南梁的开国皇帝，就活活饥渴而死。享年86岁。

武帝陈霸先

陈霸先的仕途，是从乡中里司小官开始的。

后来陈霸先趁南朝官民纷起的机会，逐渐升官，做了西江督护、高要太守。

到了公元524年，陈霸先势力已盛，逐渐有了非分之心，于是，他趁交州李贲造反之机，迅速扩大自己的势力。在广州城下与李贲所率叛军激战，收得后来为其出生入死的大将杜僧明。

第二年春天，陈霸先与李贲叛军激战两年，终于将其擒杀。于是陈霸先官位更高，威震南方，闻名京师。

而最终确定陈霸先在南朝中无可取代地位的，是与侯景的征战。公元548年，侯景起兵，陈霸先率部征讨，最终打败了不可一世的侯景，拥立萧绎即位。这时，陈霸先已成为朝中重臣，手握军事大权，又屡受皇帝萧绎的宠信，陈霸先篡梁称帝的必要条件，只剩下行政大权了。老天还是给了陈霸先机会，公元554年，梁元帝萧绎死于西魏之手，陈霸先与王僧辩迎立萧方智。

萧方智即位后，大权落到陈霸先和王僧辩的手里。

陈霸先要想称帝，还得除去王僧辩这个障碍，这王僧辩也真给他面子，不久就在北齐的胁迫下废掉萧方智，拥立萧渊明。陈霸先勃然大怒，于是起兵攻伐王僧辩，将其杀死，并废掉萧渊明，重立萧方智。南梁的大权，完全被陈霸先掌握。

这时，南梁境内对陈霸先不满之声愈加增多，各地战事纷起。陈霸先只得暂时将篡位事宜搁在一边，率军一一讨伐叛乱。经过将近一年的攻伐，陈霸先先后平定了杜龛、韦载、王僧智、徐嗣徽、张彪、陈嗣和曹郎等反叛势力，又率军大败南侵的北齐军队，将齐帅萧轨等尽皆斩首，一时誉满南梁，威权日重。陈霸先踌躇满志，便将所有精力放到篡位事宜的准备上来。

公元557年，梁敬帝萧方智被迫“禅让”，陈霸先即位称帝，南梁灭亡，南陈建立。

陈霸先当了皇帝，才发现这皇帝并不是那么好当，因为他的篡位，引起南梁众多旧臣的不满，纷纷起兵反对他。于是，陈霸先只得脱下龙服换上武装，率军征讨这些叛乱。

等到把这些叛乱一一平定以后，陈霸先已经是精疲力竭，大病袭来，陈霸先就已经撑不住了，便于公元559年死去。

太武帝拓跋焘

天赐五年(公元408年),生于平城东宫,少名佛狸。拓跋嗣之长子,母杜氏。泰常七年(公元422年)四月,封太平王,拜相国,加大将军。

五月,立为皇太子。次年十一月,即皇帝位。

即位后,主要从事战争,走以战争强国之路。其最终目的是进取中原,统一全国。但四周为敌者,北有柔然(又名蠕蠕、芮芮),西有夏,东有北燕,南有宋(南朝宋),其中柔然威胁最大。柔然又积极与夏、宋联合,共同对北魏。焘则采取或南守西攻,或西、南守北攻之战略方针,以柔然和夏作为主要打击对象,各个击破。

始光元年(公元424年)八月,柔然闻拓跋嗣死,以六万骑兵入侵云中,攻拔盛乐宫,杀掠吏民。年仅十七岁的拓跋焘,率轻骑,三日二夜赶至云中,击溃柔然。次年十月,又大举伐柔然。军至漠南(今内蒙古),舍辎重,带十五日粮,轻骑渡漠击之。柔然部落大惊,绝迹北走。

四年(公元427年),在与夏相持于长安之时,焘统兵十万乘虚伐夏都城统万(故址在今陕西横山县西),杀夏军万余人,俘获夏王、公卿、将校及诸母、后妃、姊妹、宫人以万计,马三十余万匹,牛羊数千万头,府库珍宝不可胜计。第二年二月,又擒夏主赫连昌于安定(在今甘肃泾川县北)。

神䴥二年(公元429年),伐柔然。五月,焘率轻骑至栗水(在今内蒙古西部)。柔然毫无准备,民畜遍野;见焘军至,惊怖散去。其主纥升盖可汗烧庐舍,绝迹西走。焘分军搜讨,东西五千里,南北三千里,俘斩甚众。

柔然降者三十余万人,获军马百余万匹,畜产、车庐,弥漫山泽,约数百万。

次年十一月，伐夏。焘先使赫连昌招降，不下，遂围夏军于鹑觚原（故地在今甘肃灵台县境），断其水草数日。夏人马饥乏，被迫下鹑觚原。

焘军击之，夏军大溃，死者万余人。夏新主平原王赫连定（公元428年，昌被俘，定即位）受重伤，单骑逃走。十二月，长安、临晋（今陕西大荔县）、武功（属今陕西省）夏之守将皆走，关中悉为北魏所有。

延和元年（公元432年）六月，伐北燕。七月，攻和龙（燕都城，故址在今辽宁朝阳市），不克而还。太延二年（公元436年）五月，灭北燕，占领辽河流域。五年（公元439年）六月，发兵平城，伐凉州（治所在今甘肃武威县）。九月，北凉哀王沮渠牧犍率其文武五千人降于魏。始于公元304年之北方十六国大乱，至此，统一于魏。

魏统一北方之后，又连年出击柔然之残存势力和西域诸国。太平真君十年（公元449年）九月，大破柔然，收民畜百余万。自是，柔然衰弱，不敢再犯。

次年六月，焘闻宋将北伐，曾致书宋文帝，高傲地宣称："来亦不迎，去亦不送。"七月，宋军相继占领碻磝、乐安，进而围攻滑台。九月，焘统兵（号称百万）救滑台，宋军退走。焘军分五路，乘胜追击。攻彭城，不克，攻盱眙，又不克，乃于十二月直抵长江北岸之瓜步。建康一片惊慌，纷纷准备南逃。

焘南下之时，未带粮草，唯靠抢劫。及过淮，民多逃匿，抄掠无所得，缺草缺粮，人马饥乏。在此困难之时，焘一面伐苇为筏，声言渡江；一面馈送骆驼、名马于宋，"求和请婚"。宋亦以珍馐、异味作为回报。正平元年（公元451年）正月初一，北魏军沿江举火，虚张声势；初二，掠居民，焚庐舍而去。至盱眙，求酒于臧质（宋辅国将军），质封溲便与之。焘怒，肉搏登城，轮番进攻，坠而复升，莫有退者，死伤万计，尸与城平，攻三旬而未能克。是时军中多疫疾，又告宋军自海入淮。三月，焘退回平城。

此次战争，双方损失惨重，北魏之士马死伤过半，焘威信大降。

六月，中常侍宗爱因与太子有隙，诬告太子亲信给事中仇尼道盛、侍郎任平城有罪。焘杀道盛，太子忧死。后焘知太子无罪，甚悔之。爱惧诛己，于次年二月。杀焘。

焘在位30年，死时45岁。三月，葬于云中金陵（在今内蒙古和林格尔县）。谥曰太武皇帝，庙号世祖。

孝文帝元宏

皇兴元年（公元 467 年）八月，生于平城紫宫，献文帝长子。母李夫人被杀，冯太后抚养。三年（公元 469 年）六月，立为皇太子。

献文帝笃信佛教，轻功名，薄富贵，于五年（公元 471 年）八月让位，宏即位（年五岁），大权仍由献文帝掌握。

承元明年（公元 476 年）六月，冯太后毒死献文帝，临朝称制。事无大小，皆决于太后。冯太后知文字，善观察，长谋划，晓政事，聪明能断，生活简朴，但性猜忌，自以内行不正，畏人议论，群下语言稍涉及，每杀之，以猜嫌所杀者十余家。又多权术，所幸左右，苟有小过，必加鞭打，多至百余；打后又待之如初，或因此更富贵。故左右虽被罚，但无离心。

太后主持朝政期间，对北魏旧制进行改革。太和八年（公元 484 年）六月，实行俸禄制（北魏旧制，百官无俸禄，唯靠掠夺）。次年八月，接受给事中李安世建议，实行均田制，破豪强之垄断。十年（公元 486 年）二月，立乡党之法，建三长制："五家立邻长，五邻立里长，五里立党长。"

十四年（公元 490 年）九月，冯太后死，宏亲理朝政。十七年（公元 493 年），迁都洛阳。表面理由是，"平城地寒，六月雨雪，风沙常起"，实质是平城"乃用武之地，非可文治"，不是移风易俗之地。

在位期间，主要是致力于改革鲜卑族落后之风俗，实行与汉族同化。

十九年（公元 495 年），以汉语取代鲜卑语。下诏："不得为北俗之语于朝廷，违者免所居官。"同年，还下诏："迁洛之民死，葬河南，不得还北。"从此，代人迁洛者悉为河南洛阳人。次年正月，改鲜卑姓为汉姓。诏曰："北人谓土为拓，后（古代，天子称后）为跋。魏之先出于黄帝，以土德王，故为拓跋氏。夫土者，黄中之色，万物之元也，宜改姓元氏。诸功臣旧族自代来者，姓或重复，皆改之。"

同时，还尊孔子立学校，重用汉人，禁穿鲜卑服。

在改革中，曾遭到鲜卑贵族反对。太子元恂，私着胡服，企图逃回平城，阴谋叛乱，废为庶人（后处死）。

上述改革，对巩固北方统一，促进民族融合，贡献甚大。史称元宏亲政前后之改革为“魏孝文帝改革”。

迁都洛阳后，正是魏兵马强盛之时，在河西、河阳二牧地有马二百余万匹，而南齐却处于混乱之际。宏在改革之同时，主要用兵于南齐。战争在两国之边境上进行。

十八年（公元494年）十二月，宏以南齐明帝废海陵王为由，分兵五路，大举伐南齐。次年三月，攻寿阳（今安徽寿县），钟离（今凤阳县），士卒多死，不克而还。

二十一年（公元497年）八月，又发兵20万于洛阳，主力指向雍州（治所在今湖北襄阳县）。宏发誓：“不有所克，终不还北。”但结果还是无功而还。

二十三年（公元499年）二月，南齐将陈显达领军四万围攻马圈城（在今河南邓县北）。三月，宏带病出征，大败南齐军。宏北还至谷塘原（在今淅川县北）病重，四月死。在位29年，死时33岁。谥曰孝文皇帝，庙号高祖。五月，葬于长陵（在今洛阳市瀍水之西）。

宏性纯朴。献文帝患毒疮，年仅四岁之宏亲吮脓。五岁受禅，悲泣不能禁。献文帝问其原因，对曰：“代亲之感，内切于心。”献文帝甚为叹异。

少善射，有体力。年十岁，能以指弹碎羊膊骨，射禽兽，莫不中。年十五，射猎之事遂止。

听览政事，从善如流。尚书奏案，多自考虑。

能宽以待人。冯太后见宏聪明，恐不利于己，谋废之；于严寒之月，闭宏于空室，身着单衣，绝食三日。召咸阳王元禧（献文帝第二子），将立之，由于群臣反对而作罢。又有宦者诬告宏于太后，太后杖宏数十，宏默默受之。而宏对太后之情未变。太后死，宏极悲哀，五天未进食。对其兄弟亦始终无间，也未追查诬告者。对人小过，亦是如此。左右进食，曾以热汤伤其手，又曾于食物中得虫秽之物，均一笑置之。宏强调以诚待人，常曰：“苟能均诚，胡越之人，亦可亲如兄弟。”

好读书，手不释卷。善谈庄老，尤精佛义。好为文章，才思敏捷，诗赋铭颂，任兴而作，马上口授，及其成也，不改一字。

性节俭。常服洗涤之衣，鞍勒铁木而已，凡所修造不得已而为之。南征北巡，令粗修桥梁，通车马便止；禁伤民庄稼；军事伐民树，必加赔偿。

太和二十三年初（公元499年），孝文帝南征途中病逝，谥孝文皇帝，庙号高祖。

文宣帝高洋

公元549年，年仅19岁的高洋就登上历史舞台。这一年，高澄被杀，东魏朝中一片混乱。19岁的高洋挺身而出，一面搜捕刺客，一面将朝政治理得井然有序。

高洋夺得东魏的朝政大权后，便有了称帝的野心，不久，就逼东魏孝静帝退位，将皇位禅让给他。孝静帝含泪宣布禅让，即被赶出皇宫，东魏灭亡。高洋遂登基称帝，建立北齐。

高洋称帝后，首先就受到西魏宇文泰的攻击。宇文泰得知高洋称帝的消息后，想看看这位年仅20岁的皇帝是否像他老子高欢一般骁勇善战，便亲率大军东进，并派人打探北齐的情况。这时，高洋为了显示自己的实力和才能，正在进行一次规模庞大的军事演习。宇文泰前去观看，不由感叹道："高欢并没有死啊！"说罢急忙撤军，自此宇文泰不再轻易东向。

公元555年，高洋得知南梁发生内乱，大为高兴，立即派兵渡过长江，结果被重新整合力量的南梁打得大败而归。此后，高洋再也不敢轻易对南梁用兵。同时，他为了加强北疆防御能力，修筑了一条长达900余里的长城。

此后，高洋自感大权稳固，玩乐的心情随之上来，开始由勤勉走向荒淫、暴虐。

宠妃薛氏深得高洋宠爱，一天，高洋喝得酩酊大醉，突然想起薛氏曾和高岳有过暧昧关系，一时兴起，也不管是否自己宠爱，抽出匕首将其杀死，然后把尸体揣在怀里，又醉醺醺地去找人喝酒。喝着喝着，高洋醉醺醺的把尸体掏出来，一一肢解，把薛氏的骨头做成一个琵琶，自弹自唱起来。在场的人看了，个个毛骨悚然，而高洋若无其事。

公元559年，高洋一时兴起，害怕东魏元氏东山再起，于是下诏将姓元的人全部杀死。前后杀害721人，甚至连婴儿也不放过。随后，高洋便走向了生命的尽头，得病死去。

隋唐五代

隋文帝杨坚

处心积虑　代周建隋

西魏大统七年(公元 541 年)六月,杨坚出生在冯翊县的般若寺,传说中他出生的时候有祥云缭绕。出生后第二天,就有一尼姑声称杨坚不同凡响,因此不能按照普通的孩子来教养,于是尼姑就领养了杨坚。还有传说说杨坚长相酷似龙,前额有 5 根柱子直通脑顶,手上也有像"文"字的纹理。尽管传说他天生具天子之相,但是他却并没有过人的聪明,就连他本人也自称是"不晓书语"。

杨氏家族自汉朝以来,发展到魏

晋、南北朝时期已成为当时的名门望族。在西魏时期，杨坚的父亲杨忠便和独孤信一起投靠了权臣宇文泰。此后，杨忠因为屡建功勋，尤其是为宇文觉建立北周政权立下了汗马功劳，所以，官爵升至柱国，封随国公（“随”后来改成了“隋”）。

因为父亲功劳卓著的原因，杨坚在14岁的时候就被封为车骑大将军的荣誉职衔，不过，文不出众的杨坚却很受当时执政者宇文泰的器重。第二年，北周取代了西魏，他又因父亲的战功而被封为骠骑大将军。同年，他又被周帝封为大兴郡公。20岁的时候，杨坚又被任为隋州刺史。

公元556年，鲜卑贵族独孤信看到杨坚前途无量，便把14岁的小女儿嫁给了他，于是，杨坚跻身为皇亲，地位更加显赫。杨忠病死后，杨坚承袭了父亲隋国公的爵号。公元577年，北周灭齐时，杨坚立下战功，被晋封为柱国，然后出任定州主管，不久又成了亳州主管。

随着地位的扶摇直上，难免会引起一些大臣们的嫉妒。北周初年，宇文护专权，多次想杀杨坚，但都因故没有得逞。到周武帝时，一些大臣认为杨坚有反相，建议武帝应尽早除去杨坚。然而，周武帝不仅没有重视这个建议，反而将杨坚的长女立为皇太子妃，使杨坚的地位得到进一步地巩固。

此时的杨坚位高权重，也有不臣之心，他积极利用已有的社会影响，广泛拉拢，以扩大自己的势力。公元578年，周武帝死，宣帝即位。杨坚作为皇后的父亲，又进一步升官，成为大后丞、右司武，旋升大前疑（相当于丞相），辅佐宣帝，一切日常政务全由他处理。

刚刚登基的周宣帝宇文赟虽然年少，但荒淫无度，政治败坏，导致朝野上下怨声四起、民不聊生。杨坚对此也十分不满，并预感到北周的统治即将结束，便有目的地开始做代周自立的准备工作。

当杨坚正在为代周自立而紧锣密鼓筹划的时候，周宣帝对他起了疑心。为了试探杨坚，周宣帝有时会无故召杨坚进宫，并暗告宫廷卫士：“若见杨坚表情有不正常之处，可立即将他杀掉。”但杨坚每次进宫都能做到不露声色，使周宣帝看不到破绽，无法下手。

为了逃避周宣帝的猜疑，杨坚想暂时离开朝廷，到地方上执掌实权，自己的

同学上大夫郑译很清楚杨坚的这种想法。因此，郑译在公元580年周宣帝决定南伐时，乘机推荐杨坚为扬州总管。

但大军未出，周宣帝就已病死，年仅8岁的周静帝即位。杨坚凭着皇帝外祖父的地位进行辅政，一切国事均由杨坚做主，静帝宇文阐只不过是个摆设而已。杨坚执掌朝政以后，迅速地进行了改组，起用了一批有政治远见的大臣，其目的就是进一步树立自己的威望，扩大自己的势力，为自己的称帝做准备。

公元581年，杨坚在谋臣高颎、杨素等人的策划下，逼迫周静帝下了一道禅让的诏书，内容就是称赞杨坚有能力有功德，希望杨坚能够像古代舜尧一样，能够更好地治理国家。在取国名的时候，杨坚决定用自己起家的爵号为随王，把国号也定为"随"。但又因"随"字有"辶"，与走同义，似乎不太吉利，改为"隋"，改元开皇，定都长安，史称隋文帝。

改革制度　统一天下

隋朝建立后，隋文帝采取了一系列改革措施。首先，他在汉、魏官制的基础上创立了三省六部的中央机制。即设尚书、门下、中书三省，三省同为最高政务机构，他们相互牵制，由中书省取旨，门下省审议，尚书省执行，三省长官均为宰相，共议国政。

尚书省下又置吏部、礼部、兵部、都官（后改称刑部）、度支（后改称户部）、工部六部，每部又辖四司，共24司。六部分管选任官员、礼宾仪制、军政至需、司法刑狱、钱粮户籍和工程营建等各项具体行政事务。

三省六部制的实行，把大臣们的职责分得更为细密，这样就减少了大臣专权出现的可能，它是中央集权强化的体现，对唐以后的封建统治体制有重大影响，尤其是六部制，一直沿用至清末。

隋文帝还大力改革地方行政制度，把隋初的州、郡、县三级制改为州、县两级制。这样就淘汰了数万名冗官，节省了大量的开支，相应减轻了人民的负担。

同时他还特别重视吏治，奖励良吏，严惩奸吏。汝南太守公孙景茂任职期间廉明清正，注重生产，社会秩序井井有条，隋文帝于是将他提拔为道州刺史，并把他做为廉洁奉公的榜样，供百官借鉴。杨坚还采取给田养廉的办法，使官吏不搜刮民脂民膏，不变为贪官污吏。同时，杨坚采取严刑，重惩奸吏。他经常派人侦察全国大小官吏的执政情况，若发现罪状便加以严惩。有时他还秘密使人给官吏送去贿赂，一旦有官吏受贿，立即处以死刑。正因为杨坚如此挖空心思地治理官吏，所以他统治期间，社会秩序井然，良吏层出不穷。

隋文帝还首创了科举制。他首创了用考试选拔官吏的制度，吸引、争取真正的人才为朝廷效劳。在这之前，国家的官职一般都是世袭的，剩下的也都是王公大臣所举荐的人才，所以在隋朝以前，贫民寒士即使再有能力也是入仕无门。科举制的创立，打破了门阀世族把持政权的局面，为平民百姓开辟了入仕的途径。隋朝的科举分为秀才、明经、进士三科，此外，隋文帝对选官、府兵、礼乐等典章制度也进行了改革。

隋文帝在大刀阔斧地进行政治和文化改革的同时，对经济制度也进行了革新。他保留了前朝适于经济发展的部分制度，废除了其糟粕部分，特别是新的均田制的推行，对农业生产的发展起到了促进作用。与均田密切相关的是租赋的调整。隋文帝接受了苏威“轻徭薄赋”的建议，曾几次下诏减免徭役和租税。

面对货币市场的混乱局面，他下令改铸五铢钱，废除其他古币和私人铸币，只准五铢钱流通，同时，又统一了度量衡。这些措施的实施有利地推动了工商业的发展。

经过一系列的改革，刚建立的隋政权面貌一新，国势也大为加强。而此时与隋朝对峙的南陈政权早已日薄西山。这时的杨坚，已经有统一全国之心了，但还是有让他分心的事情，那就是突厥和南梁的残余后梁。杨坚认为应该先解决了突厥和后梁，才能正式伐陈。

公元588年，隋文帝发兵50万，向南陈大举进攻。第二年，便将腐朽没落的南陈后主陈叔宝及文武百官俘虏，灭掉了南陈，统一了全国，结束了自西晋末年以来中国近300年的分裂局面。

猜勋戮功　崇佛去学

杨坚代周建隋，在政治、经济等领域进行了一系列成功的改革，他北抚突厥，南灭陈朝，完成了全国的统一，可谓是一个很有作为的皇帝。但是，随着建功立业，他的另一面也逐渐显现出来。他猜疑、苛察、喜怒无常、迷信佛道、不学无术，甚至还废除学校。

杨坚代周自立，利用的是北周主弱臣强的现实，即位后他推己及人，生怕他人也走自己的路子，颠覆杨家天下。于是，许多功勋卓著的文武大臣因他的猜忌而惨遭杀戮。

梁睿本是北周旧臣，在征讨王谦时有大功，出任益州总管。因为他在益州颇得人心，杨坚便怀疑他有发展地方割据之意。梁睿也很有自知之明，在得知杨坚怀疑自己后，便主动辞去益州总管的职务，到长安去做京官，但杨坚还是找了个借口免了他的官。

王世积也是北周官僚，在平尉迟迥和灭陈时建有大功，晋位上柱国。他亲眼看到许多功臣被杀，从此便嗜酒如命，不参与任何政事。王世积的一个亲信皇甫孝谐犯罪，投奔王世积，王世积没有接受。皇甫孝谐被捕，判以发配，他为王世积的见死不救而反目，就告他谋反，杨坚虽无任何实据，但还是顺水推舟地处死了王世积。

虞庆则也是北周旧官，因在安抚突厥和灭齐中曾立大功，颇受杨坚赏识。有一次，虞庆则在行军途中指着一个地方说："若在这里有一个合适的人驻守，只要有足够的粮食，便难以攻破。"杨坚就以此为借口，说他有意谋反并处死了他。

高颖是掌实权协助杨坚治国的第一号人物，许多政治、经济改革的重大决策都出自高颖之手。开皇末年，杨坚有意易储，高颖并未领会杨坚的意图，依然反对废杨勇而立杨广。杨勇的女儿是高颖的儿媳妇，若杨勇继位，高颖当然就

成为地位显赫的皇亲国戚了。杨坚是以外戚身份谋取帝位的,故对此非常敏感,他固执地认为高颎反对易储一定是有个人目的的,所以当有人说高颎有谋反迹象时,杨坚没做任何核实,就信以为真。由于他不愿落个杀戮功臣的名声,才没有杀死高颎,而是剥夺了他的全部官职,贬其为平民。

杨坚经常派人四处查访,只要发现稍有过失的人,都要加以严惩。刑部侍郎因迷信穿红裤子有利于升官,上朝时便穿上红裤子。杨坚发现后却理解成另一个意思,他认为穿红裤子是避邪,上朝时穿就是要回避他这个皇帝了,因此马上下令推出去杀头。大理寺丞赵绰提出异议,认为根据法律不该杀头。杨坚说:“你可惜他的生命,难道就不可惜你自己的生命吗?”吓得赵绰再不敢吭声。

又有一次,上朝时有个武官的衣服与佩剑穿戴得不整齐,杨坚认为这是对朝廷的不尊敬。这次,他没有直接向武官问罪,而是拿专管弹劾大臣的御史开刀,以他们犯了失职之罪而处死。谏议大夫毛思祖出来劝阻,也被当场杀掉。

杨坚非常崇信佛道、符瑞、阴阳五行及各种鬼怪等迷信的东西。本来在周武帝灭佛之后,佛教在北方已经衰微,结果因为杨坚的崇信和推行,佛教又在北方地区兴盛繁荣起来。他下令原来的和尚、道士重操旧业,鼓励天下百姓出家做和尚、道士,还在全国范围内按人口征钱,在各地营建佛寺,修塑佛像,缮写佛经。

杨坚虽然笃信佛教,但却不是一个忠实的佛教信徒,他对当时民间流行的各种迷信都深信不疑。有一次杨坚的妻子独孤氏和杨素的妻子郑氏都得了病,太医不知道得的是什么病,又害怕杨坚杀他,于是撒谎说是有人故意利用狐妖作怪,杨坚深信不疑,对此专门下了诏书:凡有意饲养并利用狐妖等怪物而害人者,一律流放边境。

杨坚自己“不晓书语”,所以对天下读书人都有些忌妒,因而看不起他们。他还认为文化无用,便认为不需要建立学校。公元601年,杨坚下令全国只保留供王公贵族子弟读书的国子监,废除天下郡县的所有学校。

废立太子 自食其果

隋文帝共有5个儿子，全都是皇后独孤氏所生。长子杨勇为皇太子，其余四子都封了王：杨广为晋王、杨俊为秦王、杨季为越王、杨谅为汉王。文帝非常满足，曾公然说道："我的五个儿子都是皇后所生，所以必定会和睦相处，不会发生废嫡立幼的事情。"隋文帝这样得意地宣布时，宫中对于继承皇位的斗争早已在进行了，只是他没有察觉到而已。

长子杨勇，生性率直，为人宽厚，小时候很受父母喜欢。文帝称帝前后，内领禁卫，外统封地，后来被立为太子，参决军政大事，很获文帝的宠信。但长大后，杨勇却慢慢奢侈起来，这犯了父亲的忌讳。从此杨坚对太子猜忌渐加，宠爱大不如以前。

杨勇不仅生活奢侈、性喜浮华，而且内宠很多，这就触怒了母亲。因为独孤皇后不仅不愿文帝宠嫔妃，而且也非常讨厌群臣及诸子宠姬妾。所以面对杨勇宠妾疏妻的情况，独孤后极为气愤。每当杨勇入宫见独孤后，独孤后从没有好脸色。本来杨坚对于太子十分信任，常让他参决政事，杨勇提出的意见，杨坚总是乐于采纳，现在因为独孤后不断地吹枕边风，杨坚对太子也有了意见。

恰巧杨勇并不宠爱的元妃患病死了，独孤后便以为是太子有意谋害嫡妃，心里越发不平，便有了废去太子杨勇的打算。她派宦官伺察太子的短处，等他有了重大过失，便将他废去。

晋王杨广生性狡诈诡谲，善于矫饰逢迎。他早有夺嫡的心思，于是处处沽名钓誉，并揣摩独孤后的情性，一味迎合。杨广与正妃萧氏如胶似漆，后宫虽有美人无数，但为取悦于独孤后，杨广不惜将其他姬妾所生的骨肉命人掐死，只将正妃萧氏所生之子禀告父母，所以给母后独孤氏留下了美好的印象。有一天，杨坚与独孤后同临晋王的府第，杨广事先早已知道，于是就将后宫美姬都藏起来，只留下几个又老又丑的宫女充当侍役，身上所穿也全是粗布衣服。就连杨广与萧妃，也穿得很破旧。一切陈设都因陋就简，架上的诸般乐器都尘堆垢积，

望上去便知道已是久未动用了。这其实都是临时造的假相,因为杨广深知父母喜欢节俭,最恨奢华。事实恰如杨广所料,父母见此,对他很满意,从此更是另眼看待。随后杨广与越国公杨素勾结,揭发杨勇的过失,竟使杨坚怀疑太子有夺皇位的意图。公元600年,杨坚废杨勇为庶人,改立杨广为太子。

公元604年七月,杨坚病重,卧于长安仁寿宫大宝殿内。杨广认为登上皇位的时机已到,便迫不及待地写信给杨素,请教怎样处理将要到来的文帝后事。不料,送信人误将杨素的回信送给了文帝,文帝读后大怒。此时,文帝宠妃宣华夫人又衣衫不整地跑进来,哭诉杨广乘她换衣时无耻地调戏她,使文帝更认识到受了杨广的蒙骗,拍着床大骂"这个畜生如此无礼,怎能担当治国的大任,皇后误了朕的大事。"急忙命在旁的大臣柳述、元岩草拟诏书,废黜杨广,重立杨勇为太子。杨广宫中的耳目早已告知了杨广,他急忙赶走了侍奉杨坚的内侍,与大臣杨素、张衡、宇文述等人乘机发动宫廷政变,带兵包围仁寿宫,赶散宫人,逮捕了柳述、元岩等人。张衡怀藏利刃,径入文帝驾前,一刀结果了文帝杨坚。杨坚享年64岁,谥号"文皇帝",庙号为"高祖"。

隋炀帝杨广

文过饰非　弑父杀兄

杨广是隋文帝杨坚的次子。父亲杨坚建立隋朝后,在南下灭陈和抵御北方突厥的战争中,杨广都立下了大功。其政治资本的增加也越来越滋长了他继承皇位的奢望。按照中国传统的嫡长继承制,次子是绝不能继承皇位的,所以他早把杨勇看作是眼中钉、肉中刺,想方设法诋毁他,只有废了杨勇的太子位,自己才有望成为合法的继承人。

在通向太子之位的征途上，杨广费尽心机地导演了一场智取太子之位的好戏。

隋文帝杨坚是一个比较节俭的皇帝，皇后独孤氏最讨厌男人与妻子之外的女人生孩子。可杨勇却偏偏喜欢奢侈和女色。有一次，杨坚发现杨勇穿了一副装饰华丽的铠甲，便严肃地教训他说："自古以来的帝王，如果奢侈就一定不能长久，你一定要厉行节俭！"随着年龄的增长，杨勇又迷恋上了女色，东宫嫔妃多被宠幸，至杨勇死时不过 30 来岁，生的女儿不算，儿子就有 10 个，且出自五六个母亲。看到杨勇如此多的内宠，独孤皇后是越来越对杨勇不满意，她给文帝大吹枕头风，因此杨勇的太子地位就开始动摇了。

杨广本来就是一个善于玩弄阴谋权术的人。为了博取父母欢心，杨广平日对父母的言行举止无不留心观察，仔细揣摩，满门心思都用在矫情饰行，塑造自己在父母心里的形象上。平日接待朝臣，也总是礼极卑屈，从而钓得虚名。与专横跋扈的诸位皇弟相比，更显得杨广"鹤立鸡群"。他知道父母崇尚俭朴，便刻意将王府修整得异常朴素。有一次文帝驾临时，见到乐器弦很多断绝，上面布满灰尘，便以为他不好声色。还有一次，在观猎的时候，遇到下雨，左右送上雨衣，他慨然说道："士卒皆沾湿，我独衣此乎？"听者无不感动。每进皇宫，他都轻车简从，十分朴素。他之所以这样做，是因为他深知唯有如此才能讨得父母的欢心，自己才有望成为太子。所以，每次有宫中使者到来，哪怕身份再低微，他都要奔出门外，招呼迎接，曲承颜色，一说到不能在父母身边侍奉，必定泪流满面，这些受到晋王如此礼遇的宦官入了皇宫都会对他多加美言，杨广便博得了仁孝的美名。

在加紧攻心的时候，他轻重有序，正确地选择独孤皇后为主攻方向。宫中一些婢女心胸狭隘、饶舌多嘴，杨广深谙此理，所以，遇到独孤皇后派遣婢女前来探访，总是让萧妃屈尊与之同寝共食。独孤皇后最痛恨内宠，他便在人前只与萧妃厮守，而将后庭生下的子女悄悄弄死，如此"不好女色"，尊妻疏妾的行为正中独孤氏下怀，所以独孤皇后对杨广十分满意，赞不绝口。独孤皇后的态度，对文帝和朝臣都起着微妙的影响。

杨广还用各种方式敬待朝中大臣，并勾结和杨勇不和的朝中重臣杨素，在文帝和独孤后面前极力中伤杨勇。这样，在朝廷内外，杨勇越来越孤立，而杨广

的声望却越来越高。

这一切使得文帝废黜杨勇的决心也越来越坚定。公元600年，杨素见时机成熟，马上上书文帝，密告杨勇求神问卜，盼望文帝早死。文帝闻知大怒，于是正式废杨勇为平民，杀掉和罢免了围在太子杨勇身边的大臣，彻底消灭了太子党。不久，杨广终于如愿以偿，被立为皇太子。杨广篡位的第一步大功告成。

公元604年七月，文帝病重不起，杨广认为登上皇位的时机已到，便迫不及待地写信给杨素，请教怎样处理文帝的后事。不料，送信人却误将杨素的回信送给了文帝，文帝看后气得大骂。恰巧独孤皇后死后文帝晚年的宠妃宣华夫人又向文帝哭诉，杨广在夜里调戏了她。这接连发生的两件事深深刺痛了文帝，于是，文帝急忙命令身边的大臣草拟诏书，欲重立杨勇为太子。宫中杨勇耳目颇多，早已将这一机密上报太子，当杨广得知消息，虽然惊得浑身冷汗，但却异常果断。他立即与杨素密商，假造诏书，带兵包围了皇宫，并派张衡入宫谋杀了文帝。然后，他又杀掉杨勇和其他兄弟，清除了家族中对自己构成威胁的对手。就这样，杨广以弑父杀兄的手段夺取了皇位。第二年改年号为大业。

大兴土木　骄奢淫逸

杨广做了皇帝以后，为了解决自西晋末年以来分裂割据遗留下来的问题，巩固隋王朝的统治，他下令建造了一系列浩大宏伟的工程。即位第一年，杨广就决定营建东都洛阳。他每月役使200万人，整个工程仅历时一年就全部完成。与此同时，他又下令在洛阳西郊建筑“西苑”。整个西苑周围200里，苑内有海，海中有岛，岛上有阁，十分壮观，苑内还修建了16个院落，建筑华丽，每院由一个妃子主管。杨广经常带着大批随从和宫女在西苑饮酒作乐。

公元605年，杨广为了游玩和加强对南方的统治，征调了大量民工，历时6年，开凿出了一条北起涿郡（今河北涿州，北京西南），南至余杭（今浙江杭州），全长5000多里的大运河。河两旁开有大道，每过两个驿站就设有一座行宫，仅从洛阳到江都（今江苏扬州）就设有行宫40多座。这项大型的工程用人之多、

耗财之多在历史上都极为罕见。大量征调民工使得农民无法耕种而贫困交迫、饥民遍地。

大运河的开凿，虽然显示了杨广滥用民力、穷奢极欲的本性。但在客观上，大运河贯穿了今河南、河北、山东、江苏、浙江等省，连接了海河、黄河、淮河、长江、钱塘江五大水系，成为世界上最雄伟的工程之一。同时，大运河的开通也加强了南北联系，成为当时南北交通的大动脉，对加强统一、促进经济文化的交流及发展起到了重大作用。

隋炀帝生性好动，享乐游玩的兴趣要经常变换。即位的第一年，即大业元年（公元605年）八月，就坐船去游江都，第二年四月才回到洛阳。大业三年又北巡榆林，至突厥启民可汗帐。大业四年，又到五原、出长城，巡行到塞外。大业五年，西行到张掖，接见许多西域的使者。大业六年，再游江都。大业七年到十年，三次东征。大业十一年，又北巡长城，被突厥始毕可汗围困于雁门，解围后仍不思悔改，依然不顾一切地游玩。直至隋朝灭亡，他几乎都在马不停蹄地巡游。

第一次游江都，声势浩大，随从的大小船只数以千计。杨广坐的那艘高45尺，宽50尺，长200尺。船有4层，上层是正殿和东西朝堂。中间二层有120个房间，都是用金玉雕刻为饰，最下层是内侍宦官住的地方。皇后、嫔妃以及贵人、美人和十六院夫人所乘的依次减小，但也是穷极奢华。如此浩浩荡荡，一路上舳舻相接200余里，骑兵沿运河两岸护送。所过州县，500里内都要贡献食物，如此暴殄天物使得农民的日子更加不好过。

水路玩不够，还要走陆路。有一年，他从陆路去北方巡游，带了50万大军，还特地征调了10多个郡的民工，生生地在太行山上为他凿开一条通往并州的大道。同时，另外征调100万人，限期20天，修筑长城，以保护他的安全。到了北方，没有行宫，临时又令能工巧匠宇文恺专门修建了一座可以活动的宫殿，称“观风行殿”。这座宫殿下有轮子，可随时拆装，里面能容纳几百人。

杨广本来就是一个好色之徒，即位后更加荒淫无耻。早在灭南陈时，就听说陈后主陈叔宝的贵妃张丽华色冠江南，唯恐再也得不到这样的美女，就撕下了他平日不喜内宠的面纱，特别下令留下张丽华，结果没能得逞。隋文帝杨坚病危时，他见父皇的宣华夫人陈氏长得国色天香，就想逼奸她，父皇被他杀死

后，他就占有了自己的庶母。杨广的后宫除了萧皇后和众多的贵人、美人外，还有西苑16院夫人及宫女数千人。但杨广仍嫌不够，公元612年，他又下令江淮诸郡每年都要为皇宫挑选姿质端丽的童女。他无论是在两都宫中，还是在巡游路上，都要随时与她们寻欢作乐，所以，只要有他在的地方，全都是一片乌烟瘴气。

穷兵黩武　兵变身亡

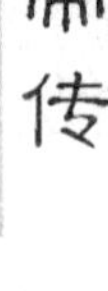

杨广即位时，继承的是隋文帝励精图治20年所积累的丰厚遗产。文帝末年，国库充足，财政充裕，兵马强盛。依靠这一雄厚的经济、军事力量，本来可以打造出历史上繁荣持久的盛世王朝，但是杨广却是个败家子，不仅把曾经富庶的隋王朝的国库掏了个底朝天，更搞得天下百姓怨声载道。

在如此内忧的情况下，杨广还四处对外扩张。他这样做的目的固然有巩固边防、开展对外贸易、发展经济的积极作用，但由于他不顾客观实际，一意孤行、好大喜功、穷兵黩武，结果点燃了隋朝灭亡的导火索。

隋炀帝对外扩张规模最大、历时最长的战争是三次东征高丽王朝，这给本已处于水深火热之中的农民增添了更为沉重的负担，使得阶级矛盾进一步加剧。高丽是隋朝东北最强的邻国，且道路遥远。为此，杨广在出兵前做了充分的准备。他征调大批工匠在东莱（今山东掖县）海口大规模造船。工匠被迫在水中昼夜劳作，由于连续浸泡，腰部以下大都生了蛆，十分之三四的工匠都死在了造船现场。同时，他又征调江淮以南的民工和船只，从东都洛阳的国库通过京杭大运河往涿郡运送粮食，船只前后相继，长达1000多里。陆路上也挤满了疲惫不堪的民工和兵士，常常有几十万人相拥奔走，不时有人倒地而亡，尸臭不绝。

公元612年正月，杨广下诏大举进攻高丽。隋军130万人，号称200万大军，分陆、海两路开赴高丽，结果以惨败而告终。后来，杨广又发动了两次对高丽的战争，均以失败告终。在这三次战争中，隋朝不仅耗费了大量的物力财力，

而且其精锐部队也基本上损失殆尽，以至于后来在镇压农民起义军时，竟找不出一支能顶用的部队。

隋文帝时积累下来的巨大财富和民力，就这样被杨广无休止地挥霍和消耗着。无止境的徭役和兵役，迫使千千万万的农民离开家园，大量田地荒芜，广大农民无法生活，只能吃树皮、树叶充饥，甚至发生了人吃人的惨剧。如此暴虐的统治，终于激起了民愤。农民领袖王薄率先在长白山（今山东章丘）举起了反隋义旗，起义的口号就是反对远征高丽，各地人民纷纷响应，前来投军的每天都有上千人。

但杨广却不加收敛，依然奢侈残暴，而且拒绝臣下的劝谏。公元616年，他不顾朝廷的安危再次巡游江都。临出发时，小官崔民象上表谏阻，他把崔民象杀了。走到汜水，小官王爱仁又上表劝谏，他又杀了王爱仁，继续前行。到了梁都，又有人拦路上书杨广说，你如果一意孤行定要去江都，天下就不是你的了，他再一次将上书人杀死。最终他如愿来到了江都，但死神也在向他招手了。

在江都的一年多时间里，各路农民军纷纷击败隋军，势力日益壮大。许多地主豪门见隋朝气数已尽，纷纷起兵自立。太原留守李渊起兵攻下长安，立炀帝的孙子杨侑为傀儡皇帝，遥尊炀帝为太上皇。隋炀帝也感到末日即将来临，但他还是要及时行乐，与萧后、幸姬等天天饮酒取乐，醉生梦死。他还对萧后自我安慰说："现在许多人都想推翻我，然而我不失为长城公，你也不失为沈后（指亡国后的陈叔宝与沈氏），且饮酒取乐。"有一天，他照着镜子对萧后说："我这颗头颅，不知由谁来砍掉呢？"

公元618年五月，隋炀帝杨广的末日真的来临了。原来，杨广眼见隋朝的大部分土地已被义军控制，担心江都不安全，准备迁都至长江以南的丹阳城。但随驾的卫士多是关中人，对于炀帝久居江都早已不满，现在见杨广还要南迁，都愈加思念家乡，纷纷谋划逃归故里。这时，虎贲郎将司马德戡、元礼等共谋，利用卫士们思念家乡的怨恨情绪，共推宇文述的儿子宇文化及为首领，发动兵变，将杨广用巾带勒死，终年50岁。

杨广死后，萧皇后和宫人拆掉床板为他做了一个棺材，偷偷葬在了江都宫中的流珠堂下。后来，宇文化及的部下将他改葬在江都宫西面的吴公台下。唐朝建立后，炀帝又被移葬于江都西北的雷塘旁边。

隋恭帝杨侑

恭帝，名杨侑（公元605－619年），隋炀帝孙，李渊攻入长安，立他为帝。在位半年，又为李渊所废，次年被杀，终年15岁，葬于陕西省乾县阳洪乡乳台村南500米处。

杨侑，隋炀帝长子杨昭第三子，初封陈王，后改封代王。炀帝晚年出外巡游时，命他留守长安。公元617年10月，李渊自太原起兵攻入长安。立他为帝，改年号为"义宁"。遥尊炀帝为太上皇。

杨侑称帝，只不过是李渊手中的傀儡，公元618年3月，炀帝在江都被宇文化及所杀。消息传来，李渊见杨侑已无用处，于5月逼他退位。自行称帝。杨侑被降封为希国公，闲居长安。第二年五月遇害（具体死法不明），一说病死。

杨侑死后的谥号为恭帝。

唐高祖李渊

晋阳起兵　称帝建唐

李渊祖籍陇西成纪（今甘肃秦安），祖父李虎官至太尉，是著名的八柱国之一，后被北周追封为唐国公，父亲袭封，并任北周时期的安州总管、柱国大将军，母为隋文帝独孤皇后的姐姐。

李渊7岁袭封唐国公爵位。隋朝建立后,因为母亲与独孤皇后是亲姊妹,所以更是得到隋文帝的倚重。

公元604年,文帝去世,炀帝即位。隋炀帝的残暴统治,引起了人民的武力反抗。公元611年十月,第一支隋末农民起义军由王薄率领在长白山举起了义旗。随后,天下群雄响应,在短短一年的时间内全国就形成了近200支反隋武装。这些武装在反隋斗争中逐渐走向联合,最后逐渐形成了三支比较大的力量,他们分别是:李密、翟让领导的瓦岗军,杜伏威领导的江淮义军以及窦建德领导的河北义军。在农民起义军的冲击下,隋炀帝的统治已岌岌可危,处在风雨飘摇之中。

公元613年,隋炀帝发动了侵略高丽的战争,民不堪苦,怨声沸腾,大贵族杨玄感利用人民的不满情绪起兵反隋。隋炀帝命李渊镇守弘化郡(今甘肃庆阳县),兼知关右诸军事,以防御杨玄感。杨玄感兵败后,李渊并未即刻班师,而是留守了下来,开始发展自己的势力。

公元615年,李渊强大的势力逐渐引起了隋炀帝的猜忌,于是调李渊任山西、河东黜陟讨捕,途中遭到母端儿农民起义军的阻击。李渊率军击溃了这支起义队伍,收降万余人,声威大震。

公元617年,李渊为太原留守。李渊初到太原时,太原之南有多达十几万人的"历山飞"农民起义军在此驻扎,这支起义军巧于攻城,勇于力战,多次打败隋军。李渊为树立自己的威信,出兵打败了"历山飞"农民起义军,巩固了自己在太原的统治地位。这时,农民起义军已成燎原之势,在农民起义的冲击下,统治阶级内部也开始分崩离析。李渊目睹动荡不安的天下局势,逐渐酝酿了叛隋思想,随着农民起义的大发展,他的不臣之心也发展到了顶峰,便准备取而代之了。

公元617年二月,马邑人刘武周起兵,杀死太守,自称天子。李渊遂以讨伐刘武周为名起兵。由于李渊以维护隋朝统治的面目起事,远近的地主武装纷纷归附,不久就有近万人成为李渊直接控制的军队。随后,李渊杀掉了隋炀帝派到晋阳监视他的王威和高君雅,并与突厥结盟。这样,李渊就与隋朝彻底决裂了。

李渊自晋阳起兵后,建置大将军府,自称大将军,以四子李元吉留守晋阳,

以长子李建成和次子李世民分率左、右二军，出兵关中，攻取长安。

七月，大军在抵达霍邑（今山西霍县）时，连日的大雨让后方粮饷难以继运，前方道路泥泞三尺，李渊不得已下令部队暂做休整。直到八月，李渊才向霍邑发起了进攻。他亲自披挂上阵，以弱兵相诱，将守将宋老生诱出城来。宋老生不知是计，倾其主力出城，结果被李渊引入预设的伏击圈。宋老生兵败，李渊平定霍邑。

平定霍邑后，李渊率军直逼河东，又遭到隋骁骑大将军屈突通的阻击。李世民建议兵贵神速，应避实就虚，直入关中。李渊权衡得弊，决定兵分两路，由李世民率军渡河入关，直取长安，同时以相当的兵力对付屈突通。此时，李渊的女儿平阳公主率军前来，与李世民会师，李建成也自新丰至霸上。李渊自率大军自下邦西上，几路大军把长安包围了起来。不久，隋都长安沦陷。

李渊进入长安后，立隋代王杨侑为帝，即隋恭帝，遥尊隋炀帝为太上皇。李渊挟天子以令诸侯，将杨侑这个傀儡皇帝牢牢控制在自己的手中。

公元618年五月，隋炀帝被杀后，李渊于当月逼恭帝禅位，在太极殿登基即位，定都长安，改国号为唐，年号为武德。

统一全国　创立制度

李渊称帝后，全国依然处于四分五裂的状态。李渊不甘心偏安关中之地，随即展开了统一全国的战争，首先从对关中构成直接威胁的薛举、薛仁杲父子开始。秦王李世民率军大破薛军，俘杀薛仁杲，平定了西北的广大地区随后又指派卧底入凉，先以反间计使李轨集团内部矛盾激化，然后俘杀了凉王李轨，平定了河西走廊。

此时能够对李渊统治的核心地区构成威胁的，就只剩下刘武周的割据政权了。刘武周于公元619年勾结突厥，南侵并州，齐王李元吉抵挡不住，太原告急。接着，刘武周攻陷平遥、介州，李渊派裴寂抵御，结果大败，几乎全军覆没。刘武周乘胜进逼太原，李元吉弃太原逃归长安。在这紧要关头，秦王李世民率

军讨伐刘武周，并在龙门将其击败，使其部将尉迟敬德投降。后来，刘武周被突厥杀死，并州归入唐的版图。

薛举、李轨、刘武周被消灭后，关中形势得以稳定。李渊便把力量集中放在争夺中原地盘上了。

李渊争夺中原的劲敌是王世充和窦建德。王世充本是隋江都通守，隋炀帝被杀后，他在东都另立杨侗为帝，不久击败瓦岗军，尽收除瓦岗军首领李密以外的大多数将帅，一时声势浩大。公元 619 年，王世充废掉杨侗，自称皇帝，占据洛阳，成为河南最大的割据势力。公元 620 年夏，李渊派李世民率军攻打洛阳。窦建德率 10 万大军进军成皋（河南荥阳县汜水镇），结果被李世民击败，而且窦建德本人也被活捉了。王世充见大势已去，于是投降，河北诸县也相继归唐，李渊基本上控制了黄河流域。公元 621 年，李渊又派李靖收服了萧铣，之后长江中下游地区亦为唐朝所有。

李渊兼并了割据称雄的地主武装后，便把矛头指向了农民起义军。在经过了将近两年的苦战后，李世民等人终于击败了窦建德旧部刘黑闼的部队，控制了河北、山东地区。

随后，李渊的大军又直指江淮，于公元 624 年击败了杜伏威的部将辅公祏，随之江南、淮南广大地区也成为唐朝的辖区。

这时，全国的割据势力基本上已扫除，只剩下盘踞朔方、依附突厥的梁师都一时还未臣服，直到公元 628 年唐王朝才将其消灭。至此，李渊父子在兼并了地主割据势力，又打败了农民起义军之后，统一了全国。

李渊称帝后，百废待兴。为了巩固刚建立的新政权，他进行了一系列政治、经济、教育等各个方面的改革。

首先，建立各级统治机构。在中央实行三省六部制。三省即中书省、门下省、尚书省。中书省的长官是中书令，僚属有中书侍郎、中书舍人等，是决策机关，负责草拟有关军国大事的诏敕。门下省，长官是侍中，僚属有黄门侍郎、给事中等，是审议机关，主管审核中书省的决定，并有权驳回。尚书省的长官是尚书令（太宗时废尚书令，另设左右仆射），僚属有左右丞、左右司郎中等，是执行机关，负责执行中书、门下二省的决定。三省的最高长官都是宰相，他们相互牵制，共同对朝廷、皇帝负责。六部即吏、户、礼、兵、刑、工六部。吏部主掌官吏的

考核与升降；户部主掌户籍及赋税；礼部主掌礼仪及科举；兵部主掌军事；刑部主掌刑法诉讼；工部主掌土木工程。各部长官都称尚书，直属于尚书省，每部又领四司，计二十四司，分别执行中书、门下二省制订的政令。监察机关为御史台，长官是御史大夫，负责纠察弹劾百官。

其次，实行均田制和租庸调制。均田制即给百姓、贵族官僚一定的田地，至于田地的多少则由自己的身份、地位决定，这样做的目的是打破土地垄断的局面，使人人有其田，这就有利于农业的发展。租庸调制则规定了分得田地的应该交纳租子、布帛（调）和劳役（庸）。唐代的租庸调制和隋朝相比，以庸代役的条件放宽了，从而使农民有更多的时间从事农业生产。

第三，实行府兵制。府兵制始创于西魏宇文泰时期，历北周、隋而至于唐。府兵制建立在均田制之上，是一种兵农合一的制度。士兵平时在家生产，农闲时由兵府加以训练。

这种“寓兵于农”的兵制，从均田农民中征兵，保证了兵源，资粮甲杖自备，减少了国家的经费开支。同时，练兵权与将兵权分离，防止了将帅专权的现象，对封建专制中央集权起到了巩固加强的作用。

第四，实行科举制。科举制始创于隋朝，到唐朝时更为完善。主持科举考试的是吏部考功员外郎。参加科举考试的生员主要有两种：一是国子监所属各学校的学生，称为“生徒”；二是各地私学中由州县保荐的学生，称为“乡贡”。唐代的科举分常举和制举两种：常举即每年举行的定期考试；所谓制举，就是皇帝亲自主持的考试，科目多临时设置，考试时间也不固定，录取人数较少，在科举制度中并不占重要地位。科举制的最后确立和进一步完备，有着重要意义。

第五，制订《武德律》。李渊称帝后，宣布废除隋朝的《大业律令》，并令裴寂、刘文静等依隋《开皇律》重新修订法律。在“务在宽简，取便于时”的原则指导下，制订了新律53条。到武德七年（公元624年），正式颁布新律《武德律》。从内容上看，《武德律》较隋律的刑罚，表面上虽然有所减轻，但实际上对劳动人民的制裁则大大加强了。

唐统一全国后，李渊产生了骄傲情绪。他越来越不关心政事，特别是对武德后期的皇位之争问题没有处理好。他想使太子、秦王、齐王各谋其位，相安无事，结果却相反，太子李建成和秦王李世民为了争夺皇位明争暗斗，展开了你死

我活的斗争。武德九年(公元626年)夏,李世民终于发动玄武门兵变,杀死了太子李建成和齐王李元吉。事变发生后,李世民立即派心腹尉迟敬德带甲入宫,尉迟敬德将李建成与李元吉已被杀死的消息告诉李渊之后,李渊顿时目瞪口呆。随后在萧瑀等人的建议下,将大权完全交给了李世民,以便制止东宫和齐王府军队的骚乱。无奈之下,李渊于六月一日下诏立李世民为皇太子。八月,李世民正式即皇帝位。

李渊退位后,迁居太安宫,后于公元635年病死于此,享年70岁。

唐太宗李世民

建功立业　玄武之变

李世民是唐高祖李渊的次子,公元599年一月出生于武功(今属陕西)。据说,有一次,李渊在陕西凤翔见到一位会相面的书生,这位书生见到李世民后,大加赞赏说:"这个孩子有龙凤之姿,天日之表,到20岁的时候,一定可以济世安民。"这便是李渊给他起名为"世民"的由来。

李世民生长在贵族家庭,母亲是神武公窦毅的女儿,是一位出色的才女。他的父亲李渊是隋王朝的要员,是隋文帝独孤皇后的侄儿。作为将门皇亲之后,李世民自幼便受到了良好的家庭教育,他不仅武艺娴熟,而且很有攻伐谋略,喜爱读书,少时就能用孙子之言与父亲讲述用兵布阵的方法,深得父亲喜欢。而且李世民为人豪爽、很有见识。人们称赞他"临机果断,不拘小节"。

公元616年,李世民随父亲来到山西太原,参加镇压甄翟儿领导的农民军,使自己的军事才能得到初步锻炼。公元617年,李渊出任太原留守,李世民随父赴任。

此时的大隋王朝在接二连三的打击下早已危在旦夕，穷途末路的隋炀帝惶惶不可终日，对大臣们无端猜忌，动不动就将大臣或处死贬抑。受到隋炀帝的猜忌，早就有不臣之心的李渊想造反，但也颇犹豫。这时李世民仗义疏财，私下结交义士、侠客，赢得了不少有识之士的归附和效劳。当时的晋阳县令刘文静和晋阳宫副监裴寂都是李世民的莫逆之交，他们与李世民一道多方劝说李渊尽快起事，李渊终于下定决心。公元 617 年农历五月，李世民协助父亲李渊除掉了隋炀帝派来监视他们的亲信，起兵晋阳，公开反隋。

晋阳起兵以后，李渊建立了左、中、右三军，李世民被任命为敦煌公、右领军大都督，统帅右军。然而，李渊出师不久就遇到了隋将宋老生的抵抗。由于遇上连绵的大雨，道路泥泞，粮草迟迟供给不上，突厥援军也久久不到，李渊便想退回晋阳再作打算。李世民劝住了父亲，使李渊坚定了信心：在攻打宋老生的激战中，李世民血染战袍，身先士卒，带领士兵击溃了宋老生。

此后，李渊又率军东进，又遇到隋将屈突通的顽强抵抗，李渊部队内部意见不一，李世民力排众议，建议主力绕过屈突通，迅速向长安进军。李渊再次听从了李世民的这一大胆建议，还命令李世民沿途收编各路归附李氏的地主武装，李世民的军队发展迅速，很快发展到 10 万余人。攻克长安后，李渊立隋炀帝的孙子杨侑为傀儡皇帝，半年后又正式即位，国号为唐，李世民被任命为尚书令，改封秦王。从此以后，李世民就以秦王的身份活动于政治舞台，叱咤于陇西、关东。

唐王朝建立后，政权还不十分稳固。但是，李渊称帝后不便再亲自挂帅出征，皇太子建成也需要留在京城协助父皇处理各项政务。因此，指挥和领导统一战争的重任就自然地落在了秦王李世民的身上，开始了他艰苦卓绝的统一战争生涯。

秦王李世民的第一个对手是盘踞在金城（今甘肃兰州）的薛举。当时，薛举

拥兵30万，地理位置得天独厚。如果不除去此患，李渊就不敢东出潼关，进兵关东。公元618年十一月，李世民亲自率领大军讨伐薛举。经过两次激烈的交锋，终于荡平了这一割据政权。

对李渊统治的核心地区仍存在威胁的是刘武周、王世充、窦建德等强大的军阀势力和农民军势力。北方突厥汗国更加强大，在唐的北部扶植了占据朔方（今陕西横山）的梁师都和占据马邑的（今山西朔县）刘武周两个傀儡。刘武周南下攻唐，一时间声势浩大。李渊想放弃河东，退守关中，李世民予以坚决反对，并主动请缨出击。最终大败刘武周，李唐王朝转危为安。

此后，李世民又转战中原，公元620年七月，大军逼近洛阳。窦建德出于自保，亲率10万大军增援困守洛阳的王世充。

李世民面对王、窦联军的强大势力，经过深思熟虑，决定采用部将提出的围洛打援的战术。他留齐王元吉及辅将等一部分人马继续围困东都，李世民则亲自率领精锐骑兵数千，急奔虎牢关，抢在窦建德之前，阻挡住大军的西进。如果能阻止西进大军，那么洛阳则极易攻陷。

八月，李世民的军队与窦部在虎牢关的汜水展开大决战。李世民仍然采用按兵不动的战术，让窦建德的军队鼓噐而进，直到中午士卒疲饥，斗志尽失的时候，李世民令自己的精锐骑兵向敌军猛然出击，同时唐军的主力，也东渡汜水，冲入敌阵，李世民以有备攻无备，这一战把窦部打得落花流水，并且生擒了窦建德。

窦建德的溃败对王世充形成了致命的打击，王世充内部多数将领主张投降，本想突围南逃的王世充也只好出城向唐军投降。

李世民击败窦建德后，由于惩处严厉，激起了起义军的不满和抵抗，于是，其余部拥立刘黑闼起兵反唐。刘黑闼的义军几乎恢复了窦建德以前的所有故地，李世民为了稳固李氏家族的新兴政权，再一次挑起了出兵征讨的重任。他与弟弟李元吉一道，出兵东讨。李世民仍然采用安营扎寨、坚守不出的战术，另派精兵切断敌方粮道，直到对方粮尽之时才与之作殊死决战，结果大败刘黑闼。

从公元618年征讨薛举到公元623年平定刘黑闼，历时5年有余，李唐王朝终于最后统一了中国。李世民在统一战争中，作为主帅，其战略战术运用得得心应手，充分表现了杰出的军事胆略和军事才能，为李唐政权的进一步巩固做

出了极大贡献。

李世民在统一全国的战争中功绩卓著，他的威望和地位也日益提高，他不但掌握了朝廷的主要军队，而且结交和聚集了大量人才。武将有尉迟敬德、秦叔宝、徐世勣、李靖等，文人有房玄龄、杜如晦等十八学士，逐渐组成了一个以他为核心的强大政治军事集团。

太子李建成对此时位高权重的李世民非常妒忌，十分担心李世民会跟他争夺皇太子的位置。于是，他利用高祖中意他，高祖宠妃张婕妤和尹德妃也与他关系密切的优势，多次想除掉李世民。有一次，他利用请李世民到府中饮酒的机会，在酒中下了毒。李世民饮后，忽觉腹疼，急忙回府，尽力呕吐，才免于一死。

此后，李建成联合四弟齐王李元吉，加紧了除掉李世民的步伐。公元626年五月，突厥进犯中原，李建成趁机上奏高祖，请求派李元吉担任主帅迎敌，高祖应允。李元吉随即提出要尉迟敬德、秦叔宝、程咬金三员猛将归他指挥，并要求调秦王府精兵充实自己的部队，企图借此削弱李世民的兵权，然后再杀掉李世民。

李世民得知消息后，马上与长孙无忌、尉迟敬德等商量对策。两人劝李世民先发制人，不能等死，促使李世民坚定了先下手的决心。

公元626年六月四日一早，李世民在尉迟敬德、侯君集和长孙无忌等人的协助下，在玄武门设下伏兵，趁太子李建成和齐王李元吉上朝不备之机，发动政变。政变时，李世民及部将杀死了李建成和李元吉，最后又杀光了他们所有的儿子。这就是历史上有名的“玄武门事变”。两个月以后，李渊被迫退位。武德九年八月，李世民即位，史称唐太宗，时年29岁。次年正月，改元贞观。

任贤纳谏　贞观之治

李世民经历了隋朝由盛世、动乱到灭亡的全过程，所以隋朝的灭亡给他留下了极深刻的印象。

面对贞观初年百废待兴的局面，李世民经过深思熟虑，决定选贤任能、广揽人才，共同为国家的大治谋划方略。

首先，知人善用，广任贤良。为了更大程度地选拔人才，他设立了“弘文馆”。

太宗选拔人才遵循唯才是举、任人唯贤的原则。凡是有才之士，不计较资历地位和亲疏恩怨，只要有一技之长就会被任用。

在任用人才方面，李世民有一句名言，叫做“内举不避亲，外举不避仇”。他最倚重的猛将尉迟敬德，原来就是他的敌人刘武周手下的大将。刘武周被李世民打败后，尉迟敬德与隋将寻相一起降唐。不久，寻相叛唐，李世民的部将怕斩草不除根再次发生意外就把尉迟敬德抓起来，李世民却下令将他释放，还请他到自己府上，促膝长谈，告诉他：“大丈夫意气相投，就应竭尽忠心，我决不会听信谗言，随便怀疑好人的。”尉迟敬德辞别时，李世民还送给他不少礼物，替手下向他道歉。尉迟敬德十分感动。此后，尉迟敬德便一心一意辅佐太宗了。

魏徵原来也是李建成的谋士，曾劝李建成杀掉李世民。玄武门之变后，有人向李世民揭发了这件事。李世民就派人将魏徵找来，向他兴师问罪。魏徵却坦率地说：“那时候我是太子的谋士，当然要为他出谋划策。但可惜太子没有听我的话，否则，你也不可能做上皇帝。”旁边的人见魏徵说出这样大不敬的话，都认为他必死无疑了，但出乎众人的意料，唐太宗认为魏徵很有胆识，不但不加罪，还任命他为谏议大夫，专门负责向朝廷提意见。

为了扩大选拔人才的渠道，唐太宗还沿用并且发展了隋朝的科举制度，通过科举考试来选拔人才。

唐太宗任人唯贤，不拘一格地选拔人才，所以在他统治时期，朝廷人才济济，群英荟萃。

其次，李世民能明辨是非，虚怀纳谏。面对群臣的不同意见，他都能辨别是非，存留正确的建议。他曾询问魏徵“君主怎样才算明智，怎样才算昏庸。”魏徵回答说：“兼听则明，偏信则暗。”李世民十分赞同。

公元630年，李世民下令修复洛阳宫，以备他游玩所需。大臣张玄素劝谏说：“如今战争刚刚结束，社会还未恢复元气，陛下就急于大兴土木，如不停止修复工程，一定会激起民愤，您忘记隋炀帝的下场了吗？”李世民听了这些刺耳的

话，不但没有动怒，而且经过一番思考，接受了这一建议，下令停止了洛阳宫的修复工程，还对张玄素给予了奖励。

正因为唐太宗如此开明，所以贞观年间出现了一大批直言敢谏的名臣，贞观前期著名的有魏徵、王珪、杜如晦、房玄龄等，后期著名的有马周、刘洎、褚遂良等。这些人对当时的政治形势起了良好的作用和重要的影响。其中当仁不让的首推魏徵。

李世民即位后，将魏徵封为谏议大夫。谏议大夫的职责是专门向皇帝提意见，唐太宗任命魏徵为谏议大夫，表现了唐太宗对他才能的认可和对他本人的信任与尊重，后来又把他提升为尚书丞，这样魏徵就可以随侍太宗左右，便可以时时规劝了。魏徵就是在这种相对宽松自由的环境里做谏官的，他劝谏的内容十分广泛，大到长久的治国安邦之策，小到皇帝的宫闱秘事等等。

公元637年，唐太宗出巡洛阳时，在显仁宫停留，因宫苑官员安排照顾不周，唐太宗便大加责罚。魏征批评唐太宗说："隋炀帝就是因奢侈无度亡国的。现在因为供应不好就发脾气，如此下去，隋朝的悲剧又该重演了。"唐太宗只好作罢，不再追究宫苑官员的责任。

唐太宗虽然是一位明君，但他也有着常人的情感和喜好，喜欢听顺耳谀辞，不喜欢听逆耳忠言。但他还是能克制住自己的感情，保持较为清醒的头脑，所以，他对魏徵既尊重，又尊敬。一次，唐太宗趁魏徵回乡扫墓的机会，准备去山南一带"旅游"一趟。一切准备妥当了，却又怕魏徵回来后责怪，最后还是没有去。还有一次，太宗得到一只鹞子，非常喜欢，正拿在手里抚玩。正巧魏徵来见，太宗忙将那小宠物藏进衣服里。还自以为魏徵没有看见，其实魏徵早已将太宗的举动尽收眼底，因此故意拖延时间。待魏徵告辞，鹞子已经闷死了。

魏徵也很重视唐太宗个人的品德修养。他曾引用荀子的话劝谏唐太宗说，君主好像舟，人民好像水，水能托舟，亦能覆舟。这句话对唐太宗震动很大，他牢记在心，还用此话来训诫太子。

在选贤任能，纳谏从流的同时，李世民还进行了法制的改革和建设，采取了慎刑宽法和严格加强法制的措施。为实现大治天下的治国方针提供了法律上的保障，创造了良好安定的社会环境。

李世民将赏功罚过作为法制改革的标准，任命房玄龄、长孙无忌在参考《武

德律》的基础上制定了封建社会最完备的法典《贞观律》。同时，李世民又亲自选拔了一批正直无私、断狱公平的人担任法官，并亲自检查法官对案件的处理情况，这样就做到了执法必严，违法必究。同时，唐太宗还规定对死刑要三次上报中央，被批准后方可执行。

制订法律以后，李世民以身作则，执法如山，对自己的亲属和部属的要求也非常严格，如有触犯刑法者，严格依法处理，从不徇私枉法。这就使得法律得以顺利地贯彻，在中央和地方政府中起了积极的影响和作用，这样贞观年间的社会风气十分安定。

唐太宗提倡戒奢崇简，并以身作则。他继位后，住的宫殿还是隋朝建造的，大部分都已破旧。一般新王朝的君主都要大兴土木，另建新的宫殿，但唐太宗为了节省开支，在贞观初年一直不允许修建。唐太宗还严厉禁止厚葬，并要求五品以上的官员和皇亲贵族都要遵照执行。这种节俭风气的盛行，不仅减轻了老百姓的负担，而且对经济的恢复和发展也起了促进作用。

唐太宗还积极地推行轻徭薄赋与民休养生息的政策。为了增强抵抗自然灾害的能力，唐太宗还大力倡导兴修水利。贞观初期，关中、河南等地原有的渠道都相继修复，并新修了大量的排水和引水工程。这些水利工程的修建，对防旱排涝、尽快地恢复和发展农业生产起了重要的作用。

这一系列有利于农业发展的积极措施的实行，社会经济很快得到了恢复。从贞观三年开始，全国连续大丰收，粮价由原来一匹绢换一斗粮食，下跌到一匹绢换数十斗粮食。社会秩序迅速安定，人民开始过上了安居乐业的生活。到贞观中期的时候，唐朝发展到了鼎盛阶段，出现了牛马遍野、丰衣足食、夜不闭户、道不拾遗的太平景象，这段时期在历史上被称为“贞观之治”。

唐代的兴盛和繁荣与唐太宗的励精图治是分不开的。唐太宗不仅是一位杰出的军事家和政治家，而且还是一位多才多艺的君主。他精于弓马，擅长诗书，是一位文武全才的皇帝。

唐太宗到了晚年，由于疾病缠身，久治不愈，就迷恋上了方士炼制的金石丹药。贞观二十三年（公元 649 年）五月，唐太宗因金石丹药服用过多，中毒暴亡，享年 51 岁。

唐高宗李治

李治是长孙皇后的第三个嫡子，是唐太宗的第九个儿子。根据嫡长子继承制，他与皇位沾不上一点边。然而，风云际会，他偏偏就得到了命运的垂青。一切都因为哥哥们的出色和自己的憨厚，皇帝的宝座出人意料地落到了自己手里。

唐太宗有14个儿子，其中只有长子李承乾、四子李泰、九子李治为长孙皇后所生，因此皇位继承权就只有他们胞弟三个。根据嫡长子继承制，太宗立李承乾为太子。但这个承乾从小就十分顽劣，年龄稍长，又爱上声色。随着年龄的增长，他不但不有所收敛，而且更加为所欲为。有的人好意劝谏他，他竟派人暗杀劝谏者，根本不把父皇和朝中大臣放在眼里。李世民对他越来越不满意，便萌发了废太子之心。承乾的弟弟李泰见哥哥失宠，便想尽快挤掉他，自己取而代之。为此，李泰广泛结交朝中大臣，结成了20多人的颠覆太子的死党，他们为使李泰能做太子而大造舆论、出谋划策。李承乾眼看大势已去，便暗中招募刺客勇士，联络平时对父亲有不满情绪的李元昌等人，密谋发动政变，夺取皇位。但密谋泄露，政变失败。太宗忍痛将太子承乾废为庶人，并一举清除了太子党。

李承乾的被废，似乎太子之位也在向李泰招手了，他也为此四处奔走，每天到宫中侍候，进一步讨父亲的欢心。但大臣们却分成两派：岑文本、刘洎等主张立李泰；在朝中地位显赫的长孙无忌和褚遂良等人却主张立九子晋王李治。看来太子之位一时难以决定，有一次太宗就问李泰："如果立你为太子，百年之后将如何打算？"李泰竟然狠心地表示在自己临死前杀掉自己的儿子，再把皇位传给九弟李治。一向宽以待人的李世民觉察出了他的狠毒，再加上李泰为取得太子资格而胁迫软弱的九弟退出竞争的事情败露，李世民认为立李泰为太子的话，将来不太可能成为一代明主，于是决定将皇位传给李治。为防止李泰闹事，李世民派人把他囚禁起来。就这样，因为李承乾和李泰两虎相争，李治就坐收

渔翁之利了。

太宗虽然确立了李治的太子地位，但刚开始时，他的太子之位并不牢固，因为太宗对这个性情温和天赋不高的儿子不甚满意，认为他过于懦弱，将来恐怕难有作为。为此，太宗一度想废掉李治。太宗东征时，留太子监国，李治表现得很出色，再加太子平时孝道颇佳，深受百官看好，所以，李世民以后就没再提废立的事情。

贞观二十三年（公元 649 年）四月，唐太宗病重，此时，他对过于懦弱的太子仍放心不下，要为他做好人事安排。太宗对李治说："李世勣才智过人，但你对他未曾有丝毫恩惠，恐怕日后难以真正为你效力。为此，我现在把他贬到外地，等你做了皇帝，再把他召回来做丞相，这样，他或能对你感恩。"太宗在临死前，把长孙无忌和褚遂良封为顾命大臣，让他们辅政。太宗去世后，李治即位，是为唐高宗，时年 22 岁。

李治即位后，严格按照父亲的遗训，重用长孙无忌和褚遂良，把李世勣调回来做了右仆射，对他们非常信任。李治虽然不太精明，但经过太宗多年的苦心培养，毕竟掌握了一些治国本领，特别是太宗的言传身教，对他有很深的影响。长孙无忌、褚遂良、李世勣、于志宁又都是贞观时代的重要谋臣，对治国都有一套经验。故李治即位最初几年，大唐国泰民安，颇有贞观遗风。但李治身体不好，又贪于女色，就让皇后武则天参与政事，这为他日后大权旁落埋下了隐患。

李治即位，立王氏为皇后。王皇后因不能生育，所以渐渐失宠。武则天原是太宗妃，曾与李治暗地两情相悦。太宗死后，武则天一度出宫为尼，后被李治接入宫中，并对她恩宠有加。不久，武则天生了个女儿，王皇后过来看望她们母女。王皇后一走，武则天就亲手掐死了自己的女儿，等李治来了，她佯装欢笑与李治谈话，也佯装不知女儿死去，之后号啕大哭并诬陷王皇后害死了她的女儿。糊涂的李治哪里能明白其中真伪。永徽五年（公元 654 年）冬，李治正式宣布废掉王皇后，同时宣布立武则天为皇后。

当上皇后的武则天十分憎恨反对立她为皇后的长孙无忌等人，于是在李治面前大进谗言，使得贞观时代留下来的元老除李世勣外，大部分被罢免或疏远。而曾经支持过立武则天为皇后的李义府、许敬宗等人则成了武则天的心腹，也形成了新一轮统治集团成员。

李治非常宠爱武则天，经常将一些政事交给武则天代为处理，武则天生性聪慧，又有很好的文史修养，对朝政的处理往往使李治感到满意。到了公元660年，李治开始生病，头痛眩晕，两眼模糊，难以主持日常政务，干脆委托武则天上朝处理政务。此时的武则天对权力充满了欲望，她已不再满足她的皇后之位了，于是，武则天便开始控制李治，李治的一举一动都受到她的监视。李治偶然发现被废的王氏和萧氏关在别院里，处境悲惨，遂萌发同情之心，想把她们放出来。武则天知道后，立即叫人将二人残杀。李治这时方才后悔把武则天立为皇后，于是与上官仪商议，准备废掉武则天的后位。结果得知消息的武则天来找李治质问时，怕老婆的李治吓得把责任推给上官仪，于是上官仪便成了李治的替罪羊，被武则天下令杀害。从此，李治每次上朝，都由武则天垂帘听政，朝野内外都恭称“二圣”，而此时的实权已转移到武则天手中。

李治此时虽已后悔立武则天为皇后，并委以大权，但他早已身心疲惫。公元683年，长时间处于抑郁之中的李治，病情加重，不久死去。享年56岁。

唐中宗李显

显庆元年(公元656年)十一月，生于长安。高宗第七子，武则天第三子。二岁，封周王。仪风二年(公元677年)，徙封英王，授雍州牧，改名哲。永隆元年(公元680年)八月，立为皇太子。

弘道元年(公元683年)十二月，高宗死，显即位于柩前，武则天临朝称制。次年，显欲以后父韦玄贞为侍中，武则天不满，废为庐陵王，先徙于均州，后徙于房州。圣历元年(公元698年)，狄仁杰等大臣屡请召还。三月，武则天托言显有疾，召还神州(即京都)。九月，其弟李旦逊位，显为皇太子，复其名。

神龙元年(公元705年)正月，武则天病重。同平章事张柬之等诛武则天宠臣张易之、张昌宗兄弟，迫其传位于显。二月，复国号为唐，以神州为东都，立韦氏为皇后。

显与韦后同幽闭于房州时，备尝艰危，情爱甚笃。显曾私誓于后：“异时幸

复见天日，当唯卿所欲，不相禁制。”及韦氏再为皇后，必施帷幔坐殿上，参与朝政。

韦后及上官婕妤私通于武三思（武则天之侄），武氏之势复振。张柬之等五位大臣数请诛武氏，显不理。三思与韦后恨柬之等切齿，日夜谮之。

显遂封柬之五人为王，罢其政事，实夺其权。三思趁机令百官复则天之政，不附武氏者斥之，为五王所逐者复之。继以嫁祸于人之手法，杀五王。由是三思权倾人主。

二年（公元706年）七月，立李重俊为太子。重俊为后宫所生，韦后恶之，三思尤忌之。安乐公主与驸马武崇训常凌侮之，或呼为奴，又请废之。重俊愤愤不平，次年七月，与左羽林大将军李多祚等，发羽林兵三百余人，杀三思、崇训及其亲党十余人。显与韦后、安乐公主、上官婕妤避于玄武门楼上，显即命羽林飞骑讨之。重俊败走至鄠西，为左右所杀。

于是安乐公主更恃宠骄恣，卖官鬻爵，势倾朝野，为与长宁公主比高低，夺民田作定昆池，延袤数里，累石象华山，引水象天河；有衣裙，值钱一亿，花卉鸟兽，皆如粟粒，正视旁视，日中影中，各为一色。上官婕妤等，皆依势用事，政出多门。不论何人，有钱即可买官，时人谓之“斜封官”。由是官员冗滥，朝风日坏。

显乃昏庸之主。景龙三年（公元709年），监察御史崔琬弹劾中书令宗楚客通敌。楚客愤怒作色，自陈忠鲠。显竟不追问，命二人结为兄弟和解之，时人称之为“和事天子”。尤为荒唐的是，安乐公主自制敕，掩其文，令署之，显笑而从之，竟不视也。

大修佛寺，务取华丽，大则用钱百数十万，小则三五万，人民怨声载道。还好击球，一时朝野竞起仿效，洒油以筑球场。又命宫女为市肆（商店），公卿为商旅，与之交易，因为忿争，言语粗鲁，显与皇后临观以为乐。

次年五月，许州司兵参军燕钦融上言：“皇后淫乱，干预国政，宗族强盛；安乐公主、武延秀（安乐公主后夫）、宗楚客图危宗社。”显召而问之。钦融顿首抗言，言辞不改，显默然。宗楚客令飞骑捕捉钦融，投于殿庭石上，折颈而死。楚客大呼称快，而显怏怏不悦，由是韦后等始忧惧。

安乐公主欲韦后临朝，自为皇太女，乃相与合谋，置毒于饼中，进食于显。

六月,死于神龙殿。死时55岁,在位6年。九月,谥曰孝和皇帝,庙号中宗。十一月,葬于定陵(在今陕西富平县龙泉山)。天宝十三年(公元754年),改谥曰大和大圣大昭孝皇帝。

武周圣神皇帝武则天

两度入宫　一朝为后

武则天原籍并州文水(今山西文水),其父武士彟为当地富有的木材商人。隋炀帝时,武士彟谋得鹰扬府队正之职,成为一名下级军官。当时,农民起义在各地蓬勃发展。大业十二年(公元616年),隋炀帝逃往江都(今江苏扬州)时,任命出身关陇贵族的李渊为太原留守和“抚慰”山西、河东的大使,又安插郡丞王威等为副将,以监视李渊。武士彟鉴于李渊正集结各方势力反隋,于是,一面暗通王威,一面公开投靠李渊。当李渊来到文水时,武士彟便盛情接待,并向他进献兵书和符瑞,劝他起兵,因而为李渊所信任,授予行军司铠之职。

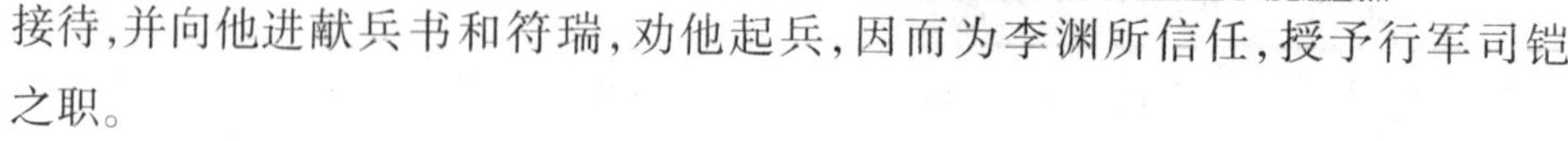

唐朝建立后,武士彟以功授光禄大夫、工部尚书,进位应国公。

公元637年,由于长孙皇后去世,太宗进行了一次全国性的选美活动,年仅14岁的武则天因貌美色丽,被召入宫。临行时,母亲杨氏怕其一进深宫便再难

相见，十分伤心，她却安静如常，对母亲说："见天子焉知非福，何儿女悲乎？"

入宫后，武则天被太宗封为才人。有一次，她侍奉唐太宗观看驯马，宦官们正在调教一匹从西域进贡来的烈马狮子骢，这匹马性情暴烈，宦官们很长时间也驯服不了它。唐太宗便问随身的宫女们："你们有什么办法，可以制服这匹烈马？"由于问得很突然，没有一个人敢回答。这时，原本就鹤立鸡群的武则天因要缓解紧张气氛，竟兴奋地回答道："我以为要制服这匹马，必须具备三种东西：铁鞭、铁锤和匕首。先拿铁鞭打它，若不服从，再用铁锤猛击它的头，如仍不服从，就只好拿匕首割断它的咽喉！"

唐太宗本是从马上取得天下的，什么人没见过？但还是被如此貌美却又如此狠毒的女人刺激了一下，从此对她宠爱日衰。再加上又有传言："唐三世之后，有女主武氏取代帝王"，因而太宗对武媚心生防备，再未加封。

太宗在位时，武则天十几年的宫廷生活并不快乐，因此，她就把希望寄托在了太子李治身上。

高宗当太子时，经常到父皇宫中问安，因受到武才人的殷勤接待，见她美貌动人，就对她一见倾心。聪明的武则天也看出了李治的潜力，所以就对他颇为热心。一天，周围无人，武则天捧金盆水跪进，李治将手伸进水盆里，却把水洒在武则天身上，挑逗说"乍忆翠山梦里魂，阳台路隔岂无闻。"武则天是何等聪慧，随即莞尔一笑道："未漾锦帐风云会，先沐金盆雨露恩。"

李治大悦，随即两人便有了云雨之欢。但当时太宗还健在，他们二人是偷偷摸摸不敢造次的。

太宗逝世后，凡未生育的妃嫔均要出家为尼，武才人亦不例外，到了长安感业寺落发为尼。一年后，太宗周年忌日，李治来感业寺进香，再次见到了武则天，他们旧情复燃，这使武则天的人生发生了大逆转。第二年，唐高宗便将武则天召回宫，封为昭仪。

取得新生后的武则天处处以低姿态做人，她要把她失去的青春和美好的生活重新夺回来。当时的后宫，李治的王皇后正与受宠的萧淑妃斗得不可开交，为了打击萧淑妃，王皇后积极主张接武则天进宫。刚回宫时，武则天也知恩图报，对王皇后毕恭毕敬。然而王皇后低估了武则天的能力，武则天的回宫让她与萧淑妃一起失宠了！更让王皇后意想不到的是，武则天的第一个目标竟是要

将自己取而代之。

尽管武则天占尽了床帷之宠，但要想拆散高宗与皇后十多年结发夫妻的恩情和朝中一干卫后集团的大臣却并非易事。但是，一般人想不到或做不成的事情，武则天不仅想到，而且做到了。

公元654年初，武则天生下一位公主，很讨人喜欢。王皇后由于自己没有子女，也常来逗弄孩子玩。一天，王皇后又来逗孩子，知道高宗要来就先走了。武则天忽然灵机一动，认为除掉皇后的日子到了，于是就残忍地将亲生女儿掐死，之后佯装没事一般。待高宗来看女儿时，发现孩子已经暴死，十分震惊。武则天忍不住失声痛哭，并询问下人，大家都说“只有皇后来过”。高宗大怒，毫不犹豫地断言：“皇后杀死了我的女儿！”自此，高宗下了废王皇后的决心。

高宗虽然下了废后的决心，但却遭到了长孙无忌、褚遂良等许多有功大臣的极力反对。武则天充分利用高宗的宠爱，运用权谋，经过斗争，终于使高宗在公元654年的冬天废黜了王皇后，改立自己为皇后，并参与朝政。

处心积虑　终登帝位

武则天当上皇后以后，面对她曾经晋位皇后之路的阻碍，她又贬又杀，很快在她周围便形成了自己的亲信集团。开国功臣长孙无忌集团是武则天首先要清除的对象。武则天利用高宗生病，协助管理朝政的诸多机会，灵活运用大权，巧施计谋，先将褚遂良贬出京城，后又编造朋党案，逼长孙无忌自杀。受此案牵连的朝中大臣不下几十人。与此同时，李义府、许敬宗等武则天的亲信被补充到这些重要的职位上，并成为武则天集团的骨干力量。

随着武则天大权的不断稳固，高宗成了徒有虚名的皇帝。李治见自己的话渐渐没有人听了，反而对皇后的话言听计从，因此十分气恼，就和宰相上官仪密谋废后，并命上官仪草拟诏书。然而，武则天很快就通过安置在皇帝身边的亲信得到了这一消息，并立即赶到皇帝居住的宫殿，责问李治。天生懦弱的李治见武则天这么快就知道了消息，只好结结巴巴地回答：“我本来没有废黜皇后的

意思，是上官仪让我这样做的。"武则天立即下令将上官仪及其儿子上官庭芝下狱处死，家属籍没，襁褓中的上官婉儿（上官庭芝的女儿）也随母亲一起贬入宫中为婢。长大后的上官婉儿继承了父辈们的聪明才智，成为武周政治舞台上的心腹笔杆。

当上官仪被杀后，朝廷中再没有人敢与武则天作对了。从此，她的政治权力迅速膨胀起来。

早在显庆五年（公元660年），高宗就因病让武后代理裁决百司奏事。上官仪伏诛后，武则天于幕后协助高宗理政，已形成"天下大权悉归中宫，天子拱手而已的局面"，因此他们二人又被称为"二圣"。

武则天为了实现自己雄心勃勃的政治抱负，坚持不懈地使用各种手段扩大自己的专制政权。通过不断培植和更新官僚队伍，她为自己日后的成功打下了坚实的基础。她相信，唐高宗一死，便是她这女皇的天下了。然而立在她面前的儿子们，却无情地成了她登上帝位的最大障碍。

武则天的4个儿子若都是无能之辈倒也好了，大不了废了，可偏偏长子李弘、次子李贤都很贤能，因此他们二人最先被杀。因为长子李弘在被确立为太子后逐渐有了自己的见解，结果被武则天用药酒毒死。李弘死后，接着是二子李贤，又被武则天以好声色为借口，废为庶民，不久又派人将其杀死。

中宗即位后，武则天以皇太后的身份临朝称制。由于武则天不满李显重用韦皇后的父亲，所以不到两个月就将李显废为庐陵王，改立四子李旦为帝。同时规定不许干预朝政，因此皇帝李旦是个傀儡，在宫中被软禁了6年。

高宗病逝的第二年，一些遭到贬抑而不满的官吏终于发难了。柳州司马徐敬业等人在扬州起兵，讨伐武则天。武则天立即派出30万大军予以平叛，结果仅40多天就将叛军10多万人击溃，徐敬业也被部将杀害。在平叛过程中，宰相裴炎、大将程务挺消极对待，想趁机威胁武则天还政于睿宗李旦，结果被武则天统统斩首。

能够迅速平定扬州叛乱，这不仅表明武则天有强硬的政治手腕，也表明了她此时羽翼已完全丰满。叛乱平定不久，武则天就召集群臣对他们说："你们中间有比裴炎更顽固不化的先朝老臣吗？有比徐敬业更善于纠集亡命之徒的将门之后吗？有比程务挺更能攻善战、手握重兵的大将吗？他们三人反对我，我

能杀他们,你们中间还有比他们更厉害的吗?”满朝文武大臣谁都不敢出声。

这次军事上的胜利,更加重了武则天登上皇位的资本,于是,她又进一步为自己登基大造秉承天意的神秘气氛。垂拱四年(公元688年),武则天的侄子武承嗣派雍州人康同泰献给武则天一块白石头,上刻有“圣母临人,永昌帝业”的字样,诡称得自洛水。永昌元年(公元689年)元旦,由武则天的男宠薛怀义(即冯小宝)督建的万象神宫(即明堂)告成,武则天在这里举行了盛大的祭典活动,并堂而皇之地“服兖冕,搢大圭,执镇圭为初献”,皇帝和皇太子跟在后面为亚献、终献。载初元年(公元690年)的重阳节,67岁的武则天终于实现了她奋斗一生的目标——登基即位,自号“圣神皇帝”,以十一月为岁首,改旗易帜,改元天授,建立了大周王朝。睿宗李旦降为皇嗣,皇太子李成器也降为皇太孙。

任用酷吏　打击异己

武则天虽然做了皇帝,虽然在政治经济方面也颇有政绩,但她即位后同样出现了一些社会动荡,因为根深蒂固的封建思想怎能接受一个女人来当皇帝呢?所以反对她的人此起彼伏。武则天虽然有政治家的铁腕和残忍,但面对天下人民潜伏在心中的反对声音,她还是感到了阵阵凉意。

当时,朝廷内外反武言论极为普遍,如宰相狄仁杰的姨母卢氏就不许儿子“事女主”,连武则天的亲信都劝她“返政”以安人心,而那些遵循祖宗礼法的封建文人,更是对武则天口诛笔伐,甚至连很多妇女都不支持她们的杰出代表。武则天不得不为刚刚建立起来的大周政权担心。

武则天认为,要想得到天下民心,除了实施仁政以发展社会经济外,更重要的是要加强对官吏、百姓言论的控制,使他们噤若寒蝉,更不敢拉帮结派。只有这样,才有利于大周政权的维护和巩固。

武则天接受臣下建议,在朝堂上设置四个铜轨,用以收受天下投书,分别接收“招恩”“语谏”“伸冤”“通玄”等四种告密文书。这项措施目的虽然在于维护刚刚建立的政权,但对朝廷广开言路、通达下情也起到了重要作用。为了方便

告密者,武则天又下令凡有欲进京投书告密者,沿途给予驿马和五品官待遇。告密者不分贵贱,一律接见。告密属实耀官赏赐,不实者也不追究。一时间,进京投书者络绎不绝。

武则天放手让酷吏们为自己清除政敌,但当酷吏们的滥杀造成新的危机,引起社会动荡时,她便毫不犹豫地将这些酷吏抛出去,杀之以平民愤。酷吏们的残暴最后落了个恶有恶报的下场。

武则天从称帝以来,共实行了长达14年的酷吏统治,大大地巩固了自己政权。这期间,杀人虽多却没有造成大的社会动荡,相反还得到了更广泛的庶族势力的支持,并使国家顺利进入第二个黄金时代。

迷途知返　逊位而终

武则天虽然心狠手辣,但她的确有治国之才。高宗时,她就曾经上意见书十二条,也就是历史上的“建言十二事”。这里面包括了发展农业、减轻赋税、广开言路等建议,基本上是一套较完整的治国方略。后来也被高宗颁布诏书推行。从这里来看,当时高宗之所以将处理政务的权利交给武则天,也是建立在相信她有这个能力的基础上的。

武则天另外一个值得纪念的功绩就是,首先在科举考试中引入闭卷考试的手段,这使得科举考试更加公正、公平。

为了培植和扩大自己的势力,武则天开创了“殿试”制度,她在洛阳殿亲自考试贡士,以示重视,还专门设置了“武举”,选拔有武艺的人做官,并还允许各级官吏和百姓自行荐举。另一方面,又以修书为名,广泛召集有才学的文人进宫,为朝廷出谋划策,处理奏章,协助宰相,称为“北门学士”。正因为她注意提拔新人,又知人善用,所以在她为政期间,朝廷围绕了一大批优秀的人才,并不比贞观时期逊色。武则天利用他们来打击旧的贵族反对势力,巩固自己的权势与地位,使社会经济得以继续发展,为开元盛世奠定了良好的基础。

武则天统治的后期,随着帝位的巩固,酷政的结束,政治气氛也开始宽松。

然而，武则天并没有因此而感到轻松。在皇位继承人的选择上，传统观念又牢牢地束缚了她，使她很困惑。

建立周王朝之后，她让侄子们做了宰相和将军，掌握朝政大权，大臣有了功劳也赐给武姓，而不是李姓。她还免掉了武姓的田赋，把自己的故乡文水县改为武兴县，种种迹象表明武则天是想把皇位传给武姓的侄子。同时，这一切也促使了她的侄子武承嗣等人公开地对李旦的皇储地位发起了挑战。

公元693年元旦，武则天在万象神宫举行祭典大礼，她竟让武承嗣为亚献，武三思为终献，公开摆出了武氏家天下的阵势。至此，李、武两姓争夺储位的矛盾白热化。

狄仁杰、李昭德等几位有见识的宰相坚决反对立武氏为皇嗣，他们提醒武则天说“姑侄与母子哪个更亲？立儿子，百年之后可以永享儿孙的香火；而若立侄子，则从未听说过侄子当皇帝会为姑母立庙奉祀的。”

经过深思熟虑和痛苦的抉择，武则天终于想通了。公元698年年初，武则天派人把庐陵王李显秘密接回洛阳，皇嗣李旦知趣地请求让位，李显被立为太子。武承嗣眼看着太子之位被别人抢走，知大势已去，不久就郁闷而死。

李显的复位，使一度紧张的气氛一下缓和了下来。不仅避免了武、李两姓因争皇位而导致严重的政局动荡，而且对缓和当时的民族关系和阶级矛盾都起到了重要作用。同时，武则天也赢得了最后一段较为安定的生活和死后的哀荣。可以说，复立李显为太子，是继放弃酷吏政治之后，武则天晚年的又一大正确选择。

武则天的晚年，逐渐陷于男宠张易之、张昌宗兄弟的甜蜜漩涡中，一时竟然将大权交给了这两个只会讨好女人的男宠。张易之、张昌宗兄弟的势力迅速膨胀，就连朝中的当权者武承嗣、武三思、武懿宗、宗楚客、宗晋卿等人，也对二张俯首贴耳，因此二张更加飞扬跋扈。公元704年末，由于武则天一病不起，朝中诸事全部由二张入宫传话，文武大臣十分担心二张乘机弄权，发动政变，于是以宰相张柬之为首等五人提前行动。公元705年正月，他们杀张氏兄弟于宫内，中宗李显再次即位为帝，史称“神龙革命”。李唐政权再度重建。

公元705年农历十一月初二，武则天病危，临终前遗嘱：去掉帝号，称则天大圣皇后；归葬乾陵；赦免王皇后、萧淑妃、褚遂良等人的家属。她流着泪对中

宗李显说:“我已活到82岁了,别人做不到的事,我都做到了,还有什么不满足的呢!回忆往事,真像在梦中一样啊!你要保全武氏家族。”又特别叮嘱太平公主:“你是我最疼爱的女儿,像我一样聪明,但是你可别为聪明所误。”不久,武则天病死于洛阳上阳宫仙居殿。

公元706年农历正月,武则天的灵柩在唐中宗李显的护送下运回长安,与唐高宗李治合葬在乾陵。临死之前,武则天嘱咐儿子李显为她树碑但不要刻字,她认为关于她的功过是非问题就交给后人去评说吧,因此留下了“无字碑”之谜。

唐睿宗李旦

睿宗,名李旦(公元662-716年),唐高宗李治第八子。前后两次称帝,两让天下,共在位8年,禅位于玄宗李隆基,后病死,终年55岁,葬于桥陵(今陕西省城县西北30里处)。

唐睿宗李旦,又名李旭、李轮。武则天幼子。初封殷王,后又封豫王、冀王,最后改封相王,高宗末年又还封为豫王。公元684年2月,武则天废中宗为庐陵王,于同月已未日立他为帝,改年号为“文明”。

睿宗继位后,武则天命他居住于深宫,不得参与朝政,所有军国大事由她处理。公元690年9月,武则天称帝,改国号为周。废睿宗,封他为皇嗣,改姓武。公元705年,中宗复位,封他为相王。公元710年5月,中宗被毒杀,同年6月,睿宗第三子李隆基发动羽林军攻入宫,讨杀韦皇后及安乐公主、上官婉儿、武延秀等。与太平公主一起拥立睿宗复位,废黜殇帝李重茂,改年号为“景云”。

睿宗复位后,按例当立长子李成器,但三子李隆基有讨韦氏之功,因而犹豫不决。李成器辞道:“国家安则先嫡,危则先有功,臣死不敢居隆基之上。”

睿宗也是一个无能的帝王,立李隆基为太子后,又使太平公主参与朝政。宰相奏事,他先要问有没有同太平公主商量过?这就助长了太平公主的专横,也引起了太子与太平公主之间的斗争。太平公主极力想除掉太子,独揽朝政。

当时文武大臣中有一大半依附于太平公主,7 个宰相中有 5 个是她的亲信,造成政局不稳,政事昏暗。

李旦是他的儿子李隆基联合太平公主发动政变之后将他推上皇位的。所以他并没有绝对的实力可以掌控局面,不得不周旋于太子、太平公主之间,寻求权力的制衡,以此来保护自己。李旦看到太平公主势大,担心自己父子俩都受她威胁,害怕太平公主的势力越来越大,于是就选择逃避,传皇位给李隆基,自己做太上皇。但是他传位以后仍然过问军国大政,尤其是三品以上高官的任命和重大的刑狱,要与李隆基共同兼理。他每五天一次在太极殿接见群臣。李隆基登基后,迅速掌控朝政,李旦对他越来越不满,并认为李隆基会对他形成威胁,这时太平公主也因为自己的地位下降而心怀怨恨,于是诱劝李旦废帝,在权力的漩涡中,亲情变得苍白无力。最后昏聩的李旦决定派李隆基戍边,可是又很快反悔,始终拿不定主意。这时李隆基已经紧张得不得了,他明白,一旦自己被废,最后的下场只有死亡,于是他发动政变,包围太平公主府,围困李旦并将其软禁,太平公主被逼无奈最后自缢,李隆基对太上皇李旦没有下黑手,而是将其终身软禁。公元 716 年 6 月,李旦病死于长安的百福殿。

唐玄宗李隆基

唐玄宗,名李隆基,生于公元 685 年,女皇武则天之孙,唐睿宗李旦第三子。睿宗禅位于他,在位 44 年,安史之乱后玄宗太子李肃即位。禅位后没过多久,公元 762 年,做了太上皇的他抑郁而死,终年 78 岁,葬于泰陵(今陕西省城县东北 30 里的金粟山)。

唐玄宗李隆基,初封为楚王,后改封临淄王。曾出任潞州别驾,后受韦皇后诬陷,于公元 710 年被罢官,召回京城闲居。他眼见韦皇后专权,料知她迟早要篡位,就在闲居时积极活动,秘密招集勇士,在号称万骑的羽林军队伍中结交了一批猛将。公元 710 年 5 月韦皇后毒杀了唐中宗李显,又秘不发丧,命令韦家

子弟和她的亲信带兵五万，守卫京城，准备自己登基称帝。李隆基未等她称帝，就发动羽林军，于6月20日攻入宫中，杀死韦皇后和安乐公主及上官婉儿，又几乎杀尽了韦氏和武氏集团中人。然后由太平公主出面，拥睿宗李旦复位。他被晋封为平王，又被立为太子。公元712年8月庚子日，睿宗禅位给李隆基，改年号为“先天”，后改为“开元”。

玄宗继位初，大政取决于太上皇。太平公主是武则天之女，太上皇胞妹，依太上皇之势，擅权用事，对玄宗不满，串通宰相窦怀贞、肖至忠等密谋废玄宗另立新君，并策划毒死玄宗，却被玄宗察觉。公元713年7月，太平公主准备发动兵变杀死他。玄宗得到密告，与歧王范、薛王业及高力士等先发制人，诛杀了太平公主及其心腹党羽，全盘控制了政局。公主之子薛崇简因多次劝谏母亲，特旨免死，赐姓李，官爵照旧。因高力士之功，任命其为监门将军，唐代宦官之盛，自此开始。

玄宗在位前期是个明君，后期却是个昏君。他初登上帝位时，励精求治，一心想恢复唐太宗的事业。他颇能用人，纳谏。他在京官中选派有才干者到外地作都督、刺史，同时又选拔各地都督、刺史中的杰出者进京任要职，并将这种京内外官员的选拔、调动定为一种制度。对不称职的官员，他断然撤换。公元716年，他亲自在殿堂复试由吏部所选往各地的县令，将其中四十多个不能胜任的人打发回家。在位前期，他先后任用姚崇、宋璟、张嘉贞、张说、李元绂、杜暹、韩休、张九龄等人为宰相。这些人各有所长。姚崇力求政通，宋璟致力法治，张说崇尚文治，李元绂、杜暹注重俭约，韩休、张九龄直言诤谏，皆为贤相，将朝政处理得井井有条。其中，尤以姚崇的贡献为最大。玄宗将他召回京城，要封他为宰相，他就提出了十大条件，如要玄宗同意行仁政，罢兵息武，不准皇亲国戚和太监干预政事，允许群臣进谏等，玄宗都一一答应。姚崇当了宰相后，压制豪强，裁减僧尼，减少寺院，战胜自然灾害，又帮助玄宗整顿朝政，严明赏罚，扭转了中宗时期的混乱局面，被称为“救时宰相”。

这期间，玄宗很能纳谏，宰相韩休和萧嵩共掌朝政，韩休正直，见玄宗有了过失，总是直言谏诤，萧嵩恰恰相反，总是顺从玄宗。有一次，玄宗在照镜子，显得闷闷不乐。左右内侍说：“韩休为相以后，陛下消瘦了，何不将他罢官算了？”玄宗严肃地说：“我虽然瘦了些，天下人却一定肥了。萧嵩来奏事，一味地顺从

我，他走了以后，我心里不踏实，睡觉也不安稳。我用韩休，是为了治理国家，而不是为我一人。”由于玄宗能够任用贤才，鼓励生产，改革弊政，使得唐王朝政治安定，国力强盛，百姓富庶，经济文化发展到了顶峰，其中唐诗最为后人称道，而著名诗人高适、岑参、王维，特别是李白、杜甫都生活在开元年代。其他如音乐、绘画、雕刻等艺术也都有显著成就。史称“开元盛世”。

但是，玄宗在取得了这些成就以后，自以为天下太平，进取心也逐渐消失，变得骄傲怠惰，追求起享乐生活。他对大臣的忠谏听不进去了，反觉得讨厌，就重用专门顺从他意旨的人。李林甫是个不学无术的佞臣，善于拍马阿谀，他勾结宫内的一些妃子、宦官，时时注意玄宗的动向，投其所好，当玄宗与他商量事情时，他总是迎合着玄宗，使玄宗高兴。于是，玄宗就罢免了贤相张九龄，任李林甫为宰相。李林甫口蜜腹剑，在他任宰相的19年间，全部排斥了正直能干的大臣，重用了一大群奸佞小人，又对玄宗封锁消息，使朝政转向昏暗，而玄宗始终不悟。

玄宗61岁时，宠爱上了儿媳寿王妃杨玉环，纳入宫中封为贵妃，并封她的两个哥哥为官，三个姐姐分别封为韩国、虢国和秦国夫人，她的远房堂兄杨国忠（原名杨钊）也靠裙带关系扶摇直上。玄宗整天和杨贵妃寻欢作乐，懒得上朝，还千方百计地满足她的奢欲。有一次，她要吃新鲜荔枝，玄宗特地命令岭南（广东、广西一带）的官员差人用加急快马一站站地接送，将荔枝送到长安。杨贵妃吃时，荔枝还又红又香，很新鲜。杨贵妃懂音乐，善舞，玄宗特地召大诗人李白进宫为她写歌词。不久，李白不满宫中的腐败现象，得罪了杨贵妃和宦官头目高力士，被玄宗礼送出京。

李林甫死后，杨国忠接任宰相。他也是个奸佞小人，只以个人恩怨用人、办事。李林甫当政时，被玄宗提拔为范阳（今北京城西南）、平卢（今辽宁省朝阳县）兼河东（今山西太原市西南）节度使的胡人安禄山，受到信用。安禄山身体肥胖，自称三百斤。玄宗曾开玩笑地问他：“胡儿肚子这么大，里面装的是什么？”他回答：“只有一颗忠于陛下的赤诚之心。”玄宗非常高兴。安禄山请求做杨贵妃的干儿子，玄宗同意了。一次玄宗与贵妃共坐，安禄山先拜贵妃，再拜玄宗，并说：“胡人是先母后父”。玄宗听后更为喜悦。杨国忠和安禄山争宠，互相看不起，矛盾越演越烈。安禄山经常进出长安，见内地兵力不足，长安防务松

驰,就在范阳招兵买马,赶造兵器,储积粮草,准备夺取唐朝江山。臣下奏说安禄山有反意,玄宗不信。直到安禄山撤换了范阳的32名汉将,并且开始拒绝玄宗的召见,玄宗才开始怀疑他,但又不作防备。

天宝十四载(755年)十月初九,安禄山以讨杨国忠为名,发动所属15万大军在范阳叛乱,引兵南下。当时天下太平日久,武备松弛,百姓不知战争,突然听到范阳起兵,远近震惊,所过州县,望风瓦解。玄宗急忙命封常清、高仙芝招收乌合之众,前往洛阳阻挡,结果二人兵败身亡。叛军很快就攻占了洛阳。天宝十五载(756年)正月,安禄山在洛阳自称大燕皇帝,准备西进夺取长安。唐玄宗任命河西陇右节度使哥舒翰为兵马副元帅,扼守潼关。哥舒翰采用以逸待劳的战术阻击叛军,等待决战时机成熟。

杨国忠怕哥舒翰等将领立功而于己不利,怂勇玄宗瞎指挥,使唐军遭到惨败,哥舒翰被俘,潼关失守,叛军直逼长安。玄宗在杨国忠的劝说下,带着杨贵妃等人起程逃往四川,并派人通知沿路各县准备接待。不料才到咸阳望贤宫,县令已经逃走,没人供应饭食。玄宗命令百姓献食,百姓献上高粱等食物,玄宗勉强咽了几口,流泪不止。有个名叫郭从谨的白发老人,拄着拐杖挤到车前对玄宗说道:"安禄山包藏祸心已非一日,陛下受蒙骗,以致落到今天的地步。当初宋璟为宰相时,屡次直言进谏,陛下都采纳了,天下就太平。近年来,朝中没有了贤臣,阿谀小人得势,陛下被他们包围了,听不到宫外的情况,我们平民百姓虽居乡野,也早知道天下要乱,可惜无法见到陛下,向陛下陈述。"玄宗听了叹息说:"我太糊涂,如今追悔也来不及了。"

大军走走停停,第三天到了马嵬驿(今陕西省兴平县西),随行将士又饿又累,想到杨国忠专权误国,致使他们受苦,怨恨异常。他们以龙武大将军陈玄礼为首,挡住了杨国忠的马头,向他索讨军粮,并趁杨国忠惊慌之机,大喊"杨国忠要谋反",将他拉下马来,又将他砍死,并将尸体砍成数段,首级悬挂在驿门上示众。然后,激愤的将士们围住了玄宗和杨贵妃休息的驿馆,喊杀声连天。玄宗命高力士出去探视,得知将士哗变,杨国忠被杀,忙命御史大夫魏方进和同平章事韦见素出去劝解。愤怒的兵士杀死了魏方进,痛打了韦见素。高力士奏请玄宗亲自出去劝解,玄宗只好硬着头皮,亲自出去劝说了一番才回屋。但是兵士仍然不肯罢休,玄宗又命高力士出去问陈玄礼有什么要求?陈玄礼答说:"杨国

忠谋反被杀，杨贵妃也不宜留着，请陛下下令将贵妃正法。”高力士说：“这我不好去奏告。”兵士一面大声喧嚷“不杀贵妃，誓不护驾”，一面拥上前去要痛打高力士。高力士忙逃回奏告。玄宗大惊失色说：“贵妃一直居深宫，不干预外面的政事，她有什么罪该杀呢？”高力士说：“贵妃是无罪，但将士们杀了杨国忠，留着贵妃哪能安心？愿陛下准将士所请。将士安心，陛下也就安全了。”玄宗半晌不开口，这时外面喧哗声更响，高力士仓皇奏告道：“兵士们要闯进来了，陛下再不决断，他们要自己来杀贵妃。”玄宗这才流泪说道：“赐她自尽吧！”

杨贵妃接到圣旨，惊倒在地，良久，才哭着请求见玄宗一面。高力士引她来到玄宗面前，她哭道：“愿陛下保重！”玄宗不忍心看她的惨容，只是以袖掩面哭泣。高力士怕士兵闯入，忙将杨贵妃带到佛堂，贵妃朝北拜了几拜说：“妾与陛下永别了！”然后自缢而死。近人俞平伯则考证说，杨贵妃并没有死，而是逃走当了女道士。也有人说杨贵妃脱身后逃往了日本。

将士们听到贵妃被处死，欢声雷动，重新保护玄宗西逃。太子李亨却被当地百姓留住，主持朝政。李亨从马嵬坡一路收拾残兵北上，天宝十五载（756年）七月，李亨在灵武（今宁夏灵武县西南）即位称帝，是为唐肃宗，尊唐玄宗为太上皇。

唐军收复长安和洛阳后，玄宗于至德二载（757 年）12 月返回长安，闲居于宫内甘露殿。他怀念往日的尊荣，目睹眼前的凄凉，伤感叹息，愁苦郁闷，渐渐成病。公元 762 年 4 月病危时，他还念念不忘杨贵妃。传说他还请方士作法，想招来杨贵妃的亡灵相会。死前的一天，他吹了几声紫玉笛，声调极其悲凉，然后命令名叫宫爱的宫女为他沐浴更衣，卧于床上。当晚，室内还传出他的笑声。第二天黎明，宫爱进入卧房，他已经双目紧闭，四肢僵硬而死。死后的庙号为玄宗，谥号为明皇。

玄宗对我国音乐、舞蹈、戏曲的发展有过重要贡献。他自幼就十分喜爱歌舞戏剧，有一次，他祖母武则天举行盛大的宴会，他当众表演了《长命女》，受到群臣的喝彩。他结交道情艺人，努力钻研法曲，深得音律之妙。在平王期间，他创建过一个散乐戏班；称帝后不久，又建立了一个戏曲活动中心，选定梨园作为这个中心的所在地。所以，历来的戏曲艺人都尊玄宗为梨园始祖。

唐肃宗李亨

唐肃宗李亨，是唐玄宗第三子。唐玄宗最初立李瑛为太子，但由于他的母亲张丽妃曾是娼妓，因而对他特别轻视。后来武惠妃受到玄宗的宠爱，生了寿王李瑁。为了让自己的儿子能做皇太子，武惠妃指使人诽谤太子李瑛与鄂王李瑶、光王李琚图谋不轨，再加上自己在枕头旁边把风一吹，竟让唐玄宗在一天之间连杀三子。正当武惠妃暗自庆幸自己为儿子李瑁做皇太子除了障碍时，死神却悄然降临。伴着武惠妃的去世，李瑁的太子梦随之化为了泡影。而李亨算是得渔翁之利，因为自己年龄比较大而被立为太子，当然这并不是什么好事，他马上成为宫廷斗争的众矢之的。先是宰相李林甫，因为讨好武惠妃曾建议立李瑁为太子。李亨被立为太子后，李林甫害怕将来李亨报复他，于是千方百计地陷害李亨，使得李亨惶惶不可终日；后来又有杨贵妃、杨国忠兄妹想方设法对付他。李亨虽然拥有太子身份，却如坐在了风口浪尖之上，整日担惊受怕、备受煎熬。安史之乱的爆发，才使得李亨逐渐从宫廷斗争中解脱出来，并当上了皇帝。

公元755年，安史之乱爆发。叛军一路势如破竹，官兵望风瓦解。消息传到皇宫时，唐朝已失去了潼关以东的半壁河山。唐玄宗惊慌失措，自长安出逃。“马嵬驿兵变”时，太子李亨奉命在后安抚百姓。父老百姓叩马进谏道：“我等愿率子弟随殿下东向破贼，取长安。若殿下入蜀，谁为中原百姓之主?”太子之子建宁王李倓、广平王李俶及宦官李辅国亦持此议。在众人的拥护下，李亨终于

决定留下平定叛乱，收复失地，于是就与玄宗分道，北上至灵武。

公元756年七月甲子日，李亨于灵武即皇帝位，是为唐肃宗，年号“至德”，遥尊玄宗为太上皇。

李亨即位后，开始调集各路兵马，讨伐安史。河西节度使李嗣业、安西行军司马李栖筠相继发兵至灵武，郭子仪也从河北率领精兵5万前来增援。为了声张军势，又派人去回纥、西域请兵，并与回纥约定，收复长安之日，子女玉帛皆归回纥，在请来回纥援兵的同时，这也为回纥后来烧杀抢掠埋下了隐患。

然而，肃宗既没有继承其父李隆基所具备的聪明才智，亦没有通过后天的学习获得什么匡世之才。在收复长安之前，谋士李泌建议，派李光弼自太原出井陉，郭子仪自冯如出河东，肃宗率兵据扶风，牵制各路叛军，使敌人疲于奔命。然后派建宁王率军由长城与李光弼南北夹击，先捣毁安史集团的巢穴，再调集大军四合而攻之，可以彻底平定安史叛军。对这样一条具有远见卓识的战略方案，李亨没有接纳，反而在准备不充分的情况下，任命对军事一窍不通的宰相房琯为统帅，去攻打长安，结果唐军一败涂地。后来，由于安禄山被其子安庆绪杀死，拥有重兵的史思明驻范阳不听调遣，安史集团出现分裂，郭子仪才率军攻克了居两京之间的河东郡，掌握了主动权。李亨以郭子仪为天下兵马副元帅，在回纥大军的支持下，郭子仪等人终于收复长安和洛阳。

此后，安史叛军内部进一步分化，史思明与安庆绪的权力之争愈演愈烈，为了保存实力以图再举，史思明归降唐朝。李亨喜出望外，得意忘形，不仅让史思明官复原职，还保留了他的兵权，结果致使公元758年郭子仪等讨伐安庆绪的时候，史思明重又反唐。郭子仪等人率领的60万大军措手不及，再加上李亨不设元帅，仅以宦官鱼朝恩为观军容使，从而导致60万大军，在安阳被史思明打得溃不成军，甲仗、战马遗弃殆尽。公元761年，史思明在邙山大败李光弼，乘胜向长安进犯，途中被其子史朝义杀死。史朝义在洛阳称帝，叛军内部更加分裂，从此再也没有力量向唐朝发动进攻了。

肃宗一朝，虽然没有彻底消灭安史的势力，但总算在危难时刻撑起了唐朝这个烂摊子，从安史手里收复了两京（洛阳得而复失），恢复了唐朝的统治。但是，李亨在执政期间，留下了许多严重的过失和后患，其中最厉害的莫过于宠信宦官，致其乱政，开始了唐代后期的阉党之祸。

肃宗自马嵬北行，留击安史叛军，宦官李辅国也就是从这个时候开始参与国家大事，并逐渐掌握朝政大权。其初为太子詹事，后任判元帅行军司马事，掌握禁军。后来李辅国又担任了兵部尚书，地方节度使多是他的人，肃宗对他的跋扈行为，先是姑息敷衍，后是敢怒不敢言，束手无策。

李辅国的专权用事是与肃宗的张皇后互相勾结才得逞的。张皇后在安史之乱的时候只是个良娣，当肃宗留击叛军时，她一直伴随在肃宗的身边，这种共患难的情谊让李亨很感激。而且那时候，她还很善解人意，并能时刻为国家着想。她在灵武生产三天之后，便起床为战士缝补战衣，以“此非妾调养之时，当先办大家事”之言宽慰肃宗。

肃宗即位之后，张氏依然表现不错，所以非常得肃宗的宠爱，因此又被封为淑妃，到最终被立为后。没想到张氏被立为后以后，却有了更大的野心，甚至开始学武则天、韦氏，积极地干预起了政事。为了扩充自己的势力，扫除专权路上的绊脚石，她与李辅国狼狈为奸，以谗言害死了建宁王李倓。但是李辅国与张皇后两人虽然是为了同一个目的而走到一起，同时却又为了不同的目的而相互争斗，这给肃宗带来了无穷无尽的烦恼。李辅国的贪得无厌让肃宗心存怨恨，于是他找来了宰相李岘，在李岘的帮助下，他对李辅国的权力做出了种种限制。但是对张皇后，肃宗只能听之任之。

公元 762 年，肃宗病重。张皇后为了能继续专权，与李辅国反目成仇，先是想利用太子李俶除掉李辅国，结果被李俶拒绝，于是在宫内埋伏了兵力，假传皇帝旨意召太子入宫，企图杀死太子。然而此事被李辅国得知，李辅国先下手为强，率领人马首先截留了太子，然后逮捕了张皇后的党羽。张皇后听说后，逃入肃宗寝宫躲避。

李辅国带兵人寝宫逼张皇后出宫，张皇后抵死不出，并求肃宗救她一命。可没想，病中的肃宗受此惊吓，竟说不出话来。遂此，病情突然恶化，但因根本无人理会，导致无法救医，当天便死于长生殿。终年 52 岁。

唐代宗李豫

代宗，名李豫（公元 726–779 年），初名俶。唐肃宗长子，肃宗被李辅国惊死后，他继位。在位 17 年，病死，终年 53 岁，葬于元陵（今陕西省富平县西北 30 里的檀山）。

唐代宗李豫，原被封为广平王。后进封为楚王。马嵬坡事变后，他随肃宗北上，任为“兵马大元帅”，统帅诸将收复两京，公元 758 年被立为皇太子。起初，肃宗皇后张良娣与宦官李辅国互相利用，后来却有嫌隙。张皇后想杀李辅国，废掉太子李豫立自己的儿子。公元 762 年 4 月，李辅国与程元振将张皇后杀死。肃宗因此被惊死，李辅国于同月拥立他为帝，改年号为“宝应”。

代宗继位后，李辅国以立帝有功，恃此骄横。竟然对代宗说：“陛下只须深居宫中，外面的政事有老奴来处理。”代宗虽然心中不满，但慑于他手握兵权，只好委屈求全，尊称他为尚父（可尊尚的父辈），事无大小，都要与他商量后才能决定。不久，代宗乘李辅国不备，派人扮作盗贼刺杀了李辅国，然后假装下令追捕盗贼，并派宫中使者慰问其家属。

宝应元年（公元 762 年）十月，代宗任命雍王李适为统兵元帅、朔方节度使仆固怀恩为副元帅，又向回纥借兵十万，攻打再次被叛军占据的东京洛阳，史朝义败走莫州（今天河北任丘北），史朝义部将李宝臣、李怀仙、田承嗣等率部相继向唐军投降。广德元年（公元 763 年）正月，史朝义在众叛亲离的情况下上吊自杀，自此，唐朝完全平定了延续七年零三个月的安史之乱。但是，经过这次战乱，唐朝元气大伤，由强盛转为衰落。陷入东有藩镇割据，西有吐蕃侵入，北有回纥以马匹高价交换的困难局面。代宗又迷信佛教，怂恿寺院占有许多良田美宅，国家财政经济每况愈下。

由于讨伐安史叛军的需要，西部的军队大部被撤回，吐蕃乘虚深入内地，大举攻唐，占领了陕西凤翔以西，分州以北的十余州，广德元年（公元 763 年）十

月，又占领了奉天（今陕西乾县），兵临长安城下，吓得代宗逃到陕州避难。于是，吐蕃兵占领了长安，他们把唐宗室广武王李承宏立为皇帝，作为自己的统治工具，纵兵焚掠，长安被洗劫一空。

关键时刻，代宗仓促启用郭子仪为副元帅（雍王李适为挂名元帅），迎击吐蕃。郭子仪积极组织兵力反击吐蕃。命令长孙全绪率二百骑出陕西蓝田，白天击鼓扬旗，夜晚点火以为疑兵。同时又以数百人化装潜入长安，组织城里人到处传说："郭令公（即子仪）亲率大军来了！"吐蕃兵惊恐，不战而走，全部撤离长安。陷落15天的长安被唐军收复。

公元763年十二月，代宗回到长安，郭子仪伏地请罪，代宗说道："朕没有及早用卿，所以才到这种地步。"便赐给他铁券（免死牌），在凌烟阁为他画像，以表彰他的兴唐之功。长孙全绪等也被加官进爵。同时削免程元振官爵，放归田里。

自安史之乱后，唐王朝内部矛盾重重，一波未平，一波又起，广德元年（公元763年），仆固怀恩叛唐，永泰元年（公元765年）八月，仆固怀恩引吐蕃、回纥等共30万大军，约期从华阴趋赴蓝田，直取长安。京师震恐，代宗急召郭子仪，屯驻长安北面的泾阳城，此间仆固怀恩暴病于军中。郭子仪单骑亲说回纥，大破吐蕃，使唐王朝又一次转危为安。

平定安史之乱有功的唐朝名将郭子仪之子郭暧娶了唐代宗的女儿升平公主为妻。一次，小夫妻发生口角，郭暧气愤之下打了皇帝的金枝玉叶，急不择言地说："你倚仗你父亲是皇帝吗？我父亲还不愿意当皇帝呢？"听了这句大逆不道之言，公主哭着回宫告状。闻听此言，代宗劝女儿道："他父亲不爱当皇帝是实情，要不然，天下哪里还姓李？"面对负荆请罪的郭氏父子，代宗安慰道："儿女闺房琐事，何必计较，老大人权作耳聋，当没听见这回事算了。"郭子仪谢过皇恩，回家后还是把儿子痛打一顿，小两口又和好如初了。

公元779年5月，代宗病重，急忙诏令太子回京摄政，不久病死于长安宫中的紫宸内殿。

唐德宗李适

德宗，名李适（公元742-805年），唐代宗长子。代宗病死后继位。在位26年，因太子得哑病悲伤过度而死，终年64岁，葬于崇陵（今陕西省泾阳县西北四十里的嵯峨山）。

唐德宗李适，被封为雍王，曾于公元763年同副元帅郭子仪领兵打退吐蕃。公元764年被立为太子，代宗于公元779年5月病死，他于同月继位，第二年改年号为“建中”。

德宗在位期间，废除租庸调制，采纳宰相杨炎建议，改行两税法，并试图裁抑藩镇割据势力，加强中央集权。但是，由于措施失当，猜忌将领，不但未收成效，反而使战祸日益扩大。公元783年10月，泾原节度使姚令言的5千军队哗变，占领长安。德宗仓皇逃到奉天（今陕西省乾县）。公元784年2月，朔方（治所在今天宁夏灵武县西）节度使李怀光叛乱，德宗又从奉天逃往汉中。7月才返回长安。从此，他对藩镇姑息迁就，后来，他任用贤臣李泌为相，北和回纥，南连南诏，西结大食（阿拉伯帝国），时局一度缓和，但德宗又信用宦官为统帅，扩大禁军，勒索地方官进奉物资，在长安施行宫市，征收茶叶等税，加重了对人民的盘剥，使社会矛盾日益加重。

德宗生母沈氏，原住于洛阳宫中，安史之乱中下落不明，德宗继位后，遥尊沈氏为太后，并派人四处寻访。不久，有一位老妇人陈述自己就是太后，洛阳宫中忙派出旧日服侍的宦官宫女去识别。女官李真一以前曾长期陪侍沈氏，知道沈氏早年因为斫肉糜喂德宗时左手指受伤。她见老妇人同沈氏长得一模一样，年龄也一致，左指受伤，就认定是沈氏，迎入宫中，报告德宗。德宗大喜，奉她为太后，不料几天后，高力士养子高承悦密奏德宗，说老妇人并非沈太后，而是他的姐姐，为了怕事情败露后连累自己，所以上奏以避祸。德宗忙命高力士养孙樊景超再去识别，果然是他的姑妈，高力士的养女，老妇人这才惊恐，认罪。原

来，她年轻时常在宫中与沈氏在一起，相貌酷似，年龄一样，左手指因剖瓜时不小心也受过伤。因见皇上如此急切找母，为贪图荣华富贵，才演出了一场冒名顶替的丑剧。樊景超如实奏报，请求加罪于老妇人，德宗答说："我宁愿受一百次骗，仍希望有一次是真的，以了结心愿，如果惩办了这老妇人，此后就没有人也来报告太后下落了。"当即下令释放了老妇人，没有加罪，但真正的沈太后始终未能找到。

公元805年正月，太子李诵突然中风口哑，德宗因悲伤过度而起病，不久病死于长安宫中的会宁殿。

唐顺宗李诵

顺宗，名李诵（公元761–806年），唐德宗长子。德宗因他中风而急死，由他继位。在位8月，被宦官逼迫退位后病死，终年46岁，葬于丰陵（陕西省富平县东北33里）。

唐顺宗李诵，曾被封为宣王，公元779年被立为太子。李诵在东宫为太子的近20年中，时常关心朝政，从旁观者的角度对唐朝政治的黑暗有深切的认识。他不满宦官专权和宫市等扰民措施，早已有意改变宦官专权擅事的政局。常和伴读王叔文等一起筹划日后继位后的改革，留意物色人才。公元805年正月，李诵中风口哑，德宗因此而于公元805年正月急死。李诵带病继位。是为唐顺宗。

顺宗继位后，任用王叔文、王伾为翰林学士，领导改革，起用韩泰，韩哗，柳宗元，刘禹锡，陈谏，凌准，程异，韦执谊等革新派改革德宗以来的弊政，他们围绕打击宦官势力和藩镇割据这一中心，进行了一系列改革，罢宫市（宦官替宫中购物，以一购十，强买豪夺谓之宫市）、废五坊使（即雕坊、鹘坊、鹞坊、鹰坊、狗坊，专门饲养鹰雕名犬等供皇帝玩乐的）、取消进奉、打击贪官、裁减宫中闲杂人员，打击宦官势力、抑制藩镇。在短短几个月的时间里，革除了一些弊政，受到

了百姓的拥护。史称永贞革新。

但是，由于这些改革触犯了专权宦官和地方藩镇的利益，引起以俱文珍为首的宦官集团和节度使韦皋、裴均、严绶等人反对。不久，宦官首领俱文珍以顺宗的名义解除了王叔文的翰林学士职务。王叔文同顺宗又策划收回宦官的兵权，派老将范希朝去接管神策军（皇帝的禁卫军），神策军大将大都是宦官的亲信，拒绝交出军队。公元805年8月，顺宗再次中风，俱文珍等宦官勾结藩镇势力，对改革进行反扑，以顺宗多病、口哑为理由，逼迫顺宗退位，称太上皇，改元“永贞”，禅位于太子李纯，革新派纷纷被贬斥。王叔文被贬为渝州（今重庆）司马，第二年被赐死。王伾贬为开州（今四川开县）司马，不久病死。其余柳宗元、刘禹锡等六人都被贬为边远州的司马，史称永贞内禅。公元806年正月，唐顺宗病死。

唐宪宗李纯

宪宗，名李纯（公元778－820年），初名淳。唐顺宗长子。宦官逼顺宗退位后，立他为帝。在位15年，为宦官毒死，终年42岁。葬于景陵（今陕西省蒲城县西北13里的金炽山）。

唐宪宗李纯，封为广陵王，顺宗在位时，被立为太子。宦官俱文珍等于公元805年8月逼迫顺宗退位后，立他为帝，第二年改年号为“元和”。

宪宗继位后刚明果断，能用忠谋。力图削平藩镇割据，恢复唐朝的统一。他在位初期，任用杜黄裳、裴度、李绛相继为相。利用藩镇之间的矛盾，先后平定了四川节使度刘辟、江南李琦的叛变，整顿了江淮财赋，招降了河北强大的藩镇，魏博节度使田弘正，任用了名将李愬，全力消灭了淮西节度使吴元济，使其他藩镇相继降服，归顺朝廷。结束了自肃宗以来，各地藩镇专横跋扈，各自任免官吏，对朝廷不供贡赋的局面，全国出现了短暂的统一。

但是，在和藩镇的战争中，宪宗又重用宦官，竟任命心腹太监吐突承璀为

左、右神策、兼河中、河阳、浙西、宣歙等道行营兵马使和招讨处置使等要职，作为统帅带兵出征，使宦官势力大大增长。有的大臣劝说宪宗要防止宦官权力过大，他却回答说："吐突承璀只不过是一个家奴，不管给他多大的权力，我要除掉他，还不是如同拔掉一根毛那样轻而易举"但事实却并非如此。

宪宗还在取得了一些成就以后，就自以为立下了不朽之功，渐渐骄侈。任用皇甫博、李吉甫而罢贤相裴度，政治日见衰败。他还信仙好佛，想求长生不老之药。公元818年，他下诏征求方士。宰相皇甫博向他推荐了一个名叫柳泌的山人，为他配制长生药。又遣宦官使至凤翔迎接佛骨。刑部侍郎韩愈上疏，恳切诤谏。宪宗勃然大怒，准备对韩愈处极刑。朝臣裴度等奏言韩愈忠直，乃贬为潮州刺史。第二年，宪宗开始服用长生药，性情变得暴躁易怒，经常斥责或诛杀左右宦官，宦官集团又分为两派，吐突承璀一派策划立李恽为太子，梁守谦、王守澄一派拥护李恒为太子。

公元820年正月庚子日夜间，王守澄，陈志宏等宦官为了立李恒为帝，潜入寝宫谋杀了宪宗，然后守住宫门，不准朝臣入内，伪称皇上"误服丹石，毒发暴崩"，并假传遗诏，命李恒继位，还刺杀了吐突承璀。

从此，唐朝皇帝的废立，都由宦官所操纵。

唐穆宗李恒

唐穆宗是宪宗第三子，贞元十一年（公元795年）七月六日出生于京师长安大明宫之别殿。最初名李宥，先封为郡王，宪宗元和元年（公元806年）八月，进封遂王。李恒是册封为皇太子以后改的名字，这一点与他的父皇宪宗相同。

穆宗以前的唐朝诸帝多能将皇位传给儿子，高宗（武则天）还有二子（即中宗和睿宗）即位做了皇帝，穆宗的父亲宪宗另外也还有一个儿子（第十三子）做了皇帝，即宣宗。穆宗以后的懿宗，有第五子即位为僖宗，第七子即位为昭宗。此前，睿宗的儿子当中，一位受命登基（玄宗），一位追认为帝（让皇帝李宪），三

位获赠太子,已被旧史盛赞为“天与之报,福流无穷”。但穆宗一共有五子,其中竟然有三个做了皇帝,即敬宗、文宗、武宗,这在唐朝历史上绝无仅有。由于每个儿子即位后都把各自的生母追尊为皇太后,所以穆宗先后有三个皇后和他配享太庙,这在唐朝历史上也属罕见。穆宗于长庆四年(公元 824 年)正月死时,刚刚 30 岁,相对于他之前的唐朝皇帝来说,可谓最短寿的一位。这些情况透露出,在穆宗君临天下时,唐朝的皇位继承已发生了很大的变化,皇帝的人身安全也已变得毫无保障。所有这些似乎再次提示我们,穆宗时期的宫廷局势已经难以用常规来审视了。

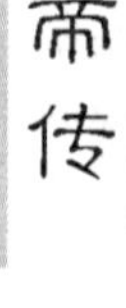

宫变夺位

穆宗出生前,其父宪宗已经有了长子李宁和次子李恽。排行老三的穆宗,却有一个势力强大的母亲,那就是宪宗为广陵王时于贞元九年(公元 793 年)娶的妃子郭氏——对唐室有再造功绩的尚父郭子仪的孙女。长子李宁的母亲是宫人纪氏,次子李恽的母亲竟没有留下姓名,在这一情况下,究竟是选择哪一位皇子,宪宗一直没有拿定主意。事情一直拖到他登基四年以后,到元和四年(公元 809 年)三月,宪宗心中的天平渐渐地向长子倾斜了。此时的李宁已经 17 岁,平素喜欢读书,举止颇符合礼法,深受宪宗的喜爱。于是在大臣李绛建议早立储君以杜绝奸人窥伺觊觎之心时,他宣布了立长子为嗣君的决定。这次册立很费了一些波折,本来应该在春天举行的册立仪式,由于连续遭遇大雨,使时间一改再改,一直拖到了孟冬十月。这期间有多少来自穆宗母亲郭氏的阻力,我们已经不得而知了。

接下来的事情使所有人都感到无奈。元和六年(公元 811 年)十二月,刚刚做了两年太子的李宁竟然在 19 岁的时候一病而死。宪宗悲痛欲绝,出乎意料地为他废朝 13 日,并特别制订了一套丧礼,加谥为“惠昭”。李宁的死,使宪宗不得不为选立继承人再次陷入抉择。

此时，宫廷内外几乎都建议选立郭氏所生的皇三子李宥，最受皇帝恩宠的宦官吐突承璀则建议应当按照次序立次子李恽。宪宗也有意立次子，但是李恽因为母氏地位卑贱难以在朝廷上得到支持，而郭氏一系在朝野上下的势力实在是太强大了。立三子李宥的呼声占据了上风，宪宗也无可奈何，只好请翰林学士崔群代次子恽起草了表示谦让的奏表，于元和七年（公元 812 年）七月下诏立李宥为太子，改名为李恒。十月，举行了册立大典。其实宪宗心里对这位太子并不满意，吐突承璀揣度皇帝的心意，也一直没有放弃为李恽的经营。宪宗这次立储事件，为穆宗日后的登基埋下了祸根，也为自己留下了祸患。

元和八年（公元 813 年）十月，在刚刚册立新太子整一年的时候，拥立太子的朝廷官员又上表请求宪宗立郭氏为皇后。自玄宗以后，后宫活着被立为皇后的只有肃宗的张皇后，那是因为她在平叛的特殊时期有特殊的功劳，宪宗将郭氏册立为贵妃已经是后宫最尊贵的角色，宪宗以种种借口拒绝了此番动议。此事以后，郭贵妃在朝野内外，广结党羽，包括宦官中的厉害角色神策军中尉梁守谦以及王守澄等人，他们暗中和吐突承璀等较量。

元和十四年底，宪宗因为服用方士柳泌的丹药身体恶化，吐突承璀也就加紧了改立李恽的谋划。太子李恒十分紧张，曾经问计于他的舅舅郭钊，时为司农卿的郭钊嘱咐他，一定要尽“孝谨”之心，不要考虑其它的事。这说明他们已经做好了充分准备，就等着宪宗死了。元和十五年（公元 820 年）正月二十七日，宪宗暴死，梁守谦、王守澄等人立即拥立太子即位，这就是唐穆宗。吐突承璀和皇次子李恽被这突如其来的政变杀了个措手不及，一起被送上了黄泉路。

穆宗位居储君期间的惶恐不安，随着成功登基也就烟消云散了。他对扶植自己登基的一干人等给予了不同的赏赐，特别是把生母郭贵妃册立为皇太后，以报答她多年来的辛苦经营。与此相对照，他对父皇的亲信和宠臣则分别处以杀罚贬斥。正是所谓一朝天子一朝臣。

穆宗即位后，没有忘记把犯有自己名讳的地名等统统改掉。像恒岳（恒山）改为镇岳，恒州改为镇州，定州的恒阳县改为曲阳县。就这样，唐朝的又一代新君登基了。

游乐无度

穆宗即位时已26岁。对于壮年登基的皇帝来说，如果想在政治上有一番作为，这正是一个使人钦慕的年龄，太宗就是29岁登基，玄宗则是28岁。如果想饱食终日、游乐享受，那也是无人可以比拟的时候。穆宗没有仿效太宗、玄宗的励精图治，而是纵情享乐，毫无节制。

尚在朝廷上为宪宗治丧期间，穆宗就毫不掩饰自己对游乐的喜好。当元和十五年（公元820年）五月宪宗葬于景陵以后，他越发显得没有节制。很快，他就带着亲信随从狩猎取乐去了。到六月，皇太后郭氏移居南内兴庆宫，穆宗就率领六宫侍从在兴庆宫大摆宴筵。酒宴结束后，他又回幸神策右军，对亲信中尉和将领大加颁赐。从这天起，穆宗每三日来神策左右军一次，同时驾临宸晖门、九仙门等处，目的是为了观赏角抵、杂戏等表演。七月六日是穆宗的生日，他异想天开地制订了一套庆祝仪式，只是因为一些大臣提出自古以来还没有这样的做法，才算作罢。他在宫里大兴土木，修建了永安殿、宝庆殿等。宫苑内修假山倒塌，一次就有七位工人被压死。当永安殿新修成的时候，他在那里观百戏，极欢尽兴。在永安殿，穆宗还与中宫贵主设"密宴"以取乐，连他的嫔妃都参加。除此之外，他还用重金整修装饰京城内的安国、慈恩、千福、开业、章敬等寺院，甚至还特意邀请了吐蕃使者前往观看。

到了八月，穆宗又到宫中鱼藻池，征发神策军两千人将宪宗时期早已淤积的水面加以疏浚，九月初二池水开通后，他就在鱼藻宫大举宴会，观看宫人乘船竞渡。由于时间临近九九重阳，穆宗又想大宴群臣。担任拾遗的李珏等人上疏劝谏，认为："陛下刚刚登临大宝，年号尚且未改，宪宗皇帝园陵尚新，如果就这样在内廷大举宴会，恐怕不合适。"穆宗根本不听。在重阳节那天，还特意把他的舅舅郭钊兄弟、朝廷贵戚、公主驸马等都召集到宣和殿饮酒高会。

十一月的一天，穆宗突然下诏："朕来日暂往华清宫，至落日时分当即归

还。”此时，正值西北少数民族引兵犯境，神策军中尉梁守谦将神策军4000人及八镇兵赴援，形势很是紧张，御史大夫李绛、常侍崔元略等跪倒在延英殿门外切谏。穆宗竟然对大臣们说：“朕已决定成行，不要再上疏烦我了。”谏官再三劝谏也是无效。第二天一早，穆宗从大明宫的复道出城前往华清宫方向而去，随行的还有神策军左右中尉的仪仗以及六军诸使、诸王、驸马千余人，一直到天色很晚才还宫。

对于穆宗的“宴乐过多，畋游无度”，谏议大夫郑覃等人一起劝谏：“现在边境吃紧，形势多变，如果前线有紧急军情奏报，不知道陛下在什么位置，又如何是好？另外，陛下经常与倡优戏子在一起狎昵，对他们毫无节制地大肆赏赐，这些都是百姓身上的血汗，没有功劳怎么可以乱加赏赐呢？”穆宗看到这样的表章感觉很新鲜，就问宰相这都是些什么人？宰相回答说是谏官。穆宗就对郑覃等加以慰劳，还说“当依卿言”。穆宗的这一态度使宰相们高兴了一阵子，但实际上他对自己说过的话根本不当回事，转过身，穆宗依旧是我行我素。

穆宗甚至觉得，经常宴饮欢会，是件值得高兴的事。一天，他在宫中麟德殿与大臣举行歌舞酒宴，就很兴奋地对给事中丁公著说：“听说百官公卿在外面也经常欢宴，说明天下太平、五谷丰登，我感觉很安慰。”丁公著却持不同的看法，他对穆宗说：“凡事过了限度就不是好事了。前代的名士，遇良辰美景，或置酒欢宴，或清谈赋诗，都是雅事。国家自天宝以后，风俗奢靡，酒宴以喧哗沉湎为乐。身居高位、手握大权者与衙门的杂役一起吆三喝四，无丝毫愧耻之心。上下相效，渐以成俗，这造成了很多的弊端。”穆宗对他的这番说辞也觉得有道理，表示虚心接受，但就是坚决不改。

穆宗这种近乎疯狂的游乐，到了长庆二年十一月才算有了收敛。原因是他有一次在禁中与宦官内臣等打马球时发生了意外。游玩中有一位内官突然坠马，如同遭到外物打击一样。由于事发紧急，穆宗十分恐慌，遂停下来到大殿休息。就在这一当口，穆宗突然双脚不能履地，一阵头晕目眩，结果是中风，卧病在床。此事一发生，宫外就接连有很多天不知道穆宗的消息。而在此前一周，穆宗还率人以迎郭太后为名前往华清宫，巡狩于骊山之下，他即日就骑马驰还京城，而他前往迎接的郭太后则是第二日方还。

穆宗中风以后，身体一直没有康复。长庆三年（公元823年）正月初一，穆宗因为身体有病没有接受群臣的朝贺。病中的穆宗曾经想过长生不老，和他的父皇一样迷恋上了金石之药。处士张皋曾经上疏，对穆宗服食金丹事提出过劝阻。不过，穆宗还没有等到丹药毒发就在长庆四年（公元824年）正月二十二日驾崩于他的寝殿，时年30岁。正是贪生之心"太甚"，反而加速了他的死亡。

长庆掠影

穆宗即位后，也是次年改元。他在位期间只有一个年号：长庆。

穆宗即位的元和十五年（公元820年），除了安葬父皇宪宗以外，大肆的封赏、无度的游乐占去了他很多时间。那么，长庆年间是不是也一样乏善可陈呢？倒也不能这样绝对，我们试举几例。

穆宗比较重视对刑部、大理寺、御史台等执法部门官员的任用，强调要选拔"有志行词学，兼详明法律"者。像大臣牛僧孺在长庆年间就是很有名的人物，他任职期间，有位州刺史李直臣因贪赃当处死，受其贿赂的宦官为李讲情，说李有才，杀之可惜。穆宗一度也有些犹豫，但牛僧孺据理力争，他指出：国家设法令，就是擒制有才之人的。彼若无才，不过是关心穿衣吃饭养活家小，倒没有什么可以忧虑的，安禄山等人都是才智过人，法却不能制服他们。穆宗同意了他的说法，最终将李直臣处死。在长庆元年五月，牛僧孺还针对元和以来"刑狱淹滞"的现状，对执法部门的办事规程和时限重新做了规定：凡属于大事，大理寺35日内详细加以审核定断以后，上报刑部，刑部30日内要向皇上奏闻。中事，大理寺30日，刑部25日。小事，大理寺25日，刑部20日。所断罪20件以上为大事，10件以上为中事，10件以下为小事。办事不认真或者有所违反者，将根据责任大小追究有关官员。牛僧孺的这一建议，提高了执法机关的办事效率和行政责任意识。

柳公绰也是一个执法严明的人，在宪宗时任京兆尹，就将乘马冲撞他的神

策军校杖死。他对宪宗说："此军校之举非是对臣不恭，而是轻侮陛下的法典。"穆宗长庆中，他出使山南东道，在处理一犯赃、一舞文的两个小吏时，众人认为他必对前者重罚，而柳公绰的判词是："赃吏犯法，法在；奸吏乱法，法亡。"竟将舞文的小吏杀掉。柳公绰的弟弟柳公权以书法知名，穆宗因为喜欢他的书法还召其为翰林侍书学士。

长庆三年六月用吏部侍郎韩愈任京兆尹，更是影响极大。京师北门六军都不敢犯法，这些平日无所畏惧的天子禁军士卒私下议论说："这位府尹连佛骨都想烧掉，惹了他可没有好果子吃。"

最值得一说的是穆宗对长庆元年三月科考作弊案件的处理，这届科举考试的主考官是礼部侍郎钱徽和右补阙杨汝士。考试之前，宰相段文昌因为接受了考生杨浑之家藏的书画，就面托钱徽，后又写了书信保荐；翰林学士李绅也同时为自己喜欢的考生周汉宾向钱徽写了举荐信。本来唐朝科举选拔过程中，考生举子以个人才艺向朝廷权贵或者贤达自举（唐朝时称为"行卷"），或者请人向主考官讲情都是经常的事情。白居易当年就是带着自己的作品投靠大臣顾况，顾况拿他的名字调侃，才留下了"长安米贵，居大不易"的一段佳话。这次情况却有不同，当礼部放榜后，段文昌和李绅推荐的杨、周全部落第，而朝廷上其他大臣的子弟如宰相裴度的儿子裴巽、郑覃之弟郑朗、杨汝士之弟杨殷士、李宗闵的女婿苏巢等 14 人高中。段文昌气不过，就认为钱徽选举不实，将他告发了。穆宗就此事征求翰林学士李绅和元稹的意见，二人也都附和段文昌。穆宗遂下诏，令中书舍人王起、主客郎中知制诰白居易对中举者复试——复试的题目是《孤竹管赋》和《鸟散余花落》诗，按照穆宗的意思，试其诗赋就是考查他们的"艺能"，看看学艺的深浅程度，并不要求题目深奥生僻。然而，就是对这样的题目除了其中三人还算粗通以外，其他的全部落选。结果一公布，穆宗也不细问其中的情由，立即将钱徽、杨汝士等贬出朝廷。涉及此案件的官员大多遭到处理，宰相段文昌不久也被罢相。这次被称为长庆元年科场案的事件，反映了穆宗还不是那么糊涂透顶的皇帝。

另外，长庆元年（公元 821 年）十月，唐朝与吐蕃各派大臣在长安西郊会盟，重申贞观以来双方的"舅甥"关系，表示从此以后，罢兵修好，消除旧怨，"患难相

恤，暴掠不作"，并且双方以"见管本界"即划分了各自的实际控制地区。长庆三年，又在拉萨大昭寺前立了唐蕃会盟碑。唐蕃长庆会盟，是我国民族关系史上的重大事件，是双方的共同需要。从此，确保了双方的和睦共处，增进了双方的文化交流。

唐蕃会盟的同时，穆宗又于长庆元年册立西北少数民族回纥的新君为"宠德可汗"，并将宪宗之女太和长公主许嫁回纥，实现了和亲。回纥派出了近两千人的迎亲队伍，使者带来骆驼一千、马两万匹作为聘礼，穆宗也为和亲举行了极其隆重的礼仪。送行那天，穆宗亲送到通化门，朝廷百官也都一起向公主辞行，场面甚是壮观。长庆和亲回纥，解除了对唐西北地区的威胁，促进了双方经济文化往来，使双边关系度过了一段很是和睦的时期。

长庆年间最吸引人目光的是这一时期文坛的兴盛，像韩愈、李翱、张籍、沈亚之、李德裕等都在这短短的几年间留下了数量可观的作品。尤其是元稹、白居易，更是长庆年间具有标志性的两位文学家，白居易的《长恨歌》、元稹的《宫辞》为民间争相传唱，穆宗尤其对元稹的诗文喜爱有加。他们二人合称"元白"，也是常相过从、往还酬唱的朋友，二人的诗文集也被称为《元白长庆集》。

自然，无论长庆年间给后世留下了多少值得自豪的文学艺术作品，也无法改变穆宗在位四年间朝政一步步走上混乱的现实。由于穆宗缺乏治国的才能，更不具备远大的政治理想，他当国期间，发生了幽州朱克融和成德镇王廷凑的叛乱，导致河朔地区重陷混乱之中。不久，周围藩镇纷纷叛乱，甚至以不奉朝廷命令为荣。短短几年，元和以来藩镇听命中央朝廷的大好局面消失殆尽。

在历史上，有人这样评价过：唐穆宗是"昏主"，长庆宰相是"庸才"。司马光也认为，为君者只知道酣宴，不留意天下之务；为臣者胸无远略，不知道安危大体，所以导致了长庆时期的财政困难。说到穆宗时期的宰相，倒有一景可说。穆宗朝一共任命了 14 位宰相：韩弘、裴度、李夷简、皇甫镈、令狐楚、张弘靖、萧俛、段文昌、崔植、杜元颖、王播、元稹、李逢吉、牛僧孺，另外有 5 位使相（即为地方节度使加宰相的名号，属于荣誉性质）：刘总、田弘正、李光颜、李愬、刘悟。其中除了王播、元稹、牛僧孺少数人外，多系名门之后。比如令狐楚是贞观时期著名史臣、位居秦王府十八学士的令狐德蔡的后代，段文昌的祖上是贞观时期名

臣、凌烟阁二十四功臣之一的段志玄，崔植是唐肃、代、德宗时期著名大臣崔枯甫的侄子，杜元颖是贞观时期名臣、凌烟阁二十四功臣之一的杜如晦的后裔。这些宰相在穆宗时期个人都以才学著称，但因朝廷之上党派分野，“庸才”无法发挥作用，良才也常常英雄无用武之地，再加上他们在职时间都不长，也就大大影响了穆宗朝宰相作用的发挥。这样的状况对于穆宗朝政局的影响是深远的。

穆宗由于是宦官拥立，即位以来对他们大加赏赐，很是优待，有的宦官还被穆宗母亲郭太后认为义子。朝廷官员争相贿赂攀附，不仅扩大了朝廷官员的结党营私，也使宦官的权势进一步膨胀。

这些情况无一例外地昭示：穆宗身后的唐朝政局必将变得积重难返、危机重重。

唐敬宗李湛

敬宗李湛，于元和四年（公元809年）六月七日出生于东内大明宫之别殿。他是在长庆二年（公元822年）十二月被册立为皇太子的，这是因为穆宗突然中风而不得不在大臣裴度等人的强烈要求下才作出的决定。长庆四年（公元824年）正月，敬宗先因父亲穆宗健康恶化以太子身份监国，很快因父皇驾崩而登基。

敬宗登基后，根本不把国家大政放在心上，他的游乐无度较之其父穆宗是有过之而无不及。敬宗即位后的第二个月，就一天到中和殿击球，一天又转到飞龙院击球，第三天又在中和殿大摆宴筵，尽欢而罢。敬宗一味追求享乐，就连皇帝例行的早朝也不放在心上。三月的一天，群臣来到朝堂准备入阁议事，可是敬宗一直到日上三竿还没有上朝。大臣为了参加朝会天不亮就要起床准备，皇帝迟迟不到，时间长了，臣僚们坚持不住以至于有昏倒者。对新君的这一有悖祖制的行为，谏议大夫李渤提出了劝谏，敬宗在大臣的催促下，过了很长时间才姗姗来迟。退朝以后，左拾遗刘栖楚对皇帝的这一做法更是极力劝谏，他头叩龙墀，血流不止。敬宗当时表现出很受感动的样子，但仍是不改，后来甚至发

展为一个月也难得上朝两三次。为了使敬宗能够上朝理政，在地方上任职的李德裕进献《丹扆箴》六首，提出劝谏，敬宗命令翰林学士韦处厚起草了一道诏书表扬了李德裕，但是他对自己的问题仍然无动于衷。

敬宗近乎疯狂的游乐，在宫中引发了一系列的突发事件。他即位不久，就有位叫徐忠信的平民百姓闯入了浴堂门，引起了一场虚惊。四月，又发生了染坊役夫张韶与卜者苏玄明联络数百染工杀入右银台门的严重事件。当时敬宗正在清思殿打马球，听到张韶等百余人的喊杀声，狼狈逃到左神策军避难。左神策军兵马使康艺全率兵人宫，把已经攻进清思殿并登上御榻而食的张韶等人杀死。八月秋夜，又发生了妖贼马文忠与品官季文德等近1400人将图不轨的事件，当事人皆被杖死。敬宗本人生性喜好大兴土木，即位以后，从春天到寒冬，兴作相继，没有停息的时候。各级官员和匠役之人都怨声载道，染坊役夫张韶作乱，不啻是对他的当头棒喝。

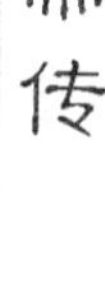

大臣认为这些事件都是因为敬宗一味沉湎于游乐，经常不在宫中，而给不法之徒以可乘之机。敬宗认为大臣们的说法有道理，但是自己的玩乐却变本加厉，花样不断翻新。

宝历元年(公元825年)十一月，敬宗突然想去骊山游幸，大臣们都极力劝阻，他就是不听。拾遗张权舆在大殿叩头进谏，还说："从周幽王以来游幸骊山的帝王都没有好的结局，秦始皇葬在那里国家二世而亡，玄宗在骊山修行宫而安禄山乱，先帝(穆宗)去了一趟骊山，享年不长，回来就驾崩了。"敬宗听了这话，反倒引发了更大的兴致："骊山有这么凶恶吗？越是这样，我越是应当去一趟来验证你的话。"结果，不顾大臣的反对固执前往，即日回到宫中，他还对身边的人说："那些向朕叩头的人说的话，也不一定都可信啊！"丝毫不把臣下的意见当回事。

敬宗也同样喜欢到鱼藻宫观龙舟竞渡，有一天突然给盐铁使下诏，他要造竞渡船20艘，要求把木材运到京师修造。这一项的花费总计要用去当年国家转运经费的一半，谏议大夫张仲方等力谏，他才答应减去一半。

敬宗不仅自己喜欢打马球，还要禁军将士、三宫内人都要参加。宝历二年(公元826年)六月，他在宫中举行了一次体育盛会，马球、摔跤、散打、搏击、杂

戏等，项目很多，参加者也很踊跃。最有创意的是敬宗命令左右神策军士卒，还有宫人、教坊、内园分成若干组，骑着驴打马球。因为敬宗兴致很高，一直折腾到夜里一二更方罢。

敬宗还喜欢打猎，平时白天玩不够，就深夜带人捕狐狸以取乐，宫中称之为“打夜狐”。

敬宗实在是太喜欢玩了，他也实在是太会玩了。唐朝在这样的皇帝手上不亡国已是万幸，历史上评价敬宗为“不君”，实际上就是说他不是个称职的帝王，这已是很替他留面子了。我们确实看不到敬宗在治国方面的才干，却随处可见他在玩乐方面的本领。敬宗是一位马球高手，又善手搏，观赏摔跤、拔河、龙舟竞渡之类的游戏从来都是乐此不疲。他还专门豢养了一批力士，昼夜不离左右。他不仅要各地都选拔力士进献，而且还出资万贯给内园招募，很舍得在这些力士身上花钱。敬宗玩兴一来，也就没有了什么顾忌：力士们有的恃恩不逊，敬宗动辄就将其配流、籍没；不少宦官小有过犯，轻则辱骂，重则捶挞，搞得这些人满怀畏惧、心中怨愤。宫中宦官许遂振、李少端、鱼弘志等还因为与他“打夜狐”配合不好而被削职。敬宗这种肆无忌惮的游乐，很快就把自己送上了末路。

宝历二年（公元826年）十二月初八日辛丑，敬宗又一次出去“打夜狐”，还宫之后，兴致昂然，又与宦官刘克明、田务澄、许文端以及击球军将苏佐明、王嘉宪、石从宽等二十八人饮酒。敬宗酒酣耳热，入室更衣，此时大殿上灯烛忽然熄灭，刘克明与苏佐明等同谋将其害死，时年仅18岁。除了唐末代亡国之君哀帝是在17岁被害以外，敬宗是唐朝皇帝中享年最短的了。敬宗死后，群臣上谥号为睿武昭愍孝皇帝。文宗太和元年七月十三日，葬于庄陵。

唐文宗李昂

公元826年十二月，在宦官刘克明等杀死敬宗之后，他们也被宦官王守澄给杀了。然后，王守澄发禁兵迎立17岁的江王，就是敬宗的弟弟李涵即位于宣

政殿，改名为昂，是为文宗。

文宗即位后，去佞幸，出宫人，放鹰犬，裁冗官，省教坊乐工，停贡奇珍异玩，去奢从俭，励精图治。但他的短处也十分明显，那就是对于军国大事不能果决，一般与宰相已经议定的事情经常中途改变。人称其宽柔有余，明强不足。

唐文宗不仅对大臣和宦官无力反抗，就是对盘踞地方的藩镇割据势力也是姑息养奸，使得藩镇割据愈演愈烈。

公元828年冬天，朝廷在平叛了横海李同捷的叛乱之后，又将殷佰封为横海节度使，并且还将齐州也交由殷佰管理，此种做法无异于赶走了羊引来了狼，旧的危险刚解除，新的威胁又产生。

公元831年，卢龙副兵马使杨志诚煽动士卒驱逐卢龙节度使李载义，然后杀死莫州刺史张庆初。唐文宗不但不给予处罚，反而接受宰相牛僧孺的建议，封杨志诚为卢龙节度使，后又命为右仆射。成德节度使王庭凑死后，军士拥立他的儿子王元逵为留后，唐文宗也加以承认，并将长寿安公主下嫁给王元逵。文宗对藩镇的姑息，真可谓是“大度能容”。

面对宦官的专权，文宗希望能够通过自己培养的大臣来掌握国家实权。于是，他将李德裕、宋申锡等人提拔上来，作为自己的心腹。结果，李德裕被排挤出朝廷，出任地方官；而宋申锡的命运更为悲惨，他与唐文宗谋划除去宦官的事情被王守澄给知道了，王守澄先下手为强，设计诬陷宋申锡谋反，以欲立文宗的弟弟李凑为帝的罪名而被贬为开州司马，后病死在贬所。

后来，唐文宗又找到李训和郑注，委托他们两人进行清除宦官势力的行动。李训、郑注两人虽然势力不大，但是为人比较灵活，也善用计谋。他们采用以毒攻毒的办法，巧妙地利用宦官集团内部的矛盾展开了剪除宦官势力的行动。首先，他们借助宦官中势力最大的王守澄的力量，把韦元素、杨承和王践言三个权阉驱逐到外地当监军，不久又将三人处死。接着，李训和郑注为给王守澄树立一个对立面，又劝唐文宗将王守澄原神策军中尉的职衔移封给宦官仇士良，夺了王守澄的实权。然后，以唐文宗的名义用酒毒死了王守澄，又借追查宪宗被害的事件，杖杀了在外地当监军的宦官陈弘志。

杀掉势力最大的王守澄之后，李训和郑注似乎看到了胜利的曙光，并定下

了一举消灭宦官集团的计划。然而，正是在这个时候，他们为消灭王守澄而树立的仇士良反过头来，却将他们给消灭了。

公元835年农历十一月二十一日，唐文宗大会群臣。这时，按事先定好的规矩，禁宫将领韩约前来奏报说"昨天夜里天降甘露，在左金吾厅后。"唐文宗一听，遂前往含元殿，并命李训前去查看。李训去了半晌，回来说："甘露未必是真的，不可马上宣布。"于是唐文宗又派宦官首领仇士良带领宦官再去复验。仇士良等人到了左金吾厅后，觉得韩约神色紧张，心中不由得起了疑心。恰巧这时，一阵风吹来，风吹帘动，仇士良看见了埋伏在幕布后面的士兵，知道此刻已是九死一生，遂装作没看见，只是赶紧带领众宦官跑回了含元殿。李训看见宦官们回来，知道事情已经败露，急忙命令殿下侍卫上来保驾。宦官和侍卫就在殿中打了起来，宦官死伤众多，李训也被宦官打倒在地，整个含元殿乱作一片。就在这混乱之中，仇士良与几个宦官挟持着唐文宗逃进了宣政殿，紧闭宫门。李训见大势已去，遂化装逃跑。大臣们吓得慌忙走散。

接着，仇士良便以唐文宗的名义四处逮捕、追杀参与谋害他的人员。李训、韩约、舒元舆等都被抓住处死。未参与事变的宰相王涯也被严刑拷打，然后杀害。官吏士卒被杀的有600多人，郑注在凤翔也被监军宦官杀害。这次事变史称"甘露之变"。

甘露之变后，唐文宗彻底成了仇士良等宦官的傀儡。宦官们气焰嚣张、专横跋扈，皇帝都成了他人手中的棋子，更不用提大臣们了，整个朝廷都成了这帮阉货的天下。直到公元836年，有一个地方节度使给皇帝上书要求查办仇士良，其中罗列了仇士良的种种罪行，仇士良害怕地方节度使，这才有所收敛，朝中的大臣方才开始行使一些职权。

但此时的文宗仍然没有实权，一切还是得看宦官的眼色，虽然心中充满了不满，但是也不能发作，最多就是牢骚几句。有一次，唐文宗问学士周墀道："朕可比前代何人？"周墀拍马屁地奉承道："陛下是当代贤君，可比古代的尧舜。"唐文宗笑了笑，叹口气说："朕和汉献帝相比还差不多，汉献帝不过是受制于强藩，而朕却为家奴所制，恐怕还不如他呢？"

开成五年（公元840年），文宗病不能起，命太子执掌国政大事，仇士良等宦

官得知消息后，即闯入宫中，声称太子年幼无法监国，应另觅太子人选。之后，他们又以文宗名义发矫诏，立穆宗第五子颍王李炎为皇太弟，太子李成美另封为陈王。文宗受此打击，病势恶化。两天后，文宗去世，终年 32 岁，葬于章陵。

唐武宗李炎

任人唯贤　平外安内

武宗李炎是穆宗李恒第五子，在他 7 岁的时候，便被其父唐穆宗封为颍王。与他同时被封的，还有后来的唐敬宗和唐文宗等，这些被封王的皇室子弟们，自幼便是养尊处优，再加上皇族软弱的政治情况，他们大多只知道吃喝玩乐。但是颍王李炎却没有因此而放弃自己的理想与抱负，他始终以富国强兵作为自己的人生追求。因此，他很认真地学习治理国家的方略，希望能够改变目前的现状，收回李氏皇族旁落的王权。不过，他可能也是受了前几代君王的影响，既有昏君的昏昧，也有明君的英明，既有唐敬宗般的荒唐，也有唐文宗般的抱负，表现了性格的多样性。

公元 838 年，皇太子李勇去世，文宗立了敬宗的六儿子陈王李成美为皇太子。然而，就在公元 840 年文宗重病不起命太子李成美监国时，神策左、右军中尉仇士良、鱼弘志矫诏立李炎为皇太弟，临时执掌国政，皇太子李成美复封为陈王。两天后，唐文宗驾崩，27 岁的李炎在宦官的拥立下当了皇帝，是为武宗。

即位后的武宗，首先要扫清自己执政路上的障碍，确保自己的统治地位。因此他将原太子李成美赐死。接着论功行赏，将有拥立之功的宦官仇士良等人分别封官晋爵。从此，朝廷中与他唱反调的人基本没有了，极度紧张的形势开始有所缓解，朝政基本恢复了正常。但是武宗并不乐观，宦官把持朝政依然是

他的心中大患。

经过慎重选择，他决计将失去的大权重新赎回来，并把这一赌注押在了久负盛名的李德裕身上。他将李德裕从淮南节度使擢升为宰相，入朝秉政。李德裕从事政治活动40年，是唐后期才能卓越的人物。自李德裕被任为宰相后，武宗便大胆采纳他的主张，故史称“武宗用一李德裕，遂成其功烈”，并因此赢得了“运策励精，拔非常之俊杰”的美誉。

要想赢回自己的权利、地位，武宗与李德裕首先要解决的就是回纥入侵的问题，但这并不是一个简单的问题，它不仅仅代表着一场战争的胜负，而是更是关系到武宗朝乃至大唐帝国的威风和尊严能否重振的问题。公元842年七月，回纥乌介可汗率兵越过把头峰（今包头附近），南入大同川，掠牛马数以万计，直逼云州城（今山西大同）。

面对回纥的入侵，李德裕全面分析了敌我力量的对比后，认为回纥正趋衰势，击之必胜。武宗采纳了李德裕的意见，立即诏调许、蔡、汴、渭等六镇之兵，驰援天德、振武，各路大军在太原会师，准备伺机讨伐回纥军。与此同时，武宗赐给乌介可汗诏书，列数其罪状，并警告他要“速择良图，无贻后悔”，尽可能争取招抚以避免两军交战，生灵涂炭。但乌介可汗仍以为自家兵力强大，势不可当，并于公元843年正月发兵攻打振武，战争序幕正式拉开。由于大唐各路大军配合密切，战士作战勇猛，最终在东胡山大败回纥军队，俘虏2万余人，乌介可汗中箭逃往黑车子族。唐军取得了彻底胜利。

外患甫定，内乱继起。公元843年，昭义镇节度使刘稹又在后方发动了叛乱，这件事情在朝廷中引起了轩然大波，许多大臣依然畏惧于藩镇势力，因此都主张姑息妥协，只有李德裕等少数大臣坚决主张用兵平叛。于是武宗力排众议，独纳李德裕的意见，决定用藩镇之兵讨伐刘稹。五月，武宗命成德、魏博、河东、河中、河阳等节度使联合出兵讨伐刘稹，并要求各路讨伐军严明军纪，不得焚烧百姓庐舍，不得挖掘坟墓，不得侵扰百姓，从而获得了沿途百姓的大力支持。公元844年夏，反叛的邢州刺史裴向、洺州刺史王钊、磁州刺史安玉等抵挡不住唐军的进攻，各自率部投城。历时13个月的昭义之乱至此彻底平定。

平定昭义叛军的胜利，是继唐宪宗平藩之后对藩镇势力的又一次沉重打击。昭义镇的收复，不仅显示了武宗个人的英明、果断、神武，同时亦使藩镇割

据势力得到了抑制，进一步维护了唐王朝的统一。

节制宦官　灭佛崇道

成功地击退回纥兵的入侵及平定昭义镇的叛乱后，整个朝廷都被武宗突如其来的威力震慑住了。武宗与李德裕君臣二人的默契配合，更让群臣对武宗刮目相看，甚至连身历多朝、权势显赫且具拥立之功的仇士良等也不得不重新审时度势。就在仇士良等人想着如何面对武宗这些举措的时候，武宗正积极地筹划着如何削减宦官的权利。

武宗采纳李德裕的意见，有步骤、有分寸地推出了一系列限制宦官权力的政策。首当其冲的便是宦官头子仇士良。公元 843 年，仇士良被迫退休，不久死去。一年后，武宗下诏，追削仇士良生前所受官爵，并籍没其家产。随后，武宗又架空了由宦官控制的枢密使，不经过枢密使便直接任命官吏，这无疑是对宦官权限的最大限制。从此宦官的势力得到了有效的抑制，许多原来由他们把持的政权慢慢地转由皇帝来掌控。

随后，李德裕总结了自德宗以来中央与藩镇作战失败的原因，并上书武宗，指出宦官是导致战争失利的主要原因。由于他们军权太大，战时诏令从宫廷直接发到前线，宰相却不能参与决策；同时作为监军的宦官根本不懂得军事指挥，反而还束缚了将帅的手脚，使军队不能灵活作战；而且这些贪生怕死的宦官又从军中选出最强壮的士兵作为自己的卫队，却让老弱士兵出阵作战，如果在战场上远远望见事情不妙，便策马先逃，阵上士兵自然随之溃退。武宗认为这个原因一针见血，立即接受李德裕的建议，根据上述原因一一禁止或解决，使重新拥有指挥权的将帅们能机动灵活地在前线作战。尽管武宗对宦官势力的打击非常的有限，但是对于长期被宦官把持朝政的唐王朝来说，武宗能够创造出今日的局面已经是非常难能可贵了。

在节制宦官的同时，武宗又对僧尼进行了控制，因为这些数量发展迅速的僧尼已经严重危害了生产、生活秩序。佛教传入中土之初，确实有力地帮助了

统治阶级加强对人民思想的禁锢，成为统治者巩固政权的有力工具。然而到武宗时，僧尼已不再是一般的传教人士，他们成为拥有金钱与地位的特殊阶层，严重地威胁着各个地方的秩序。公元 842 年，李德裕下令禁止童子做沙弥，接着又下令：凡是犯戒、娶妻者都要还俗，并没收财产。公元 843 年，武宗再次下诏限制寺庙的奴婢数量，禁止寺院供奉佛牙，并拆毁一些规模小的寺庙。公元 845 年，武宗发布了灭佛诏书，对寺庙的财产进行登记，50 岁以下的僧尼全部还俗，只有大地方、经过批准的才能有寺院，其他的全部拆毁。年底的时候，还俗回家参加生产的僧尼多达 20 余万人，解放奴婢 15 万余人，没收土地数十万顷，这就是历史上有名的“武宗灭佛”。

“武宗灭佛”这一壮举不仅使社会秩序得以肃清，同时也使全国劳动力得以增加，发展了生产，增加了国库税收，再一次巩固了唐王朝的统治。但是在这些积极有力的治国方针施行的同时，武宗自己却又误入了歧途。因自己颇好道术修炼之事，曾经常召集道士来朝廷，向他们询求道术，并在三殿修建金录道场，并亲临九天坛接受法事录。公元 843 年，正值昭义镇发动叛乱之际，武宗却还在宫中修造望仙楼。公元 845 年，又在南郊建造望仙台。武宗一心渴望修成神仙，从而长生不老。但是，佛教不可能让他自己成仙，道教也不可能。公元 846 年，武宗迫不及待地吞服了刚炼成的丹药，顿感不适，不久就死去。终年 33 岁。

唐宣宗李忱

大中元年（公元 847 年）至十三年（公元 859 年）

唐宣宗是宪宗第十三子，元和五年（公元 810 年）六月二十二日生于大明宫，论辈分，他是敬、文、武宗的皇叔，论年龄却比敬宗和文宗还小一岁。他在穆宗长庆元年（公元 821 年）三月，被封为光王。会昌六年（公元 846 年）三月，武宗弥留之际，把 37 岁的光王李怡立为皇太叔，并更名李忱，成为新的皇位继承人。他是唐朝历史上惟一以皇太叔即位的皇帝，又是晚唐皇帝中顺宗以后的 11 帝中寿命最长的一位，他死于大中十三年（公元 859 年）八月，享年 50 岁。另

外，宣宗在晚唐的皇帝中也是得到较高声誉的一位，《资治通鉴》载："宣宗性明察沉断，用法无私，从谏如流，重惜官赏，恭谨节俭，惠爱民物，故大中之政，讫于唐亡，人思咏之，谓之小太宗。"

即位之初

宣宗以皇太叔即位，仍然是因为得到了神策军中尉宦官马元贽的拥立才实现的。武宗有五子：杞王峻、益王岘、兖王岐、德王峄、昌王嵯，均在他即位之初加封亲王。但武宗没有对继承人作出安排，在他中毒弥留之际，马元贽提出武宗诸子年幼，须选贤德为嗣君，宣宗方得以年长被拥立。

如果说宣宗有"贤德"，在他即位以前是很勉强的。他在幼年时期曾被宫中认为"不慧"。十余岁时，他得过一场重病，忽然周身发光，蹶然而起，他正身拱揖，就好比接待臣僚一般。乳媪觉得这是又增加了"心疾"，穆宗探视时，抚其背道："这是我李家的英物，非心憃也。"赐以玉如意、御马、金带。据说，他还常梦乘龙升天，他把这梦告诉了自己的生母郑氏。郑氏很清楚此事的严重性，就叮嘱他不要乱讲。多年来，他目睹了宫廷内外的多少变故，一直沉默寡言。慎于言，对他的成长产生了重要影响。在文宗太和、武宗会昌两朝，他愈加韬晦，人前人后，尤其人多的时候，几乎从来不说话。文宗、武宗到十六宅参加宴会，谓之"光叔"，都想引诱他开口，尤其是武宗，性情豪爽，对这位"光叔"出言调笑，很不礼貌，但想听他开口却是万难。谁知道就是这样的一个亲王，当被立为皇太叔，"权勾当军国政事"，并于柩前即帝位以后，突然像变了个人。虽然因为国丧而满脸哀容，但是他接待群僚，决断庶务，却是有条不紊。人们到这时候似乎才如梦方醒，明白他这些年一直是在韬光养晦。

会昌六年（公元846年）四月，刚刚亲政的宣宗就将以太尉身份担任宰相的李德裕加了司徒（荣誉职务），任命为江陵尹、荆南节度观察处置等使，实际上是把他调离朝廷。宣宗任命了进士出身、白居易的同宗兄弟白敏中为宰相，同时得到重用的还有令狐绹。

宣宗即位后，对于进士出身的人很是看中，也很重视科举取士。宣宗与文人学士的关系密切，这在晚唐的皇帝中也不多见。大中元年(公元847年)，大诗人白居易去世，宣宗就满怀深情地写过一首悼诗：

缀玉联珠六十年，谁教冥路作诗仙。
浮云不系名居易，造化无为字乐天。
童子解吟长恨曲，胡儿能唱琵琶篇。
文章已满行人耳，一度思卿一怆然。

宣宗即位以前的30个春秋，大概是一直在读书自修，这在他亲政当中得到了很充分的表现。

宣宗即位后最初几年发生的重大事件中，一件事使他闹心，一件事使他舒心。

闹心的事是来自太皇太后郭氏。郭太后是宣宗之父宪宗皇帝的妃子，和宣宗有母子名分。郭太后因为家族雄厚的势力和个人丰富的政治经验，在宪宗身后的穆、敬、文、武四朝一直居住在兴庆宫，对朝廷中枢具有重大影响。穆宗死后的长庆末年，甚至有人鼓动和策划她临朝称制，不过遭到她的拒绝。但是，她所得到的礼遇十分尊崇。宣宗即位后，对郭太后的奉养礼数很不周到，他甚至怀疑当年郭太后参与了谋弑宪宗的事件。由于待遇的巨大反差，使经历了五朝的郭太后郁郁寡欢，身体突然间也垮了。年事已高的太皇太后感觉到宣宗对她的猜忌和不恭，她想到了死。大中二年(公元848年)五月的一天，郭太后在几个侍女的陪伴下登上了勤政楼，她想从楼上跳下去，幸亏被身边的人拉扯住。宣宗听说此事后，心中很不痛快。试想，如果郭太后跳楼自杀，他的颜面何存?岂不是要背上个不孝的恶名让天下人耻笑?当天夜里，郭太后“暴崩”。史书中隐晦的记载，不能不使我们猜测：郭太后是死于非命。从宣宗的态度看，他对此事应当负责。就在郭太后死的当时，外间已有不同的传言和猜测。宣宗把郭太后葬在了宪宗景陵的外园，也没有给一个符合身份的葬礼。郭太后在宪宗时，没有能够得到皇后的尊荣，死了也没有祔陵而葬，正所谓“宪宗不为正其始，以致宣宗不为正其终”。这足以体现出在郭太后一事上宣宗心中是多么“疑忿”!

舒心的事是沙州(今甘肃敦煌)张义潮(张议潮)重新归附了朝廷。沙州在代宗时期因孤立无援陷于吐蕃，但是他们心系唐朝，日夜谋归。大中四年(公元

850年),张义潮乘吐蕃衰乱无暇顾及之机,驱逐吐蕃守将,夺回了沙州。大中五年(公元851年)二月,宣宗接到张义潮的奏表,十分高兴,立即任命他为沙州防御使。当年十月,张义潮又派人入朝,献上了瓜、沙、甘、肃等11个州的户口和地图,原被吐蕃占领的河陇地区的州县重新归属唐朝。宣宗为了表彰张义潮的义举,特别将沙州称为"归义军",统领上述各州,张义潮为归义军节度使,兼领辖区内的观察、处置、押藩落、营田、度支等使,赐金紫光禄大夫、检校吏部尚书、兼金吾大将军,加特进,食邑二千户、食实封三百户。一向"重惜官赏"的宣宗赏赐给张义潮如此的官职,说明了沙州重归大唐使他多么舒心。

大中之政

宣宗大中年间,李唐政权已是危机重重。藩镇割据、宦官专权、朋党之争、官员贪污腐化、百姓负担沉重,唐帝国的末世已无法挽回。被誉为"小太宗"的宣宗勤政求治,就如同给这一颓废衰败之势注入了一剂强心针。大中之政,似乎给朝野上下、天下臣民带来了新的希望。

访求治国之道 宣宗对于政事的关心超过了任何其它的事情。他很注意召见大臣谈论政事,探讨治国的经验。翰林学士令狐绹因为很了解前朝历史,被倚为心腹。宣宗经常在夜里把令狐绹召入宫中长谈,从庙堂大计到江湖疾苦,无不涉猎。有一次,他拿出太宗遗著《金镜》要令狐绹举出其中的要点,令狐绹就读了"要达到大治不能任不肖,大乱就是没有任用贤能。任贤,享天下之福;任不肖,罹天下之祸"三段,宣宗大加赞叹。有的时候因为时间太久蜡烛燃尽了,宣宗就用自己的乘舆和金莲华的灯笼送令狐绹回翰林院,往往翰林院的门房都会误以为是皇帝来了。宣宗在临朝听政过程中,很注意礼遇大臣,一丝不苟,从不表现出丝毫的倦怠。批阅大臣的奏章,他也会洗手焚香。凡此种种均表现出他对国家大事的重视。宣宗在延英殿召见宰相时,总是正襟危坐,一派威严。待奏事完毕,宣宗也会说:"可以说说闲话了。"他自己也会向宰相探听一些民间的琐事,讲一些宫中趣闻,显得其乐融融。据说,宣宗召幸过一个貌美

的妃子，第二天早晨他就认为不能继续留着她，身边的人建议放还民间，宣宗说，这样还会想念她。为了绝了念想，竟然赐她一杯毒酒送上了茫茫黄泉路。这说明宣宗为了专心国政，几乎达到了病态的程度。但后世多有史家对这件事持怀疑态度，如司马光在编写《资治通鉴》的时候就没有采用。

威权驾驭大臣　宣宗对于大臣尤其是宰相的控制是多方面的。每逢和宰相议事完毕，他就会提醒说："卿辈好自为之。朕常常担心卿辈有负于朕，日后就不能再相见了。"他处理政事十分细致，往往能明察秋毫，这使大臣们都很紧张。有一次，度支使报告绢帛被污损的事，上奏的文书上把污渍的"渍"误写成了"清"，有个官员认为无关紧要就擅自在上面做了涂改，然后上报。结果，恰恰被宣宗发现，他以这个官员擅自窜改官文为由将其贬斥。令狐绹在宣宗时期任宰相最长，他深有体会："我十年秉政，最承恩遇。但是每逢延英殿奏事，未尝不汗透衣衫。"同样的道理，对于大臣的进谏，宣宗也能够虚心听纳。魏徵的五世孙魏谟，因为敢于弹劾驸马都尉贪污，得到宣宗信任而被任命为宰相。宣宗经常说："魏谟有他祖上的风范，名公后代，我很看重他。"敢于弹劾大臣，这正好符合宣宗驾驭群臣的要求。反之，宣宗对那些一旦达到三品高官就缩手缩脚，再难以与谋大事的臣下很是不满。

重视选拔刺史　刺史是地方州一级的行政长官，对于一方政令畅通与百姓生活的重要性不言而喻。他要求宰相给他提供百官的花名册，叫《具员御览》，以方便自己了解官员的情况。每当任命刺史，宣宗都会亲自召见，以了解刺史的政治才能和品格。为了使谈话更有针对性，宣宗令翰林学士韦澳私下编写了一本《处分语》，把天下各州的风土人情、物产所出、耕地人口以及州内的关键事宜都做了详细记录。这样一来，宣宗与新任刺史谈话时往往能有的放矢，使他们很惊异皇上对所任本州情况的熟悉，从而不敢懈怠。据说，宣宗记忆力超人，官员的名字往往能过目不忘，甚至宫中的杂役之流，宣宗都能熟悉他们的名字和特征，平时招呼和驱使，很少出错。令狐绹推荐李远做杭州刺史，宣宗说："朕记得李远一首诗中有'长日惟消一局棋'的句子，这样的人能胜任地方长官吗？"大中九年（公元855年）春天，宣宗在出游途中遇到醴泉县百姓祈祷，希望任期届满的县令能够留任。宣宗记住了这个县令，当其所在州的刺史空缺时，就直接委任他做了刺史。还有位刺史上任前入朝辞行，宣宗问："你出任之州离京师

多远?”那刺史答:“八千里。”宣宗道:“卿到任以后的为政善恶,朕都会一清二楚,不要认为天高地远。此台阶之前才真正是相隔万里啊,卿能明白吗?”那刺史摄于皇帝的威严,一时竟不知如何回答?大中时期规定刺史县令一旦任命,必须任满36个月才允许改任或者替换。无论提拔还是离任,都必须对其任职期间的业绩进行考核。考核官员分为三等上报,考核等级直接决定官员是否升迁、改任或者降职。

抑制宦官势力 宣宗因宦官拥立而登基,特别是神策军中尉马元贽功劳更大。宣宗对他甚是恩宠,特赐他宝带以示褒奖。朝廷宰相马植与马元贽过往甚密,二人还因为同姓叙为兄弟,马元贽就把宝带转赠给了马植。一天,宣宗在大殿上认出了马植所佩宝带,问清来历,第二天就下诏罢免了马植的宰相之职。此举在敲山震虎,他不希望朝廷官员与内廷宦官来往密切。有位宦官出行遇到宰相郑朗没有回避,被宰相上表奏劾,宣宗就指责他对大臣无礼。宦官辩解说:“供奉官从来不回避大臣。”宣宗道:“你若是带有朕的诰命在身,横穿宰相的行列也无妨,因私出行不回避宰相怎么可以呢?”结果,将这位宦官罚去做苦役。据说,宣宗也和身边的大臣商议过如何制约和解决宦官权势太过的问题,他们都担心会引起像太和年间甘露之变那样的事件。令狐绹甚至提出了对宦官“有罪者不要赦免,有空缺时不要补充,使其自然而然地慢慢消耗殆尽”的建议。这说明了宣宗君臣对于宦官权势的膨胀无能为力的心态。

严格要求宗亲。宣宗提倡节俭,以往皇上出行,宫中的宦官会先以龙脑、郁金铺地,他命令统统取消。他在后宫中都穿着浣濯之衣,日常膳食不过几道菜。如果不是陪伴皇太后郑氏进膳,他从来不让举乐。对于宗室子弟,宣宗更要求他们严格遵循制度规定。宣宗说:“我要以俭约教化天下,自然应当从要求亲属开始。”大中二年(公元848年)十一月,宣宗宠爱的女儿万寿公主下嫁名门望族的郑颢,他就下令将所乘车子的金饰改为铜饰。同时,他告诫公主要严守妇德,孝敬公婆,不得轻侮夫家,不得干预政事。他还赐手诏:“假如违背我的告诫,小心会有太平、安乐公主之祸。”有一次,郑颢的弟弟病重,宣宗得知万寿公主不在宫中,而是在慈恩寺观戏场,就很生气。他说:“怪不得士大夫家不愿意和我家通婚,我现在明白了。”他立即派人把公主召到宫中,只让她站立在台阶下,根本不理她。万寿公主知道自己错了,哭哭啼啼地向父皇谢罪。宣宗见她认了错,

就数落她说："岂有小郎(小叔子)病重,不前往探视却跑去看戏的?这实在太不像话了。"要她回郑家认错。这样一来,宗室贵戚都明白应当严守礼法了。宣宗的舅舅郑光,因为没有真才实学,宣宗虽然赐他高官厚禄,但是并不让他担负实际的职务责任,只是奉养起来,而不让他做事。郑光有一处庄园的庄吏仗势抗税,被京兆尹韦澳逮捕,准备依法处死。宣宗考虑这是他舅舅的家人,就向韦澳讲情,希望能够饶他一死。韦澳说,此人所违抗的是陛下之法,不能饶恕。宣宗说："朕因为郑光的缘故,阻挠你执法,实在很惭愧!"韦澳见状,也只好让步,将庄吏痛杖一通,让其补足所欠官税后才予以释放。这说明宣宗对宗亲严厉要求虽然也有无奈之处,但是能够理解和支持大臣的执法,也已经很不容易了。

金丹之祸

宣宗亲眼目睹了武宗服食金丹中毒而死,也很明白自秦皇汉武以来向方士求取仙药的事很是荒诞无稽,但是,长生不老的无穷诱惑终使他自己也无法逃出这样的一个怪圈:信任方术、梦想长生,服食所谓仙丹妙药,最后毒发而死。

宣宗即位后,就把武宗信任的道士赵归真等处死,但是他不久也拜了一个衡山道士刘玄靖为师。后来,他还下令整修武宗在大明宫所建的望仙台,由于谏官的反对,才只好停下来,但是他对道术和丹药的渴望并没有丝毫的减退。到大中末期,宣宗中毒越来越深,为了能够得到长生不老的法门,他派人到南方寻访到罗浮山人轩辕集,向他寻访"治国治身之要"。

对此,朝廷官员纷纷提出劝谏,谏官的意见尤其尖锐。宣宗派宰相向他们做解释工作："替我转告谏官,就是道术再高明的方士也不能蛊惑我。我听说轩辕集是一代高士,只想与他谈谈而已。"轩辕集也许称得上是有道之士,他见到宣宗以后并没有谈及那些方士的诡异之道。到大中十三年春天,他态度坚决地请求重还山中修炼。宣宗对他说："先生少留一年,等我在罗浮山给你建的道馆修成再走也不迟。"但是轩辕集丝毫没有继续留下的意思,坚决要走。宣宗很不解："先生这么着急舍我而去,难道是国家有灾吗?朕有天下,竟得几年?"轩辕

集取笔写下“四十”，而“十”字挑上，乃“十四”年也。而这一数字正与宣宗在位的时间相同，使人不禁感觉冥冥之中兴替自有定数，宣宗所剩的时间已经不多了。

大中十三年（公元859年）五月起，宣宗因为食用仙丹中毒，身体状况已经很糟了，一连一个多月都不能上朝。到了八月，病入膏肓的宣宗一病归西了。嗣后宫中又是变故频频，而宣宗已是无知无觉了。他一直信任的宰相令狐绹、摄冢宰负责治丧，为他做了最后一件事。群臣上谥号曰圣武献文孝皇帝，庙号宣宗。第二年二月，葬于贞陵。

历史上评价说，宣宗在位期间曾经烧过三把火，一把火使“权豪敛迹”，二把火使“奸臣畏法”，三把火使“阉寺詟气”，并称誉他为“明君”“英主”。纵观宣宗50年的人生，他曾经为祖宗基业做过不懈的努力，这无疑延缓了唐帝国走向衰败的大势，但是他又无法彻底扭转这一趋势。当大厦之将倾，谁又有雄才大略能施展回天之力呢？

唐懿宗李漼

懿宗，名李漼（公元828－874年），初名温。唐宣宗长子。宣宗病死后，被宦官迎立为帝。在位14年，病死，终年47岁，葬于简陵（今陕西省富平县西北40里紫金山）。

唐懿宗李漼，曾封为郓王，宣宗晚年时喜爱三子李滋，打算把他立为太子。但这样废长立次，又担心日后会引起内争，一直未决定。宣宗病重时，召枢密使王归长等三人入寝宫，拟立李滋为太子，但还未来得及写好遗书就于公元860年8月死去。宦官王宗实与王归长不和，迎李漼入宫立为太子，于同月继位，立年号为“咸通”。

懿宗继位后，骄奢无度，淫乐不改，一味地游玩饮宴，宫内竟供养乐工五百人。每月大宴十几次，山珍海味样样都有；出外游玩，随从多到十几万人，糜费不可胜计。乐工李可及因为奏乐而得欢心，懿宗竟将他升为将军。臣下刘蜕上

奏谏阻,却被黜为华阴令。公主得了绝症,懿宗命医宫20几人轮流诊治,均无成效。公主病死,懿宗怪罪医宫,将20几人全部杀死,并将他们的家属300多人投入大牢。公主出葬时,送葬队伍长达几十里,殉葬的珍奇金宝多到120车。一路上又有几百人以杂宝为首饰舞、地衣舞,沿途撒满了掉落的首饰,任凭百姓拾取。

当时,朝廷内部宦官专权,政治腐败,地方藩镇争战扰攘、相互倾轧,政局动荡混乱,更加深了人民的痛苦,唐王朝已是百孔千疮、凋敝不堪,人民大众煎熬在死亡线上,最终逼得百姓揭竿而起。859年,裘甫在浙东领导起义;868年,庞勋领导徐泗地区的戍兵在桂林起义。唐懿宗派遣王式、康承训等镇压了这两次农民运动。

874年,懿宗病倒,医治无效,于7月辛巳日在长安宫中的咸宁殿病死。

唐僖宗李儇、唐昭宗李晔、唐哀帝李柷

唐僖宗李儇

懿宗死后,唐朝历史又延续了34年。在这34年中,有三位皇帝相继登场,这就是唐僖宗、唐昭宗、唐哀帝,他们自然就算是唐朝的末世天子了。僖宗和昭宗是一母所生的兄弟,这一情况同中宗、睿宗一样。僖宗是唐朝最后一位死在长安、葬在关中的皇帝,但是他在位15年间,实际在长安度过的时间充其量只有7年多,他为避难不得不两度逃离长安。当一个皇帝不能安定地在京城生活的时候,政权大厦即将倾覆的风雨飘摇之势已很难逆转了。昭宗在位16年,在军阀的胁迫下不得不迁都洛阳,长安城从此成为梦中遥想的故都。他本人不仅

被跋扈的军将杀死在寝宫，死后也只能孤零零地埋葬在河南偃师。昭宗是第一个葬在关中以外地区的唐朝皇帝。僖宗、昭宗还有过做太上皇的经历，僖宗被奉为“太上元皇圣帝”是受到握兵的强藩节度使的威逼；昭宗做太上皇则是因为宦官发动了另行拥立的宫廷政变，不过时间都不长。哀帝 13 岁登基，虽然比僖宗 12 岁登基时的年龄稍长，但是他 16 岁就将帝位“禅让”给了强悍的军将朱温，成为唐朝的亡国之君。哀帝被杀死的时候不过 17 岁，是唐朝 21 帝中最为短寿的皇帝，比之敬宗的 18 岁还差一年。“哀皇帝”就是在他死后不久所加的谥号。哀帝死后，只是按照亲王的规格葬在了山东菏泽的定陶县，不仅远离了故都长安的列祖列宗，而且与他的父亲昭宗也永违地下，再无相见之期。到了五代后唐建国时，曾经准备以礼改葬，因故未果。后唐明宗李嗣源在位期间，给他整修了陵园，号为“温陵”，还重新给他加了“昭宣光烈孝皇帝”谥号，并议庙号“景宗”。然而，当时的宰相研究后认为，哀帝是以“少帝”而丧，实际上就是亡国之君，不合称“宗”，只保留了“昭宣光烈孝皇帝”的谥号。也有精通礼仪者认为，“昭宣”的谥号也属非宜。所以，景宗一事，历史上就很少有人提起。而在正史当中，《旧唐书》只按照“哀皇帝”的本谥称为“哀帝”，《新唐书》则同时称之为“昭宣光烈孝皇帝”。

僖宗一共有五次改元，所以有五个年号：乾符（公元 6 年）、广明（公元 1 年）、中和（公元 4 年）、光启（公元 3 年）、文德（公元 1 年）。昭宗则有七次改元，故有七个年号：龙纪（公元 1 年）、大顺（公元 2 年）、景福（公元 2 年）、乾宁（公元 4 年）、光化（公元 3 年）、天复（公元 3 年）、天祐（公元 1 年）。哀帝没有改元，仍然沿用了昭宗的天祐年号。

末世天子，晚景惨烈

僖宗李儇是懿宗的第五子，本名李俨，生于咸通三年（公元 862 年）五月八日。懿宗病重弥留之际，他在宦官的支持下被立为皇太子，改名李儇（xuān），并

于懿宗死后柩前即位。时在咸通十四年(公元873年)七月二十日,僖宗12岁。

僖宗即位时还是个幼弱的孩子,自然缺乏必要的理政能力,政事处置全部听由宦官之口——他们废长立幼,没有选择懿宗的长子而拥立12岁的皇子大概就有这样的考虑。僖宗在位期间最信任的宦官是田令孜。僖宗自幼就由田令孜照顾起居,感情上很是有些倚赖,并称呼田令孜为"阿父",即位后便任命他做了神策军中尉。这样,僖宗朝的重大决策几乎都掌控在田令孜手中了。

僖宗生于深宫之中,长在宦官之手,宫中生活场景能够带给他的就是可以肆无忌惮地游乐。事实上,他也的确是一个热衷游乐的皇帝。他喜欢斗鸡(《唐语林》说是"斗鸭")、赌鹅,喜欢骑射、剑槊、法算、音乐、围棋、赌博,游玩的营生他几乎无不精妙。他对打马球不仅十分迷恋,而且技艺高超,他曾经很自负地对身边的优伶石野猪说:"朕若参加击球进士科考试,应该中个状元。"石野猪回答说:"若是遇到尧舜这样的贤君做礼部侍郎主考的话,恐怕陛下会被责难而落选呢。"僖宗听到如此巧妙的回答,也只是笑笑而已。

如果是太平之世的君主,搞一些喜欢的运动也无可厚非,但是僖宗在位时,政局已经非常混乱。懿宗时期担任翰林学士的刘允章在《直谏书》中已用"国有九破"描绘过当时紧迫的局势:"终年聚兵,一破也。蛮夷炽兴,二破也。权豪奢僭,三破也。大将不朝,四破也。广造佛寺,五破也。贿赂公行,六破也。长吏残暴,七破也。赋役不等,八破也。食禄人多,输税人少,九破也。"对天下苍生的生存状态,他总结了"八苦""五去"。八苦是:

> 官吏苛刻,一苦也。私债征夺,二苦也。赋税繁多,三苦也。所由乞敛,四苦也。替逃人差科,五苦也。冤不得理,屈不得伸,六苦也。冻无衣,饥无食,七苦也。病不得医,死不得葬,八苦也。

五去是:

> 势力侵夺,一去也。奸吏隐欺,二去也。破丁作兵,三去也。降人为客,四去也。避役出家,五去也。

刘允章还说:"人有五去而无一归,有八苦而无一乐,国有九破而无一成,再加上官吏贪污枉法,使天下百姓,哀号于道路,逃窜于山泽。夫妻不相活,父子不相救。百姓有冤无处诉,有苦无处申。他们的出路何在呢?"

刘允章所说的严峻局面到僖宗朝不仅没有丝毫好转,而且是日益加剧。就在僖宗即位不久,爆发了濮州(今河南濮阳东)人王仙芝、冤句(今山东曹县北)人黄巢领导的大起义。黄巢是盐贩出身,由于唐朝末年食盐专卖,官盐价格昂贵,老百姓有吃不起盐而"淡食"者,所以造成了很多的私盐贩子,他们纷纷组织起来甚至搞武装贩运,这对于黄巢后来领导大规模的起义很有帮助。

黄巢起义爆发以后,州县欺瞒上级,朝廷不知实情。各地拥兵的节度使为求自保,坐视观望,所以起义军发展很快。后来,黄巢率部南下进攻浙东,开山路700里突入福建,攻克广州,而后又回师北上,克潭州,下江陵,直进中原。僖宗虽然对这一局势也很紧张,但并没有停止继续寻欢作乐,甚至在他为逃离长安做准备而任命剑南和山南道节度使时,竟然是用打马球赌输赢的办法决定人选。广明元年(公元880年)十一月,黄巢起义军攻克洛阳,十二月,轻易拿下潼关逼近长安。僖宗君臣束手无策,相对哭泣,宰相卢携因畏惧自杀。田令孜率五百神策军匆忙带领僖宗和少数宗室亲王逃离京城,先逃往山南(汉中),又逃往四川。僖宗成为玄宗之后又一位避难逃往四川的皇帝。唐末诗人罗隐有《帝幸蜀》诗咏其事:"马嵬烟柳正依依,又见銮舆幸蜀归。泉下阿蛮应有语,这回休更冤杨妃。"("阿蛮"是杨贵妃的小名。)号称"秦妇吟秀才"的唐末进士韦庄《立春日作》与此意境相同:"九重天子去蒙尘,御柳无情依旧春。今日不关妃妾事,始知辜负马嵬人。"

不久黄巢进长安,建国号大齐,年号金统。而僖宗在四川躲避了整整4年。

在这期间,僖宗得到了喘息,他利用川中的富庶和各地的进献,组织对黄巢的反扑。义武镇节度使王处存、河中节度使王重荣等积极组织对黄巢的打击,出身沙陀族的河东太原李克用也率兵入援以助朝廷,尤其是被僖宗委以京城四面行营都统的凤翔节度使郑畋,得到了"便宜从事"的权力,更是积极组织围攻长安的黄巢。后来宰相王铎又被任命为诸道行营都统来发动对黄巢的进攻,原来首鼠两端的藩镇,也开始为了自己的私利而主动对朝廷表达忠心。起义军由于自身存在弱点,加上军粮不足,内部发生了分歧和分化,一些将领接受了朝廷招安,形势发生了逆转。黄巢派驻同州重镇的防御使朱温在中和二年(公元882年)九月投降,僖宗大喜过望,认为是"天赐我也",赐名朱全忠。但僖宗没有想

到，唐朝的江山社稷最终就是被这个朱全忠夺了去。

起义军在唐朝官军的反扑下，被迫退出长安，最后力尽兵败，黄巢在山东泰安的虎狼谷中自杀而亡。经过黄巢起义军的打击，唐朝数百年的基业已不复旧貌。此时，李昌符据凤翔，王重荣据蒲、陕，诸葛爽据河阳、洛阳，孟方立据邢、洺，李克用据太原、上党，朱全忠据汴、滑，秦宗权据许、蔡，时溥据徐、泗，朱宣据郓、齐、曹、濮，王敬武据淄、青，高骈据淮南八州，秦彦据宣、歙，刘汉宏据浙东，他们都是各擅兵赋，迭相吞噬，朝廷不能制，成为实际上的地方割据势力。朝廷所能够控制的地区不过河西、山南、剑南、岭南西道数十州而已。

光启元年（公元 885 年）正月僖宗自川中启程，三月重返长安。数年惊魂还没有来得及稳定，便又遭遇了新的动荡。事情是这样的：僖宗宠信的宦官田令孜因企图从河中节度使王重荣手中夺得池盐之利而与之交恶，田便联合邻宁节度使朱玫和凤翔节度使李昌符向王重荣开战。王重荣则求救于太原李克用，二人联手大败朱玫和李昌符，进逼长安。神策军溃散，田令孜无奈再次带领僖宗于光启元年十二月逃亡到凤翔（今陕西宝鸡）。黄巢占领长安时，宫城建筑保存完好，而这次诸道兵马进入长安，烧杀抢掠，宫室坊里被纵火烧焚者十有六七，“宫阙萧条，鞠为茂草”。此时，各地节度使对宦官田令孜的专权十分不满，不少人把打击的矛头对准了田令孜。朱玫本想劫持僖宗，因田令孜挟持僖宗从大散关逃到兴元（今汉中）而没有成功，就将因病没有跑掉的襄王煴挟持到长安立为傀儡皇帝，改元“建贞”。僖宗被尊为“太上元皇圣帝”，实际上就是太上皇。时在光启二年（公元 886 年）十月（一说五月）。

这一政治变故导致了各节度使与朝廷关系的新变化。僖宗以正统为号召，把王重荣和李克用争取过来反攻朱玫，同时密诏朱玫的爱将王行瑜，令他率众回长安对付朱玫。光启二年十二月，王行瑜将朱玫及其党羽数百人斩杀，又纵兵大掠。这年的冬天，异常寒冷，城里九衢积雪，一直没有融化。王行瑜率兵入城当夜，寒冽尤剧，长安城遭受抢掠剽剥之后，僵冻而死的百姓横尸蔽地，惨不忍睹。一些官员奉襄王煴逃奔河中，王重荣假装迎奉，将襄王煴抓住杀死，并把他的首级函送行在，即僖宗所在的兴元。

长安襄王煴事变平息后，不少官员遭到杀戮，田令孜被贬斥，僖宗也打算重

回京师了。光启三年(公元887年)三月返京的队伍刚刚到达凤翔,节度使李昌符就以等待长安宫室修缮完工为名强行滞留。到了六月,天威军与李昌符发生火拼,李昌符进攻僖宗行宫,兵败出逃陇州,僖宗命扈驾都将李茂贞追击。七月,李昌符被斩。

经过这样几番折腾,僖宗的身体也垮了。光启四年(公元888年)二月,病中的僖宗终于又一次回到长安,在拜谒太庙以后,举行大赦,改元"文德"。三月三日,僖宗得"暴疾",文德元年(公元888年)三月六日,27岁的僖宗终于在颠沛流离之后离开了人世。幸运的是,他虽然是几度逃离京师,却是在长安宫中的武德殿驾崩的,而且在当年的十二月被葬在了靖陵(位于今陕西乾县)。

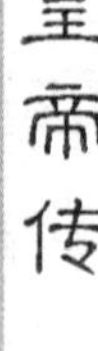

唐昭宗李晔

昭宗是懿宗第七子,僖宗的同母弟弟。咸通八年(公元867年)二月二十二日生于长安宫中。6岁封寿王,最初名李杰,文德元年(公元888年)三月六日僖宗崩于武德殿,他被立为皇太弟监国,改名李敏。八日即位,又改名李晔。几次改名,昭示着他政治身份的变化。

昭宗即位这年22岁,按说也是成年天子了。不过,在僖宗弥留之际,朝廷群臣并没有看好他,而是看中了吉王李保,理由是吉王在诸王当中最有贤名,年龄又长于寿王。当时支持昭宗的只有掌握军权的宦官杨复恭等人。杨复恭之所以拥立寿王,仍然是宦官自行废立的惯用旧例。除此之外,可以看到的理由有:一是昭宗和僖宗是同母所生,关系最为密切;再是他在僖宗多年避难逃亡过程中都随侍左右,而且还能够表现一些军事才能,与杨复恭关系相处也算和谐,比较能为杨复恭等人接受。就这样,昭宗在宦官的拥立下成为唐朝最后一个以皇太弟身份即位的皇帝。

昭宗听政以后,颇有重整河山、号令天下、恢复祖宗基业的雄心壮志。他认真读书,注重儒术,尊礼大臣,企图寻找治国平天下的道术。此刻的昭宗意气风

发，神气雄俊，给人留下了很好的印象，赞誉他“有会昌之遗风”。昭宗要重振朝纲，压制强藩，刚即位就招募十万大军，试图实现以强兵威服天下的目标。然而，事情似乎并不像他设想的那样简单。多年来，各地强藩势力已成尾大不掉之势，与朝廷百官、内廷宦官的关系盘根错节，往往牵一发而动全身。年轻气盛的昭宗想要毕全功于一役，不仅难以成功，而且还引发了更大的政治危机。

大顺元年（公元890年），昭宗在准备尚欠充分的情况下，迫不及待地下诏削夺太原李克用的官爵和赐予他的皇室宗族的身份。结果，各地藩镇为求自保，对此消极观望，昭宗派往河东（今山西）地区的官军几乎全军覆没。杨复恭乘机将支持昭宗的宰相罢免，并联合山南西道节度使要挟朝廷，这给待机而动的凤翔节度使李茂贞提供了口实，他以讨逆为名联合关中其他几个藩镇打败了杨复恭。李茂贞公然指责昭宗“只看强弱，不计是非”，难以忍受李茂贞骄横的昭宗，就想仿效宪宗削藩而对他用兵。宰相杜让能认为李茂贞就在京师附近，万一有个闪失后果难以收拾，劝他谨慎从事，但昭宗不听，结果三万禁军还没有进入凤翔就被打败。李茂贞随即兵逼朝廷，昭宗无可奈何，只好杀死了亲信宦官和宰相杜让能推卸责任，李茂贞才算罢休。从此，李茂贞占据关中十五州，成为京畿地区最强大的藩镇，他以朝廷元勋自居，干预朝政，遂有“问鼎之志”。

乾宁三年（公元896年）九月，占据汴州（开封）的黄巢降将朱全忠、河南尹（治洛阳）张全义与关东诸侯纷纷上表，说关中地区有灾，请车驾迁都洛阳，并说已经着手缮治洛阳宫室。这个时候，昭宗为了保障皇室安全，一度想任用宗室典掌军队，因阻力重重没有实现，却给宗室诸王带来了灭顶之灾。乾宁四年（公元897年），华州节度使韩建要挟来华州行宫的昭宗将宗室睦王、济王、韶王、通王、彭王、韩王、仪王、陈王等八人囚禁，他们所统领的殿后侍卫亲军两万余人也被迫解散，昭宗还不得不在韩建的要求下，将德王裕册为皇太子——这一决定为日后的政变埋下了隐患，并进封韩建为昌黎郡王，赐“资忠靖国功臣”。这年八月，韩建又因私怨，借口诸王典兵导致“舆驾不安”，勾结知枢密刘季述假传皇帝命令发兵围十六宅，将通王、覃王以下十一王及其侍卫，无论老少统统杀死，而韩建仅以诸王“谋逆”告诉昭宗了事。当韩建发兵围住诸王的住所以后，宗室诸王惊惧万分，披发逃命，沿着城垣大呼：“官家（宫中对皇帝的称呼）救儿命。”

有的还登屋上树，以图侥幸。景况之惨痛，使人叹息。即使这样，昭宗仍以韩建为守太傅、中书令、兴德尹，封颍川郡王，赐铁券，并赏赐他御笔书写的“忠贞”二字。

光化元年（公元898年）十一月，又发生了昭宗遭宦官废黜、皇太子裕监国的宫廷政变。

原来，昭宗经过这番折腾，往日的锐气消失殆尽，终日饮酒麻痹自己，脾气也变得喜怒无常，这引起了宦官的恐惧。十一月的一天，昭宗在禁苑中打猎，大醉而归。当天夜间，手杀宦官、侍女数人。左右神策军中尉刘季述、王仲先借机要挟宰相召百官署状同意“废昏立明”，随即带兵突入宫中。刚刚酒醒的昭宗突然见到门外的兵士，惊坠床下，还挣扎起来想逃跑，被刘季述、王仲先左右挟持着摁在座位上。昭宗皇后何氏马上出来周旋：“军容长官本是护卫官家的，你们不要吓着他，有事请各位做主就是了。”刘季述立即拿出百官签署的文状说：“陛下厌倦了这个宝位，大家的意思是要太子监国，请陛下颐养于东宫。”昭宗还辩解：“我昨日与卿等欢饮，不觉过了点，何至于此呢！”皇后马上阻止说：“圣人就依他们的意思吧！”说完，就在昭宗面前取出传国宝玺交付刘季述，然后就和皇帝共乘一辇，带着平日的侍从十余人赴东宫。昭宗一入宫中即被囚禁，刘季述亲自给院门上锁，每日于窗中给他送饭食。这一天，宦官又迎皇太子监国，假传昭宗之命自称太上皇，并令皇太子登皇帝位。

后来，宰相崔胤联合禁军将领孙德昭发兵打败了刘季述，天复元年（公元901年）正月昭宗“反正”，接受了群臣的朝贺。刘季述为乱棒击死，弃尸于市。皇太子裕降为德王，改名柘。昭宗被幽禁时，崔胤曾告难于正在定州（今河北正定）行营的汴梁（今河南开封）朱全忠，请他发兵问罪。此时，崔胤又派人到朱全忠军中请他以兵迎驾。这正中朱全忠下怀，他立即前往长安，崔胤率文武百官迎接。朱全忠随后与凤翔的李茂贞围绕争夺昭宗展开了激战。朱全忠大军围困凤翔一年多，凤翔孤立无援，城中百姓多饿死，昭宗也不得不在行宫自磨粮食以求生存。最终，凤翔城破，昭宗成为朱全忠的战利品。天复三年（公元903年），昭宗在朱全忠的押解下还京。他赐朱全忠“回天再造竭忠守正功臣”，并亲解玉带相赐。

昭宗返回长安以后，朱全忠很快发兵将朝中宦官全部杀死，同时下令各地藩镇将担任监军的宦官一律杀死。多年来宦官专权的局面因宦官肉体上被消灭而结束了，但是唐朝政治腐败黑暗的局面并不能得到扭转。朱全忠为了更有利于控制昭宗，天祐元年（公元 904 年）正月，他提出要皇帝迁都洛阳。为了杜绝唐朝故旧对长安的念想，朱全忠令长安居民按户籍迁居，宫室和民居被毁，房屋被拆后的木材扔在渭河当中，顺河而下，月余不息。数百年古都经过这一浩劫，元气大伤。长安城哭声一片，关中百姓在道路之上大骂崔胤是“国贼”，斥责他引来朱温倾覆社稷，连累众生。

骂归骂，慑于朱全忠的淫威，昭宗不能不听任摆布，离开京师向关东而去。这次离开长安，就再也没有能够回来，长安故都，终于成为梦中的遥想了。

天祐元年（公元 904 年）四月，昭宗到达陕州（今河南三门峡）时，他近乎哀求地向朱全忠声明，说中宫刚刚生育，月子里出行不方便，要到十月再入洛阳宫。朱全忠认为他是有意拖延以待变，很是恼怒，恶狠狠地对手下牙将寇彦卿说：“你马上到陕州，立即督促官家动身。”昭宗无奈，只好从陕州出发。此刻昭宗身边已没有了禁卫亲军，随从他东迁者只有诸王、小宦官十几人和打马球的内园小儿共二百余人。朱全忠仍然不放心，担心这些人也会惹是生非，为防止节外生枝，下令将他们全部坑杀，将皇帝身边的侍卫全部换成了他的部下。

就这样，迁都到洛阳的昭宗完全成为朱全忠手上的傀儡和招牌。朱全忠成为控制关东和关中大部分地区的最大的军阀，他觊觎皇位已久，篡国之谋已是司马昭之心，路人皆知。太原李克用、凤翔李茂贞、西川王建等连盟举义，打出了“兴复”的旗号来和朱全忠对抗。

昭宗自离长安，终日与皇后、内人“沉饮自宽”，他一直担忧发生不测。朱全忠也担心昭宗再次成为自己对手的招牌，就对他下了杀手。事情发生在天祐元年（公元 904 年）八月十一日壬寅夜，昭宗被朱全忠派左龙武统军朱友恭、右龙武统军氏叔琮、枢密使蒋玄晖弑杀于东都之椒殿。

这天夜二鼓，蒋玄晖率龙武军将史太等百人来到内门，声称有紧急军务面奏皇上，内门打开，蒋玄晖每门留兵十人把守，一直冲到皇帝寝宫所在椒殿院。贞一夫人打开院门，对蒋玄晖说：“急奏不应带兵来呀？”话音未落，被史太一刀

砍死。蒋玄晖带人急冲到殿下,大声问:“至尊何在?”昭仪李渐荣在门外道:“院使(指蒋玄晖)莫伤官家,宁杀我辈。”昭宗此刻半醉半醒,听到动静不妙,马上从床上爬起来。史太早已持剑进入椒殿,昭宗身着睡衣绕着殿内的柱子逃命,被史太追上一剑结果了性命。昭仪李渐荣想以身保护皇上,也一起被杀。何皇后苦苦哀求,蒋玄晖才放她一条活路。就这样,年仅 38 岁的昭宗成为朱全忠图谋篡国的刀下鬼。

国破家亡,天不佑唐

唐朝自昭宗迁都洛阳以后,实际上就名存实亡了。朱全忠当时忙于四处征讨,一时无暇图谋改朝换代,所以迟延了篡唐的步伐。结果,朱全忠实现谋篡的一幕是到了哀帝时。仅仅就从这点上来说,哀帝就实在是称得上可悲可哀的皇帝了。

哀帝李柷是昭宗第九子,景福元年(公元 892 年)九月三日生于大内。初名李祚,乾宁四年(公元 897 年)封辉王,天复三年(公元 903 年)二月拜开府仪同三司、充诸道兵马元帅。天祐元年(公元 904 年)八月,昭宗被杀以后,蒋玄晖假传遗诏拥立。

哀帝当国,一切政事都由朱全忠决策。他即位以后甚至都没有改元,一直在使用“天祐”年号。然而,不幸的是,天不佑唐,大唐帝国近 300 年的基业注定要在他手里倒塌了。

哀帝在位期间,其实没有下达过任何实际的政令。那些以他的名义下达的制敕,其实都是按照朱全忠的意思办理,所谓“时政出贼臣,哀帝不能制”。他名义上的上朝,也会以各种冠冕堂皇的借口停罢。哀帝能够做的,就是顺乎朱全忠的意思,把朱的政治地位和威望一步步提升和加固。天祐二年(公元 905 年)十月,敕成德军改为武顺军,下辖的藁城县改为藁平,信都为尧都,栾城为栾氏,阜城为汉阜,临城为房子,这是为了避朱全忠祖父朱信、父亲朱诚的名讳。朱全

忠父、祖的名字要避讳，说明朱全忠已开始超越了臣下的身份。

对哀帝有利的事情有这么两件，估计是出于他的本意或者是亲信的主张，但是都没有成功。一件事是天祐二年（公元905年）九月以宫内出旨的名义加封他的乳母为昭仪和郡夫人。其中乳母杨氏赐号昭仪，乳母王氏封郡夫人，另外一个也姓王的乳母在昭宗时已封郡夫人，也打算准杨氏例改封为昭仪。此举被宰相提出异议，他们认为："乳母自古无封夫人赐内职的先例。后来因循此例，实在是有乖典制。当年汉顺帝封乳母宋氏为山阳君、安帝乳母王氏为野王君时，朝廷上就议论纷纷。臣等商量，当今局势下礼宜求旧，望赐杨氏为安圣君，王氏为福圣君，第二位王氏为康圣君。"哀帝也只好依从。另外一件是天祐二年（公元905年）十一月，哀帝准备在十九日亲祠圜丘（祭天）的事。当时各衙门已经做好了举行礼仪的各项准备，宰相也已下南郊坛熟悉有关仪式。可是，朱全忠听到后很不高兴，认为举行祭天之礼是有意延长大唐国祚。有关主持的官员很恐惧，就借口改期使此事不了了之。

然而，紧接着，哀帝就将已为梁王的朱全忠加授相国，总百揆，又进封魏王，所担任的诸道兵马元帅、太尉、中书令、宣武、宣义、天平、护国等军节度观察处置等使的职务照旧，"入朝不趋，剑履上殿，赞拜不名，兼备九锡之命"，基本上超过了汉初相国萧何和汉末丞相曹操。朱全忠的身份是自两汉以来权臣篡位的重现，其地位距离九五之尊已经只有一步之遥了。

天祐二年（公元905年）六月，朱全忠在亲信李振和朝廷宰相柳璨的鼓动下，将裴枢、独孤损、崔远等朝廷衣冠之流三十多人集中到黄河边的白马驿全部杀死，投尸于河，制造了惊人的"白马之变"。李振多年参加进士科考试总是不中，对裴枢等人怀有切肤之恨。他对朱全忠道："这些人常自谓清流，现在投入黄河，就变成浊流了。"朱全忠大笑，这实际上扫除了他篡位过程中的一大障碍。朱全忠对读书人怀有天生的敌意，这从一件小事上可以看出。朱全忠曾率手下路过一棵大柳树，在树下歇脚时，他自言自语："这柳树可以做车毂。"手下无人应答，树下几个读书人模样的游客却附和他："确实可以做车毂。"未成想，朱全忠勃然大怒，厉声说道："书生辈好顺口玩人，都是你们这个样子。做车毂要用夹榆木，岂可使用柳木。"回头对手下道："你们还等什么？"竟将附和他的几个人

痛打致死。

天祐二年(公元905年)十二月,朱全忠借故处死了枢密使蒋玄晖,又借口"玄晖私侍积善宫皇太后何氏,又与柳璨、张廷范为盟誓,求兴唐祚",将哀帝母后何氏杀死,并废黜为庶人。不久,宰相柳璨被贬赐死,其弟兄也被全部处死。太常卿张廷范被五马分尸,其同伙被除名赐死者若干。朱全忠已是生杀予夺,大权在握了。

天祐四年(公元907年)三月,经过一番假意的推辞,时为天下兵马元帅、梁王的朱全忠接受了哀帝的"禅位"。建国号梁,改元开平,以开封为国都,史称后梁。

从此,后梁、后唐、后晋、后汉、后周,五代相继,中国历史进入了五代十国的混乱时期。直到公元960年,后周大将赵匡胤黄袍加身,建立宋朝,才结束了唐朝之后约半个世纪分裂割据的黑暗时代。

哀帝先被降为济阴王,迁于开封以北的曹州(今山东菏泽),安置在朱全忠亲信氏叔琮的宅第。由于太原李克用、凤翔李茂贞、西川王建等仍然奉天祐正朔,不承认他的梁朝,朱全忠担心各地军阀的拥立会使废帝成为身边的定时炸弹,就一不做,二不休,于天祐五年(开平二年,908)二月二十一日将年仅17岁的哀帝鸩杀。朱全忠为加谥曰"哀皇帝",以王礼葬于济阴县定陶乡(今山东定陶县)。

然而,这些不过是统治者出于自身利益的考虑玩弄的政治把戏。所有的努力不能改变的事实是:哀帝作为亡国之君永远无法起死回生,大唐帝国一去不复返了。只有哀帝那孤寂的坟茔,似乎还在诉说着那个曾经繁荣昌盛的帝国的毁灭,竟是那样的轻而易举,又是这样的叫人无奈。

后梁太祖朱温

朱温出生于唐朝末年,父亲是乡下的一个教书先生,朱温是老三。由于父亲早逝,朱温的母亲只好带着三个孩子到萧县的地主刘崇家当佣工。很小的朱温也给地主做着放猪的活计。由于他从小爱使枪弄棒,所以常常被地主打骂,

但是刘崇的母亲很喜欢朱温，认为朱温将来一定会很有出息。

唐朝末年，不堪忍受压迫的农民纷纷起义，义军遍布全国，王仙芝和黄巢所率的军队是最强的一支，朱温和二哥朱存于是便投奔其中。朱温在加入起义军后，正好发挥了自己的特长，他作战勇敢，身先士卒，立下了不朽的战功。不过，哥哥却在攻占广州的时候战死。后来到黄巢攻入长安，建立大齐，自称皇帝时，朱温已是东南两行营先锋使。

中和二年正月，黄巢任命英勇善战、战功显赫的朱温为同州防御史，让他带兵去从唐军手中夺回同州。唐朝的同州刺史米诚弃城逃奔河中，朱温顺利地占领了同州。这是农民起义军的势力第一次跨过渭水，在渭水北岸建立了一个重要的军事据点。朱温驻守同州，直接面对的就是唐将王重荣的部队。这次，王重荣率军围住了同州城，不能突围的朱温只好求救于黄巢，可是求援的奏章被当时主政的孟楷扣住。朱温坐困孤城，同时也看出形势对黄巢很不利，便有了背叛黄巢的想法。于是，在作了一番计划之后，他将黄巢派来的监军和反对投降的马恭杀死，并投降了唐朝。唐朝忠武监军杨复光主张杀了朱温，王重荣则认为杀了他就会绝了黄巢手下大将归附朝廷之路。因而不但不杀他，还马上任命朱温为同州、华州节度使，并且写了奏表，派人到成都送给唐僖宗。僖宗接到奏章后大悦，封朱温为左金吾卫大将军，充河中行营副招讨使，并赐名为朱全忠。

公元 883 年，僖宗又封朱温为宣武（今河南开封）节度使。之后他与李克用等联合将黄巢起义军彻底镇压下去，因此被提升为检校司徒、同中书门下平章事。

为了争夺黄河中下游地区，他与李克用等人进行了长年的混战，使当地经济遭到严重破坏。混战中，他先后吞并了秦宗权、朱瑄、朱瑾等藩镇，建立了一

个以河南为中心的最大割据势力。

此时，已名存实亡的唐朝内部依然进行着尖锐的斗争，尤其是朝官与宦官间的南衙北司之争更是连绵不断，愈演愈烈。各派力量都积极向藩镇寻找支持，头号藩镇朱全忠自然成了他们的首要目标。公元904年正月初，朱温胁迫唐昭宗迁都洛阳。八月，他又命令朱友恭等杀了昭宗，假称皇太后令，拥辉王祚即帝位。之后，朱温又装出对昭宗的死大吃一惊的样子，伏地痛哭。为了灭口，还将朱友恭等人逼令自杀。随后，朱温将唐昭宗所有儿子全部杀掉，同时在白马驿杀掉唐朝重臣30余人，并投入黄河。接下来，朱温便开始了他登基称帝、取代唐朝的计划。

公元907年，朱温指使大臣令唐哀帝退位，随后宰相率百官向朱温劝进，朱温名义上又推让了一番，经过几次往复，到三月二十七日，哀帝正式退位。百官以宰相张文蔚为首，携带玉玺，备起仪仗，浩浩荡荡开赴汴州。事实上，朱温在百官到来之前就已经开始在汴州新修成的金祥殿理事了。四月七日，张文蔚等人乘辂车带着玉玺，诸司诸部门都备起仪仗来到金祥殿前，献上玉玺，为朱温加冕。然后，张文蔚宣读哀帝让位文书，百官群臣在殿前舞蹈庆贺，山呼万岁。朱温正式即帝位，建梁朝，史称后梁，定年号为开平。

朱温先参加起义，后卖主求荣，最后竟登基称帝，自然引起了各藩镇的不满。受封于晋阳的河东节度使李克用、西川节度使王建及驻守在杭州的镇海节度使钱镠等，也都开始自立为王，摆脱后梁的控制。于是，天下再度分崩离析，诸侯国林立，中国处于四分五裂，军阀混战之中。

刚刚建立的梁朝，首先面对的是积弊众多，一片混乱的唐朝留下的乱摊子。为了巩固自己的统治，朱温也做了一系列好事一是不容许士族和宦官这两个腐朽的阶层做官，保持了政治的清明；第二是限制武将权利，避免了新割据势力的产生；第三是重视农业生产，禁止州县官吏的贪污腐败，成为五代十国中征税最轻的时期；第四是令司天监随时向天下预报风雨旱涝情况，以保证生产的正常进行。这些措施的实施确实给他统治下的百姓带来一些好处。

朱温与李克用之间冤仇很深，双方的战争从未停止过。公元908年，李克用死，儿子李存勖即位。朱温趁机北上讨伐，但是李存勖坚持不出兵，无奈之下，朱温只好返回洛阳。公元910年，朱温对成德镇用兵，成德节度使王熔获得

了李存勖的晋军增援，大败梁军，军力优势从此也由梁方转到了晋方。公元912年，晋军攻幽州，朱温统50万大军，结果被李存勖偷袭成功。当时，梁朝50万大军被吓得连夜烧营逃走，狂奔150里方才住脚，损失军资、兵械无数，退回洛阳的梁朝从此变得非常被动，朱温也因此而旧病复发。

朱温酷爱女色，淫乱程度难以形容，就连儿媳们都得入宫侍寝。朱友文之妻王氏容貌出众，尤受朱温宠爱。因此，在众子之中，朱友文深受朱温重视。

后梁乾化二年（公元912年）五月末，病重在床且知不久将离开人世的朱温，急命王氏去汴州召朱友文。当时朱友珪之妻张氏也在旁边，马上出宫将此事报告朱友珪。朱友珪本来就对父亲一直不肯立自己作太子而愤愤不平，得到这一消息，知道父亲要将帝位传付朱友文，急忙与左右随从进行策划。六月一日，朱友珪接到宫中贬自己为莱州刺史的诏令。按当时惯例，凡被贬官员，多于途中赐死。朱友珪看情况紧急，立即命禁军统军韩勃领兵随己突入皇宫。朱温强撑着起身问道"反者为谁?"朱友珪答："非他人也。"朱全忠见是朱友珪，便对其大声责骂。朱友珪马上下令将其碎尸万段，仆夫冯廷谔向前刺杀朱温。朱友珪用破旧毯子将朱温裹起，秘不发丧，然后马上派供奉官去汴州，令友贞杀友文。六月三日，假称朱温旨意，命友珪权主军国之务。六月五日，供奉官返回，称朱友文已死，朱友珪才对外宣称朱温病死，自己继位称帝。

后唐庄宗李存勖

唐光启元年（公元885年）生。唐河东节度使李克用长子，母曹氏。

先祖属朱邪族（西突厥部族名），因居沙陀碛，自号沙陀，以朱邪为姓。其祖父朱邪赤心有功于唐，赐姓李名国昌。

存勖幼从父破敌；及长，善骑射，胆勇过人，稍习史书，略通大义，尤喜音乐歌舞俳优之戏。长相奇伟，年11，唐昭宗异其状貌，赐以翡翠盘。

后梁开平二年（公元908年）正月，克用死，嗣晋王位于太原。

梁军自以为存勖不习军旅，不复设备，结果大败于潞州之夹寨。存勖得胜

后,休兵行赏,训练士卒;命州县举贤才,黜贪残,宽租赋,抚孤穷,伸冤滥,禁奸盗,境内大治,为并山东取河南创造了条件。

五年(公元911年)正月,存勖大败梁军于柏乡。乾化二年(公元912年)正月,又以声南击北之计,奇袭幽州;三月,败援燕之梁兵于穆县(今河北景县);次年十一月,灭燕。贞明元年(公元915年),梁天雄军乱,存勖趁机占领魏州,自兼天雄节度使。至此,河北州县悉为晋军所有,声势大振,遂乘势进攻河南。三年(公元917年)十二月,占领杨刘城。之后,晋、梁两军长期战于德胜(在今河南清丰县西南)地区,互有胜负。

龙德三年(公元923年)四月,存勖即皇帝位于魏州,国号大唐,史称后唐。闰四月,攻占郓州(今山东东平县)。十月,存勖以"事之成败,在此一决",率轻骑直奔大梁,梁帝自杀,灭梁,遂迁都洛阳。

梁灭,荆南高季昌遣使入朝;吴越王钱镠、汉主刘岩遣使入贡;岐王李茂贞上书称臣;闽王王审知、楚王马殷来降,唯蜀王王衍拒唐。同光三年(公元925年)九月,存勖军发洛阳以攻蜀。十一月,攻入成都。自出师至克蜀凡70日,得州53、县249。

存勖每战身先士卒,勇猛敢斗,对士气影响甚大。但年轻气盛,恃勇少谋,缺乏政治远见,常不计利害,轻举妄动,极富冒险精神。好自引轻骑迫敌营挑战,危窘者数四。贞明四年(公元918年),以战为戏,策马急出,被早有准备之梁军五千人围之数十重,后被援兵救出。在直捣大梁一战中,曰:"得则为王,失则为虏。"特示其赌徒性。此种冒险精神之能成功,实由梁政治之腐败。

骄傲自矜。刚取中原,他闭口不谈将士功劳,而归之于己,曰:"吾于十指上得天下。"

行赏不公。贞明二年(公元916年)二月,代北故将安金全等主动救援晋阳,击败梁军。存勖以策非己出,不加奖赏。同光二年(公元924年)四月,伶人周匝为曾救过其命之梁教坊使陈俊等求官,即以刺史授之。尤为荒唐之事,在与右武卫上将军李存贤手搏时,许曰:"汝能胜我,当受藩镇。"存贤果胜,遂以其为卢龙节度使。又蜀乐工严旭曾为蜀国刺史,唐克蜀,存勖问曰:"汝何以得刺史?"对曰:"以歌。"使歌,善之,许复为刺史。

亲信宦官,尤宠伶人。存勖常自傅粉墨,与优伶共戏于庭,优名为"李天

下”。诸伶自由出入皇宫，盛气凌人，侮弄朝官，群臣愤怒，莫敢出气。伶人头目景进因采集民间鄙细事闻于上而尤受宠。进每奏事，存勖常屏左右。由是进得以施其奸，干预政事，人皆畏之。又大增宦官。即位之时，已有宦官五百人，次年增至近千人，委以重任，以为心腹。始则内诸司使，皆用宦官，继而复以宦官为诸道监军。军府之政，监军决之，藩镇愤怒。

朝风腐败之另一种表现，皇后教和皇帝诏，并行于藩镇，奉之如一。

之后，发展为宦官、伶人、皇后相勾结，陷害忠良。

河南令罗贯，性强直，不畏强豪，伶宦请托，一概不许。皇后与伶宦共毁之。存勖借故杖杀之，暴尸府门，远近冤之。不久，皇后又指使太子杀有大功于唐之侍中郭崇韬，并杀其子，朝野骇惋，群议纷然。存勖使宦者潜察之，宦官借机尽去忠直之士。

好游猎，伤民禾稼。同光二年（公元 924 年）十一月，猎于伊阙，涉历山险，连日不止，或夜出合围，士卒坠崖谷死及折伤者甚众。

广增宫女。三年（公元 925 年）三月，命宦者采择民间女子，远至太原、幽、镇，以充后宫，不止三千人。

存勖即位后，自矜功伐，游猎无度，宠信伶宦，猜忌宿将，诛杀功臣；当饥荒之时，各内库之藏，不济军士，尽输后宫，遂致民怨沸腾，谣言四起。四年（公元 926 年）二月，魏州兵变，存勖令成德军节度使李嗣源讨之，已亦率军东征。三月，嗣源至魏州，为叛军所逼，举兵反叛，进据大梁。存勖闻之，神色沮丧，乃命回师。及还，士卒逃者万余人。存勖为拉拢人心，每遇士卒，总以善言抚之曰：“适报魏王又进西川金银 50 万，到京当尽给尔曹。”对曰：“陛下赐已晚矣，人亦不感圣恩！”至洛阳城东，存勖置酒宴请诸将，悲涕曰：“卿辈事吾以来，急难富贵靡不同之；今致吾至此，皆无一策以相救乎！”诸将百余人，皆截发置地，相与号泣，誓以死报。

四月，从马直指挥使郭从谦反，领兵攻打皇宫，近臣宿将皆解甲潜逃，存勖为流矢所中，侍者扶至楼下，渴懑求水，皇后不自省视，遣宦者进酪，致存勖须臾而死。在位 4 年，死时 42 岁。伶人善友收乐器覆尸而焚之。刘后尽收金宝而逃。

七月，明宗收其骨灰葬于雍陵（在今河南新安县）。后晋更曰伊陵，庙号庄宗。谥曰光圣神闵孝皇帝。

司马光论之曰："盖庄宗善战者也，故能以弱晋胜强梁，既得之，曾不数年，外内离叛，置身无所。诚由知用兵之术，不知为天下之道也。"

后晋高祖石敬瑭

唐景福元年（公元892年）二月二十八日，生于太原。沙陀族。父名臬捩鸡（又名石绍雍，不知其姓始于何时），朱邪执宜（李克用之祖父）归唐，敬瑭从居阴山（今河套以北、大漠以南诸山统称）；善骑射，常从晋王李克用征伐，有功，官至沼州刺史。母何氏。

敬瑭朴实稳重，寡言笑，喜兵书，重李牧、周亚夫之行事。明宗爱之，妻以爱女，倚为心腹，置之帐下，号左射军。

后梁贞明元年（公元915年），庄宗得魏（今河北大名县），梁将刘郡急攻清平（今山东临清县），庄宗急往救之，为郡所掩，敬瑭以十余骑冲入敌阵，取之以旋，庄宗拊其背而壮之，由是名动军中。以后还多次救明宗于危难之中。

后唐同光四年（公元926年）二月，效节指挥使赵在礼反于魏。明宗前往镇压，乱兵逼其称帝，敬瑭亦劝其奉兵反，明宗然之。敬瑭率三百骑为前锋，攻入大梁。明宗入立，拜为保义军节度使，兼六军诸卫副使。时诸侯多不奉法，而敬瑭以廉政而闻名，颇受明宗褒奖。次年十月，拜宣武军节度使。天成三年（公元928年）四月，徙镇天雄，拜同中书门下平章事。五月，拜驸马都尉。长兴三年（公元932年）十一月，为北京留守、河东节度使。

四年（公元933年），明宗死，闵帝即位。次年三月，潞王李从珂反于凤翔，闵帝出奔，遇敬瑭于卫州东数里；敬瑭部将尽杀其从者，独置闵帝而去。潞王即位（是为末帝），疑敬瑭必反，猜忌加深。

清泰三年（公元936年）四月，敬瑭以身体羸弱，乞解兵权，请移他镇，以试

末帝之意。末帝则顺敬瑭之请，徙其为天平节度使。敬瑭决意反，上表曰："帝养子，不应承祀。"末帝撕裂其表，削其官爵，并以建雄节度使张敬达为太原四面都招讨使，将兵三万，筑长围以攻晋阳。敬瑭遣使求救于契丹，请称臣，以父礼事之，约事捷之日，割卢龙一道及雁门关以北诸州与之。此种认贼作父，卖国求荣之罪行，开我国历史上之恶劣先例。

对此行径，连其亲信都押牙刘知远亦表示反对，曰："称臣可矣，以父事之太过。厚以金帛赂之，自足致其兵，不必许以土田，恐异日大为中国之患，悔之无及。"敬瑭不从。契丹主得表，大喜，即以兵援之。唐军大败。

十一月，契丹主作册书，命敬瑭为大晋皇帝（史称儿皇帝），自解衣冠授之。敬瑭遂即位于柳林（在今山西太原市东南），割燕云16州与契丹，又许岁输帛30万匹。燕云16州乃中原北部天然屏障，至此，中原则完全暴露于契丹铁蹄之下，贻害四百年。

闰十一月，卢龙节度使北平王赵德钧，厚以金帛赂契丹主，亦欲倚契丹以取中国，仍许石敬瑭镇河东。契丹因困难重重，欲许德钧之请。

敬瑭闻之，大惧，急令掌书记桑维翰见契丹主。维翰至契丹，跪于帐前，自旦至暮，涕泣不止，哀求契丹放弃德钧之请，契丹从之。契丹主谓敬瑭曰："桑维翰尽忠于汝，宜以为相。"敬瑭即以桑维翰为中书侍郎、同平章事。

同月，敬瑭攻入洛阳。时晋新得天下，藩镇多未服从。兵火之余，府库空竭，民间穷困，而契丹又贪求无厌。维翰劝敬瑭推诚弃怨以抚藩镇，卑辞厚礼以奉契丹，训卒缮兵以修武备，务农桑以实仓廪，通商贾以丰货财。敬瑭从之，事契丹甚谨，奉表称臣，称契丹主为"父皇帝"，每契丹使至，拜受诏敕；岁输金帛30万之外，吉凶庆吊，岁时赠送，玩好珍异，相继于道。

敬瑭虽推诚以抚藩镇，但不少藩镇仍不服，尤耻臣于契丹。大同节度判官吴峦，闭城不受契丹命，应州（今山西应县）马军都指挥使郭崇威，挺身南归。

天福二年（公元937年），天雄节度使范延光反于魏州，敬瑭令东都巡检使张从宾讨之，从宾与之同反。继则又发生滑州兵变。是岁，契丹改国号为辽。侍卫都军使杨光远自恃拥重兵，干预朝政，屡有抗奏，敬瑭常屈意从之。五年（公元940年），光远擅杀延光（已归顺朝廷），敬瑭畏光远之强不敢问。

成德节度使安重荣每见辽使者，必箕倨谩骂，待过其境，即遣人杀之。

又上表数千言，斥敬瑭竭中国以媚无厌之辽，声言要与辽决战。辽责敬瑭，敬瑭无可奈何。又因割雁门之北以贿辽，由是吐谷浑皆属于辽。吐谷浑苦于辽之贪虐，思归中国。

敬瑭是一个集高贵（皇帝）与卑贱（儿皇帝）于一身的人物，为人所不耻。他罪恶累累：一是割燕云16州予契丹，使中原人民受害长达四百多年；二是为了向契丹纳贡，横征暴敛，即使是灾荒之年，也不放松，结果是饿殍遍野。

七年（公元942年）四月，辽主以晋招纳吐谷浑，遣使责之。敬瑭忧愁无计，因有疾。六月，死。在位7年，死时51岁。十一月，葬于显陵（在今河南宜阳县西北）。谥曰圣文章武明德孝皇帝，庙号高祖。

后周太祖郭威

郭威早年丧父，母亲携他改嫁，不久继父和母亲相继去世，郭威从此成为孤儿，过着十分贫困艰苦的生活。

郭威长大后，遂加入了地方军阀潞州节度使李继韬的帐下，成为李继韬的藩帅亲兵。公元923，与梁结盟的潞州军阀李继韬被灭掉后梁的李存勖所杀，郭威于是又到了李存勖的军中。此间，郭威潜心读书，又娶得一位绝代佳人柴氏为妻，事业和生活有了新的起色，并收柴荣为子。

郭威先后跟随李存勖、李嗣源、石敬瑭，后来郭威又跟随刘知远，成为刘知远的心腹。公元946，契丹攻入开封，虏走后晋少帝石重贵，灭掉后晋，随后因遭

到中原人民的反抗,不敢久留,于是掠得大量财物后即退走。郭威于是劝刘知远称帝,建立后汉。因郭威为刘知远的建国立下了汗马功劳而一步登天,成为统帅大军的将领。

公元948年,郭威作为顾命大臣,扶立刘承祐为帝。刘承祐拜郭威为枢密使,掌全国兵权。

郭威于是成为后汉最重要的大臣。

这年10月,契丹入侵,于是郭威率军迎战,以宣徽南院使王峻为监军。郭威率大军日夜兼程,赶到北方边境,但契丹一听说难以对付的郭威来了,便自行退兵,郭威于是班师回朝。

刘承祐这时在京城将与郭威同掌大权的史弘肇等人杀死,然后派人前来杀郭威。郭威随后起兵,亲率大军浩浩荡荡地向开封进发。沿途凯歌高奏,不久刘承祐被郭威的追兵所杀,郭威便入主开封城。

郭威和王峻一齐来到李太后宫中问安,请求立刘氏后代继承皇位。李太后于是下诏立刘赟为帝,并派冯道前往徐州迎立。这时,契丹大军又南侵,太后于是又命郭威统军北征。

郭威率军刚到澶州,士兵们都不愿走了,相互转告说:"我们为郭公打京城,已对刘氏有罪,现在还要立刘氏为帝,还要为刘氏打仗,我们还能有好下场吗?"于是请求郭威称帝。郭威假装躲进屋内,不少人就爬墙进入郭威居处,请求郭威称帝。郭威于是率军不再北向攻打契丹,而是回师开封。

第二年正月,也就是公元951年,在一番你推我让的闹剧后,郭威称帝,建立后周。

郭威即位后,便将原议立的皇帝刘赟杀死,刘赟的父亲刘崇一气之下自立为帝,史称"北汉"。之后的几年时间,北汉都与契丹联合兴兵攻打后周,但均被郭威率军击败。

待北部边境基本上安定下来。郭威便开始集中精力处理内政。建立了一套能够励精图治的中枢领导班子。但不久就因病于公元954年去世。

周世宗柴荣

继位后周　富国强兵

公元921年，柴荣降生在邢州（今河北邢台）龙冈一个庄园主家庭里。父亲柴守礼，是郭威的妻子圣穆皇后的哥哥。因郭威无子，柴荣从小就由姑母收养。柴荣聪明机敏，老实敦厚，被郭威视为亲生骨肉一般。当时郭威家境拮据，柴荣就经常帮助姑母料理家事，初步显露了他的治理本领。

柴荣在长年跟随姑父的过程中，将十八般武艺全部学会，尤其是骑射最为精通，并且精通书史，逐步培养了卓越的军事和政治才能。公元947年，郭威帮助后晋镇将刘知远建立了后汉政权，并因功升任代理枢密副使，跟随姑父立功的柴荣也获得了左监门卫将军的头衔，这对他后来的人生有着重大的意义。

公元951年，郭威称帝，建立后周，柴荣以“皇子”身份出任澶州（今河南濮阳）节度使。坐镇澶州期间，他充分施展了自己的政治才能，把辖区的政治搞得十分清明，百姓安居乐业。柴荣所取得的政绩和在百姓中良好的口碑，使郭威对其大为赞赏。

公元953年，柴荣返京，封晋王，改官为开封尹。公元954年，郭威驾崩，按其遗诏，柴荣在柩前继承了皇位。

公元954年，北汉皇帝刘崇趁后周国丧，领兵攻周。柴荣率军亲征，在高平一带，击溃北汉。高平大胜的第二天，柴荣烧了第二把火，即整肃军纪，将临阵逃跑的樊爱能、何徽以及偏将70余人统统按军法处斩，同时处死了临阵投敌的士兵，使得军队风气大为改观，军威更加振奋。随后，柴荣便率大军北上，将北汉的太原城团团包围。后来因粮饷和连日大雨等原因，无奈之下，柴荣只得下

令班师回朝。

回朝后，柴荣进行了一番大刀阔斧的整顿。对于作战有功的人，皆加官进赏，如赵匡胤因作战得力，升为禁军统帅殿前都点检。对于怯敌逃阵的人，则予以惩罚。同时，他执法严明，无论何人犯法，都免不了受到惩罚。

在用人方面，柴荣效仿李世民，无论什么级别的官员，只要有所见，都可以写成表章呈上，并从中发现和选拔经国之才。只要有才能，不管名位、资历，柴荣都设法搜罗来，加以录用。柴荣还对科举作了整顿。公元955年，礼部侍郎主考在考进士时因循苟且，不作选择，柴荣命令重考，结果原取进士16人只有4人及第。柴荣还恢复久不举行的制科考试，以便有用人才尽归自己掌控。

另一方面，柴荣大力整顿吏治，反对贪污腐化。他自己自小艰苦朴素，称帝后依然保持了俭朴的作风，生活上力戒奢华。他禁止地方官进贡干鲜食品，并要求各级政府中不急事务也一律停办，以减轻人民的负担。这一系列作法，进一步稳固了他的统治地位。

柴荣把发展农业生产当成加强国力的头等大事来抓。在即位的当月柴荣就下诏，让军队中老弱伤病情愿回家种田者退伍，这使五代以来农民长年被束缚在军队中的现象有了改变。同月，又下令招抚各地流民，将无主荒地分给他们耕种。同时他还减免租税，实行新税法。公元955年，柴荣为获得更多的劳动者，下令毁佛。公元957年九月以后，柴荣又准备推行均定田租的改革。第二年，柴荣下令进行大规模的查田，实行均租，结果单在开封就有42000多顷隐漏之田。

柴荣的政绩还表现在文化事业方面，在整理历法、刑律、音乐等方面均做了有益的工作。柴荣当皇帝的时间并不长，在日理万机、戎马倥偬之际，尚能注意到文化事业，这在五代皇帝中是极为罕见的。

南征北战　力图统一

经过几年持续不继的改革，后周已经国富民强。于是，柴荣开始了统一中国的征程。

他采取了先攻江淮以及江左南唐的主张。柴荣先打垮了川中孟昶，解除了进攻南唐的后顾之忧。然后于显德二年十一月，出兵攻打南唐的重镇寿州(今安徽寿县)。谁知寿州守将乃是南唐名将刘仁赡，后周军已攻占南唐江北绝大部分土地，唯有寿州久攻不下。显德四年二月，柴荣二次统军南下，正值刘仁赡大病不能指挥军队期间，刘仁赡部将开城投降，柴荣这才占领了这一战略要地，取得胜利。经短暂休整后，柴荣第三次进攻南唐，此时的南唐政权毫无抵抗之力，南唐主李璟不得不再次派使臣向柴荣请和，表示愿与后周划江为界，将江北之地尽献于周。此时，周军已在江淮作战多年，深恐契丹在自己攻打江南之际从后方乘虚而入，于是便接受了南唐的投降，班师回朝。

公元959年，柴荣在取得南唐江北十四州土地之后，又亲自统军北伐契丹，收复被石敬瑭割让给契丹，沦落为契丹领土的燕云十六州。出兵40多天后，后周军就收复了三关，共得三州十七县之地。正当后周势如破竹的时候，北伐却因柴荣的突然病倒而被迫停止。

公元959年六月，柴荣病死，时年仅39岁。人们闻讯，均为这位五代十国时期最有作为的皇帝感到惋惜。

南唐后主李煜

无奈继位　昏庸君王

李煜和父亲李璟都不想当皇帝，都是在万般无奈之下才登上皇帝宝座的。李煜本有五个哥哥，其中四个早夭，而太子李弘冀在毒死叔父之后不久，便暴崩而亡。于是，李煜就被立为皇太子。

公元961年夏，李璟病逝，李煜登上帝位。虽身为一国之主，却只有继续向

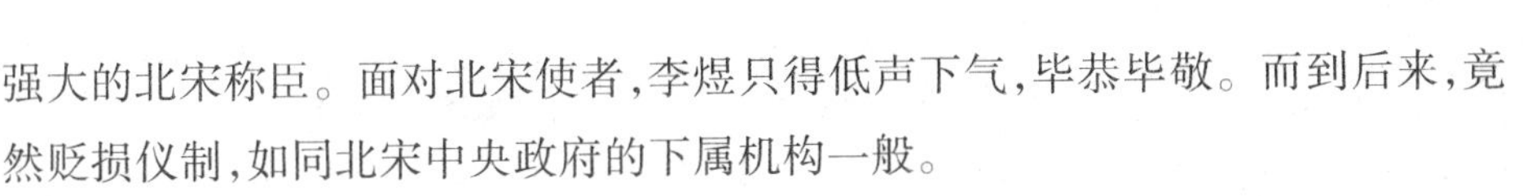

强大的北宋称臣。面对北宋使者，李煜只得低声下气，毕恭毕敬。而到后来，竟然贬损仪制，如同北宋中央政府的下属机构一般。

他和父亲李璟一样，虽是昏庸君主，但不是暴君，在文学艺术方面又都很有天赋，其诗词艺术成就更是超过父亲，为中华词史上的杰出词人。

他爱情的对象是周氏姐妹。李煜首先爱上的是大他一岁的周娥皇。两人于公元954年成婚，婚后两人相亲相敬，感情弥笃，李煜曾为她写了许多诗词。周娥皇擅长歌唱、填词，还喜欢设计服装，她曾创造了一种服饰和头饰，当时妇女竞相效仿。李煜和周娥皇经常是李煜写词，周娥皇谱曲并演唱，两人配合得天衣无缝。

自古红颜多薄命，周娥皇也摆脱不了这个宿命。结婚10年后，她竟一病不起，李煜对妻子的病情也非常关心，常常陪在她的身边，细心照料。这在封建社会，尤其是作为一国之君，确实是非常难能可贵的。然而，周娥皇最终还是含泪离开了李煜，撒手西去。李煜从此茶饭不思，政事不闻，直到周娥皇的妹妹，史称小周后的出现。小周后长得和姐姐一样美丽，才艺也很相称，而且年幼天真，更招人喜欢。

未能偏安　受猜而终

为了换取南唐朝廷的苟延残喘，保住南唐的一脉江山，李煜煞费了一番苦心。他除了向北宋称臣外，还不敢穿龙袍，南唐皇宫也被弃之不用。又降封子弟，以前封王的都降为公。

北宋朝廷并不满足于李煜对外献媚和对内压制的做法。公元971年，李煜

的弟弟李从善出使北宋,被扣为人质,数年不得归。公元974年,赵匡胤遣使要求李煜前往北宋,李煜知道肯定是一去不返,所以他以疾病为由拒绝入朝。赵匡胤要统一中国,不可能听任南唐保持独立,但又知道仅凭逼迫,李煜是不会前来的,于是派军进攻南唐。李煜知道大势已去,只好下令全国戒严,全力抵抗宋军。在大臣们的建议下,李煜下令去掉为表示卑躬而沿用的北宋年号,议定了自己的年号,暂时称甲戌岁。李煜终于成为真正意义上的一国之君,也进行了自南唐建立以来与北宋的第一次正式交锋,但难免出现一败再败的局面。

公元975年,北宋大军攻陷金陵,李煜率四五十人,肉袒跪拜投降。公元976年,李煜到达北宋首都汴梁,被赵匡胤封为光禄大夫、违命侯。从此,一个堂堂的君主,开始了比囚徒还要难堪的阶下囚的生活。

李煜善长诗词,在词中他多次发泄了心中的苦闷和抑郁之情。宋太祖赵匡胤死后,太宗赵光义继位,他对李煜的态度一如太祖,而且更加猜忌。公元978年七夕那天是李煜的生日,李煜命人作乐庆贺,声闻于外,宋太宗十分震怒,又传出李煜新作"小楼昨夜又东风"和、"一江春水向东流"等句,宋太宗认为李煜是贼心不死,眷念故国,于是当晚就派人以祝贺生日为名,用毒酒将李煜杀死。

宋太祖赵匡胤

赵匡胤，涿郡（今河北涿州）人，生于后唐天成二年（公元927年），卒于宋开宝九年（公元976年）。他结束了五代以来长期分裂割据的混乱局面，重新统一全国，建立宋朝，史称宋太祖。

赵匡胤出身于官僚地主家庭，自幼便立下雄心壮志，企盼干一番大事业。后汉初，他加入郭威的部队，在拥立郭威代汉时，表现积极，逐渐得到郭威的赏识。周世宗柴荣在位期间，赵匡胤更受器重，到显德六年（公元959年），柴荣病逝时，他已官居归德军节度使、检校大尉、殿前都点检，掌握后周的军事大权。显德七年（公元960年）元旦，赵匡胤指使人谎报契丹和北汉联合入侵后周，于是赵匡胤奉命率兵北上，队伍到达开封城东北29公里的陈桥驿便驻扎下来。

赵匡胤的弟弟赵匡义和大将赵普等人密谋，借口"诸军无主，愿策太尉为天

子”，并将一件黄色的龙袍披在赵匡胤的身上，拥戴他做了皇帝。

赵匡胤“黄袍加身”后，立即回师开封，要求军队不得剽劫百姓，将后周的小皇帝降为郑王，太后易称为周太后，并从皇宫迁出到西宫，同时对后周文武重臣一律采取优待措施。五代时，政权变动频繁，对那些大臣们来说，大都经过几个朝代，对于变换皇帝本无所谓，只要自己有官做，谁做皇帝还不一样呢？因此，赵匡胤几乎没有遇到后周的抵抗，便顺利地稳定了开封的局势。因为赵匡胤所领归德军就在宋州（今河南商丘），故将新政权的国号改称“宋”，年号“建隆”。

宋朝建立之后，原后周的亲信势力李筠、李重进等人曾率兵反宋，但很快便被宋军击溃。后周残余势力铲除之后，宋太祖便考虑统一全国的问题，他制定出“先南后北”的战略，于乾德元年（公元963年）开始，先后用武力消灭了荆南（即南平）、湖南、后蜀、南汉和南唐等割据政权，基本上统一了南方。与此同时，他还派兵进攻北汉，削弱了其政治、经济、军事力量，为以后最终消灭北汉奠定了坚实的基础。在统一全国的战争中，赵匡胤非常重视政策和策略。每当调兵遣将之前，他总是亲自做出缜密规划，向主将面授机宜，布置妥当，由于他原是行武出身，作战经验极其丰富，他的这些指挥大体上都是正确的。同时，他严禁军队屠杀无辜人民、掠夺财产。攻下敌国领土之后，他立即下令废除各种苛捐杂税，维护正常秩序。因此，他的统一战争得到当时人民的支持。

为了确保全国的统一，防止分裂割据的再度发生，宋太祖赵匡胤采取措施加强中央集权，他深知殿前都点检这个职务的危险性，为了不使“陈桥兵变”的事件重演，即位不久，宋太祖便撤销了这个职务，把禁军殿前司和侍卫马步军司分为殿前司、侍卫马军司和侍卫步军司三司，三司将领选用一些资历较浅、容易驾驭的人来担任，并且时常加以调动。这些将领虽然统领禁军，但军队的调遣和移防等事却得听命于枢密院。同时，还实行“更戍法”，禁军的驻屯地区，每隔几年调动一次，而将领们却不随之调动，使得“兵无常帅，帅无常师”，防止军队变成将领私人武装，从此结束了五代以来将领专横跋扈的局面。

“杯酒释兵权”。一次赵匡胤问赵普：“自从唐亡以来，几十年间，帝王换了八姓，战争不止，生灵涂炭，是什么缘故呢？我想替天下息兵，为国家作长久之计，应当怎办？”赵普答道：“没有别的，只是因为方镇太重，君弱臣强罢了。要变

也不难,只要稍夺他们的权力,管制他们的钱谷,收了他们的精兵,天下自然安定了。”此计立即为赵匡胤所采纳。建隆二年(公元961年)秋,宋太祖预备下丰盛的酒肴,约请石守信等几位将领赴宴,席间他对诸将说:“不是你们出力,我没有今天。不过做天子也不容易,还不如节度使快乐,现在我没有一夜睡安稳过。”诸将忙问缘由,宋太祖说:“谁不想富贵呢?一旦有一天你们的部下把黄袍加在你们的身上,难道容许你们不做皇帝吗?”诸将立即叩头请计,宋太祖便乘机劝他们交出兵权,同时赐给他们良田美宅以安度余生,这便是所谓“杯酒释兵权”。此后,宋太祖又将那些足以威胁皇权存在的耆旧宿将们的兵权逐一收回,集中于皇帝。

收回地方权力。宋太祖于乾德元年(公元963年)开始,选派文官外出,代替军人掌握州郡行政,称为“权知军州事”,简称为知州,三年为一任期,期满另调他职。知州之外,另设通判(大郡设两人),也由中央政府选派,他有权过问州中行政,直接对中央负责,又称监州。州中命令,需知州和通判共同署名,否则无效。二者相互制约,谁也无法独揽政权。乾德三年,宋太祖又在各道设置转运使,掌管财政,同时监督地方官吏,从而将地方的财政权也收归中央。

分割相权。宋初以同中书门下平章事为宰相,为了防止宰相权力过大,宋太祖特设参知政事作为副贰,又以枢密使分取宰相的军政大权,以三司使分取宰相的财政大权,同时枢密使和三司使也设副使,以削弱正使的权力。这样,原本事无不统的宰相,只剩下不大的行政权力,皇帝便可以总揽大权,操纵自如了。

宋太祖采取以上改革措施,在制度上防止了分裂割据的重演。

开宝九年(公元976年),宋太祖卧病在床,他的弟弟赵光义前来探望,有人从窗外看见烛影下二人交手的动作,又听到挥动斧头的声音。第二天早晨便宣布宋太祖已经去世,赵光义继承兄位做皇帝,这便是历史上所说的“烛影斧声”。尽管“烛影斧声”并不能完全证明是赵光义杀掉了他的哥哥,但是从宋太祖当时年仅50岁,无论从身体状况上看,还是从医疗条件上看,宋太祖都还未到死亡之时,再加上宋太祖去世时,大儿子已经25岁,小儿子也已17岁,都未能继承皇位,几年之后,他们纷纷被迫自杀,由此似乎也能推断出正是赵光义害死了宋太祖。宋太祖赵匡胤虽然防止了地方势力的割据和将领们的跋扈,但他却没有

能够防止皇族内部的篡夺，以至于莫名其妙地死去，终年 50 岁。据说，赵匡胤临死前，赵光义将殿中人等全部赶出，人们在外面听到殿内有异样响动。不一会儿，赵光义就宣布圣上驾崩了，然后匆匆离去。

宋太宗赵光义

兄死继位　攻汉伐辽

赵匡胤发动陈桥兵变，以一个比较仁义的角色篡周建宋，登上皇帝宝座，这和他的弟弟赵匡义的积极活动是分不开的。为此，赵匡胤一当上皇帝，即任命赵匡义为殿前都虞侯，领睦州防御使。公元 961 年，赵匡胤任命赵匡义为封尹、同平章事。同时，为了避讳，赵匡义改名为赵光义，赵匡美也改名为赵光美。赵匡胤对这个弟弟十分疼爱。有一次赵光义生病，身为皇帝的赵匡胤亲手为他灼艾，赵光义失声叫痛，赵匡胤大概是要为其弟分担病痛，也取艾自灸。

赵光义担任开封府尹，对他后来的政治生涯有着很大的帮助和意义。作为国家首都的最高行政长官，开封府尹对国家军政要务起着上承下达的作用。从建隆元年到开宝九年，赵光义当了 16 年的开封府尹，他实际处理政务的才能也得到了锻炼。他利用开封府尹的地位，在开封府中广延豪俊，聚集了一大批幕僚、军校，文武皆备。赵光义又通过广置党羽，内外交通，使自己的势力大增，威望也日渐提高，为他日后争夺帝位及治国安邦打下了牢固的基础。

开宝九年十月二十日，宋太祖赵匡胤突然驾崩，于是赵光义因金匮之盟即位，成为北宋第二代皇帝。

继位之后，赵光义把统一全国当成了头等大事来抓。他继续执行太祖先南

后北的策略，逼迫吴越、漳泉纳表投降。在完全统一了南方之后，又把主要兵力转向北方的北汉和辽政权。

公元979年，赵光义亲率大军兵分四路向北汉发起了进攻，并吸取了周世宗北伐的教训，派人阻截辽朝援军。宋军很快攻到太原，在太原外筑起长围，断绝城内一切供应。辽兵援军也被击退于石岭关外，辽将耶律德烈战死。苦战五个月后，没有外援的北汉兵将开始投降，刘继业计穷力竭，只好奉表请降，北汉灭亡，结束了持续几十年的五代十国割据局面。

灭掉北汉后，赵光义试图收复被石敬瑭割让给契丹的幽云十六州。于是宋军挟胜利之威，直取辽国，很快顺利攻取了由汉人把守的易州、涿州，进抵辽国南京（今北京）城南，并分兵四路攻城，但因士兵久战身疲而无法攻下。不久，辽军外援到来，在前后夹击之下，宋军大败而归。

公元986年，赵光义派曹彬、米信、田重进、潘美、杨业等兵分三路再次伐辽。初期进展比较顺利，接连小胜。但是在后期，由于刚愎自用的赵光义将指挥权紧紧地控制在自己手里，严重束缚了前方将领的手脚，因此造成军令不能及时传达，加上三路大军缺乏合作，结果被辽兵杀得大败。西路军副帅杨业为辽军所虏后，绝食三日而死。杨业死后，边境大震。云、应、朔诸州将吏都弃城而逃，三州重新落入辽军之手。辽军乘胜进入宋境，深入深（今河北深州）、德（今山东德州）、邢（今河北邢台）等州进行抢掠，使当地军民损失巨大。

经历了两次北伐的赵光义开始陷入两难境地，在与辽是战还是和的关系上经常犹豫不决。因为他的徘徊不定，守边将领也只好得过且过。从此，真正能与辽军作战的将领屈指可数，宋朝军队的战斗力也越来越弱。

治国有方　确立宗嗣

经历了统一全国的战争，尤其是在伐辽失败后，赵光义对战争已经有些厌倦。他开始把时间放在文治上，从而充分显示出了自己的治国本领。他开创、

修补、完善了宋朝的各项典章制度，使之基本成为定制，使宋王朝避免了像五代各朝一样短命夭折，奠定了政治、军事、文化、经济等各方面制度的基础。两宋人们经常说的“祖宗之法”就是指宋太祖、宋太宗而言，其中宋太祖法度主要在于军事、政治方面，而宋太宗除了对宋太祖法度作了进一步完善外，又着重在文化、经济等方面建立了一整套法度规范。

科举制度始于隋朝，赵光义对此制度加以完善，扩大了录取范围，只要文章、诗赋合格，都在录取范围之内。同时亦扩大了取士的规模，每次科举考试录取的进士数额远远超过唐代及宋太祖时。赵匡胤确定殿试后，赵光义又将其进一步完善，规定殿试后在殿前“唱名”，由皇帝分别赐予“进士及第”“进士出身”“同进士出身”的功名。

赵光义非常重视发展文化事业，他将昭文馆、史馆、集贤馆等三馆另迁远比原址大得多的新址，并定名为崇文院。到赵光义晚年，崇文院的藏书已十分丰富。

赵光义非常重视从历史上汲取统治的经验教训，组织文人编纂了《太平广记》《太平御览》和《文苑英华》等书。这三大部书成为后人研究中国古代历史、文学的宝贵资料。

太宗对宗教的态度基本上是宽容的。佛教在吴越、南唐、后蜀等五代十国时期南方割据小国中非常流行，宋朝建立之初，为了安抚南方的人心，对佛教采取了保护政策。太宗认为佛教“有裨政治”，因而有意提倡，在五台山、峨眉山、天台山等处修建寺庙，并在首都开封设译经院释译佛经。从太祖开宝年间开始在益州雕印大藏经，到太宗时雕版完成，印行了我国第一部佛经总集。各地佛教徒也由建国之初的 6 万多人增加到太宗时期的 24 万人。太宗本人的态度是重道教，轻佛教。

太宗在宽松执政的同时，也亲自宰问处理一些案件。他在禁中设立审刑院。各地上奏案件，先由审刑院交付大理寺，刑部断复，再交审刑院详议裁决。审刑院不归宰相统领，直属于皇帝。太宗还规定了办案的三种时限，大案 40 天，中案 30 天，小案 10 天，不须追捕而容易处理的不能超过 3 天。还规定了囚犯如应讯问，则应当聚集官属一同参与，不能委托胥吏进行拷打。

早在高梁河之战中，太祖之子武功郡王赵德昭从征幽州。当宋军溃败之际，太宗与主力部队失散，军将们怀疑皇帝遇难，就商量着立德昭为皇帝。后来得知太宗还活着，才将此事作罢。太宗深以此事为忌。以往作战，回师后都要按功劳大小颁发奖赏。这次太宗还京多日，也未行太原战斗之赏，这引起了军中诸将的不满。德昭心直口快，恐怕军心浮动，乃入见太宗，请给军将叙功行赏。太宗便以战败为由，说不能加以封赏，德昭忙加以分辩，据理力争。太宗大怒，吼道："等你自己当了皇帝，再赏赐也不晚！"德昭非常惶恐，低头垂泪，默然出宫。回到家中，德昭便自杀身亡。太宗闻讯后抚尸痛哭。

太宗初即位时，光美的儿子也和他两个哥哥的儿子一样称皇子，女儿则称公主。太平兴国四年，太宗晋封光美为齐王，后封秦王，为开封府尹，并兼中书令，位在宰相上。外界的舆论都说帝位将依次相传。但德昭的自杀和太祖次子德芳的莫名夭亡，使光美开始不安起来。

柴禹锡、赵熔、杨守一向太宗密奏，说光美骄恣不法、谋以自立；卢多逊与光美关系密切，可能有沟通情事。本来就疑心重重的赵光义忙将赵普叫来秘密商议。赵普与光美本无宿怨，一来为报复卢多逊，二来为得太宗欢心，便称察得卢多逊私遣堂吏交通光美之事，说卢多逊盼望太宗晏驾、光美即位，光美并私赠给卢多逊弓箭等物。太宗大怒，当即下诏降卢多逊为兵部尚书，下御史狱。气郁在心的光美日渐消瘦，不到一年就在房州病逝。

随着年龄的增加，赵光义也开始考虑起皇位继承人的问题来。本来赵光义想立为皇嗣的是长子赵元佐：但赵元佐在听说叔父赵光美死后，悲愤不已，逐渐产生精神问题，对手下经常是乱砍滥杀。后经太医调治，稍有好转。大喜之下的太宗马上设宴款待百官，唯独没有邀请赵元佐参加。赵元佐知道后，竟大怒而纵火烧自己的楚王宫，于是赵光义大怒，将赵元佐削去封号，废为庶人。直到公元995年，立赵元侃为太子，皇位继承问题才算最终得到解决。赵元侃即后来的真宗。

公元997年，59岁的赵光义去世。

真宗赵恒

宋真宗,名赵恒(公元968–1022年),原名赵德昌,后又改名元休、元侃。太宗第3子。太宗病死后继位。在位25年,病死,终年55岁,葬于永定陵(今河南省巩县东南蔡家庄)。

赵恒,先后受封为韩王、襄王、寿王。太宗晚年迷信相术,曾召一僧人入宫给子侄诸王看相。僧人看了几个子侄,只有赵恒还在睡觉,没有出来。僧人却奏告说:“我遍观诸王,命都不及寿王。”太宗说:“你还没有见过他,怎么知道他的命最好?”僧人说:“我刚才见站在寿王门前的3个仆人,他们都具有日后成为将相的气度。仆人尚且如此,他们的主人自然更高贵了。”于是,太宗就立赵恒为太子。太宗于公元997年3月病死,他于同月继位,第二年改年号为“咸平”。赵恒即位之初,任用李沆等人为宰相,也能注意节俭,政治较为安定。

1004年秋,辽国萧太后。圣宗亲自率领20万大军南下,直逼黄河岸边的澶州(今河南省濮阳县)城下,威胁宋的都城。警报一夜五次传到东京,赵恒问计于群臣。副宰相王钦若、陈尧叟主张逃跑,任职才一月的宰相寇准则厉声反对说:“出这种主意的人应当斩首!”他说,如果放弃汴京南逃,势必动摇人心,敌人会乘虚而入,国家就难以保全了;如果皇上亲自出征,士气定必大振,就一定能打退敌兵。赵恒同意御驾亲征,由寇准随同指挥。到了韦城(今河南省滑县东南),赵恒听说辽兵势大,又想退兵。寇准严肃地说:“如今敌军逼近,情况危急,我们只能前进一尺,不能后退一寸。河北我军正日夜盼望陛下驾到,进军将使我河北诸军的士气百倍,后退则将使军心涣散、百姓失望,敌人乘机进攻,陛下恐怕连金陵也保不住了。”赵恒才勉强同意继续进军,渡河进入澶州城。远近各路宋军见到皇上的黄龙大旗,都欢呼跳跃,高呼“万岁”,士气大振。寇准指挥宋军出击,个个奋勇冲杀,消灭了辽军数千,射死了辽军主将萧达兰。萧太后见辽军陷入被动,要求议和。经过寇准的坚持和使者曹利用到辽营一再讨价还价,于12月正式议定由宋朝送给辽以岁币银10万两,绢20万匹,换得辽军撤走。

这就是历史上的“澶渊之盟”。从此，岁币成为北宋人民长期的沉重负担。

赵恒后又听信王钦若的谗言，怨恨寇准迫使他亲征，冒了风险，撤掉了寇准的相位，信用王钦若、丁谓等奸人为相，伪造“天书”，封禅泰山，提倡佛、道、儒教，大搞迷信活动，广建宫观，劳民伤财，政治腐败，社会矛盾趋于尖锐。

公元1021年，赵恒起病。第二年2月，病重，戊午日，命太子继位，不久死于汴京宫中的延庆殿。赵恒死后的庙号为真宗。

宋仁宗赵祯

少年继位　赐纳和患

在赵祯出生前，宋真宗曾生有5个儿子，但都相继夭折。因而，对于赵祯的出生，宋真宗自然是无限欣喜，不仅将其视为掌上明珠，还将其作为自己的唯一继承人。1018年，宋真宗便将9岁的赵祯立为皇太子，并举行了隆重的皇太子册封礼。

1022年春，真宗病逝，赵祯即位，是为宋仁宗，当时他年仅13岁。因赵祯年龄尚幼，所以朝政都由皇太后处理。宰相丁谓等人对刘太后极尽奉承，得到了皇太后的恩宠，并从此渐渐飞扬跋扈起来。

很快，丁谓的所作所为激起朝野的不满。当时京城流传一句话说：“欲得天下宁，当拔眼中钉；欲要天下好，莫如召寇老。”刘太后知道后，对丁谓也开始不满，并借王曾弹劾丁谓与擅移真宗陵穴的雷允恭相互勾结，包藏祸心，欲为不轨的机会，将雷允恭杀死，将丁谓贬到崖州，其亲信同党也先后被贬。

此时赵祯的心思并不在朝政之上，唯一关心的就是自己书法的长进。除了陪太后例定的坐朝听政外，赵祯将心思全部投入到书法的练习中，以至他的书

法在宋朝皇帝中也数一数二。

随着年龄的渐长，赵祯开始对专权的刘太后不满。为发泄这种情绪，他故意疏远太后为他立的皇后郭氏，把自己热恋的才人张氏封为美人。

1029 年，范仲淹上书，请太后撤帘归政，结果被太后出判河中府。接着宋绶上书，也被贬知应天府。后来还有林献可、刘涣等人先后上书，还是被刘太后远贬岭南。这一切行为更加激起了赵祯的不满。直到 1033 年春，刘太后病死，赵祯这才真正做起了皇帝。

赵祯亲政以后，将刘太后亲信之人一一贬斥，重新起用张士逊、李迪为相，任用翰林侍读学士王随、权三司使李谘共参国政。同时还重用了因劝太后撤帘归政而被贬的宋绶、孙祖德等人。

在后宫，赵祯以郭皇后没有生育皇子为由，将其废为尼姑，幽居长宁宫。范仲淹为此上书劝谏皇上而被贬为外官。此后，赵祯专宠尚氏、杨氏等人，酒色度日，钟鼓弦乐之声，昼夜不断，闻于宫外，政事渐疏。

与日益腐败的宋王朝相比，西部的党项族正迅速壮大。党项主李明德去世后，其子元昊于 1038 年正式称帝，建立了西夏政权。1039 年正月，元昊派人出使宋朝，要求宋朝承认西夏政权，遭到了北宋的拒绝。二月，元昊率兵入侵保安军（今陕西志丹县），宋与西夏战事正式爆发。此后，西夏多次侵扰大宋边境。赵祯起用主战的韩琦和范仲淹等人率兵攻打西夏，才将失地收复。

后来，异想天开的赵祯派人潜入西夏，挑动西夏自相残杀，企图坐收渔人之利，此举激怒了元昊。1042 年，元昊再次倾兵入侵，大败宋军，直驱渭州（今甘肃平凉）。赵祯不得不请和，但直到 1044 年，元昊迫于辽国进攻的压力才答应向宋“称臣”，同时提出每年北宋要“赐”给西夏绢 13 万匹，银 5 万两，茶叶 2 万斤的岁赐。赵祯也只好同意。

在宋、夏胶着困战的同时，北方契丹政权也对宋朝虎视眈眈。赵祯为防止辽骑的突然侵入，密敕河北沿边复建水田、广植树木。景祐元年，契丹以祭天为名，在宋辽边境屯结军队，做出兵侵宋的准备。赵祯闻报，命河北整饬军备，征调夫役修治河北沿边城池、关河壕堑。庆历二年初，契丹大军压境，要求宋朝割让后周时收复的十县之地。赵祯派右正言富弼出使契丹，提出或和亲或增“岁币”议和。几经交涉，契丹方面答应不割地，只增纳岁币重订和好。这年十月，

双方缔结和约，宋朝每年多增加岁币银20万两，绢20万匹。

推行新政　宫廷突变

赵祯一心要天下大治，于是拜吕夷简为相。吕夷简极力迎合赵祯的这种心理，粉饰太平，一味奉承，使宋王朝更加陷入日益严重的统治危机之中。同时，赵祯还广开仕路，每届科举录取名额多达千人以上。取士如此之多，又有无节制的荫封，内臣、外戚也不断进入官场，冗官冗吏局面日趋严重。因此，朝野忧国忧民之士担心国家前途，纷纷上书要求变革图强。范仲淹是其中最突出的人物。

赵祯也逐渐知道了现实的严酷，感到了统治的危机，开始有意更张政事，革除弊端。因此他起用主张变法革新的范仲淹、欧阳修、余靖等人。范仲淹随即上了《答手诏条陈十事》的奏疏，提出了十项改革主张，即明黜陟、抑侥幸、精贡举、择官长、均公田、厚农桑、修武备、减徭役、覃恩信、重命令。富弼、欧阳修、余靖、韩琦等人也相继提出一些改革建议。赵祯一一采纳，然后颁发诏令，推行这些主张和建议，号称“新政”。

在赵祯的支持下实施的“新政”，从一开始实行就遭到朝廷中保守势力的反对。他们指责实施新政的人是在迷惑皇帝，祸乱朝纲。尤其是反对派为抵制新法的实施，借赵祯最忌讳、几次下令申禁的“朋党”一事，掀起波澜。“新政”还触及了一部分人的既得利益，使一大批贪官污吏和高官贵勋的利益受到损害，致其首先发难，毁谤新政，且愈演愈烈。加之朝中“朋党”之论更是如雷贯耳，这使赵祯对新政由疑虑转为动摇。最后，赵祯还是由革新派倒向反对派，“庆历新政”如昙花一现，宋王朝依然沿着老路子继续往下走。

朝廷矛盾重重，地方也很不安定，贝州（今河北清河）宣毅军发生了王则领导的起义。王则自称东平郡王，建国号安阳，改元得圣。起义士兵脸上都印有“义军破赵得胜”字样，表示推翻宋朝的决心。宋军为此动用了大批军队进行镇压，才使这场叛乱得以平息。

1048年,宫廷卫士之变比贝州兵变更让赵祯惊心丧胆。这天夜里,赵祯在宫中休息,崇政侍卫官颜秀、郭适、王胜和孙利等人,趁夜深人静时杀死守宫侍卫,冲进了赵祯的寝室。惊慌失措的赵祯连忙准备逃跑,比赵祯镇静的曹皇后一把抱住了他,并关紧门窗,命令侍卫前来护驾。颜秀等人放了一把火后匆忙逃窜,但终被赶来的宫卫、宦官包围杀死。心有余悸的赵祯最后将皇城司和内侍省的大多数官员悉数罢免,被怀疑与颜秀勾结的宫女和宦官也被处死。

1063年,赵祯病死,他是两宋皇帝中在位时间最长的一位。

宋英宗赵曙

宋英宗,名赵曙(1032-1067年),仁宗养子。仁宗病死后继位。在位4年,病死,终年36岁,葬于永厚陵(今河南省巩县西南孝义堡)。

赵曙,太宗重孙,商恭靖王赵元汾孙,濮安懿王赵允让13子。年幼时被仁宗接入皇宫抚养,后归家。5岁时,仁宗赐名为宗宝(一为宗实)。1050年为岳州团练使,后为秦州防御史。1055年被立为太子。仁宗于1063年3月病死,他于同年4月壬申日继位,第二年改年号为"治平"。

赵曙在位期间,任用旧臣韩琦、曾公亮、文彦博等,政治守旧,不思改革,但与辽,西夏没有发生战争。

1066年11月,英宗病倒,即命学士张文定前来。英宗神情凄惨,靠在茶几上对张文定说:"好久不见学士了。"又指着榻上的一张纸。张文定见上面写着:"明日降诏立皇太子"八字,却没有写上皇太子为何人?知道是要征求自己的意见。他就极力称赞皇上的长子赵顼,赵曙点头表示同意。张文定捧纸请赵曙写上,赵曙已无力运笔,只写了三个笔划最简单的字:"大天王"。1067年正月丁巳日,赵曙病死于汴京宫中的福宁殿。

赵曙死后的庙号为英宗。

宋神宗赵顼

1067年，宋英宗病死，立为太子不久的赵顼仓促即位，是为神宗。

赵顼即位之时，社会矛盾已经比较尖锐，宋初以来就出现的冗官、冗兵、冗费“三冗”问题愈演愈烈。宋初制定的一系列制度，已经有很多地方不适应社会的现实状况，百姓日生不满，小规模的起义也此起彼伏，因此必须在政治、财政、军事等方面进行一些改革，才能有效地维持国家机器的正常运转。宋仁宗其实已经发现这些问题，但在施行过程中，由于遭到强大的阻力，他在位时的庆历新政很快就流产了，主持改革的范仲淹也被迫下台。

血气方刚锐意求治的宋神宗赵顼即位伊始，就急于寻找一个能够全力帮助他改革的大臣作为臂膀。王安石就在这时脱颖而出了。王安石在地方为官多年，亲眼看到当时社会问题的严重性。

他曾给当时的皇帝仁宗上了《上仁宗皇帝言事书》。宋仁宗没怎么看，未即位的赵顼倒看得很仔细，因而非常欣赏王安石。赵顼即位后，就把王安石召到身边。第一次召见王安石时，心急的赵顼就问他治国应当先做什么。王安石的一番回答令赵顼耳目一新，于是命王安石写出《本朝百年无事札子》，讨论北宋先帝的治国之道。

赵顼看后大喜，便于1069年起用王安石为参知政事（即副相），并亲自督促王安石提出并推行了一整套新法。

改革命令一出，朝野大哗，新法中许多措施直接触犯了大官僚、大地主、大商人的利益改革，加上新法本身有许多不足，所以几乎各项新法都遭到强烈反对。而遭到反对最多的就是侵犯大地主、大商人利益的免役法和市易法。一时朝野内外，反对声四起，就连太皇太后、皇太后和神宗皇后也站出来表示对反对派的支持。

在这样的局面下，赵顼有些动摇了，先后将王安石两次罢相，以平息反对的声音。不过，王安石下台后，赵顼还是将部分新法进行到底，其中改革官制与强化军兵保甲的制度成为改革的重心。由赵顼自己单独进行的改革被后人称为“神宗改制”。

赵顼在推行新法的过程中，其富国强兵的目的非常坚决，但在抑制兼并这一点上，他遭到强烈反对后便往往虎头蛇尾，既想增加财政收入，又不愿损害上层既得利益，结果，负担只有转嫁到下层人民身上。

赵顼除了推行改革之外，还不满北宋辽和西夏一味妥协退让，因此与边境少数民族政权进行了多次战争，但大多是胜少负多，只有对交趾的反击战和第一次征伐西夏还比较重要。

位于现今越南北方地区交趾，不断在宋边境进行劫掠。1076 年，赵顼派兵征讨交趾，将交趾打败，全部收复被交趾占据的邕州、廉州等失地。随后攻入交趾国内，交趾王李乾德眼看宋军就要兵临城下，赶忙奉表乞降。从此，交趾再不敢侵扰宋境。

1037 年，赵顼派王韶率军进军 1800 里，占领了宕、岷、叠、洮等州，招抚大小蕃族 30 余万帐。这是自北宋开国以来宋对辽、夏战争中的空前大胜。但后来再对西夏用兵，北宋都以败而告终。1081 年，赵顼趁西夏国王秉常的母后专权之机，兵分五路，共 20 多万兵力征讨西夏，大军深入西夏境内，直抵灵州（今旗灵武）城下。西夏军决黄河水将宋军淹没，并切断宋军粮道，结果宋军大败。此次战争，宋军有 200 多个将校阵亡，伤亡 20 多万士兵和民夫。消息传到朝廷，赵顼悲痛难忍，竟临朝大哭。从此，赵顼彻底丧失了先前的雄心，维持原来对西夏的和议，每年向西夏交纳财物。1085 年，深受西北边境军事失败所打击赵顼一病不起，不久就去世，享年 38 岁。

宋哲宗赵煦

宋哲宗，名赵煦(1077-1100年)，原名佣。神宗第6子。神宗病死后继位。在位15年，病死，终年24岁，葬于永泰陵(今河南省巩县堤东保)。

赵煦，封为延安郡王。神宗病危时被立为太子。神宗于1085年3月戊戌日病死，他于同日继位，第二年改年号为"元祐"。

赵煦即位时，年仅9岁，由高太后执政。有一天，按照礼仪应由他接见契丹使者。臣子蔡持正恐怕赵煦年幼，见了辽人的容貌、服饰奇异会受惊吓，出洋相，有损国威，就先一日对赵煦仔细地介绍契丹使者的容貌和服饰，请他不要惊奇，还重复讲了几十遍。哲宗听了不做声，等蔡持正不讲了，赵煦忽然严肃地问道："契丹使者是人吗?"蔡持正回答说："当然是人。"赵煦说："既然是人，我怎么会怕他呢?"蔡持正没想到9岁的赵煦竟有如此有主见，忙惶惶然退下。

高太后死后，哲宗亲政。第二年改年号为"绍圣"，表示要"绍述"(继承)神宗之志，他恢复了青苗、免役等王安石制定的新法。起用章惇、曾布等新党执政，贬斥旧党吕大防、刘挚等人，追夺司马光、吕公著赠谥；加强西北防务，击退西夏的攻掠。在对内对外方面，他对新法都有所继承。

1099年冬，哲宗病倒。第二年正月已卯日病死于汴京，终年24岁。

赵煦死后的庙号为哲宗。

宋徽宗赵佶

宋徽宗赵佶出生于1082年，是哲宗赵煦异母弟弟。赵佶自幼就对书法、绘画、丹青、骑射、蹴鞠，甚至豢养禽兽、侍弄花草怀有浓厚的兴趣。尤其是在书画方面他显露出了卓越的天赋。但就是不喜欢宗室亲王日常学习的儒家经典、史

籍。在赵佶4岁那年,母亲就随刚死不久的神宗而去,因此,缺乏母亲教育的赵佶行为逐渐轻佻放浪,与英宗女儿魏国大长公主的驸马王诜臭味相投。而赵佶即位后的四大奸中的高俅,就是王诜无意中送给他的。这高俅玩得一手好蹴鞠,但臭名远扬,因而受到王诜的喜爱。有一天,王诜命高俅给赵佶送篦,正好赶上赵佶在园中蹴鞠,无意中将球踢到高俅身边,高俅遂显示出他过人的蹴鞠技术,因而赵佶将高俅留下,日见亲信,颇加重用。

赵佶在外面胡作非为,但回到宫中后,尤其是在向太后面前,赵佶装出一副知书达理的模样,对向太后极其敬重孝顺。向太后对他非常喜爱,因而在无子嗣的哲宗病死后,向太后首先就想到了端王赵佶,立即将赵佶招来灵柩前,宣布让他即位。赵佶就这样登上了皇位,成为北宋的第8个皇帝。

赵佶即位后,一向信任赵佶的向太后并不想干政,即使是在赵佶和众大臣的恳求下勉强听政了6个月,随后便还政引退了。

善于在向太后面前演戏的赵佶,则表现出一副浪子回头的样子,退还了百姓王怀献给他的玉器,还赶跑自己在内苑豢养的珍禽异兽,又曾因出现日食而下诏求直言,俨然一副励精图治的样子。

但向太后死后,赵佶就恢复了本来面目,首先将大奸臣蔡京召回朝廷,并于次年任命为宰相。从此,蔡京就伴随在赵佶身边,阿谀奉承,溜须拍马,极尽小人之能事,赵佶在位26年,蔡京任相24年,中间虽曾三次被罢,但旋罢即复,可见蔡京的会说好话使赵佶离不开这个马屁精。除了蔡京,赵佶身边还有童贯、朱勔、梁师成等奸佞之徒。赵佶昏而不庸,虽宠信奸臣,但最高决策权却是一直牢牢控制在自己手中。天下之事,无论巨细,全得由他亲自处理。

如果赵佶不当皇帝的话,倒也许会成为一个书法大家,丹青高手,或者是一个颇有影响的收藏家。他对这些收集来的古书画、彝器等潜心研究,还把收集到手的书法名画大多都重新装裱,亲自为之题写标签,以便保存。在装裱时,赵佶还有一定的格式,被后世称为"宣和装",至今还可见到。他还命人将历代著名书法家、画家的资料加以记录整理,并附上宫中所藏的各家作品的目录,编成《宣和书谱》和《宣和画谱》,为后世留下了美术史研究的珍贵史籍。赵佶还对所藏古彝器进行考证、鉴定,亲自编撰了《宣和殿博古图》。

赵佶从小就喜好道教,经常翻阅道教神仙鬼怪的书籍,对神仙的生活十分

向往。再加上一些道士瞎猫碰着死耗子，竟然先是预言他当得天下，后又劝他将京城东北角垫高，以便多生儿子，这些预言倒都实现了，于是赵佶从此深信不疑，在他眼里，道士简直成了活神仙。一时间，道教风行全国，一些不小心坠落红尘的活神仙纷纷出场。

赵佶对道教越发痴迷，到后来竟然把自己也册立为“教主道君皇帝”。蔡京、童贯等朝廷大臣也都兼任了道教官职。就连朝廷要提拔侍从以上的官员，也得先由算卦的道士推算他的五行休咎，然后再正式任命。一时之间，恨不得天下男女都是道士，都是仙姑，然后齐声高诵“太上老君急急如律令”，然后赵佶就得道升仙，到天上去瞎折腾去。

直到1121年夏，天降大雨，汴梁城内汪洋大海，煞有介事做法的林灵素被防汛的民夫打得屁滚尿流，再加上太子赵恒前来告状，赵佶这才赶走林灵素，才使得自己的修道活动稍有收敛。

赵佶性本轻浮，又正值风流年华，在忙于收集花木竹石，鸟兽虫鱼、钟鼎书画，忙于修道升仙的同时，赵佶还是忘不了凡间的儿女情事。

在赵佶的后宫中，充斥大量的美女，赵佶每日环游在石榴裙下，乐此不疲，先后宠爱过郑、王二氏，大小刘贵妃、乔贵妃、韦贵妃等等。这几个人各领风骚，人人都擅一时之宠。赵佶玩腻了后宫佳丽，又跑到宫外，打起了名妓李师师的主意。赵佶经常趁夜间溜出宫门，微服潜行，前往她家过夜。

赵佶在位26年，生活的腐朽糜烂在历代皇帝中是少有其比的。但就是这样一个只会享乐的皇帝，竟也有些文治武功的想法。文治是不行了，但“武功”他还行。因为在蔡京建议下，赵佶派童贯带兵讨伐西夏，竟然取得了胜利，攻占了许多地方，逼得西夏低声下气地奉表谢罪。自从与西夏交兵以来，宋朝确实从未取得过如此赫赫的战果。赵佶洋洋得意起来，又打起了行将就木的辽国的主意。于是与金签订海上之盟，共同夹击辽，收复燕京。燕京是收复了，赵佶的“武功”倒也不小，但随后金大举南侵，赵佶就没有什么好果子吃了。公元1125年，金兵分两路大举南侵。在叛徒郭药师的带领下，金军是攻无不克，战无不胜，不久就打到了京师附近。赵佶此时再也风流不起来，吓得只想着逃跑，但主战派李纲的一席话提醒了他。李纲刺破胳膊，以血上疏说：“皇太子监国，本是典礼之常规，但如今大敌入侵，安危存亡在于呼吸之间，怎能仍旧拘泥于常规

呢？名分不正而当大权，又何以号令天下，指望成功呢？只有让皇太子即位，叫他替陛下守宗社，收人心，以死捍敌，天下才能保住！”赵佶听后，想想也对，为保住面子，他绞尽脑汁找了个要当教主道君的借口，将皇位传给了皇太子赵恒，于是赵恒就这样登基了，即是后来的宋钦宗。在经过一番辞让后即位。赵佶尊号曰“教主道君太上皇帝”，居龙德宫郑皇后尊号曰“道君太上皇后”，居颉景西园。赵佶退位后，就带着嫔妃宠臣向南逃跑，直到金兵从汴京城下撤退，赵恒派人请赵佶回京。赵佶这才又回到汴京。随后，金兵又来攻打汴京，不久城破，赵佶和儿子赵恒等被抓获。

等金兵在汴京劫掠一番后，赵佶和赵恒以及王公大臣贵族嫔妃等3000多人，被金兵押着往北而去。同行的，还有赵佶苦苦收集的大量古籍珍玩等等，也不知道这个亡国之君看了心痛不心痛！

赵佶被押到金国都城所在地的上京会宁府（今黑龙江阿城县南），在穿着素衣拜见了阿骨打庙后，又拜见金太宗吴乞买于乾元殿，金太宗封他为“昏德公”。不久，赵佶和赵恒等九百余人，被迁到了韩州，金朝拨给十五顷土地，令他们耕种自给。

在以后的几年里，金人每逢丧祭节令总要赏赐给赵佶一些财物酒食，每赐一次，又总要赵佶写一封谢表。后来，金人把这些谢表集成一册，拿到设在边境的和南宋进行贸易的榷场一直卖了四五十年。

1135年春，这个风流大半辈子，到老来却受尽惩罚的宋徽宗赵佶，终于熬不到被接回南宋的那一天，客死他乡。1142年夏，赵佶的棺材终于被运到临安安葬。

宋钦宗赵桓

宋钦宗名叫赵桓。宣和七年（1125年）金兵南下时受父亲徽宗之禅即位。次年被迫起用主战派李纲抗金，斩杀、罢黜了蔡京一党。但仍答应以赔款、割太原等三镇乞降求和。汴京城破后，宋钦宗降金，北宋灭亡。靖康二年（1127年）

宋钦宗与徽宗为金兵俘虏北去，囚于五国城（今黑龙江依兰），双双死于异乡。

宋徽宗看到金军南下，把皇位禅让给儿子赵桓，自己逃跑了。赵桓即位，史称宋钦宗。宋钦宗把主张抵抗的李纲提升为兵部侍郎，并且下诏亲自讨伐金兵。

其实，宋钦宗心里也十分害怕，看着宋军在前线接连打败仗，汴梁吃紧，宰相白时中、李邦彦两人又积极主张逃跑，宋钦宗也动摇了。

李纲好不容易才稳住了宋钦宗，开始积极准备防守，在京城四面都布置了强大的兵力，配备好各种防守武器；还派出一支精兵到城外保护粮仓，防止敌人偷袭。

很快，宗望率领的金兵就到了城下，他们用几十条火船，从上游顺流而下，准备火攻宣泽门。李纲招募敢死队兵士两千人，在城下列队防守。金军火船一到，兵士们就用挠钩钩住敌船，使它没法接近城墙。然后李纲又派兵士从城上用大石块向火船投掷，石块像冰雹一样泻了下来，把火船打沉了，金兵纷纷落水。

宗望眼看东京城防坚固，一下子攻不下来，就派人来讲和。宋钦宗和李邦彦早就想求和，立刻派出使者到金营谈判议和。

宗望提出的议和条件十分苛刻，不仅要北宋赔给金朝大量金银、牛马、绸缎；割让太原、中山、河间三镇土地；还要宋钦宗尊称金国皇帝为伯父，并派亲王、宰相到金营作人质。宋钦宗、李邦彦一心求和，准备全部接受。

李纲听到朝廷准备接受这些丧权辱国的条件，肺都气炸了，主张跟金人拖延谈判时间，只等四方援兵一到，就可以反攻。宋钦宗却很不耐烦，说："你只管带兵守城，和谈的事不要管。"

过了十天，各地救援的宋军二十万人马陆续到了城外，此时围城的金兵只

有六万。宗望一看形势不妙，赶快把人马后撤，缩在堡垒里。援军大将种师道、姚平仲都支持李纲的抗战主张。种师道主张长期相持，等敌人粮草接济不上被迫退兵的时候，再找机会反击；但是姚平仲心急，主张派一支人马乘黑夜偷袭金营，活捉宗望。这个偷袭计谋偏偏又被泄露了出去，金军得到情报，事先作了准备。姚平仲偷袭没成功，反而中了金军伏击，损失了一千多人马。

这一来，一批投降派大臣幸灾乐祸，大肆造谣，说援军已经全军覆没，还趁机攻击李纲。宋钦宗惊慌失措，一面派使者到金营赔礼，一面把李纲、种师道撤职。

这个消息一传出来，汴梁全城骚动，军民个个气愤。特别是太学里的学生，群情激昂。太学生陈东，自从汴梁被金人围攻以后，曾经带领太学生三次上书宋钦宗，要求处斩蔡京、童贯、朱勔等六名国贼。听说李纲被撤职，陈东马上集合了几百名太学生，拥到皇宫的宣德门外，上书请愿，要求朝廷恢复李纲、种师道的职位，惩办李邦彦、白时中等奸贼。

汴梁的军民听说太学生请愿，都不约而同地来到宣德门前，一下子就聚集了几万人。这时候，李邦彦正好从宫里退朝出来，被请愿的太学生看到，一阵砖头、瓦块乱砸，吓得李邦彦抱头缩颈，赶快逃进宫去。

宋钦宗在宫里听见太学生闹了起来，没办法，只好派人召李纲进宫，并且当众宣布，恢复李纲、种师道的职务。

李纲复职后，重新整顿队伍，下令凡是能够英勇杀敌的一律受重赏。宋军阵容整齐，士气高涨。宗望看到这种情况，也有点害怕，不等宋朝交足赔款，就匆忙撤退了。

宗望被迫退兵，种师道马上向宋钦宗建议，在金兵渡黄河退却的时候，发动一次袭击，把金兵消灭掉。但是宋钦宗没有同意，想到李纲和种师道得到了太学生的拥护，心中总是七上八下，害怕他们拥兵自重，发动兵变，找了个理由先把种师道撤了职。

宋钦宗把宋徽宗接回汴梁，以为从此可以过太平日子了。而李纲一再提醒宋钦宗要加强军备，防止金军再次进攻，让宋钦宗觉得十分烦躁。

这时西路的宗翰正加紧攻打太原，宋钦宗正嫌李纲留在京城碍事，就把李纲派去指挥作战。李纲明知道自己遭到排挤，但是要他上前线抗金，他也不愿推辞。

李纲名义上是统帅，实际上却没有指挥权，地方的将领都直接受朝廷指挥，根本不听李纲的调度，结果打了败仗。宋钦宗把李纲撤了职，贬谪到南方去了。

李纲被罢了官，除了宋钦宗松了口气，金太宗更是异常高兴，马上命令宗翰、宗望再次南攻。

这时候，太原城已经被宗翰的西路军围困了八个月，太原守将王禀率领军民坚决抵抗，城里早已断了粮。待到牛马吃完、皮革烧光、野草糠皮吃尽，太原城终于被金兵攻破，王禀带着饥饿的兵士跟金兵巷战之后，跳进汾水牺牲。

太原失守，两路金兵合力南下。各路宋军将领听到汴梁吃紧，纷纷带兵前来援救。可宋钦宗和一些投降派大臣忙着准备割地求和，竟命令各路援军退回原地。

这时候，在黄河南岸防守的宋军还有十二万步兵和一万骑兵。宗翰的西路军到了黄河北岸，不敢强渡。到了夜里，宗翰虚张声势，派兵士打了一夜战鼓。南岸的宋军听到对岸鼓声，以为金兵要渡河进攻，纷纷丢了营寨逃命，十三万宋军一下子逃得无影无踪，宗翰没动一刀一枪，顺利过了黄河。

宗望率领的东路，也攻下大名（今河北大名），渡河南下。两路金兵不断向汴梁逼近。宋钦宗吓昏了，只好派他弟弟康王赵构去求和。

赵构经过磁州（今河北磁县），州官宗泽跟赵构说："金朝要殿下去议和，这是骗人的把戏。他们已经兵临城下，求和又有什么用呢？"赵构害怕被金朝扣留，就在相州（今河南安阳）留了下来。

没有多久，两路金军杀到汴梁城下，猛烈攻城。宋钦宗这时候再想召回李纲，已经来不及了。眼看末日来到，宋钦宗痛哭了一场，亲自带着几个大臣手捧求降书，到金营去求和。宗翰勒令宋钦宗把河东、河北土地全部割让给金朝，并且向金朝献金一千万锭，银二千万锭，绢帛一千万匹。宋钦宗一一答应。

汴梁城哪里能马上备齐这么多物品，金将借口宋钦宗太慢，扣押了宋徽宗、钦宗两个皇帝和皇族、官吏两三千人，满载着搜刮到的财物，回北方去了。宋钦宗年号靖康，史称"靖康之耻"。北宋王朝统治了167年，自此宣告灭亡。

钦宗成为阶下囚后，由宗望、宗翰监押，将他与徽宗、宗室及官员八百余人，分两路被押解北上。被金人掳去的，还有朝廷的各种礼器、古董文物、图籍、宫

人、内侍、倡优、工匠等等，男男女女不下十万人，北宋王朝百年来的府库蓄积为之一空。

钦宗出发时，被迫头戴毡笠，身穿青布衣，骑着黑马，一路上不但受尽旅途风霜之苦，还备受金军的侮辱。将要过黄河时，大臣张叔夜受不了侮辱，悲愤难抑，仰天大呼后扼吭而死。

建炎二年（1128 年），徽宗和钦宗抵达上京，金人命他们身穿孝服，拜祭阿骨打庙，这被称为献俘仪，实际上是以此羞辱北宋君主。宋朝的皇室成员，女子被分配到洗衣房做工，男子则编入军队。钦宗的妻子朱皇后不甘忍受侮辱，自杀了。

不久，金人又将徽宗和钦宗赶到荒凉偏僻的边陲小镇——五国城，三年后微宗病死，钦宗异常悲痛，身心受到沉重打击。绍兴十二年（1142 年），宋金关系有所缓和，徽宗的韦贤妃由五国城归宋。她离开时，钦宗挽住她的车轮，请她转告高宗，说自己若能归宋，当一太乙宫主足矣。但南宋的高宗担心哥哥回来后威胁自己的帝位，虽然表面上高喊要迎回徽，钦二帝，心里却巴不得他们早早客死异地。

绍兴二十六年（1156 年），57 岁的钦宗死去。直到五年后，钦宗的死讯才传到南宋。高宗表面上痛不欲生，内心却暗自高兴，为其上谥号“恭文顺德仁孝皇帝”，庙号钦宗。

宋高宗赵构

宋高宗名赵构，是宋徽宗的儿子，宋钦宗的弟弟。靖康二年（1127 年），金兵俘微、钦二宗北去后，赵构于南京应天府（今河南商丘）即位，改元建炎。不久，赵构拒绝主战派的抗金主张，南逃至临安（今浙江杭州）定都，建立南宋政权。赵构统治期间，虽迫于形势以岳飞、韩世忠等大将抗金，但重用投降派秦桧，最后以割地、纳贡、称臣等屈辱条件向金人求和，并杀害了岳飞。

当时，留在相州的赵构看到宋徽宗和钦宗被俘，便在应天府（今河南商丘）

宣布登基。史称赵构建立的宋国为南宋，赵构就是南宋高宗。大凡开国的帝王，都会有不同于常人的传奇，由此让人们对他“真命天子”的身份确信不疑，赵构也不例外。

传说赵构在应天府即位后，朝廷南迁到了扬州，这时金兵大举南下，前锋也即将攻到扬州城下。赵构闻讯连夜出逃，因为害怕被追兵发现，便藏匿在江边神祠之内。月光下，惶恐不安的赵构忽然发现祠中的泥塑马居然动了起来，于是便乘骑此马渡过长江，逃到了杭州。

事实是，在靖康二年，赵构在应天府登基，建立了南宋政权。金人得知后，马上南侵，想趁赵构立足未稳，将其一举消灭。高宗建炎元年(1127 年)秋天，金朝分兵攻宋。赵构害怕，不顾主战派大臣的反对，将朝廷迁至扬州。建炎三年(1129 年)，宗翰派兵奔袭扬州，攻陷了天长，前锋距离扬州城仅有数十里。赵构此时正在后宫寻欢作乐，乍闻战报，慌忙带领少数随从乘马出城，急驰至瓜洲渡江逃跑。

“泥马渡江”的故事虽然是杜撰，但地域和时间却正是赵构在北宋末南宋初的这段时期内从北到南、颠沛流离的逃亡生活的说明。在这段逃亡的过程中，赵构和大臣们经常在寒冷的旷野中自己烧柴温饭。金兵突破了长江防线后，赵构退无可退，只得入海避敌，曾在温州沿海漂泊了四个多月。一次，赵构实在饥饿难耐，命令停船靠岸，找到一所寺院索食，僧人没有准备，只好以五枚炊饼进献，赵构一口气连吃了三枚半，可见是饥饿难忍了。

这一切并未磨砺出赵构坚韧的意志，更没激起他反金的斗志，赵构曾亲眼目睹过金兵的强悍和凶残，每当想起都是心有余悸。于是，他抛弃了父兄被掳、国土沦陷的国仇家恨，抛弃了依然在中原浴血奋战的宋朝军民，时时向金人乞和，在送往金国的国书中，他不敢称帝，只是自称“康王”，表示愿意向金朝称臣。

建炎四年(1130 年)，南宋大将韩世忠在黄天荡(今江苏南京东北)迎击金军，韩世忠的妻子梁红玉亲擂战鼓。金朝军队遭到自开国以来的第一次挫败，但是仍然突围而去。原因很简单，金军十万人，宋军只有八千人。

完颜兀术摆脱了韩世忠的阻击，带兵回到建康，抢掠了一阵，准备撤回北方，到了静安镇(今江苏江宁西北)，又遭到了岳飞军的袭击，被杀得一败涂地，狼狈逃窜。岳飞赶走金兵，收复了建康。

完颜兀术在黄天荡的挫败，加上宋国民兵在各地发动的有效阻击，使金国无法继续扩张。金兵北撤以后，金朝在中原地区立了一个傀儡皇帝刘豫，国号大齐。

赵构在海上获悉金兵北撤，于是迁都临安（今杭州）。这里交通方便，江河湖泊交错，金人的骑兵无法驰骋，让赵构倍感安全。而且江南是鱼米之乡，物产丰富，临安又是繁华秀丽的"东南第一州"，对于饱经流离之苦、热切渴望安逸生活的赵构来说，无疑是天堂所在。于是，赵构偏安一隅，不愿再和金国交战，至于收复中原失地，更是想也不想。

赵构无意雪国耻，但是宋朝的军民却都盼望朝廷北上抗金，夺回故土。在众多主张抗金的将领中，岳飞最为有名。

岳飞是相州汤阴（今河南汤阴）人，曾在宗泽部下当将领。宗泽一向主张抗金，但被黄潜善、汪伯彦一伙投降派阻挡，忧愤而死。宗泽死后，岳飞与韩世忠配合，把完颜兀术打得大败。又率领将士多次打退金齐联军，32岁的时候，已经从一个普通将领提升到节度使的地位，跟当时的名将韩世忠、刘光世、张俊并驾齐驱。

岳飞一心恢复中原，对自己和部下要求十分严格。他的军队被称为岳家军，军纪严明，作战勇猛。在金军中更是流传着一句话："撼山易，撼岳家军难。"

南宋有岳飞、韩世忠等一批名将，再加上各地百姓组织的义军配合，要打退金兵本来也是有条件的，但是赵构还是一味向金朝屈辱求和。

绍兴十年（1140年），金朝再次发动全国精锐部队，以完颜兀术为统帅，分四路大举进攻南宋。赵构这才不得不下诏书，要各路宋军抵抗。

岳飞得到命令，立刻派兵出击，自己坐镇郾城指挥，先后收复了颍昌（今河南许昌东）、陈州（今河南淮阳）和郑州。完颜兀术见状，带大军"铁浮图"直逼郾城。

"铁浮图"是经过专门训练的一支骑兵，这支人马都披上厚厚的铁甲，以三个骑兵编成一队，居中冲锋；又用两支骑兵从左右两翼包抄，叫做"拐子马"，号称刀枪不入。

岳飞看准了拐子马的弱点，命令将士上阵时带着刀斧。等敌人冲来，弯着身子，专砍马脚。马砍倒了，金兵跌下马来，被岳飞的军队打得一败涂地。

完颜兀术在郾城失败后，又改攻颍昌，结果又被岳飞打败。岳家军节节胜利，一直打到距离汴梁只有四十五里的朱仙镇。各地的义军听到岳家军打到了朱仙镇，都欢欣鼓舞，渡过黄河来同岳家军会合。岳飞看到胜利在望，也止不住心里的兴奋，鼓励部下“直捣黄龙（金朝国都）”。

完颜兀术束手无策，打算放弃黄河以南地区，退守燕京（今北京）。但他的一个智囊阻止他说：“世界上从没有听说过，当权人物在政府内部猜忌掣肘，而大将能够在外建立功勋的。岳飞生命都有危险，岂能有所作为。”

这位智囊的判断完全正确，自从赵构登上皇帝宝座以后，他日夜恐惧的只有两件事，一是他的哥哥钦宗赵桓突然被释放回国，他的皇帝便做不成了；二是将领权力过大，万一发生“陈桥”式兵变，他的皇帝同样也做不成。

此时，赵构的心腹宰相秦桧提议跟金国和解，并暗示说和解只是一种手段，目的在于解除帝位的威胁。而岳飞日夜不忘打败金军，迎回二位被俘的皇帝，让赵构既憎恶又害怕。眼看岳飞打下了朱仙镇，又雄心勃勃直捣黄龙，赵构急忙下令撤退，并在一天之内，连续颁发十二道召回金牌（金牌送达的命令，驿马每天飞奔四百里）。

岳飞在前线等待进军的诏令，没想到，接到的却是朝廷催促退兵的紧急金牌。在接到第十二个金牌时，不能再不退兵，否则就是叛变。他向拦在马前恳求不要撤退的民众垂泪说：“十年之功，废于一旦。”

果然，完颜兀术看到岳家军撤走，马上重整旗鼓，向南进攻。本来被岳飞收复的河南许多州县，一下子又丢失得精光。

秦桧和赵构决心向金朝求和，他们恐怕受岳飞、韩世忠等人的阻挠，让韩世忠做枢密使，岳飞做枢密副使，名义上是提升，实际上是解除了二人的兵权。绍兴十一年（1141 年），金朝派使者到临安，谈判议和条件。谈判结果是：宋、金之间，东面以淮河为界，西面以大散关（今陕西宝鸡西南）为界；南宋向金朝称臣，每年进贡银绢各二十五万。历史上把这次屈辱投降的和约叫做“绍兴和议”（绍兴是高宗的年号）。

绍兴和议后，赵构决心铲除岳飞，命秦桧诬陷岳飞谋反，逮捕岳飞父子下狱。岳飞在狱中受尽酷刑，始终不承认谋反，在供词纸上只写下八个大字：“天日昭昭，天日昭昭。”审讯持续了两个月，仍然毫无结果。朝廷官员都知道岳飞

是冤枉的，有些官员大胆上奏章，替岳飞申冤，结果都遭到秦桧的陷害。

韩世忠亲自去找秦桧，质问他岳飞是不是真的谋反。秦桧回答说："莫须有。""莫须有"是"也许有""不见得没有"之意。韩世忠当即叹息："'莫须有'三个字，怎么能服天下人心？"

从此，"莫须有"三字在中国就成为"诬陷"和"冤狱"的代名词。

绍兴十二年(1142 年)的一个夜里，年仅 39 岁的民族英雄岳飞在牢里被害。岳飞被害以后，临安狱卒隗顺偷偷地把他的遗骨埋葬起来。直到赵构死后，岳飞的冤狱才得以平反昭雪，人们把岳飞的遗骨改葬在西湖边栖霞岭上，后来又修建了岳飞庙，庙内端坐着全身戎装的岳飞塑像，塑像上方悬挂的匾额上，刻着岳飞亲笔写的"还我河山"四个大字。在岳飞墓对面，放着用生铁浇铸的诬陷岳飞的秦桧夫妇、审判岳飞的万俟卨和张俊四个反剪双手的跪像，表达人们对民族英雄的景仰，以及对卖国贼的憎恨。

宋孝宗赵昚

孝宗，名赵昚(1127–1194 年)，初名伯琮，后改名玮，赐名无，字元永。高宗养子，受高宗内禅而继位。在位 27 年，病死，终年 68 岁。葬于永阜陵(今浙江省绍兴县东南 35 里处宝山)。

宋孝宗赵昚，太祖赵匡胤七世孙，寿王赵德芳六世孙，秀王赵子偁子，封为建安郡王，生于秀州(今浙江省嘉兴市)。高宗无子，将他收为养子。他曾上书高宗反对与金国议和。绍兴三十二年(1162 年)受高宗内禅而继位。第二年改年号为"隆兴"。

孝宗继位后，决心改变高宗屈辱求和的国策，试图出兵恢复中原，光复河山。他首先为岳飞平反，追封岳飞为鄂国公，谥号为"武穆"，并削去秦桧官号，大快了人心。随后起用抗战派将领张俊，发动抗金战争。但出兵不久，却在符离(今安徽省宿县北)被金军击败。隆兴元年(1163 年)金兵大举南下，宋军损失惨重。孝宗的决心又告动摇，便罢免了张俊，起用了秦桧余党汤思退等人，并

以割地纳贡、自称侄皇帝为条件，同金国签订了“隆兴和议”。以后，宋金处于休战状态，他又任用王淮理财备战。

淳熙十四年(1187 年)10 月高宗病死，孝宗为了服丧，让太子赵惇参与政事。淳熙十六年(1189 年)2 月又禅位于太子，自称太上皇，闲居重华宫，继续为高宗服丧。赵惇与孝宗不和，长期不去探望孝宗。为此，孝宗闷闷不乐而起病。

绍熙五年(1194 年)6 月，孝宗病死于临安宫中的重华殿。

孝宗也算是个颇有作为之人，有志恢复，可惜此时的南宋已经今非昔比。经过高宗秦桧二十余年对抗金势力的折腾摧残，抗金名将和主战派大臣杀的杀、罢的罢、老的老、亡的亡，军心民气早已衰竭。

宋光宗赵惇

宋光宗，名赵惇(1147-1200 年)，孝宗第三子。受孝宗内禅而继位。在位 5 年，又退位，后病死，终年 54 岁，葬于永崇陵(今浙江省绍兴县东南 35 里处宝山)。

光宗长期生活于深宫，不达世务。即位时，他年 43 岁，却头发已白。臣下献上一种能使准确性转黑的药(可能是何首乌)，他不服用，说：“我头发已白，可教天下人知道我是老成的。”即位后，光宗为李皇后所左右，罢免周必大、辛弃疾等主战派大臣，起用留正为宰相，朝政为主和派所操纵。

光宗和太上皇孝宗的关系长期不和。绍熙五年(1194 年)6 月孝宗病重时，他拒绝前去探望。孝宗死后，他又不去服丧，致使丧礼无法进行，并使满朝大为骚动。知枢密院事赵汝愚和知门事韩侂胄上奏，建议太皇太后下诏令光宗退位，传位于其子赵扩，由赵扩主持孝宗丧礼。太皇太后同意，光宗禅位，称太上皇，闲居寿康宫。他每回忆起在位时的事情，总要自言自语地咒骂，有时还会痛哭。

庆元六年(1200 年)春，皇帝赵扩(即宋宁宗)从郊外祭祀回来，鼓乐之声传入深宫。光宗问是什么事？左右回答说是街上百姓在奏乐游戏。光宗大怒说：

"你们这些奴才也如此欺骗我们的"一拳挥去,因收制不住而跌倒在地,从此不起。8月,病死于临安寿康宫。

宋宁宗赵扩

宁宗,名赵扩(1168–1224年),光宗次子。光宗退位后继位。在位30年,病死,终年57岁,葬于永茂陵(今浙江省绍兴县东南35里处宝山)。

宋宁宗赵扩,曾封为嘉王,平阳王。光宗在位时,被立为太子。绍熙五年(1194年)光宗退位后,由他继位,第二年改年号为"庆元"。当太皇太后宣布让他即位时,他连说:"做不得,做不得。"太皇太后命令左右说:"拿皇袍来,由我亲自替他穿上。"他又急忙拉住韩侂胄的手臂求助,又绕着殿柱躲避。太皇太后呵令他站住,并流着泪说大宋王朝延续到今天的不易,韩侂胄也在一旁百般劝说。他见太皇太后的决定已经不可改变,才穿上皇袍,叩太皇太后,嘴里还喃喃自语:"使不得,使不得。"经韩侂胄拖拉,他才走出内宫,登朝堂即位。

宁宗即位后,重用赵汝愚和韩侂胄二臣。后赵、韩斗争激烈,宁宗便罢免赵汝愚,重用韩侂胄,由韩侂胄专擅朝政。宁宗又下令禁止道学;定理学为伪学,罢斥朱熹等理学家。史称"庆元党禁"。

南宋开禧元年(1205年)4月,宁宗采纳韩侂胄的建议,崇岳贬秦,追封岳飞为鄂王,削去秦桧死后所封的申王,改谥"谬丑",有力的打击了主和派,大快了人心。同年5月,宁宗下诏北伐金朝,史称"开禧北伐"。开战初期宋军收复了一些地方,后因韩侂胄用人不当,于第二年被战败。杨皇后与主和派礼部侍郎史弥远趁机杀死韩侂胄,将其首送往金朝。朝政被史弥远、钱象祖把持,嘉定元年(1208年),与金订定了屈辱了"嘉定和议"。

宁宗比较能够顾及民间的疾苦。有一年元宵节,他独自对着蜡烛坐着。太监劝他设宴过节,热闹一番,他说:"宫外百姓没有饭吃,我能安心宴饮吗!"宁宗平时在后宫走动,总命令两个太监背着两架小屏风作为前导。到了哪里,就将它们竖起,上面写着"少吃酒,怕吐"。"少食生冷,怕痛"。遇到妃子劝他吃生

冷食物和饮酒时,他就指着屏风拒绝。

嘉定十七年(1224 年)闰 8 月,宁宗病死于临安宫中的福宁殿。

宋理宗赵昀

因缘继位　权臣持政

1224 年,史弥远趁宋宁宗病重不能理政之机掌握了所有朝政大权。后宫杨皇后也趁机弄权,与史弥远关系暧昧、表里为奸,从此更加飞扬跋扈。两人一内一外,把朝廷搞得昏天暗地。

当时,太子已经病死,后宫妃嫔皆无子嗣,宁宗深为立储之事所忧虑。后来,宁宗看中了燕王赵德昭的九世孙、沂王赵柄的养子赵贵和,便把他立为皇嗣,赐名赵竑。然后又命史弥远遴选继承沂王之人,宗室子弟赵与莒入选,宁宗赐名为贵诚,也养在宫中。

为人正直的赵竑对杨皇后和史弥远的行为十分痛苦,发誓一定要将专权误国的史弥远除掉。不想此事外泄,史弥远得到消息,决定先下手为强,先废掉赵竑,然后册立对自己非常尊敬的赵贵诚为皇子。

1224 年八月,宁宗病重卧床不起,史弥远加快了废立的步伐。过了几天,宁宗病情加重,史弥远便矫诏立贵诚为皇子,改赐名为赵昀。5 天后,宁宗去世。史弥远勾结杨后废掉了赵竑,把贵诚推上了皇位,是为理宗,杨后垂帘与理宗一起听政。事后,史弥远逼死了赵竑。

理宗上台后,史弥远继续任宰相,掌握朝政大权。理宗对史弥远既感激又害怕,不久就拜这位右丞相兼枢密使为太师,并晋封为魏国公,感恩戴德之情不言自明。只是史弥远考虑到树大招风,没有受命。

史弥远逼死济王赵竑后,史官魏了翁、真德秀纷纷上书为济王鸣冤。史弥远极为恼火,便唆使梁成大、李知孝、莫泽弹劾真、魏二人。梁、李、莫三人号称

“三凶”，每个都是凶狠奸诈之徒。他们说真、魏二人与济王有私，朋比为奸，危害国家。理宗明白此事为史弥远主使，只好将两人罢官。“三凶”就成了史弥远打击异己的工具，使朝政大权更牢牢地控制在自己手中。

绍定六年（1233 年）十月，史弥远病死，那些依附史弥远的官员立即失去靠山，变成乌合之众，遭到了正直官员的抨击。“三凶”等是史弥远的死党，都被逐出朝廷，史氏专权的局面结束。理宗下诏宣布改明年为端平元年，以示改元更化。理宗亲自料理各种政务，他的老师右丞相兼枢密使郑清之也慨然以天下为己任，君臣似乎要有一番作为了。

联蒙灭金　金灭战蒙

与此同时，北方的蒙古族正悄然兴起壮大，并且沉重打击了金王朝。蒙军包围金都城汴京，派使臣同南宋商议夹攻金朝，许诺灭金后，将金朝占领的河南之地归还南宋。宋理宗如约出兵，端平元年（1234 年）正月，孟珙率领宋军首先攻人蔡州城，蒙宋联军蜂拥而入，走投无路的金哀宗上吊自杀，金朝宣告灭亡。但蒙古的诺言并没有全部兑现，将原先许诺的河南地一分为二，只归还了宋朝陈州、蔡州以南的一半。双方军队各自撤回境内。

四月，史嵩之派人将孟珙获得的金哀宗遗骨和金朝传国玺送到京城。为此，理宗在太庙举行隆重仪式，告慰九泉之下的列祖列宗。理宗完全沉浸在胜利的喜悦之中，完全不顾一些良臣的提醒，其乐陶陶，言骄行躁。

理宗的情绪感染了朝臣，赵范和他的弟弟赵葵一直反对联蒙灭金，此时，突然提出乘蒙古兵主力撤退之机，出兵收复三京（指北宋时的西京洛阳、东京开封、南京应天府），占据黄河和潼关。再加上宰相郑清之的支持，理宗心有所动，立即命令赵范将帅府迁往黄州（今湖北黄冈），准备出兵。理宗不顾一些朝臣以北宋联金灭辽自取灭亡的历史教训所发出的警告，六月，命令庐州知州全子才率兵万人直取汴京，赵葵率兵 5 万取泗州。这时，汴京的金朝降将李伯渊等人，因对献城降蒙的崔立不满，同全子才联络杀死崔立，全子才未失一兵一卒，占领

汴京。不久，到达汴京的赵葵完全不顾粮草还未集好，催促全子才分兵进军洛阳。谁知洛阳城中只有300多户平民，于是宋军占领了这座空城。这就是宋代历史上的“端平入洛”。

“端平入洛”是理宗君臣的一次军事投机，本无充分准备可言，前锋到达洛阳的第二天，士兵的粮袋就空了。后来蒙古以此为借口率军南下，先击败了前往洛阳的宋军后续部队。八月间，蒙古兵进驻洛阳城下。几天以后，宋军粮食告罄，主将只好下令撤兵。蒙军又决黄河水灌淹宋军，宋军被淹死无数。无奈之下，只好班师回朝。

战争失败后，蒙古指责理宗不守信义，率先败盟。理宗为了表示悔意，下诏罢免了全子才等人，但这并没有取得蒙古的谅解。1235年六月，窝阔台分道进兵，大举侵宋，拉开了蒙宋战争的序幕。至1236年，蒙古军已先后攻陷了随州、郢州、荆门军、枣阳军、德安府，并向江陵府进军。

理宗此时也感到了事态的严重，忙任命史嵩之为淮西制置使，统一指挥淮西一带的军事。史嵩之命令孟珙驰援江陵，击败了长驱直入的蒙军，襄汉一线开始出现转机。1239年，孟珙被任命为京湖制置大使，连续出兵，三战三捷，收复了信阳、樊城、光化和襄阳等地。宋军的进攻逼退了蒙军，也使两淮地区暂时安定下来。1241年，窝阔台病死，蒙宋战争暂时停息。

蒙古南侵　奸臣误国

淳祐十一年(1251年)，蒙哥继承大蒙古国汗位，蒙古再次安定且兴盛起来。蒙哥之弟忽必烈早就奉命在金莲川开建府署，全权负责大漠以南地区的事务。他招贤纳士，积极实施灭亡南宋的战略。忽必烈先派遣手下将领察罕等人屯兵襄、邓一带及蜀口地区，窥伺淮、蜀，一面又在汴京分兵屯田，等待南下的时机。宝祐元年(1253年)，忽必烈又派兀良哈台率军远征云南，对南宋实施侧翼包围。

宝祐六年(1258年)二月，蒙哥派王子阿里不哥留守和林，自己亲率大军攻

蜀,派皇弟忽必烈进攻鄂州。开庆元年(1259 年)二月,蒙古军队抵达合州,合州的守将王坚原是吴玠的部属,蒙哥派遣降人晋国宝到钓鱼城劝降,结果被王坚斩于练兵场。劝降不成,蒙哥亲自率领大军进攻钓鱼城,两军展开大战。蒙军猛烈进攻钓鱼城,宋军严防死守,又灵活主动出击,多次挫败敌军。蒙军在七月向钓鱼城发动猛攻,但钓鱼城依旧岿然不动,蒙哥汗反而被炮石击中,回营后死在军中。蒙军丧失了主帅,无法再战,军中诸王大臣用毛驴驮着蒙哥的尸体离开了四川。历时半年的合州保卫战取得了大捷。蒙哥汗死后,蒙古内部忙于争夺汗位,蒙宋之战再次中止。

此时,带有直趋杭州使命的忽必烈还没有把鄂州攻下,当他得知蒙哥死讯后,又拒绝了部下劝其早归的建议,仍继续进军。开庆元年九月,他渡过长江,包围了鄂州。当时临安人人皆知蒙军逼近,理宗却被蒙在鼓中。当时把持朝政的丁大全看到无法遮掩,只得向理宗申明军情,并请求退休。言官们也相继上书弹劾丁大全堵塞言路、迫害人才、穷竭民力、贻误边防等四条罪状。理宗只好将他罢官,并将他流放到新州。押送途中,贾似道为了笼络人心,派人把他杀死。景定元年(1260 年),迫于朝野舆论,理宗又将奸臣董宋臣迁出宫中。原先倚仗阎贵妃干预祸乱朝政的宦官也因阎贵妃的去世而无法继续作乱,朝政渴望清明。

随后,理宗任命贾贵妃之弟贾似道为宰相,负责朝政大权,又全面负责前线军务。但贾似道害怕敌军如同老鼠怕猫一样。忽必烈本因忙于回国内争夺汗位,打算退兵,贾似道却派去了使臣请求议和,初步达成了以割地纳贡为条件换取蒙军撤退的和议。但最终和谈没有完成,忽必烈就撤走了。回朝后,贾似道将私自求降谎称为战败蒙古迫使其退兵,自己也由一个无赖变成了英雄,朝政也落入了他一人之手。

贾似道本无宰相之才,又贪婪无比,昏庸腐败,把本来已经不堪一击的南宋王朝再次推向灭亡的深渊。为解决朝廷花费问题,他主持制定了一系列法律。他们大量印刷纸币以解决经济危机,通过施行“公田法”和“经界推排法”聚敛钱财,这种财政政策无异于饮鸩止渴,使百姓生活受到了严重冲击,城市工商业遭到破坏,整个社会经济开始走向崩溃。

就在理宗、贾似道埋头解决财政困难而南宋百姓民不聊生的时候,蒙古新

汗忽必烈已经平定了内乱。他把都城迁到燕京，积极准备挺进江南，南宋小朝廷的灭亡已经指日可待了。

1264 年，嗜欲过度的宋理宗暴病而亡。

辽太祖耶律阿保机

耶律阿保机长大成人后，身体魁梧健壮，胸怀大志，而且武功高强。在遥辇氏联盟后期，阿保机被推为迭剌部的夷离堇时，遥辇氏的最后一个可汗痕德堇也同时成为联盟的可汗。这时的阿保机只有 30 岁，手中掌握了联盟的军事大权，专门负责四处征战。这又为阿保机建立军功树立威信和权威创造了有利条件。他充分利用本部落的实力四处征伐，接连攻破室韦和奚人等部落，同时南下进攻掠夺汉族聚居地区，俘获一些汉人和大量的牲畜和粮食，使本部落的实力大增。阿保机的伯父被杀后，阿保机继承了伯父的于越（地位仅次于可汗，史称"总知军国事"，高于夷离堇，掌握联盟的军事和行政事务，相当于中原王朝的宰相）职位，独掌部落联盟的军政大权，地位仅次于可汗。阿保机还进一步向中原地区扩充势力，和河东的李克用缔结盟约。到朱温灭唐建立后梁的那一年，阿保机也取代了遥辇氏，当上了联盟的可汗。阿保机还注意重用一些汉人，尤其是汉人中的知识分子帮助他建立了各种政治文化制度，更进一步促进了迭剌部的发展，为阿保机以后称帝建立辽国奠定了坚实的基础。

阿保机虽然已经是部落联盟的可汗，但是，按照传统制度，可汗之位要三年改选一次，由于汉人谋士经常说，中原的帝王从来不改选，这使阿保机不再愿意遵从旧的制度，所以从就任可汗之日起，阿保机就把目标瞄准了在契丹建立帝制。为此，他主要做了两方面的工作：一是对内加强权力控制，二是对外进行扩张，进一步增强本部落的实力，树立更大的权威。

在对内方面，阿保机首先建立了自己的侍卫亲军，即"腹心部"，从武力方面保护自己的权力。并派亲信族兄弟耶律曷鲁、妻族的萧敌鲁等人任侍卫亲军的

首领。其次，为使自己取代遥辇氏做可汗的事实合法化，阿保机让本族成为第十帐，位于遥辇九可汗族人之后。阿保机还设立了专门管理皇族事务的宗正官，即惕隐，以稳定家族的内部团结。除了重用本族人之外，阿保机还重用妻子述律氏家族的人，因为他们对他的地位稳固起了很大作用。

为取得更多的财富、扩张势力、树立权威，阿保机积极地四处征讨。他连续出兵，先后征服了吐谷浑、室韦、乌古等部落，而且向南边的幽州和东边的辽东进攻。当上可汗的第二年，他率领40万军队大举南下，越过长城，掠夺河东等地，攻下九郡，俘获汉人9.5万多，还有无数的牛马牲畜。然后他又出兵讨伐女真，俘其300户。阿保机还曾领兵七万与李克用在云州（今山西大同）会盟，和李克用互换战袍和战马，并互赠马匹、金缯等物，结为兄弟，约好一同进攻幽州的刘仁恭，随后，阿保机又在讨伐刘仁恭时攻陷数州，尽掠其民而归。这些通过战争掠夺来的财物，被视为阿保机耶律家族的财产，因而其家族的经济实力大大超过了其他家族。

阿保机掠夺来的这些人中包括一些汉族的知识分子，他们当中的代表如韩延徽、卢文进、韩知古等对于阿保机的政权巩固，特别是对于他称帝建立契丹国起了重要的作用。同时，他们还帮助阿保机建立了各种政治制度，教他如何利用汉人从事生产，促进经济的发展。中原帝王的世袭制度对阿保机吸引力很大，再加上在对外战争的过程中，阿保机又升为于越，兼夷离堇，权势仅次于可汗。到朱温灭唐的这一年，阿保机终于取代了痕德堇，自己当上了可汗，离他称帝建国只有一步之遥了。各部落对于痕德堇非常不满，他平庸无能，治理无方，马被饿死，领兵出征经常失利，满足不了贵族们征战掠夺财富的欲望。而阿保机相比之下，就要强很多了。于是，阿保机利用这个大好时机，遵照合法的传统制度举行可汗的改选仪式，终于凭借自己的威望得到了可汗的宝座。此后，他继续领兵四处出兵，使契丹的领土扩张到现在中国北方长城以北的大部地区。

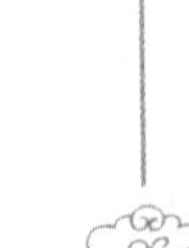

与此同时，阿保机还大举西征，攻破素昆那山东部族，兵至乌孤山，继进至古单于国，直至抵达古回鹘城。不久，他又遣兵逾流沙，攻克浮图城，征服了浮图城以西各部。

西征结束，经过短暂的休整后，阿保机命皇后述律氏、皇太子倍、次子德光

从行，东讨渤海，攻占扶余城，进而平灭渤海国，改渤海为东丹国，改忽汗城为天福城。之后，铁骊等亦相继投降归附了契丹。

至此，西征、东讨两件大事已经顺利实现，阿保机更迫切地希望夺取河北，挺进中原。然而天命难违，就在阿保机率军从天福班师，途至扶余城驻军时突染急病，七天后病逝，终年55岁。

辽太宗耶律德光

太宗，名耶律德光（公元902-947年），字德谨，小字尧骨，初名耀屈之。太祖耶律阿保机次子。太祖病死，他在太后支持下继位。在位21年，病死，终年46岁，葬于怀陵（今辽宁省林西县）。

耶律德光，公元922年，封为天下兵马大元帅，曾率军跟随太祖攻克平，营等州和西征、东征，平服于厥里等部和渤海国。太祖死后，他在母亲应天后的支持下，于公元927年11月壬戌日即位。公元937年改年号为“会同”。公元947年改国号为辽。

耶律德光即位后，不断进攻汉族地区，掠夺财富和奴隶。公元936年，后唐河东节度使石敬瑭反叛，被后唐军围困在太原（今山西省太原市）。石敬瑭向契丹求援，耶律德光便派军队为他解围，并亲自帮助石敬瑭攻灭了后唐。他对石敬瑭说：“我从三千里以外带兵南下，一战而胜，这是天意吧！我看，你应该领受南边的土地，世世代代做我的附属国。”就改后唐为后晋，封石敬瑭为“大晋皇帝”，并为辽国割取了燕云十六州。他又设立了两套统治机构，以“北面官”系统管辖契丹及其他游牧民族，以“南面官”系统管辖燕云十六州等地区的汉族居民。

后来，石敬瑭死了，他的侄子石重贵继位，是为出帝。出帝不肯向契丹称臣，只肯称孙。耶律德光大怒，出兵攻打后晋。三年后（公元947年），耶律德光又亲自统兵攻陷汴京，灭掉了后晋。

在中原地区，辽军四出掳掠，给人民带来了很大的灾难。中原军民奋起反击，到处袭击、攻杀辽兵和官吏，夺回了被侵占的城镇，使辽军无法立足。耶律德光叹息说："想不到汉族人这样难对付！"于同年4月率军悻悻北撤，终于在半路上气恼成病。到了栾城，病情转危，于丁丑日死去。左右怕他的尸体因天热而腐烂发臭，只得剖开肚腹，挖出内脏，洗清体腔，塞进了几斗食盐，匆忙运回北方。中原人民将这具尸体讥称为"帝羓"。

尸体运回辽国，应天后见了非但没有伤心痛哭，反而恨恨地说："你违抗我的意愿去攻夺中原，弄得内外不安，只有等各部落重新统一得安宁后，我才能安葬你！"后来安葬于怀陵。

耶律德光死后谥号为太宗。

辽世宗耶律阮

世宗，名耶律阮（公元918–951年），小名兀欲，又称乌欲、鄂约。太祖孙，太宗耶律德光侄，耶律倍长子。太宗病死后继位。在位5年，于攻打后周途中被燕王耶律察割谋杀，终年34岁，葬于显陵。

耶律阮，曾封为永康王。太宗病死于归途中时，他随行军中。在宗室大臣耶律安抟、耶律吼、耶律洼等拥戴下，他于公元947年4月戊寅日继位，改年号为"永禄"。

耶律阮即位以后不久，就将应天后和耶律李胡迁到祖州软禁起来；又将后党贵族划没、楚补里等处死。第二年，拥立他即位的一些贵族以他的妹夫萧翰为首谋反，事情泄露，被耶律阮平服。公元947年，萧翰又和东丹王安端密谋反叛，经安端子察割告密，耶律阮便将萧翰处死，安端降职，察割得到重用。察割暗中也在密谋夺位，虽有臣下几次要耶律阮采取措施，清除察割，耶律阮却说："察割揭发了他的父亲，如此忠于我的人，不会有二心的。"更封察割为燕王，十分宠信。

公元951年，耶律阮应北汉皇帝刘崇的请求，召集各部酋长商议出兵攻打后周，援助北汉。酋长们由于连年征战，民力耗损，不愿意南侵。耶律阮强令他们按期率众南下，自己也统率本部人马于9月到达归化州的祥古山，晚上驻宿于火神淀。各部酋长也带领人马赶到这里。癸亥日晚上，耶律阮祭祀太宗亡灵后，设宴招待群臣和各部酋长，喝得大醉，被左右扶入内帐。深夜，燕王耶律察割和伟王之子耶律呕里僧率领一班酋长冲入内帐，耶律察割举刀砍死了沉睡中的耶律阮。

耶律阮死后谥号为世宗。

辽穆宗耶律璟

穆宗，名耶律景(公元931-969年)，小名述律，又称兀律、舒斡。太宗耶律德光子，世宗耶律阮堂弟。耶律阮被杀后继位。在位19年，被暴动的奴隶杀死，终年39岁，葬于怀陵。

耶律景，曾封为寿安王，后立为太子。世宗于公元951年9月被耶律察割杀死时，他正在军中，急忙逃入南山。耶律察割想称帝，却遭到酋长们的反对。耶律景乘机与宗室大臣耶律屋质等带兵围攻察割。察割知道自己就要灭亡，索性把跟从耶律景围攻他的诸将家属捆绑起来说："我死之前，先把你们杀了。"部将耶律敌律劝他说"没有你除去了皇帝(耶律阮)，寿安王怎能继位呢？以这个为理由，他或许会免你的罪。"察割认为有理，就命令耶律敌律去为他自己说情。耶律敌律见了耶律景，却又和耶律景商定了计策，回来假称寿安王已经同意免罪，请察割出帐见面。察割信以为真，走出帐来，耶律景就密令弟弟耶律娄国上前兜头一刀，把察割杀死在地，平了叛乱。9月丁卯日，宗室大臣们与酋长拥奉耶律景从火神淀进入幽州(今北京市)继位，改年号为"应历"。

耶律景在位期间，先后镇压了四次政变。对外因无力发动大规模的南侵战争，只是应北汉请求，出兵援北汉，抵挡后周，以攻为守，维持现状。

为了镇压奴隶的反抗，耶律景又设立了许多种毒刑，如射杀、烧死、砍手脚、烂肩股、折腰胫、划口、敲碎牙齿、肢解、剁成肉泥等等。为了一些很细小的事情，他可以随便残杀贴身奴隶。公元965年3月，近侍东儿拿筷子，刀叉慢了些，耶律景就亲手将他刺死。公元967年6月，他一次杀死了管鹿的奴隶44人。野蛮的残杀激起了奴隶们的无比愤恨。公元969年2月己巳日，耶律景在怀州游猎罢回到行帐，近侍小哥、盥人花哥、厨子辛古等6个奴隶便奋起暴动，将他杀死。

耶律景死后谥号为穆宗。

辽景宗耶律贤

景宗，名耶律贤（公元948–982年），字贤宁。世宗耶律阮次子，穆宗耶律景侄。穆宗被杀后继位。在位14年，病死，终年35岁，葬于乾陵（今辽宁省北镇县医巫闾山）。

耶律贤，他闻讯穆宗于公元969年2月戊辰日被杀后，连忙与侍中萧思温等带领一千兵士赶到穆宗灵柩前，次日（己巳日）黎明宣布继位，改年号为“保宁”。

耶律贤即位后，因长期患病，由皇后萧绰执掌朝政。他在位期间，宋太宗试图收复燕云十六州，而出兵讨辽。耶律贤派大将耶律休哥迎战。双方在高梁河（今北京市大兴县东面）激战，大败宋军，史称高梁河之战，也称幽州之战。

公元982年9月，景宗外出游猎，病死于云州焦山（今山西省大同市西北、内蒙古丰镇以南旧长城附近）。遗命由太子耶律隆绪继位，大臣韩德让和耶律斜轸辅佐，军国大事最后由萧皇后决定。

耶律贤死后谥号为景宗。

辽圣宗耶律隆绪

母后主政　澶州之盟

公元982年，辽景宗耶律贤病死，其长子12岁的耶律隆绪顺利地继承了皇位，辽代最有作为且在位时间最长的皇帝开始登上了历史舞台。

耶律隆绪年幼即位，大权都落在母亲皇太后萧燕燕的手里。萧皇后也是历史上为数不多的有才能的女政治家之一，她命令辅佐大臣耶律斜轸和韩德让协助自己主管朝政，派耶律休哥主管对宋朝的军事行动。萧太后在把自己的侄女嫁给耶律斜轸后又让耶律隆绪与之约为密友，还把耶律隆绪的坐骑给了耶律休哥。萧太后的这一系列措施明显地加强了皇权，巩固了皇帝的地位，使大臣都死心塌地为皇帝效忠。

尽管如此，萧太后还是担心耶律隆绪因年幼而不能处理好政事，因此还是事必躬亲，决不放手。萧太后对耶律隆绪的要求也非常严格，而耶律隆绪知道母亲的苦心，也没有什么怨言。

在萧太后的严格管束和调教下，耶律隆绪全方位发展。他喜欢读书，尤其对唐代的《贞观事要》和《明皇实录》爱不释手，他还把白居易的《讽谏集》亲自翻译成契丹文，让契丹的大臣们都来传读。

这期间，宋辽连年征战，互有胜负。高梁河、瓦桥关两次大战，辽军两次大败宋军，也因此把军事主动权掌握在了自己的手中。但收复燕云既是宋太宗的夙愿，也是宋朝的一项基本国策。耶律隆绪继位后，宋太宗瞅准了这一有利时机，于公元986年亲率大军，兵分三路向辽朝发动了大规模的进攻。战争初期，宋朝的三路大军都势如破竹，进军顺利。此时的战况对宋军非常有利，但由曹彬率领的宋军主力东路军，因贸然进兵，粮草不继，被辽朝派来阻击的耶律休哥打败。接着辽军又大败宋军于五台、飞狐。辽军强大的攻势迫使宋太宗下令全线退兵，辽军紧追不舍。西路军潘美和杨业在撤退途中意见发生分歧，杨业被

迫带领一支为数不多的宋军去和强大的辽军作战，结果在无援军接济的情况下，负伤被俘，绝食而死。此次大战，宣告了宋太宗收复燕云失地的目的落空，也失去了与辽征战的勇气。宋辽双方的攻守态势发生了根本变化，辽由守转攻，宋朝则只能被动挨打了。

1004 年，耶律隆绪和萧太后亲自率领 20 万大军南下侵宋。辽军一路破关夺隘，势如破竹，连下宋军天雄、德清两重镇，直抵澶州(今河南濮阳)，形成三面合围之势。宋真宗在以寇准为首的主战派的劝说下，勉强御驾亲征。宋真宗的亲征极大地鼓舞了宋军的士气，大败辽军，取得了暂时的胜利，形势变得对宋军十分有利。但一心想花钱买和平的宋真宗却放弃了机会，决定谈判议和。经过几次谈判，议定真宗以萧太后为叔母，以耶律隆绪为兄弟，每年宋给辽绢 30 万匹，白银 10 万两。这就是历史上有名的“澶渊之盟”。澶渊之盟的签订，使得辽、宋之间的政治、经济、文化交流日益频繁，使辽社会有了更快的发展。

建都修制　内平外和

1009 年，萧太后病逝，耶律隆绪开始亲政。学唐比宋，是他治国的根本思想。

亲政后下达的第一条命令就是将国号改回“契丹”，然后营建新都中京，将许多重要的政务移到中京城办理。科举制度在辽朝从景宗开始实行，耶律隆绪又将其规模加以扩大，并把汉人也列入取士的范围之内，把一大批汉族优秀人才通过科举吸收到统治机构来。

部族编制也是耶律隆绪改革的重点之一，他把原来属于宫帐俘户的奴隶改编为部民，使捕捉禽兽和冶铁的奴隶取得了平民的地位。同时，耶律隆绪决定对俘虏来的奴隶和新征服的各族人户，分别设部进行统治，而不再编为奴隶。

在辽朝最初的法律中规定，不同的民族犯了相同的罪，受到的法律处罚是不一样的。为了调和阶级矛盾，调整民族关系，耶律隆绪于统和十二年下诏更改法令，规定：契丹人犯下“十恶罪的，也应依照汉人法律制裁”。统和二十四年

(1006 年)，又下诏："若奴婢犯罪至死，听送有司，其主无得擅杀。"

耶律隆绪性格温和，宽严有度，刑赏分明。在执政期间，他十分注意处理内外关系。在国内，他以身作则，理冤滞，举才行，察贪残。他好游戏，有时和手下的臣僚们击球玩耍，谏议大夫马得臣上疏劝谏，他立即停止游戏。由于耶律隆绪能够这样合理处理各种社会矛盾，顺应了历史发展的需要，所以这个时期辽朝政治清明，臣民和顺，社会内部相对比较稳定。

在对外关系上，耶律隆绪也能很好地加以处理。对属族小国，他不准部下以强凌弱，骚扰搜刮。他先后两次下嫁公主给西夏国王李继迁，无论李继迁的态度怎样变化无常，始终以安抚、和好为主，保证了辽和西夏之间没有发生战争。在与宋朝的交往中，他严格按照澶渊之盟规定的条文办事。每当派往宋朝的使者出发前，他都要亲自召见，连馈送的礼品，也要一一过目。宋朝来的使者，耶律隆绪必定要亲自接见，使他们个个高兴而归，为他进行义务宣传。

1022 年，宋真宗驾崩，宋派使者到辽国报哀。得到消息的耶律隆绪立即召集契丹和汉族大臣举朝发哀，后妃以下都孝服痛哭。又传令宋辽边境的各州各军不得作乐，全国有犯真宗讳者，都必须改名。

宋真宗死后，耶律隆绪也得了一场大病，1031 年，一代贤君耶律隆绪逝世。

辽兴宗耶律宗真

兴宗，名耶律宗真(1016-1055 年)，字夷不堇，小字只骨。圣宗耶律隆绪长子。圣宗病死后继位。在位 25 年，病死，终年 40 岁，葬于永兴陵(今内蒙古自治区昭乌达盟巴林左旗西北部)。

耶律宗真，曾封为梁王。圣宗在位时，于 1021 年立他为太子。圣宗于 1031 年 6 月病死，他于同月继位，改年号为"景福"。

耶律宗真为宫女耨斤所生，由圣宗皇后菩萨哥(齐天后)收养，母耨斤被封为元妃。耶律宗真 16 岁时即位，元妃立即自立为皇太后(钦哀后)。她为了谋夺政权，指使人诬告齐天后，要耶律宗真除去她。耶律宗真说："皇后侍先帝 40

年，抚育我成人，本来应该为皇太后，现在没有尊为皇太后，反而要加罪于她，这怎么行呢?”钦哀后说:“她如果活着，是一个后患。”耶律宗真说:“皇后年老而又没有儿子，虽然健在，也是无能为力的。”钦哀后见耶律宗真不听她的话，就自行将齐天后迁到上京囚禁(次年害死)，并处死皇后的亲信大臣，然后临朝称制，夺取了政权。1034 年，钦哀后又密谋废黜耶律宗真，另立少子耶律重元。经耶律重元向耶律宗真密告，耶律宗真就先下手废黜了钦哀后，迁她到庆陵软禁起来(3 年后迎回)。

他在位期间，于 1042 年，派使者刘六符等去宋索取土地，得到增纳的岁币银绢后才罢休。1044 年，他亲自统领大军，分几路攻西夏，战败而还，辽夏谈和。1055 年 7 月，耶律宗真巡游秋山，驻宿于南崖的北峪(今地不可考)，起病。8 月病重，己丑日死。

耶律宗真死后谥号为兴宗。

辽道宗耶律洪基

道宗，名耶律洪基(1032－1101 年)，字涅邻，小字查剌。兴宗耶律宗真长子。兴宗病死后继位。在位 46 年，病死，终年 70 岁，葬于永福陵(今内蒙古自治区昭乌达盟巴林左旗西北部)。

耶律洪基，曾封为燕王。1052 年封为天下兵马大元帅，知惕隐事(官名)。兴宗于 1055 年 8 月己丑日病死，他于同日继位，改年号为“清宁”。

耶律洪基即位后，先后信用权奸耶律重元，耶律乙辛等，致使统治集团内部争斗趋于激烈。1063 年 7 月，耶律重元假称有病，想诱使道宗于出猎时顺路去探望他，然后与子涅鲁古乘机刺杀耶律洪蛙而夺位。宫人耶律良发觉此阴谋，由皇太后(仁懿后)转告耶律洪基。耶律洪基不信，直至他派人去召涅鲁古而被拘留脱逃回来，才派兵去平定了叛乱。

1075 年，耶律乙辛为了篡权，诬告懿德皇后和伶人赵惟一私通，耶律洪基却又不加查实，就逼令皇后自杀。1077 年，耶律乙辛又诬告太子耶律濬谋图抢位，

耶律洪基又不顾太子百般申辩，将他囚禁了起来。不久，耶律乙辛派人暗杀了太子，谎报太子是病死的。耶律洪基要召见太子之妻，耶律乙辛又杀死太子妻子以灭口。直到1081年，耶律洪基才察觉上了当，便废黜了耶律乙辛及其党羽。1083年，他又处死私藏兵器、密谋外逃的耶律乙辛。

耶律洪基笃信佛教，广印佛经和建筑寺塔，劳民伤财，使社会矛盾激化，使辽国开始由强盛转向衰落。

1100年12月，耶律洪基病倒。1101年正月，病重，吩咐由孙（太子耶律浚子）耶律延沼继位。甲戌日病死于混同江畔（今地不可考）。耶律洪基死后谥号为道宗。

金太祖完颜阿骨打

阿骨打是金国的建国者，出生于生女真的完颜部中。1113年，阿骨打继任都勃极烈（即大酋长），统一了邻近各部，发动反辽战争。1115年，阿骨打正式建国称帝，国号大金。金建国后，阿骨打命完颜希尹制作女真文，并与北宋订约共同攻辽，不幸于辽灭亡前夕病死。

中国东北部的女真族，长期以来一直附属于契丹族，其中居住西南部的编入契丹户籍，称为熟女真，居住东北部不编入户籍的，称为生女真。

生女真人数最多，包括几十个部落，其中完颜部最大，过着半渔猎半农耕的生活。辽朝建立后，完颜乌古当了生女真的酋长，接受辽朝的官职，并统一了女真诸部，势力日渐壮大。而辽朝在经过与北宋的多年战争之后，国势却渐渐衰弱下去。

1112年的春天，辽国天祚帝耶律延禧到东北春州（今吉林省）巡游，兴致勃勃地在混同江（今松花江）捕鱼，并且命令当地的女真各部酋长都到春州朝见。

按照当地风俗，在每年春季最早捉到的鱼，要先给死去的祖先上供，并且摆酒宴庆祝。辽天祚帝便在春州举行了头鱼宴，请酋长们喝酒。天祚帝几杯酒下肚，有了几分醉意，叫酋长们给他跳舞。那些酋长虽然不愿意，但是不敢违抗命令，就挨个儿离开座位，跳起舞来。接下去轮到一个青年人，他神情冷漠，两眼直瞪瞪地望着天祚帝，一动也不动。这个青年就是女真族完颜部酋长的儿子，名叫阿骨打。

天祚帝见阿骨打不跳舞，很不高兴，一再催他跳。一些酋长怕得罪天祚帝，也从旁相劝。可是不管好说歹说，阿骨打拿定主意，就是不跳，叫天祚帝下不了台阶。

这场头鱼宴闹得不欢而散。天祚帝虽然当场没有发作。但散席之后，对大臣萧奉先说："阿骨打这小子这样跋扈，实在使人没法容忍。不如趁早杀了他，免得发生后患。"萧奉先认为阿骨打没有大的过失，又是酋长的儿子，杀了他怕引起其他酋长的不满，就说："他是个粗人，不懂得礼节，不值得跟他计较。就算他有什么野心，小小一个部落，也成不了气候。"天祚帝觉得萧奉先说得有道理，也就把这件事搁在一边了。

可阿骨打不是这样想，他早就对辽朝贵族欺负女真人不满了。现在天祚帝竟然叫女真的酋长们给他跳舞解闷，明显是侮辱他们。眼看辽朝越来越腐败，阿骨打决心要自立门户，摆脱辽朝的统治。

阿骨打是劾里钵的次子，从小就力气惊人，"甫成童，即善射"。辽使曾见他张弓射群鸟，连射三发皆中，惊称为"奇男子"。长大后的阿骨打状貌雄伟，沉毅，很少言笑，但胸中自有大志。23岁时，阿骨打第一次随父出征，围攻窝谋罕城（今吉林敦化额穆镇东南），他身披短甲，不带胄，马也不挂甲，便在阵前行围号令诸军，初露锋芒。

1113年，阿骨打的哥哥乌雅束死去，阿骨打继任完颜部首领。阿骨打未嗣位前，在同辽朝的来往中，已然显示了他的才能。正如他的父亲劾里钵临终前说过："乌雅束柔善，唯此子（指阿骨打）足了契丹事。"阿骨打继任联盟长后，反辽的重任自然落在他的身上，他开始建筑城堡，修理武器，训练人马，先后在宁

江州（今吉林扶余县东南）等地大败辽兵。接着攻占辽朝边境州县，壮大了自己的军事力量。

阿骨打为了在战略上达到彻底孤立辽统治者的目的，还采取分化瓦解的攻势。他暗中放回辽防御使大药师奴，使其招谕辽人。又召渤海人梁福、斡答剌，使之伪逃亡，招谕其乡人说："女真、渤海本同一家，兴师伐罪，不滥及无辜也。"阿骨打还遣完颜娄室招谕系辽籍女真，揭露契丹贵族的残暴统治。同时派人抚定东北边远地区部落，达鲁古部、铁骊部、鳖古部等相继归附，终于稳定了后方。

1115年，完颜阿骨打称皇帝，史称金太祖，国号"大金"，定都会宁府（今黑龙江省阿城县南）。

阿骨打自立后，攻打辽朝东北重镇黄龙府（今吉林农安县）。天祚帝派了二十多万步兵、骑兵到东北去防守，但还是被金兵打得大败，武器都丢得精光。天祚帝看硬的不行，就想跟金朝讲和。阿骨打可不答应，指名道姓要天祚帝投降。天祚帝恼羞成怒，组织兵力七十万，亲自带领到黄龙府去。

阿骨打命令将士筑好营垒，挖掘壕沟，准备抵抗。正在这个时候，辽朝发生内乱，天祚帝下令撤兵。阿骨打乘机追击，几十万辽军一下就被击垮，天祚帝一天一夜逃了几百里，才算保住了一条命。辽朝兵力大部丧失，北方的许多人不满辽朝的统治，纷纷起义。

此时的辽朝已是风雨飘摇，阿骨打便着手对其氏族制度进行了一系列的改革，首先就是对猛安谋克制度进行了改革。猛安谋克源于女真族部落的围猎组织，后来在对外战争中发展为军事组织。阿骨打下令"诸路以三百户为谋克，十谋克为猛安，一如郡县置吏之法"。将女真族的村寨组织与猛安谋克组织相结合，使之成为新的行政、军事和生产三位一体的地方行政组织。这种军政合一的猛安谋克制度作为社会的基层组织，对金朝的巩固和发展起着十分重要的作用。

在经济上，阿骨打实行猛安谋克屯田制，让百姓省税赋，务农积谷，诏女真人同姓不得为婚。随着统治范围的不断扩大，为了适应对各族人的统治，阿骨打还在一定程度上兼容了辽的政治经济制度。

此时的北宋也看到机会，宋徽宗派人从山东渡海，前往金朝会见阿骨打，表示愿意夹攻辽朝。双方约定灭掉辽朝之后，北宋收回燕云十六州的失地，把原

来每年送给辽朝的银、绢，如数转送给金朝，历史上把这件事称作”海上之盟”。

金兵于是向南进攻，接连攻下了辽朝四座京城，还留下一个燕京，按双方约定该由宋军攻打。此时童贯刚刚镇压了方腊起义，忙带领十五万大军赶到北方，攻打燕京。他满以为辽兵的主力已经被金军消灭，打下燕京可以不费多大劲儿。哪知道辽兵虽然虚弱，比宋军还是强得多。童贯一连打了两次败仗，不但燕京没有收复，而且损兵折将，把多年以来积存的粮草、武器全都丢光了。

童贯为了逃避失败的责任，暗地里派人请金军攻燕京。金军一举拿下了燕京，却不肯还给北宋。童贯只好答应把燕京的租税每年一百万贯钱献给金朝，才把燕京赎了回来。可是，此前阿骨打下令金军早把燕地的金帛、豪族、工匠、民户席卷掳掠一空，宋朝所得的燕京不过是一座空城而已。

在班师返回的途中，阿骨打病重，不久于部堵泺西行宫去世。

夏景宗李元昊

西夏的近祖是党项人，李元昊的祖上均为党项贵族。他的父亲李德明，曾被辽封为大夏国王，被宋封为夏国王。据说其父李德明与元昊生母卫慕氏出游贺兰山时，卫慕氏夜梦白龙绕体，由此得孕，怀胎 12 个月始生元昊。元昊从小熟读兵书，有勇有谋，气度非凡。

元昊出生那年，祖父李继迁同吐蕃大首领潘罗支作战时负伤死去；次年，其父李德明继任定难军节度使。德明奉行联辽睦宋、保境息民政

策，使党项部落得到了相对的安定，但元昊对此非常不解，并时常因此冒犯李德明。李德明不但不生气，反而觉得儿子小小年纪就有独到的见解，非常不容易，于是对元昊格外器重，让他开始参与一些军机大事。

1032年，李德明去世，28岁的元昊以太子身份继任夏州主。元昊继位后，为了巩固自己的统治，同时也为了扩大版图，先后四处出兵征战。先是出兵西进，攻打吐蕃赞普的后裔，又攻取了回鹘的瓜州（今甘肃安西）、沙州（今甘肃敦煌）、肃州（今甘肃酒泉），完全控制了河西走廊。从此他的宏伟抱负也有了雄厚的现实基础。

此时，从夏的外部环境看，辽和宋对党项继续实行笼络政策，对党项还比较友好。但元昊并不想俯首贴耳地臣服宋辽，尤其是探知宋帝软弱时，就更加大胆作为，毫无约束了。从内部条件看，元昊地位稳固，威信很高，他经常表现要自立称帝、建国图强的欲望，在族内几乎无人反对。加上自德明开始，已经为称帝做了许多准备，现在元昊新立，锐气正盛，于是元昊加快了称帝的步伐。

元昊在称帝建国之前，一反其父崇尚汉文化的传统，而是特别注意保存和发展党项族本身的文化特色。其次，元昊颁布了自己的年号。

1038年十月，元昊登基为帝，改国号为大夏。同时元昊向宋仁宗上了一道表章，名义上虽然还是臣子的身份，但口气十分强硬，并公开表达了建立国家政权的坚定决心。宋仁宗既气愤又无可奈何，而这一切都让元昊感到兴奋，但宋夏之战也一触即发。

1039年至1042年间，元昊对宋发动了侵略战争，并先后在三川口、好水川、定川砦三次关键战役中取得了胜利。在战斗中，元昊使自己的地位不断加以巩固，西夏这个新兴王朝也迅速强大起来，宋、辽、夏三足鼎立的局面正式确立。

但事实上，西夏也为他们取得的胜利付出了血的代价。于是，在三战取胜的有利形势下，元昊开始寻求和平的可能。而宋朝也在这三次战争中充分暴露了朝廷的昏庸和无能，国力的薄弱和混乱，以及对西夏崛起的无可奈何。在此形势之下，宋夏和议就达成了。

1044年，宋夏签署和议，元昊用“夏国主”的名义向宋称臣，并随送“誓表”议和，宋朝每年给夏25万两（包括银、绢、茶）的“岁赐”。

随后，元昊又挑起了夏辽之间的战争，他这次战争的目的是为了展示自己的实力，使辽能够正视夏政权的存在，所以，元昊在取得胜利后立即与辽签订了和议。

作为君主，元昊既有文治武功的一面，也有凶狠残暴的一面。在位期间，为了排除异己，防止外戚篡权，他实行"峻诛杀"的政策，哪怕卫慕氏皇太后的家族，也加以杀戮。由于猜忌和多疑，宋朝巧施离间计，使他杀掉了能征惯战、被宋朝边帅恨之入骨的野利仁荣和遇乞兄弟，虽然他们是元昊野利皇后的兄长，也未能幸免。

在内宫，野利氏最受宠爱，曾被封为宪成皇后。野利氏美貌妖艳，元昊对她又宠又惧，曾下令任何人不准戴野利氏喜用的金丝编织的"起云冠"。后来野利仁荣兄弟被杀，野利皇后也被囚居别宫，逐渐失宠。这个时候，元昊正在准备为太子宁令哥纳妻，但等他见到未来儿媳没藏氏的美色后，竟一改初衷，把没藏氏纳为己妃，称为"新皇后"。不久，没藏氏产下一子，取名宁令两岔，即后来的夏毅宗谅祚。没藏氏因生子而贵，更加骄宠。

在此以前，元昊的皇后野利氏曾生三子，元昊十分宠爱酷似自己的次子宁令哥。而宁令哥也仗宠而骄，为所欲为。后来，野利氏失宠黜居，太子宁令哥又因元昊将原为自己所纳为妻的没藏氏夺去，气愤难忍。此时，没藏氏之兄没藏讹庞已位居国相，他们兄妹早已开始策划废除太子、立谅祚为帝的阴谋。为此，他们一直把宁令哥视为眼中针，一心想除之。没藏讹庞派人同宁令哥联系，假意帮助宁令哥发动政变，刺杀元昊。宁令哥竟然轻信了他的谎言，暗中联络同党伺机动手。

天授礼法延祚十一年（1048 年）元宵节，元昊饮乐至深夜，大醉而归，正待进入卧室，宁令哥突然挥剑向元昊砍去，元昊躲避不及，鼻子被整个削掉。这时，没藏讹庞预先埋伏在宫门左右的军士纷纷跃出，救出元昊。宁令哥乘机逃出宫去，直奔没藏讹庞的居所黄芦藏身，正好被守候多时的没藏讹庞捕获，与其母一起被处死。

被削去鼻子的元昊，又惊又气，不久鼻创发作，不治而亡。终年 46 岁。

夏毅宗李谅祚

西夏景宗李元昊临死前，因无子可继，便传下遗诏，由从弟委哥宁令继承帝位。李元昊刚闭上眼睛，得李元昊专宠多年的没藏氏兄妹废掉太子委哥宁令，而改立宁令两岔为帝，诸大臣在他们的淫威下，只得同意。于是刚满周岁的宁令两岔被人抱着，在李元昊的灵柩前即位，并改名李谅祚。

这个西夏历史上即位年龄最小的皇帝，还正在咿呀学语，哪知道什么国家大事，因此，西夏的军政大权就被生母没藏氏和没藏讹庞等人掌握，由此开始的母后干政，外戚专权的局面，祸及西夏后世。

没藏讹庞掌握大权后，专横跋扈、胡作非为。他成事不足，败事有余，明知自己实力不如北宋，偏偏还要去骚扰，弄得夏、宋因此而连年议价不决，引起冲突。后来北宋下令陕西、河东严禁和市，西夏倍感压力，这才就范。

1049 年，辽兴宗耶律宗真乘西夏新帝刚立亲率大军，前往征讨，将没藏讹庞率领的西夏军打得大败，乘胜追击，又在 1050 年 5 月包围兴庆府，太后没藏氏只得下令闭城严守，6 月辽军又攻破西夏的粮仓，将西夏储粮抢劫一空。太后没藏氏只好派人讲和，请依旧例称藩，西夏仍然向辽称臣纳贡。

1056 年，太后没藏氏竟然被相好李守贵杀死，没藏讹庞赶紧亡羊补牢，将女儿嫁给李谅祚为后，由国舅变为国丈，继续总揽大权，总算是保住了没藏氏家族在西夏只手遮天的权势。

随着李凉祚年龄渐长，对没藏讹庞的专权日益不满，加上亲信高怀正、毛惟昌将大臣们对讹庞的议论告诉他，就更增加了他对没藏讹庞的怨恨。后来没藏讹庞发现高、毛两人告密后，借故将这两人杀掉，更进一步激化了李谅祚与没藏讹庞的矛盾。

1061 年，李谅祚与没藏讹庞的儿媳梁氏私通，被没藏讹庞的儿子发觉，父子二人遂密谋杀掉李谅祚，没想到密谋之事被梁氏知道，梁氏急忙密告李谅祚。于是李谅祚先下手为强，设计将没藏讹庞杀死，并诛杀没藏讹庞的儿子及其家

族，立梁氏为后。14 岁的谅祚，兵不血刃地结束了没藏氏专政的局面，开始亲理国政。

李谅祚年龄虽小，但从小就在尔虞我诈的后宫中历练，倒也练出了一身的本事，消灭没藏氏的专政，多少证明了他的能力。亲政后，为巩固西夏政权，李谅祚采取了几项重要的政治措施。

1061 年，李谅祚刚亲政，就下令以汉礼代替蕃礼，用以汉礼北宋来使。随后又于公元 1062 年，对李元昊设定的十二监军司作了调整，局部避免了旧制度中军政合一、各监军司权力过大的弊病，加强了中央集权的统治。后来，李谅祚还仿照宋朝官制，建立和充实了西夏官制。李谅祚的这些措施，促进了社会的进步，在党项族的历史发展中有着重要的影响。

李谅祚还基本上采取联辽、睦宋、拉拢吐蕃的政策，与这三个包围西夏的政权周旋。对吐蕃，李谅祚用笼络的手段招诱吐蕃首领前来归附。对辽，则年年纳贡称臣，借助辽的势力，对其他政权狐假虎威。而对北宋，李谅祚则采用和战交替的手段，从北宋手里捞到大量好处。

李谅祚虽有些才能，但还是没有熬过 21 岁，于 1067 年年底死去。

夏惠宗李秉常

李谅祚死，他的儿子李秉常即位，是为夏惠宗。

年仅 8 岁的李秉常即位后，大权又被皇太后梁氏和其弟梁乙埋所掌握。梁氏姐弟虽是汉人，在西夏皇族中也没有什么威望，但依靠李谅祚的专宠而得势，因此大臣们趋炎附势，很快就形成了一个以梁太后、梁乙埋和大将都罗马尾、贵族罔萌讹为首的母党集团，牢牢地控制了西夏军政大权。

为了得到党项贵族的支持，梁氏又将李谅祚时期的礼仪从汉礼恢复为蕃礼。后来在 1076 年李秉常亲政后，曾想取消蕃礼，恢复汉礼，但被后党势力否定。这充分说明，李秉常即使亲政，也不过是一个傀儡而已。直到 1081 年，他的傀儡皇帝生涯才有转机。这一年，年满 21 岁的李秉常对后党的专权不满，于

是接受了大将李清的建议，企图将黄河以南的不毛之地划归北宋，想借北宋的力量来对付梁氏。结果事情败露，李清被杀，李秉常被囚禁在兴庆府城外。听到消息后，李秉常的皇族亲党和各部酋长非常愤怒，立即起兵反对梁氏，一时国中大乱，保泰统军禹藏花麻还请北宋发兵征讨梁氏。

宋神宗正苦于没有复仇的机会，见这样的馅饼掉下来，赶紧分兵五路伐夏，结果不久就遭到失败，只得草草收兵。一年后，夏、宋之间又发生了“永乐之战”，西夏仍旧取得了胜利。

1083 年，李秉常终于在战争所造成国内财力困乏，物价暴涨，民不聊生的局面下，在朝中大臣要求李秉常复出的呼声下，终于复位，仍然做他的傀儡皇帝。1085 年，梁氏姐弟先后死去，继承大权的梁乙逋失去靠山，地位开始动摇。

与此同时，与后党对抗多年的皇族势力逐渐抬头，开始与梁乞逋公开抗衡，皇族与后党的斗争一度尖锐起来。但李秉常却管不了这些，于是以郁闷的死去来结束了他的傀儡皇帝生涯，年仅 27 岁。

元太祖铁木真

奋发图强　统一蒙古

12 世纪在蒙古大草原上，分布着很多游牧民族的部落。蒙古族部落为其中的一个。在这个部落中，又有一个叫孛儿只斤部，部中有两个强大的氏族——乞颜氏族和泰赤乌氏族。铁木真就是乞颜氏部首领也速该的儿子。

铁木真 9 岁时，也速该让塔塔儿部的人毒死。也速该死后，许多奴隶、属民和贵族纷纷离开铁木真和他的寡母。同时在其他一些部落的欺压下，铁木真的母亲只好带着几个孩子和仅剩下的少数部众住在斡难河上游不儿罕山一带，过

着困苦的生活。

仍担心乞颜氏族会重新振兴的泰赤乌氏族的首领带人把铁木真抓去，将他戴上木枷，送到泰赤乌部的老营，逐营巡走示众，铁木真受尽了侮辱。就在当天深夜，铁木真乘人不备逃走。

这时的铁木真暗下决心，准备恢复父亲的功业，于是，铁木真接来了弘吉剌部美貌贤惠的孛儿帖完婚，弘吉剌部赠给铁木真不少的礼物，其中有一张非常珍贵的黑貂裘。铁木真忍痛把这张黑貂裘送给了他父亲的至交克烈部首领王罕。在王罕的庇护下，铁木真开始积聚力量，收集旧部，实力日益强盛起来。

但就在他的羽毛未丰的时候，又遭到三姓篾儿乞人的袭击，铁木真兄弟和战友势单力薄。在王罕和铁木真儿时的伙伴、札管剌部的札木合的帮助下，铁木真乘篾儿乞人没有防备时大举进攻，取得胜利，找回了已有身孕的妻子，不久得子术赤，还将篾儿乞人的妇孺掠为奴婢。经过这次战争，铁木真的力量逐渐壮大起来，不少当时的旧属民又纷纷前来投奔，一些有名望的贵族也向铁木真靠拢。1192 年，在部族长联合会议上，铁木真被拥为可汗，众人无一不服。铁木真的力量大大加强了。

但铁木真清醒地认识到参加部落联盟的各支贵族，都是为了自家的利益才联合到一起的，如果没有统一的制度，很难形成一个统一的强大势力。于是铁木真立即建立起一套能够巩固自己统治地位的制度。他成立了一个专门保卫自己的侍卫队，然后设立了很多分管各种事务的专门机构，这些机构的负责人均为自己的心腹。通过这套制度，铁木真很快造就了一支十分强大的军队。

铁木真还运用各种机会对将士们征战、杀掠的行为进行赞扬，以便使全部落都把这些行为看成是最受人尊敬的美德。在部落舆论的影响下，铁木真掌握

了一支最精锐的快速铁骑。这支铁骑不仅能够吃苦耐劳，敢于冲锋陷阵，还有严格的纪律和制度约束，这样他们也适合于大兵团活动，从而为统一蒙古奠定了基础。

此时，铁木真已不满足于自己狭小的地盘和不多的部众，但他深知，要扩张自己的势力，还必须继续依靠强大的克烈部首领的支持。就任可汗后，他立即派使臣向王罕报告此事。王罕对自己的干儿子继承汗位非常满意，欣然允许。但札木合和泰赤乌贵族则无法容忍这样一支新生力量的出现，对此铁木真分别采取暂时退却、笼络瓦解的政策。

后来，铁木真利用塔塔儿被金击败的机会，联合王罕、金兵将塔塔儿人围歼在斡里札河畔。这次战役过后，金朝授予铁木真蒙古军统领之职，提高了他的政治地位。此后，铁木真继续削弱旧贵族的权力和地位，消灭叛乱分子，巩固了自己的统治。

南宋庆元六年(1200 年)，铁木真与王罕共同发兵攻打泰赤乌，斩其首领塔儿忽台等。接着王罕和铁木真的进攻目标转向东部富饶的呼伦贝尔草原，合答斤、散只兀部落的部众、牲畜被劫掠一空。不久，铁木真又击败了札木合搜罗一批包括塔塔儿、弘吉剌、泰赤乌等共 11 个部族首领结成的联盟。

几年的南征北战，铁木真彻底歼灭了宿敌塔塔儿部，从此，蒙古高原富饶的东部土地和众多部落几乎全都归并在铁木真的统治之下，其势力愈益强大起来。王罕对这一新兴势力的发展过猛有所顾虑，以致在共同讨伐乃蛮部的不欲鲁汗时，轻信谣言，擅自撤军，被乃蛮部截击，幸亏铁木真拼力相救，王罕才得以脱险。于是双方再次宣誓结盟。

铁木真曾为长子术赤向王罕之子桑昆的女儿求婚，结果被拒绝，双方关系再度恶化。不久，王罕父子伪许婚约，邀请铁木真赴宴，想乘机除掉铁木真。结果被铁木真识破。王罕之子桑昆又生二计，准备偷袭铁木真，但也被人驰报铁木真。铁木真仓促迎敌，却因寡不敌众而败逃。

这时，王罕却与追随他的其他蒙古贵族发生了分裂。札木合、阿勒坛、忽察儿、答里台等人密议要袭击王罕，自立为王，被王罕察知后击败。答里台和蒙古巴阿邻、嫩真二部、克烈撒合夷部又投归铁木真，札木合等逃向乃蛮部。正当王罕搭起金帐，设宴庆功之际，铁木真却对他发起突然袭击，击败了王罕父子。王罕逃至

乃蛮边界被乃蛮守将捕杀。其子桑昆逃到曲先(今新疆库车)后也被杀死。

消灭了以王罕为首的蒙古诸部中最为强大的克烈部及其部众,铁木真的势力大大增强了。此时,蒙古高原上唯一还有力量能与铁木真抗衡的部族只有乃蛮部了。

不久,乃蛮部太阳罕统兵东进,会合篾儿乞部、斡亦剌部以及札木合所率领的泰赤乌等残部,共同进攻铁木真。

在双方大战之前,铁木真已作好了充分的准备,他首先对军队进行了整编,按千户、百户、十户统一编组。军队的整编使铁木真的军队成为一支纪律严明、高度集中的武装力量。最终铁木真依靠这支军队,击败了乃蛮部落,统一了蒙古草原。

建立帝制　伐夏灭金

1206 年,在蒙古族会议上,铁木真被推举为“成吉思汗”,意为“全天下之皇帝”,国家名称为“大蒙古国”。为了治理好这个国家,成吉思汗开始创立一整套较为完备的国家制度,来取代过去松散的部落联盟,为他能有效地控制这个新兴的帝国服务。

成吉思汗根据草原民族的特殊情况,借鉴金朝的制度,将自己的部众共分为 95 个千户(金代称为“猛安”)。千户之下,又分为百户(金代称为“谋克”)、十户等单位。成吉思汗任命自己的亲信为各千户之长来管辖手下的民众。而千户组织本身,又是军政合一的单位,平时游牧、行猎,战时组织军队出征,从而保证了蒙古帝国在军事力量上的强大。

此后不久,成吉思汗又以口谕的形式,颁布了蒙古帝国的最高法典——《大札撒》。后来人们将其记录下来,断事官和其他行政官吏处理司法及日常政务时主要依靠这些文字。《大札撒》被此后的蒙古诸汗及元朝诸帝奉为不可违犯的法律准则。

成吉思汗建立起蒙古帝国后,封赏了他的亲族,以及那些跟随他出生入死、

浴血奋战多年的部众们。对于他的亲族而言，封赏的不仅是财产、权力，而且，成吉思汗希望通过封赏，来避免亲族之间为争夺利益而产生不必要的分裂。随着蒙古帝国在对外战争中不断扩大，受封的人数也在不断增加，并得以长期保存，遂成为蒙古帝国及元朝颇具特色的一种制度。

成吉思汗在统一了大草原，建立蒙古帝国之后，并没有高枕无忧，尽情享乐，而是把进一步扩大帝国的势力作为首要任务。大漠之南的金国和西夏则成了其首先攻击的目标。

成吉思汗早已谋划着进攻金国，但担心西夏从西面进行骚扰，所以他决定先攻打西夏。于是，成吉思汗在灭乃蛮后，接连三次攻掠西夏，西夏王朝受到沉重打击。西夏也转变了态度，开始臣服蒙古，而进攻金国。

蒙古与金积怨很深。完颜永济继位时，金朝政局混乱，腐败不堪。成吉思汗掌握了这些消息后，就以为祖先复仇为借口，对金朝展开了全面攻势，大败金军于野狐岭。接着又分兵四出，攻取了山西、河北、山东和东北的许多地方。而金朝依旧忙于内乱之中。

长期的内忧外患已使金朝国力衰竭。为躲避蒙古的压迫，金朝只得迁都河南汴京。恰在这时，金国阻止蒙古派往南宋的和平使节的事件使成吉思汗非常气恼，他再次下令策马南进。蒙古军逼近中都并将其包围，中都附近州县守将和官员纷纷投降，前来救援的金军均被击溃，留守中都的金军主帅也弃城而逃。蒙古军进占中都后，驻在桓州的成吉思汗派失吉忽秃忽将中都府藏尽数运走。

西征强国　壮志未酬

成吉思汗在征服西夏的同时，还使位于西域的畏兀儿、西辽及哈剌鲁等国归降了自己。这样，蒙古帝国在向西面扩张势力时，就与这里的另一大强国——花剌子模国相遇。

花剌子模国君主摩诃末沙志骄气盛，也打算征服中国创建一个世界帝国。由于盛传该国之军力极强大，财富颇丰厚，成吉思汗打消了向西扩张的念头，而

决定与其和睦相处。

1218年,成吉思汗先后派出使者及商团前往花剌子模国,进行友好交往。但是,花剌子模国的君臣们并没有将蒙古帝国放在眼里,摩诃末沙对成吉思汗的使者傲慢无礼,他的大将亦难出又因贪财而不顾两国关系的重要,尽杀蒙古商团的商人,抢夺其财宝。成吉思汗派去指责摩诃末沙的三个使臣,为首的被杀,其余二人被剃去胡须驱逐出境。

感到威严受损的成吉思汗勃然大怒,他登上山巅,祈祷了三天三夜,求神灵佐助,决定不惜一切代价,灭掉花剌子模国。

1219年,蒙古大军开始了西征之战。除了讹答剌城的守军顽抗之外,蒙古军的西征,几乎没有遇到什么挫折,长驱直入。第二年,成吉思汗大军越过铁门关,兵分三路。一路为大将哲别、速不台等所率精锐,专门负责追击正在逃跑的摩诃末沙。哲别由你沙不儿(今伊朗霍腊散省内沙布尔)、志费因(今伊朗霍腊散省札哈台)、讹答而(今伊朗马赞德兰)诸处,直追到剌夷(今伊朗德黑兰之南);速不台则由徒思(今伊朗霍腊散省马什哈德北)、哈布商(今伊朗霍腊散省古昌)、担寒(今伊朗马赞德兰省达姆甘)诸处,追至剌夷,与哲别会师,而后追至哈马丹(今伊朗西部)。

被蒙军追得四处逃窜的摩诃末沙最后病死在宽田吉思海(今里海)中的一个小岛上,死时仅以一件衬衣裹尸。成吉思汗自率一路军马,攻打忒耳迷(今乌兹别克斯坦共和国铁尔梅兹)等地,而命拖雷率另一路军马攻打呼罗珊诸城邑。拖雷率军连克马鲁(今土库曼斯坦共和国马雷)、徒思、志费因、奈撒(今土库曼斯坦共和国阿什哈巴德东)、你沙不儿、也里(今阿富汗赫拉特)诸城,烧杀抢掠一番后挥师而还,又同成吉思汗用半年的时间攻克塔里寒寨(今阿富汗木尔加布河上游之北),将其居民全部杀死。

5年的征战,花剌子模国的众多城市被毁为废墟,军力殆尽,已不足与蒙古帝国相对抗。成吉思汗在各重要城镇设置人员统治该地之民众,后回师蒙古大草原。

宝庆二年(1226年),成吉思汗再次对西夏用兵。由于成吉思汗在射猎野马时再次落马受伤,蒙古军被迫驻营休息。皇子、大臣们劝年迈的成吉思汗暂

时后撤，成吉思汗不听，又派遣使臣到西夏责其不派兵随从西征且出言不逊之罪。接着，继续攻打西夏。成吉思汗见西夏指日可灭后，于宋宝庆三年(1227年)正月率军南下进入金境，攻陷临洮府和洮、河、西宁、德顺等州，同时还派遣一支部队进入宋境进行掠夺。

四月，驻军于六盘山。六月，继续向南进兵，至秦州清水县。

宋宝庆三年(1227年)七月，成吉思汗身患重病，一卧不起。他自知死期临近，便召三子窝阔台、四子拖雷于枕边，叮嘱兄弟之间要亲密相处，并面授征服金国的策略：金的精兵在潼关，南有群山，北临黄河，很难攻破。如果向宋借道，宋与金是世仇，必定会应允，那就可以出兵唐、邓，直指汴京。金危急，必定征召驻守潼关的军队，这时我们迎头痛击远来疲军，必能大胜。他还吩咐：自己死后要秘不发丧，以免被敌人知悉。西夏国主和居民在指定时刻出城时，要将他们全部杀死。安排完军国大事，成吉思汗就此结束了他的一生，终年66岁。

元太宗窝阔台

继承汗位　治内定外

窝阔台很小就开始学习骑马射箭的本领。后又随父亲四处征战，曾在合兰沙陀大战克烈部王罕，奋力杀敌。

经过多次征战洗礼的他，逐渐地成长为一位骁勇善战的虎将。

成吉思汗共有四个儿子：长子术赤，次子察合台，三子窝阔台，四子拖雷。他们随从成吉思汗东征西伐，为蒙古帝国的奠基立下了汗马功劳，犹如帝国的四根台柱。成吉思汗根据四个儿子的才能和特长，给他们安排了不同的职掌：术赤管狩猎；察合台掌法令；窝阔台主朝政；拖雷统军队。

经过几年征战，成吉思汗已经使蒙古帝国初具规模，目光远大的铁木真为了发展自己所创立的帝国，完成未竟之业，急需一位政治家来继承自己的事业。

在挥师西征之前，他召见诸子及胞弟商议继承人。窝阔台足智多谋，忠厚宽仁，举事稳健，治国才能较拖雷全面。所以，虽然成吉思汗对幼子拖雷宠爱有加，但还是把继承人定为窝阔台。

窝阔台被确立为继承人之后，随同父亲踏上了讨伐花剌子模国的征程。蒙古军队共分为四路，其中一路由窝阔台、察合台指挥进攻讹答剌，一个月后攻下城堡。南宋嘉定十三年（1220 年）夏，成吉思汗派窝阔台、察合台率领右翼军去攻取花剌子模国首都玉龙杰赤，命术赤率本部兵从其驻营地南下会合。窝阔台、察合台和术赤各率本部兵马，先后抵达玉龙杰赤城下。但由于蒙古军号令不一，连攻数月也未见成效。此时在阿富汗境内的成吉思汗了解情况后，立即令窝阔台统一指挥军队。窝阔台调解了兄弟的关系，严整军纪，随即转入总攻。9 天后，守城者力竭请降。

南宋嘉定十八年（1225 年）春，窝阔台随父亲结束了 7 年的远征，回到蒙古故土。

南宋宝庆三年（1227 年）七月，成吉思汗身患重病，一卧不起。成吉思汗临死前，曾再次教导诸子一定要团结一致，服从窝阔台的领导。但是，当时蒙古的忽勒台制（部落议事会制度）仍起作用，所以即使成吉思汗有令在先，但最终由谁来继承汗位还要忽勒台做出决定。这样在成吉思汗去世以后，窝阔台并没有即位，而是由拖雷监摄国政。

两年后，蒙古宗王和重臣才举行忽勒台大会，推选新大汗。会上，仍有人提议由拖雷继承汗位。此时术赤已死，窝阔台又有察合台的全力支持，拖雷势孤，汗位最终还是落在了窝阔台的身上。

窝阔台即位后，严守成吉思汗所制定的法令，将王位空缺两年时间里的犯罪者全部赦免，并重用辽国宗室子弟耶律楚材，进一步健全了蒙古的法律制度和政治制度。

1230 年，窝阔台不顾蒙古贵族和汉人王侯的反对，同意耶律楚材关于在中原地区维持原来的农业、手工业生产，征收地税、商税以及酒醋盐铁等税的建议，并让他试行。一年后，耶律楚材将征收到的数量众多的银、币和米谷簿籍陈放到窝阔台面前时，窝阔台立即授予他中书省的职务，负责黄河以北的政事，为

以后的蒙古南征奠定了坚实的物质基础。

窝阔台确定固定的牧区赋税制度，还在汉人地主中设置了万户、千户，确保了兵力和财政的稳定来源。与此同时，耶律楚材主持黄河以北汉民的赋调，成效颇佳。这些措施和成绩有力保证了蒙古军在灭金战事中的胜利。

在对外扩张政策上，窝阔台一直把金国作为攻灭的首要目标。他在处理完国内的一应政务之后，于1230年春，派兵进围金廷在西北的重要城市京兆（今陕西西安），在击退赶来援救的金兵后不久，就攻下了该城。

同年秋，窝阔台汗亲自征金，攻克天成堡等要塞，渡过黄河，在凤翔遇到金军的顽强抵抗，直到次年二月，才将该城攻克。而蒙军在进攻潼关、蓝关等重要军事关隘时，又遇到金军守关精锐部队的阻击，屡屡受挫。于是，窝阔台汗在攻陷凤翔后，转攻河南金军防守薄弱的各地区，进占河南重镇洛阳及河中诸城。而后，窝阔台决定回师，再定伐金的策略。

经过商议，窝阔台采纳了拖雷避开驻防于潼关一线的金军主力，而兵分三路以攻灭金国的主张。窝阔台汗自率中路军，直取洛阳，转攻汴京。经过数月的征战，金兵精锐尽数被歼灭，最终将金都汴京包围。

1226年春，金哀宗见大势已去，乃由汴京出逃，至归德，又转逃至蔡州。蒙古军紧追不合，随即将蔡州围困。此时蒙古军因出征已有一年多，粮草不济，遂向宋朝求援。宋廷经过商议，不但对蒙军给予了粮草支持，还与蒙军共同攻克了蔡州。城破时，金哀宗传位于末帝后自杀。金末帝随即亦被乱军所杀，金朝至此而亡。蒙古帝国的势力，进一步扩张到长江一线，与南宋接壤。

灭金之后，蒙古军队北还休整。被胜利冲昏头脑的南宋朝廷却打算趁蒙军疲惫北还之时收复三京之地。

1234年六月，庐州知州全子才奉诏率军万人到达汴京，汴京人杀蒙古所置长官崔立降宋。随后宋兵西进，洛阳人民也开城迎纳宋师。恰在这时，窝阔台在蒙古诸王大会上已决定兴师南侵。塔察儿率军将不堪一击的宋军击溃，迅速攻占了洛阳、汴京。窝阔台又派使者指责宋朝发兵入洛，宋朝只得委曲求全，寄望于议和。窝阔台对南宋的议和请求未予理睬，多次派兵南侵，但遭到宋军的顽强抵抗。蒙军虽未攻下这些地区，但掠夺财物的目的已经达到，也沉重打击了南宋王朝。

西征欧洲　乐极而终

1235 年，窝阔台召集诸王大会，决定以术赤长子拔都为首，以速不台为统兵作战的主将，率 15 万蒙古大军，征讨钦察、斡罗思等未服诸国。

1236 年春，蒙古诸王和速不台率师出发，秋天抵达不里阿耳，与拔都兄弟会合，攻克不里阿耳城，杀掠之后将此城焚毁。同年冬，蒙哥尽歼亦的勒河下游的钦察部。

1237 年秋，拔都等诸王召开了一次库里台大会，决定共同进兵斡罗思。蒙古军先是征服了莫尔多瓦，继而攻破也烈赞城，杀尽城中王公居民，焚毁其城。

1238 年，蒙古兵分四路，一个月内连破科罗木纳、莫斯科、罗思拖夫等十余城，继而攻克公国首府弗拉基米尔城，烧死了大公的家属和城中显贵。蒙古军又进攻昔迪河畔的大公军营，将敌军歼灭，斡罗思大公战死。

随后，蒙古军兵锋南指，抢掠了斯摩棱斯克、契尔尼果夫等地，并继续略取钦察草原西部地。钦察部落长忽滩战败，率余部迁入马札儿（今匈牙利）。1239 年，蒙哥、贵由统兵进入阿速国，用时 3 个月攻破其都城蔑怯思，阿速国主杭忽思投降，蒙哥命其丁壮从军。1240 年春，蒙哥、贵由继续在太和岭（今高加索山）北用兵。秋天，窝阔台派遣使者召蒙哥、贵由东归。

拔都率军经略亦的勒河以东诸地，并在钦察草原休养兵马。1239 年，遣兵再次进入斡罗思抢掠。次年秋，拔都亲率大军攻占斡罗思国都乞瓦，后将其抢掠一番。随即又攻人伽里赤国，首都弗拉基米尔沃伦和境内其他城市均被攻克。

1241 年春，蒙古军兵分二路，击败孛烈儿军队，烧毁克剌可夫城，渡过奥得河，击败孛烈儿军、日耳曼十字军与条顿骑士团。继而南下攻入莫剌维亚，前往马札儿与拔都会合。随后，拔都率军分三路入侵马札儿，三月，攻克佩斯城。

窝阔台仁爱和善，好施恩惠，但也有残忍、苛暴的一面。南宋嘉熙元年

(1237 年)六月,斡亦剌部落中谣传说有诏令要将该部的少女强行配人,于是人们忙让自己的闺女在族内婚配。窝阔台闻讯后大怒,下诏把该部 7 岁以上的少女都集中起来,已嫁人的也要从夫家追回,当着她们的父兄亲属的面令兵士糟蹋她们,而且不能埋怨和哭泣。

在宫廷斗争中,窝阔台残酷、狠毒的一面更加明显。四弟拖雷一直是窝阔台汗位的威胁者,蒙古军队八成以上掌握在他手里,在长期的征战中,拖雷更表现出卓越的军事才能,窝阔台对此既恐惧又嫉恨,最终将拖雷用计毒死。

窝阔台认为:"人世一半是为享乐,一半是为英名。"灭金之后,他已英名远扬,于是他就不再亲历征战之苦,而把享乐放在生活的首位。他嗜酒如命,耽于射猎,亲近美色,到晚年更无节制,每饮必彻夜不休。耶律楚材多次劝谏无效,朝政几乎荒废。

南宋淳祐二年(1242 年)十一月,56 岁的窝阔台出猎回来在帐中豪饮至深夜,后不幸中风,不久便死于行殿之中。葬起辇谷。

元世祖忽必烈

忽必烈是元朝的创建者。蒙古语尊号薛禅皇帝。他青年时代,便"思大有为于天下"。他一生征战,一统天下,建立了幅员辽阔的统一多民族国家——元。他在位期间,建立行省制,加强中央集权,使得社会经济逐渐恢复和发展。他也曾多次派兵侵略邻国,但多遭失败。同其祖父成吉思汗一样,忽必烈是蒙古民族光辉历史的缔造者,是蒙古族卓越的政治家、军事家。1294 年正月,忽必烈在元大都病逝,追谥圣德神功文武皇帝,庙号世祖。

蒙哥汗元年(1251 年),孛儿只斤·忽必烈受大蒙古国大汗孛儿只斤·蒙哥任命,总领漠南汉地军国庶事。早在藩王时期就思"大有为于天下",并热心于学习中原文化。曾先后召僧海云(宋印简)、僧子聪(刘秉忠)、王鹗、元好问、张德辉、张文谦、窦默等,问以儒学治道。先后任用汉人儒士整饬邢州吏治;立

经略司于汴梁，整顿河南军政；屯田唐、邓等州。

蒙哥汗三年(1253 年)率蒙古军攻大理国，四年灭大理国。蒙哥汗九年(1259 年)，攻打南宋鄂州(今湖北武昌)时，得知蒙哥汗死讯，与贾似道议和，决策北还，争夺帝位。十年，在开平(今内蒙古正蓝旗东)称汗，始建年号中统。其同父同母的四弟阿里不哥也在和林(今蒙古鄂尔浑河上游东岸哈尔和林)称汗。至元元年(1264 年)打败阿里不哥，后迁都燕京(今北京)，改称大都。八年建国号为元。十六年灭南宋，统一全国。又进攻日本、安南、占城、爪哇等国。在位期间，注意选用人才，采用汉法，建立各项政治制度。地方建立行省，开创我国省制之端。劝课农桑，兴修水利，发展生产。加强对边疆地区管理，开辟中外交通，巩固和发展多民族国家。把境内民众分成四等，民族压迫较重。

蒙哥大汗在 1259 年去世后，次年其弟阿里不哥在哈拉和林被选作蒙古帝国大汗，而忽必烈则在中原开平自立为大汗。于是阿里不哥与忽必烈开始争夺汗位。虽然忽必烈在这场斗争中获胜，但中央汗国外的四大汗国则因他违背大汗选举传统以及他的“行汉法”主张而纷纷与他断绝了来往，脱离了他的统治范围。至此，忽必烈的政权只包括中原地区、西藏和蒙古本土。

1271 年，孛儿只斤·忽必烈建国号为大元，正式登基称皇帝，即为元世祖并开始南下攻打南宋的计划。元朝军队用了六年时间攻陷重镇襄阳，但以后的进展则相当顺利。1276 年攻克南宋首都临安，南宋灭亡。

在灭了南宋、和平解决高丽之后，元世祖忽必烈还要求日本表示效忠。日本摄政王北条时宗(1251–1284 年在位)拒绝了世祖的要求。忽必烈于 1274 年派出由 150 艘船只组成的舰队，载着远征军，向日本群岛进发，军队在高丽东南海岸上船，夷平了对马岛和壹岐岛，在下关附近九州岛岛上的博德(吕崎)湾登陆。但是草原骑兵们不习惯海上远征，况且，他们的打算仅仅是由他们构成入侵军的核心，军队的主体则是由特别厌战的汉人和高丽人组成的辅助军。无论如何，隐蔽在麦诸基要塞附近的九州岛的大名们奋力抵抗，结果在经历了短时的退却之后，他们迫使元军退回船上。1276 年，忽必烈重申要日本效忠的要求，再次遭到北条时宗的拒绝。忽必烈在长期备战之后，于 1281 年 6 月派出更大的船队进攻日本，一支由 4.5 万蒙古人和 12 万汉人与高丽人组成的军队，分别

在九州岛博德(吕崎)湾及肥前省的鹰岛和平户登陆。但是,这一次,蒙古军还是未能获胜。尤其是1281年8月15日的一场可怕的飓风驱散或摧毁了蒙古舰队,蒙古部队失去了根基,或者被俘,或者被杀。忽必烈两次征伐日本均以失败告终。后又两次派兵入侵安南,也因遭到了安南军民的顽强抵抗而被迫退回。

至元三十一年正月,80岁的忽必烈逝世。葬起辇谷。

元顺帝妥懽帖睦尔

继承帝位　为父报仇

妥懽帖睦尔的童年十分坎坷,几经劫难,备受冷遇。在他还不懂事之时,就失去了母亲。9岁那年,叔父图帖睦尔毒死他父亲,即元明宗,篡夺了皇位,并以妥懽帖睦尔不是明宗的亲生儿子为借口,将他放逐到高丽的一个海岛上,一年后,又移居广西静江。

图帖睦尔篡位后即为文宗,他对弑兄夺位一事深感懊悔,1332年,在他临终前一再嘱托众人,由明宗之子来继承皇位。图帖睦尔死后,皇后卜答失里和权臣燕铁木儿便立明宗年仅7岁的二儿子懿磷质班继承皇位,谁知43天后,这位小皇帝便一命呜呼,皇位再度虚悬。燕铁木儿便怂恿卜答失里立她自己的儿子燕铁古思为帝,卜答失里觉得这样做违背了丈夫遗诏,担心招致朝野不满,就拥立妥懽帖睦尔登位,这就是元顺帝。

元顺帝即位之时,蒙古统治的兴盛时代早已过去。他不仅不知道面前形势的严峻,而且对治理国家根本一点不懂,整日和一个姓奇的高丽女子以及伯牙吾氏皇后(燕铁木儿的女儿)游玩嬉戏,这就给权臣擅政以可乘之机。伯颜和燕铁木儿两家把持着朝政大权。伯颜任中书右丞相后,因权势跃居燕铁木儿家族之上,遭到了燕铁木儿家族的敌视。燕铁木儿的儿子唐其势继任中书左丞相

后，因不满小皇帝对伯颜的宠信，决定发动宫廷政变，废黜妥懽帖睦尔，另立文宗的儿子燕帖古思为帝。但阴谋败露，唐其势被伯颜杀死，皇后伯牙吾氏也被废黜，后被伯颜毒死。

伯牙吾氏死后，元顺帝打算立奇氏为皇后，但遭到了伯颜的反对。在伯颜的荐举下，伯颜忽都做了皇后，奇氏被立为二皇后。自从诛灭唐其势后，伯颜专政自恣，肆行贪暴，根本没把小皇帝放在眼里。对伯颜日益不满的元顺帝有了除去伯颜之心。

1340年春，元顺帝借伯颜出游之际，与心腹、伯颜侄子脱脱及阿鲁、世杰班等人谋划驱逐了伯颜，将他贬为河南行省左丞相。伯颜在途中郁郁而终。随后，元顺帝开始追究父亲被毒死一案，撤除文宗庙主，削去文宗皇后卜答失里后号，贬居东安州，太子燕帖古思流放高丽，后于途中被杀。

至正元年，妥懽帖睦尔恢复了中断6年的科举取士制度，亲试进士78人，以此笼络汉族士大夫，同时大兴国子监，选名儒雅士传授儒学。为了表达对儒学正统思想的尊崇，至正二年，妥懽帖睦尔派人到曲阜祭祀孔庙，第二年，下诏编修辽、金、宋三史，命脱脱为都总监官，许多汉人文士参加了编纂，这是妥懽帖睦尔新政中“文治”的重要内容。

元顺帝后任用脱脱为相，对元朝的弊政进行改革，并取得了一定的成效，脱脱也因此博得了贤相之誉。但好景不长，元顺帝又起用了中书平章事别儿怯不花担任中书左丞相。别儿怯不花素来与脱脱不和，于是经常进谗言，迫使脱脱辞相居家。

后来，尚存励精图治之心的元顺帝又任命阿鲁图为右丞相，并遣使巡行天下，意在广布圣德，询民疾苦，寻访贤能，罢黜地方贪官污吏，但事与愿违，这些巡行各省的宣抚使不仅未能按皇帝旨意办事，反而借此机会敲诈勒索，虐害百姓。元顺帝的一番苦心化为乌有。

1347年，元顺帝听从了和脱脱关系甚密的奇氏皇后的劝说，再次起用脱脱为相，但此时的元朝统治已经到了病入膏肓，无可救药的地步了。元顺帝在将大权交给脱脱的同时，自己却在后宫恣意享乐，挥霍无度，又对贵族大行赏赐，结果造成国库入不敷出。又因黄河连年水患，脱脱提出“变钞”和“开河”的建

议，但这些政策不但未使情况好转，反而成为农民起义的导火索。1351 年，韩山童、刘福通发动起义，元末农民起义的序幕揭开了。

宫闱惊变　奔之大漠

农民起义蜂拥而起，元军四处进行剿灭，大多一败涂地，元朝政府军队因此一蹶不振。妥懽帖睦尔鼓励和依靠豪强地主武装去镇压农民起义。他廉价地授予地主武装头目以万户、千户等官衔，这样，相继出现了几支靠镇压农民起义发迹的地主武装。

此时的妥懽帖睦尔仍然整天与嫔妃嬉游宫中，对朝政不理不睬。二皇后奇氏忍无可忍，劝他爱惜身体，不要受天魔舞女迷惑，停止土木兴建。妥懽帖睦尔勃然大怒，奇氏也被日益疏远。

奇氏与皇太子爱猷识里达腊见政局动荡，顺帝只顾享乐，便和掌握大权的搠思监和朴不花密切配合，准备逼顺帝禅位。不久，顺帝屈从于太子压力，下诏削除孛罗帖木儿兵权和官爵，贬居四川。不久，顺帝又复下诏书，恢复孛罗贴木儿的官职，同时，将搠思监流放岭北，朴不花流放甘肃。但诏书虽下，搠思监、朴不花二人照常在朝中掌权。顺帝无奈，只得下诏进讨孛罗帖木儿。

盛怒之下，孛罗帖木儿杀死搠思监、朴不花二人，并率领主力大军直捣大都，扬言要尽除朝中奸臣。爱猷识里达腊亲自率领军队迎战，结果败逃太原。孛罗帖木儿拥兵入城，顺帝任命他为中书右丞相，孛罗帖木儿立即杀了妥懽帖睦尔宠幸的近臣，驱逐西藏僧人，幽禁奇氏，同时与爱猷识里达腊展开厮杀。在此期间，孛罗帖木儿荒淫无度，酗酒杀人，致使朝臣对他心怀恐惧，顺帝也对他失去了信任。

1354 年，脱脱大败张士诚起义军于高邮，并将其包围，破高邮城指日可待。谁知元顺帝听信了宠臣哈麻的谗言，在阵前将脱脱罢免。张士诚抓住战机，反败为胜。1355 年，元顺帝再次下令将脱脱流放云南大理，其弟也先帖木儿流放于四川，脱脱的两个儿子也分别放逐兰州、肃州（今玉门）。同年十二月，哈麻假托元顺帝之命，又将脱脱毒死。

就在元朝君臣相互倾轧的时候，朱元璋率领的起义军在南方迅速崛起，并在消灭群雄后，决定派兵北伐，消灭元朝。此时的元朝自顾不暇，根本无力抵抗朱元璋的北伐，元朝的地盘一点一点落到了朱元璋的手中。

1368 年，朱元璋建立明朝，定都南京。同年，朱元璋命徐达统帅明军北伐元朝，并于秋天进逼大都。元顺帝与后妃、太子和众大臣逃出大都。随后，徐达攻人大都，元朝政权灭亡。

1370 年，51 岁的元顺帝因得了痢疾而病死于应昌。

明　清

明太祖朱元璋

安身寺庙　投奔义军

1328年九月十八日，在安徽濠州钟离县太平乡一个贫苦农民家里，朱元璋降生了。

1344年，淮北地区大旱，蝗虫横飞，瘟疫横行。朱元璋的父母和大哥都死于瘟疫中，17岁的朱元璋在走投无路的情况下，想起父母曾在皇觉寺许过愿，让自己长大后舍身当和尚，就去了皇觉寺中，剃度为僧，整天在寺里扫地、上香、打钟。

可是好景不长，由于灾情严重，皇觉寺不久也无米下锅了。没办法，师父、师兄们一个个只好出门做游方和尚。进寺刚刚几天的朱元璋也只得加入了化缘讨饭的队伍中。1348年，朱元璋又回到皇觉寺内，然而物是人非，寺内已空无一人，朱元璋便留下暂作了皇觉寺的住持，聊度人生。

1351年，红巾军起义爆发，农民起义的烈火迅速燃遍大江南北。1352年二月，郭子兴在濠州起义，自称节制元帅。不甘清静的朱元璋于是收拾行装离开皇觉寺，到濠州去投奔郭子兴。

朱元璋入伍后,每次战斗都身先士卒,一马当先,加上他又识得一些文字,深受郭子兴的赏识,不久,便把自己的养女嫁给了他,此女即后来的马皇后。这样一来朱元璋就成了元帅郭子兴的女婿,身价地位顿时猛增,兵士亦另眼看待。

1353 年的春天,再次立有大功的朱元璋为了壮大军事力量,征得郭子兴的同意,回到阔别多年的家乡,募集兵马。小时候的伙伴徐达、周德兴等 700 多人纷纷来投,郭子兴大喜,升朱元璋为镇抚总管,并将所募 700 人交给他统率。手握兵权的朱元璋经与徐达密议,并征得郭子兴的允许,带领一班人马南下定远去开辟地盘。

1354 年春,朱元璋与徐达等率兵来到定远,计降张家堡驴牌寨地主武装 3000 人,又乘胜收降了定远另一股武装横涧山的"义兵元帅"缪大亨、缪降,又扩充军队 2 万人。不久,又有冯国胜、冯国用两兄弟来投,朱元璋见二人熟读兵书且有谋略,便收为谋士。

1355 年春,刘福通等迎立韩林儿称帝,号小明王,立国号"宋"。不久郭子兴去世,韩林儿任命郭子兴之子郭天叙为都元帅,妻弟张天佑为右副元帅,朱元璋为左副元帅。在攻集庆之战时,郭天叙与张天佑全部阵亡,于是,朱元璋又被提升为大元帅,统领原郭子兴部。

1356 年春,朱元璋亲督水陆诸将攻取金陵。朱元璋在城外大败并收降陈兆先部 3 万余人,还在降卒中挑选 500 人带到自己的营房,让他们环榻而寝。朱元璋脱下战袍,一觉睡到天亮。这 500 人见朱元璋对他们如此信任,于是在攻金陵时奋勇杀敌,在很短时间就杀死元守将福寿,攻下金陵城,水寨元帅康茂才和军民 50 余万归降。小明王韩林儿又任命他为江南等处行中书省的左丞相。同时,朱元璋改金陵为应天府。

大败友谅　消灭士诚

随着起义战果的不断扩大,各路义军为了争利也由原来的盟友变成对头,在朱元璋的周围,盘踞着陈友谅、张士诚、方国珍、陈友定等割据势力,其中陈友

谅部的势力最大，成为朱元璋扩张势力的最大障碍。

1360年五月，陈友谅以祝贺胜利的名义派人去江州杀死了徐寿辉。他估计应天指日可下，就以采石五通庙为行殿，草草即了皇帝位，改国号为汉。随后盛食厉兵，约张士诚夹攻朱元璋。陈友谅当时的势力相当强大，光战舰就有百余艘，且兵众士广，杀气腾腾。消息传到应天府，文武官员都惊慌失措，主战主降各执一词，只有刘基镇定自若。刘基对形势仔细分析，指出友谅必败，并和朱元璋定下了伏兵智取陈友谅的谋略。

但如何使陈友谅进入埋伏圈令朱元璋头疼不已。突然，他想起了一个人，这就是他早年招降的元水军元帅康茂才。康本是陈友谅的好友，但归顺朱元璋后，深得器重和宠信，他早有报答朱元璋之意，只是没有机会。此时，朱元璋将他找来，告知了他这次行动的计划，他非常痛快地接受了任务，遵照朱元璋的指令，康茂才派一个亲信将其亲笔信秘密送给"老友"陈友谅，约他里应外合，早日拿下应天府。

深信不疑的陈友谅迫不及待地率主力直奔龙江，没有见到康茂才的踪影，方知受骗中计，急令舟师转移。但此时为时已晚，朱元璋的伏兵早把陈友谅部团团围住，水陆并进，把个陈友谅苦心经营的精锐部队打得丢盔弃甲，死伤无数，落荒而逃。张士诚见状，果然未敢轻举妄动。接着，朱元璋又挥师攻下安徽，收复江西等许多州县，扩大、巩固了胜利战果。

三年后，陈友谅倾其全力，统兵60万包围洪都，以报龙江之仇。朱元璋亲率20万大军救援洪都，逼陈友谅退至鄱阳湖，并用火攻之计将陈友谅的战船焚烧殆尽。陈友谅在逃跑之中也中箭受伤，不久死去。

消灭了势力最强、野心最大的陈友谅后，朱元璋又挥师东进，征旗直指雄踞东方的张士诚。张士诚本是个盐贩子，胸无大志，只图保住一块地盘尽情地享乐，甚至打仗时还带着舞女作伴解闷，完全丧失了战斗力。他的手下大多也是如此，毫无进取之心。对于张士诚，朱元璋不急于一下子将他消灭掉，而是分三个阶段对其围攻：先攻苏北和淮河下游地区，然后取湖州、杭州，最后南北夹击，攻破平江。

朱元璋一边围攻张士诚，一边遣使去迎小明王到应天，半路又将其淹死于

江中,为以后的登基除去了一个绊脚石。同时,朱元璋还制服了浙江的方国珍,平定了福建的陈友定,又乘胜南进攻克了广东、广西。中国南部除四川、云南外,全部都处于自己统治之下,而后,他不失时机地调集精锐部队北伐,与元朝政权展开了最后的大决战。

元朝政权虽然依靠地主武装,于至正十九年攻陷了宋政权都城汴梁,镇压了北方红巾军,但它的统治基础趋于瓦解,且内部派系林立,矛盾重重,早已是摇摇欲坠,不堪一击了。朱元璋亲自制定了一个先取山东,后取河南,再攻潼关,最后进军元大都的策略。至正二十七年十月,徐达、常遇春率25万大军推进到山东,平定了山东全境后,继而兵分两路,又胜利进军河南,所向披靡,元朝将领纷纷归附。至正二十八年(1368年)三四月间,北伐军包围元大都的战略已告完成。

坐守城中的元顺帝眼看援军无望,孤城难守,慌忙带后妃、太子北逃。八月,徐达率领大军攻进大都,元朝宣告灭亡。

就在北伐军顺利攻克山东的时候,朱元璋在应天称帝,国号大明,建元洪武。

律明政清　设立锦衣

朱元璋统一全国后,感到制定法律、以法治国为大明朝的当务之急。经过长期的实践和总结,朱元璋在洪武三年正式颁布《大明律》。

《大明律》简于《唐律》,严于《宋律》。《大明律》规定"谋反""谋大逆"者,不管主、从犯,一律凌迟,家族之中,只要年满16岁的都要处斩。对有贪赃罪的官吏,一律发配到北方荒漠中充军。官员若贪污赃银60两以上,即斩首示众。

朱元璋带头实行法律,而且执法相当严格。他的女婿、驸马都尉欧阳伦,不顾朝廷的禁令,向陕西贩运私茶,被河桥巡检司的一位小吏告发。朱元璋立即下令赐死欧阳伦,并表扬那位小吏。开国功臣朱文正是朱元璋唯一的亲侄,也

由于违乱法纪而被罢官。开国功臣汤和的姑夫因隐瞒常州的土地，不纳税粮，也被朱元璋依法处死。

朱元璋当政期间，公开处理了几起大贪污案，其中以郭桓案最大。郭桓案发时为户部侍郎。洪武十八年，御史余敏告发郭桓等人贪污舞弊，吞盗官粮。朱元璋命令司法部门依法严加追查，结果致使近万人被杀，几万官吏受到牵连，逮捕入狱者不计其数。

朱元璋还把自己身边负责警卫事务的亲军都尉府（前身是拱卫司）改为锦衣卫，授予他们侦察、缉捕、审判、处罚罪犯的一切大权，让他们监视大臣、百姓的言行，并在锦衣卫内设立了特殊的法庭和监狱。这样，锦衣卫实际上就变成了专为皇帝服务的特务机构。

朱元璋在位期间，街巷路途常常有锦衣卫出现，他们严密监视着朝野内外、文武官员的活动。吏部尚书吴琳已告老回到自己的家乡，但朱元璋对他仍不放心，便派特务到吴琳家乡去侦察其活动。特务来到稻田，只见一个农民模样的老人从小凳上站起来，便上前问道："这里有个吴尚书吗？"老人回答："敝人便是。"朱元璋听了特务的这一报告才对吴琳放了心。大学士宋濂一次在家设宴招待客人，第二天朱元璋问他昨天请客吃的什么，喝的什么。宋濂如实做了回答。朱元璋笑着说没有骗他。国子监祭酒宋讷一天在家暗生闷气，监视他的特务竟把他当时的样子画了下来上报皇上。第二天朱元璋问宋讷昨天为什么生气，宋讷照实做了回答。他吃惊地问朱元璋如何知道此事？朱元璋将画像递给他，他展图一看，方才醒悟，慌忙磕头谢罪。

加强集权　除奸戮功

明朝建立之初，制度基本沿袭元朝。在实践中，朱元璋渐渐感到，现行的政治体制潜伏着十分严重的危机。特别是一人之下，万人之上的中书省的丞相，由于掌握着行政大权，最为朱元璋所担心。

洪武九年，朱元璋首先废除了地方上的行中书省，改设承宣布政使司，简称布政司。布政司设有左、右布政使各一人。他们只负责落实朝廷的命令，其权力范围也只限于民政和财政。同时，地方上还设置了管理军事的都指挥使司和管理司法的提刑按察使司。三个机构既独立，又相互牵制，都直接听命于朝廷。

实现了对地方行政机构的改革之后，朱元璋又开始集中精力于中央政府机构，目标首先指向中书省。

本来中书省在中央的各个机构中位置最高，其行政长官左、右丞相又负有统率百官之责。明初的第一任左、右丞相分别是李善长和徐达。后来胡惟庸继任丞相，更加促使朱元璋下决心废除丞相制。

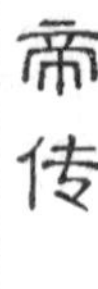

胡惟庸是定远人，是淮西集团中的重要人物之一，是开国第一号功臣李善长的女婿，他依仗着李善长这个后台当上了左丞相。胡惟庸在朝中大权独揽，独断专行，网罗党羽，培植亲信，收受贿赂，打击异己。

胡惟庸如此胡作非为，危及了中央政权。权力欲极强的朱元璋下决心寻找机会来除掉这个心腹大患。一天，胡惟庸的儿子乘马车在南京城里招摇过市时不小心摔死于车下，胡惟庸以车夫抵命。朱元璋知道后十分气愤，非要胡惟庸偿命不可。胡惟庸请求，以向车夫家人赔偿金帛了事，朱元璋坚决不准。胡惟庸于是起了谋反之心。

洪武十三年正月，胡惟庸诡称京宅井中涌出醴泉，请朱元璋去观看。信以为真的朱元璋匆匆出西华门观看。途中，被内使云奇所阻。心感奇怪的朱元璋忙登城，望见胡惟庸宅第中饶有兵气，知系谋逆，即发羽林军逮捕胡惟庸，将其抄家灭族。

同时宣布撤销中书省，罢除丞相，朝政由吏、户、礼、兵、刑、工六部分理，直接对皇上负责。并且规定，后代皇帝不得再立丞相，大臣中如果有奏请再立者，处以重刑。

胡惟庸被诛后，朱元璋顺藤摸瓜，借题发挥，将那些行为跋扈的、心怀不满的、危及皇家统治的，统统罗织为胡党罪犯，处死抄家。

胡惟庸案株连蔓引，先后持续了数年。洪武二十三年(1390 年)，朱元璋再兴大狱，又杀了几十家公侯官员。这样，整个胡案前后共杀掉了 3 万多人。连

位居“勋臣第一”的77岁的李善长，也以天有星变，须杀大臣应灾为由，全家70多口人全部伏诛。

朱元璋在继废中书、罢丞相之后，又对中央监察、审判机关进行了一系列的改革和调整。洪武十五年，朱元璋将御史台改为都察院，下设13道，110名监察御史。其职权是纠劾百官，辨明冤枉。大臣奸邪，小人构党，作威作福，扰乱朝政，或是贪污舞弊，心术不正，蛮乱祖制都在检举弹劾之内。

随着明王朝的建立和巩固，昔日与朱元璋共危亡同生死的将领都成为新王朝的显贵。他们官封公侯，爵显禄厚，为此有部分出现了骄横之气，久而久之，新政权与新贵族间的矛盾斗争也就慢慢突出了。

开国大将蓝玉，是洪武后期的主要将领。他麾下骁将十数人，威望都很高。蓝玉因作战非常勇敢并有赫赫战功，官封凉国公。他自恃功劳大，骄傲自大，私蓄奴婢、敲诈勒索、霸占民田、殴打执法官吏、贩卖私盐，比胡惟庸有过之而无不及。

不久，蓝玉出扑西番，生擒建昌卫叛帅月番帖木儿，一心想升爵但遭到朱元璋冷眼对待。后因朱元璋未加封自己为太师，更加心怀不满。1393年，锦衣卫告发蓝玉和曹震等计划在朱元璋外出打猎的时候乘机劫驾。朱元璋得此信，即命锦衣卫将自蓝玉以下统统缉拿殿前，亲自审讯，随后交刑部审理。蓝玉被砍头，并抄斩三族。凡与蓝玉有接触的朝臣，列侯通籍，坐党夷灭。蓝玉案先后共有15000人被杀，军中功高位显的元勋宿将几乎被一网打尽。

除胡惟庸、蓝玉两案外，所剩无几的功臣也先后以各种罪名被赐死、鞭死或砍头。徐达是开国功臣之一，他生背疽，最忌吃蒸鹅。朱元璋在他病重时偏偏赐蒸鹅给他吃。

徐达含着泪水，当着使臣的面吃下了蒸鹅。没有几天，徐达就辛酸地离开了人世。功臣冯胜、傅友德、廖永忠、朱亮祖等也因失宠，先后被处治。只有汤和这个和朱元璋同村长大的放牛娃，知道朱元璋的心思而主动交还兵权，告老还乡，绝口不谈国事，才保住了终身。李景隆、郭英也是因早早归还佃户、田庄，才免遭杀害。

养民生息　勤俭治国

朱元璋贫农出身，对农民的艰辛有很深的了解。尤其在明初，面对着哀鸿遍野、饿殍满路的凄凉景象，朱元璋果断地采取了“休养生息”政策。他说，天下初定，百姓财力困难，就像刚刚会飞的鸟不可拔羽，才种下的树不可摇根一样，现在必须采取这种政策。

农业是封建社会的基础。朱元璋把发展农业放在了最重要的位置上。为了保证农业第一线有足够的劳力资源，朱元璋通令全国，普通地主不得蓄养奴婢，所养奴婢一律放为良民，凡因饥荒而典卖为奴者，由朝廷代为赎身；严格控制寺院的发展，明令各府州县只能有一个大寺观，40 岁以下的妇女禁止当尼姑，严禁寺院收童僧，20 岁以上的青年如要出家，须经父母和官方同意，出家三年后还得赴京考试，不合格者遣发为民。这些政策的实施，使劳动力大幅度增加。

朱元璋对垦荒和屯田实行奖励政策，朝廷承认百姓对所开垦土地的所有权，并免征三年田赋，个别的永不征税。朱元璋奖励屯垦的政策，收到了显著成果。1391 年，全国垦田面积达 380 多万公顷，比 1368 年时增加了一倍以上；朝廷税粮的收入也随之大幅度增长，1393 年全国税粮达 3200 多万石，是元朝一年税粮收入的三倍；同时人口也增加了 700 多万。明初的社会经济出现了空前繁荣的局面。

另外，水利建设也一向为朱元璋所重视，下令凡是百姓提出有关水利的建议，地方官吏必须及时奏报。后来他还专门指示工部大臣，凡是陂、塘、湖、堰等可以蓄水泄水防备旱涝的，都需要根据地势加以修治。按照朱元璋的命令，到 1395 年，全国共开塘堰 40987 处，疏通河道 4162 处，这些水利工程为农业生产的发展提供了有利条件。

朱元璋还鼓励农民种植经济作物。他先后下令，凡有田 5 亩至 10 亩者，必须种桑、麻、棉各半亩，有 10 亩以上田地者加倍种植，田地再多的按比例递增。

为了刺激经济发展，朱元璋还采取了轻徭薄赋的财税政策。他规定民田一般亩征税粮为三十税一，徭役一般是在每年农闲季节赴州县服役30天。1387年，朱元璋又在全国进行了土地普查，丈量土地并绘制成册以此作为征收田赋的依据。

朱元璋非常节俭，在他的影响下，宫中的后妃也都十分注意，从不浓妆艳抹。

他还不喜欢喝酒，并多次颁布限制酿酒的命令。他终生严格要求自己，勤奋好学，励精图治，为了大明的发展而费尽心血。

1398年，朱元璋结束了他辛勤的一生，享年71岁。

明成祖朱棣

明成祖朱棣（1360—1424年），明太祖朱元璋第四子，攻败侄儿建文帝后夺取帝位，在位22年，亲征漠北返师途中病死，终年65岁，葬于北京昌平天寿山下的长陵（今北京十三陵）。

威震北方　靖难夺位

明成祖朱棣是历史上争议颇大的一位帝王，他立有不世之功，创造了明初盛世，但他好大喜功，多疑好杀，手上沾满了鲜血。不过正如旧史家所说："高（朱元璋）成（朱棣）肇造，享国长久，六七十年间，仓廪赡足，生齿繁殖。"因此朱棣也和朱元璋一样，是个值得肯定的人物。

朱棣11岁被父亲朱元璋封为燕王，并于21岁就藩于北京，当时元朝的势力虽然已经被赶到了大草原上，但还具有相当强的军事实力，并不断骚扰明朝

的北部边境。因此北京并不安宁，它是作为一个军事重镇而存在的。朱元璋将朱棣分封在北京，就是希望自己的儿子能代替功臣宿将掌握兵权，从而使明朝的政权更加稳固。可谁知就是这个四皇子，竟利用手中的兵权最终夺取了皇帝的位子，这是当初朱元璋无法预料到的。

朱棣在北京期间，在众多忠臣猛将的指导下，迅速成长为了一位出色的军事统帅。1390 年，朱棣出兵攻伐元朝残余势力乃儿不花而获得全胜，得到朱元璋的嘉奖，命其节制北部边境兵马，使朱棣的军事实力大大加强。并屡次统帅诸将出征，威名大振。到洪武末年已经成为北方最强大的一镇诸侯。

明太祖朱元璋去世后，皇太孙朱允炆即位，年号建文。建文帝即位之初除了进行一系列必要的改革之外，便在齐泰、黄子澄等人的提议下开始削藩。朱棣竭力反对，当建文帝的矛头直指自己时，朱棣也立即采取行动，杀死了朝廷派到北京的驻守大臣，并援引《皇明祖训》中“有敢更改祖制者，以奸臣论处”的条文，以“诛齐黄、清君侧”为名，起兵靖难。由于洪武时期的功臣已经被朱元璋杀戮殆尽，因此朝廷只得派一些年轻将领挂帅。由于朝廷的兵力强大，双方处在一个僵持的形势下。而此时建文帝的软弱就暴露了出来，由于他的一些决策错误，加之朱棣直捣南京策略的成功，建文四年（1402 年）6 月，朱棣占领了南京，建文帝不知所终。在群臣的“劝说”下，朱棣在南京即位，年号永乐。

朱棣即位后，为清除建文余党采取了血腥的政策。他首先下令清宫三日，杀死了皇宫中大部分的宫人、女官和太监。接着，大肆虐杀不肯降服的建文帝旧臣。对于愿意降服的建文帝旧臣如杨士奇、杨荣、杨溥等人，朱棣却又能既往不咎，量才录用。

巩固统治　迁都北京

朱棣长期生活在北平，视北平为龙兴之地。即位之初，他仍以南京为京师，但对北平感情很深，因此永乐元年（1403 年）正月，礼部尚书李至刚建议将北平

升为陪都,朱棣非常高兴,改北平为北京。

朱棣刚刚用武力夺得皇位,担心人心不稳,并没有立即提出迁都,而是逐步逐项解决迁都的外围问题。永乐元年,设置了北京留守行后军都督府、北京行部、北京国子监等衙门,为向北京运粮重开海运,迁徙他处富民到北京。因为海运风险较大,朱棣又于永乐二年下令疏通运河。永乐四年(1406 年),他下诏在北京修建宫殿,从四川、湖广、江西、浙江、山西等地采集木材。不过这次并没有提出迁都,而是以准备北巡的名义。

经过一年的经营,北京的经济得到了繁荣,疏通的运河保证了粮食的运输,北京周边的军事防御力量也得到了加强,这些前期措施使得迁都北京水到渠成。永乐十四年(1416 年)十一月,朱棣公布了迁都的想法,自然得到了朝臣的一致拥护。永乐十五年(1417 年),开始大规模营建北京,至十八年基本完工,前后用了 3 年多的时间,永乐十九年(1421 年)正式迁都北京。

经过多年的修建,北京宫城与皇城终于基本建成。明成祖于 1420 年,正式将京城迁往北京。原京城应天府,改为南京,作为副都。

盛世治典　扬威海外

明成祖在北京,还让他的大臣姚广孝为他建造了两口青铜巨钟。人们推测,这是因为明成祖在“靖难”之役中屠杀过的人太多,心里恐惧,而希望建造这样两座充满法力的大钟,来保佑他的心灵的平安。这两座大钟,现在还剩一口,重 400 多公斤,高 7 米,外径 3.3 米,上面铸满 20 多万字的经文,成了北京的传世珍宝。

永乐元年(1403 年)七月,朱棣下诏编纂一部类书。他雄心勃勃,想要永乐大典将中国古代典籍尽量收集齐全,特命大才子解缙负责,要求“毋厌浩繁”,尽量收罗。

第二年十一月,解缙将编纂好的图书进呈天子。朱棣很高兴,赐名《文献大

成》,赏赐解缙等147位有功人员。然而不久,朱棣发现这与他的要求相差很大,主要是还有许多典籍未能收录。于是朱棣决定重新编修,并任命靖难功臣姚广孝以及刑部侍郎刘季篪和解缙总其事,前后参与者近3000人,可谓人才荟萃、人文盛事。朱棣对这件事非常重视,命在文渊阁开馆修书,由光禄寺供给朝夕膳食。他看到文渊阁中的书籍尚不完备,命礼部选派通晓典籍的官吏四出购求典籍,“书籍不可较价值,惟其所欲与之,庶奇书可得”。正是在朱棣的关注和支持下,3年之间,大典得以编纂完成。

永乐五年(1407年)十一月,大功告成,姚广孝等人将《永乐大典》进呈朱棣。

《永乐大典》有22877卷,又凡例、目录60卷,全书分装为11095册,引书达七八千种,字数约有3.7亿字,是我国历史上最大的类书,内容包罗了经、史、子、集、百家、天文、地志、阴阳、医、卜、僧、道、戏剧、小说、技艺诸项。此前的类书,如唐代的《艺文类聚》只有100卷,北宋的《太平御览》和《册府元龟》都各有1000卷。《永乐大典》的规模之大,确实是历史上无与伦比。《永乐大典》另一个显著的特点就是照录原文,未作删改。这种做法保持了书籍的原貌,具有很高的学术价值。

据估计,存世的《永乐大典》约800册,只是原来的3%左右。

郑和,回族,本姓马,小名三宝,人称“三宝太监”。他在洪武年间成为明军俘虏,入燕王藩邸为宦官,成为朱棣的亲信。从永乐三年(1405年)开始,到宣德六年(1431年),郑和曾经七下西洋,其中有六次是在永乐朝。郑和因此成为中国历史上著名的航海家,也是西方公认的“世界十大航海家”中唯的一中国人。

朱棣为何让郑和六下西洋呢?目的有二:一是寻找建文帝踪迹;二是向海外诸国显示大明王朝的繁荣富强。

永乐三年,郑和由苏州刘家港出发,浩浩荡荡出使南海以西诸国,最远到达印度半岛的古里国,勒石为记,于永乐五年才返回。成祖似乎对郑和的第一次出航非常满意,在他回朝的第三天就命工匠改造249艘海运船,以备郑和下次使用。随后,郑和分别在永乐五年、七年、十一年、十五年、十九年,以及宣德六

年六次出使西洋，到达过今天的越南、柬埔寨、泰国、马来西亚、印度、马尔代夫等国家，最远到过阿拉伯半岛和非洲东海岸的一些国家。郑和下西洋，集中展示了中国人民的航海水平，是航海史上的壮举，比哥伦布、麦哲伦等人早约一个世纪；加深了与这些国家的友好往来，开拓了海上丝绸之路。他所创造的航海奇迹将永远彪炳史册，为世人所敬仰。

公元1424年，65岁的朱棣死于北征途中，被谥为孝文皇帝，庙号太宗，后来嘉靖皇帝改庙号为成祖，葬于长陵。

明仁宗朱高炽

位几不保　最终为帝

“靖难”之初，明成祖朱棣率兵北征，身为世子的朱高炽奉命留守北平，他出色地指挥将士奋勇抗击，顶住了李景隆50万大军的围攻，不仅为燕王保住了根据地，更为朱棣诱敌深入，乘机偷袭并收编永宁精兵创造了条件。

朱高炽在“靖难”之役中可谓立了大功，但朱高炽身肥体硕，且患有足疾，需要宦官扶持才能正常行走，因而在以后的战役中很少有战功。相比于朱高炽，他的胞弟高煦、高燧则跟随父亲朱棣南征北战，战功显赫。尤其是朱高煦，勇武强悍，能征善战，深得朱棣的宠爱。

“靖难”战役期间，局势逐渐为朱棣控制。朱高煦自恃功高，觊觎世子的位置。

建文帝朱允炆便利用这一机会，派锦衣卫张安持密函面见朱高炽，让其归附朝廷，并许以燕王封爵。朱高炽识破了建文帝的目的，于是当机立断，派人将

没有启封的书信连同张安星夜送往正在前线作战的朱棣。然而朱高煦的心腹宦官黄严动作更快，他得知惠帝送信的事后，先于朱高炽驰报朱棣，声称世子与朝廷私通谋反。高煦也乘机进谗，诬陷高炽早有篡位之意。朱棣勃然大怒，决定下令处死高炽，多亏此时朱高炽派来的人匆匆赶到。朱棣看完书信才知道错怪了朱高炽，庆幸自己刚才的命令没有发出，否则就要错杀了自己的儿子。

1402年，朱棣称帝，却迟迟不立太子。原因主要考虑高煦在"靖难"之役中冲锋陷阵，英勇善战，多次在乱军中救朱棣于危难之中，加之他的长相酷似朱棣，因而深受朱棣钟爱；而且在战难时，朱棣就对高煦有过"世子多病，你多努力"之类的暗示。所以欲舍高炽不忍，欲立高煦又恐违背祖制，难以让臣民心服。

翰林学士解缙在高炽被立为太子问题上可谓煞费苦心，功不可没。他以"世子仁孝，天下归心"晓之以理，以高炽之子朱瞻基必然是个"好圣孙"动之以情，劝说朱棣立高炽为太子。朱棣又分别询问了黄淮、尹昌隆等人，他们的意见与解缙完全一致，使朱棣的心逐渐倾向于世子高炽。又过了些日子，朱棣命众臣题《虎彪图》，画中有一虎领众彪（小虎），呈父子相亲状。解缙借题发挥书成四言绝句一首："虎为百兽尊，谁敢触其怒？唯有父子情，一步一回顾。"读完诗句，朱棣深为感动，随即宣布立朱高炽为太子，封朱高煦为汉王，封国云南。

解缙的行为深深地激怒了高煦。1407年，解缙进谏朱棣，指出高煦有意与高炽争位，引起了朱棣的强烈不满，认为解缙有离间他们父子之情的嫌疑。高煦乘机诬陷解缙不守朝规，泄漏宫中机密，朱棣不问青红皂白，将解缙贬到广西，后改为交趾（今越南），后被锦衣卫在狱中迫害致死。

1412年，朱棣北征蒙古，由高炽监国。高煦便秘密勾结身边的官员，构陷高炽，所谓"三人成虎"，朱棣一回京便将高炽属下的一些官员治了罪。1414年，朱棣再次北巡回京时，高炽派使迎接稍为迟缓，奏书也言辞不当，加上高煦不断进谗，朱棣再次迁怒辅佐高炽的人，一举逮捕数名官员。

事后经过详细了解，朱棣才发现太子其实并没有什么过错，相反倒是高煦的跋扈行为逐渐引起了他的不满。在认清高煦真实的丑陋面目后，朱棣将其囚于西华门内，打算废为庶人。满朝文武竟没有一个人为高煦说情，只有高炽对

父亲陈情谏劝，涕泣力救，朱棣这才给高煦留下了王位。

1424 年，明成祖朱棣病逝于北征的归途中，历经夺位风波的朱高炽终于如愿地登上了皇位。

广施仁政　惩贪纳谏

朱高炽从做太子到监国再到即位称帝，始终都坚持体察人民的疾苦，行恤民之政。做太子时，他曾不止一次地奏免灾区的税粮。又趁将要迁都时，朱棣命令他先行前往北京做准备工作的机会，沿途寻访当地军民，查看百姓生活，寻访政事的得失。

一天，朱高炽到达了山东邹县，在看到衣衫褴褛、面黄肌瘦的百姓手持篮筐在路旁采挖野菜、野草，得知百姓因遇荒即要以此为食时，当即命令太监分赐宝钞，并亲自召集乡里老人询问疾苦。还命令山东布政使赶快发放官粟赈济百姓。布政使准备每人发给 3 斗，朱高炽嫌太少，命令每人发给 6 斗，并说："你别怕犯擅发仓粮的罪，见到皇上，我自会奏报。"朱高炽即位后，每当地方上遇到自然灾害时，他都下令减免田赋，发放官粮赈灾。

从做太子起，朱高炽就对贪官污吏深恶痛绝。一旦发现官吏贪赃害民，他都严厉惩办。在他即位的第 4 个月他便派遣御史 14 人分巡各地，考察官吏。并要求出巡的人不要被小人所迷惑，不要屈服于权势，也不要徇私于亲朋故友，而要查明事实，秉公办理。

朱高炽还善于纳谏，他曾对杨士奇、杨荣、金幼孜等人说："历史上很多皇帝都不愿听真话，即使是自己亲信的大臣，也往往由于畏惧皇威而不敢直言谏劝，因此，朕与诸位都要以此为戒。"随后还赐予他们每人一枚银章，上面刻着"绳愆纠缪"四个字。为了广开言路，朱高炽在即位后不久，再次下令征召直言。

不过要真正做到从谏如流也真不是一件容易的事情。洪熙元年五月，翰林院侍读李时勉上疏言事，指出，仁宗初登皇位时，恩泽所加，远近无间。但时间

不长又大兴土木，劳民伤财。说高皇帝朱元璋在位30年，从未有过日出才临朝，而今，有的时候太阳很高仍未早朝。并指责宦官疾如风火，甚至折辱郡县、棰楚小民，还到边远的地方选取侍女等等。因而，劝谏仁宗节民力、谨嗜欲、勤政事、务正学。

把这些时弊全归到仁宗账上，的确有些不公，但这些事毕竟是存在的。然而，仁宗见疏后异常恼怒，认为这是李时勉有意侮辱他，便召李时勉上殿加以询问。李仍坚持自己的观点，不示屈服。仁宗当即命人用金瓜击之，李时勉一下子被折断了三根肋骨，几乎昏死过去。仁宗余怒未消，命人把他送进了锦衣卫狱。

此事过后不久，仁宗一病不起。洪熙元年五月，仁宗命杨士奇起草敕书，遣中官海寿奔赴南京立召皇太子朱瞻基进京。皇太子尚未到北京，仁宗已觉支持不住，便留下遗诏传位于皇太子，崩逝于钦安殿，终年48岁。

明宣宗朱瞻基

朱瞻基是明仁宗朱高炽的长子，从小聪颖过人，嗜书好学，深得祖父朱棣的喜爱，经常被希望把他培养成为一个明君的祖父带在身边，教他做人的道理，教他行军打仗的运筹帷幄，还让他体察百姓疾苦。朱棣还专门为朱瞻基编写了一本《务本训》，要他不断学习，时刻牢记。后来，13岁的朱瞻基被立为皇太孙。

祖父朱棣病逝后，朱瞻基被刚即位的父亲朱高炽立为太子。一年之后，朱高炽病逝，于是，这个从小就深受祖父影响的朱瞻基登基做了皇帝，是为明宣宗。

即位不久，曾与父亲朱高炽争夺太子位的汉王朱高煦发动了叛乱，并致书朱瞻基，指责朱高炽违犯洪武、永乐旧制，指斥朱瞻基也犯有很多过错，并说夏原吉等为奸佞之臣。

朱瞻基于是决定发兵平叛。在心腹大臣杨荣、张辅、夏原吉等人的分析下，

朱瞻基充分了解了朱高煦的实力，做到“知己知彼”，并采纳了他们的意见，决定亲征朱高煦所在的乐安。

朱瞻基亲率大军来到乐安城下，将乐安团团包围。朱高煦见朱瞻基已将城围住，不敢出战，只在城内用火炮射击。朱瞻基为了避免骨肉相残和将士伤亡，没有答应下令攻城的请求，而是连着给朱高煦写了两封信，仍不见回音，于是又写了告朱高煦部下书，命人用箭射到城中，宣布有能活捉捉朱高煦的，给予赏赐封官。一时城内军心不稳。朱高煦见此情形，只得垂头丧气地出城投降。

朱瞻基没有答应群臣要求处死高煦的主张，只是把大臣们的这些劾章让朱高煦看了看，在惩办了积极跟随朱高煦反叛的主要谋士和将领后，便让朱高煦召了几个儿子一道回北京。

回到北京后，朱瞻基将朱高煦废为庶人，但在生活上还是予以优待，并将他囚禁于逍遥城。1429 年，朱瞻基满怀好意地前去看望朱高煦，朱高煦却出其不意地将朱瞻基勾倒在地。朱瞻基勃然大怒，当即下令将朱高煦扣入一个三百多斤重的大铜缸中，然后用木炭将铜缸埋起来，用火将朱高煦活活烧死。

被封为赵王的朱高燧见朱高煦被烧死，于是主动交出护卫兵，小心翼翼地生活。

朱瞻基刚一即位，就显示出他过人的政治才能。刚即位的他按惯例宣布大赦天下，但对凡是因贪赃枉法而下狱的，虽可以出狱，但一律罢官为民。在建立自己的统治集团时，朱瞻基不仅重用杨溥、杨荣、杨士奇、蹇义、夏原吉、黄淮等一班富有经验的老臣，还非常注重发现并任用新的人才，罢黜无所作为的庸吏，惩治贪官污吏。为此，他命令各级官员举荐人才。还规定若被举人犯法，举荐人连坐，以便保证人才的质量，防止徇私。

在朱瞻基的大力倡导下，蹇义、夏原吉等大臣向朱瞻基举荐了大批清廉正直的官员出任府、州长官。像后世传名的况钟，就是由蹇义等人推荐为苏州知府的。当时，苏州的赋役负担在全国是最重的，贪官污吏便趁此机会营私舞弊。况钟到任后，设计杀掉了一些奸吏，全部斥退了贪虐庸懦之辈，很快扭转了苏州官员贪污成风的局面，使苏州吏治为之一新。况钟得到了朱瞻基的信任，更得到了苏州百姓的拥戴。后来况钟任满迁任，竟然有两万多名百姓请求让他再

任。由于朱瞻基起用了一些像况钟这样的官员,使得宣德年间的政治较为清明。

朱瞻基十分注意了解和关心民间的疾苦。1430 年,朱瞻基在拜谒完皇陵返回北京的途中,行至昌平东郊,见路旁地里有几个农民在耕地,便下了车,带着几个官员来到地里,与农民交谈,并接过农民手中的犁推了三下说:“朕只推三下,已感觉不胜劳累,更何况你们长年累月这样劳作。人们常说劳苦者莫如农家,果然如此。”于是他给农民每人赏钞 60 锭,感动得那几个农民长跪不起,连声高呼“万岁”。

朱瞻基还提倡节俭,自己身体力行,并要求大臣们也作出表率。对朝廷的费用和工程建设等,也极力反对奢侈之风。在为他的父亲仁宗皇帝修建陵墓献陵时,他遵照仁宗的遗嘱,厉行节约,亲自规划,仅用三个月的时间就修成了陵墓。献陵在规模和耗资方面都比成祖的长陵少得多。为以后的几代皇帝的陵墓做了个好的样子。只是到了世宗营建永陵时,才又开始奢侈、华丽起来。为了节俭,朱瞻基还采纳了吏部尚书蹇义裁撤内外冗官的建议,并命令蹇义负责进行。

免田赋,开仓赈灾,是宣宗经常对受灾地区人民采取的救助办法。河南的一个知县没有经过请示,就发放了一千余石释粮给灾民,私自动用皇粮是要犯大罪的。然而宣宗知道后不但没有动怒,反而赞扬这个知县机敏,是个能够胜任的县官。

1434 年年底,朱瞻基突然一病不起,随后于 1435 年农历正月,这位常被后世称道的守成明君病逝,享年 38 岁。

明宪宗朱见深

“土木之变”中,明英宗成了瓦剌的俘虏,消息传到北京后,太皇太后下诏将明英宗朱祁镇的儿子朱见深立为太子,并命朱祁钰监国,不久又拥立朱祁钰称

帝，是为明代宗。将近一年后，明英宗被送回北京，被立即软禁起来。朱见深的太子位也渐渐不保，于 1452 年被朱祁钰的儿子朱见济取代。朱见深也只能从宫中搬了出来，去做他的沂王去了。

5 年后元宵节的第二天，发生了富有戏剧色彩的“夺门之变”。朱祁镇复辟，朱见深也很快恢复了太子的地位。并于 1464 年年初，在父亲明英宗去世后接过皇位，是为明宪宗。

即位之初的朱见深，仿佛是个有朝气的青年，他继续任用了一大批父亲信任过的老臣，尤其将李贤视为得力的辅臣，基本做到言听计从，并且支持李贤提拔了一批忠直之士，同时革斥了 4000 多名冒“夺门”之功而府爵位的投机者，使朝政稍有起色。

随后割舍私爱，将自己做太子时最喜爱的太监王纶以结党为由逮捕下狱，发配到南京服苦役，并下令为于谦平反，迅速地得到了朝野内外的支持。

但一场天灾所引起的农民起义，又给这个刚登基的皇帝带来了麻烦。公元 1465 年，荆襄地区的流民由于大旱，加上赋税徭役过重，于是起义反明，一年之

后被装备精良、人多势众的官军镇压。这时，广西境内大藤峡的瑶民又宣布起义，朱见深只得再派大军前往镇压，在大藤峡一带击溃瑶民，残酷地镇压了起义。

以后朱见深又镇压了荆襄山区人民起义，派兵击退了北方蒙古连续对西北河套地区的进攻。朝野因此对朱见深大为赞许。

正当朝野内外对朱见深的赞扬之声四起的时候，一个女人却迷住了朱见深，将刚有起色的大明王朝，重又拉入深渊。这个人就是万贵妃，原名万贞儿。

万贞儿是孙太后宫中的使女，朱见深出生后，孙太后命令万贞儿伺候这个将来的太子。万贞儿虽是女人，却颇有心计，她非常清楚这个襁褓中的婴儿将会是大明王朝的皇帝，因此费尽心机，尽心尽力地伺候这个小她 17 岁的朱见深。万贞儿还是有几分本事，一来二去，竟然将朱见深迷得神魂颠倒，等到顺利继承大统后，朱见深竟将其封为贵妃，这一年，朱见深 18 岁，而万贵妃 35 岁。朱见深对于这个从小就在她的怀中长大的万贵妃，既有夫妻之情，也有母子之爱，反而对亲生母亲周太后倒有了些生分。

万贞儿成为贵妃后，首先就将位居正宫仅 32 天的吴皇后逼得被打入冷宫，之后更加有恃无恐，后来被立为皇后的王氏秉性恬淡，凡事退让，只是名义上的皇后而已。从此，万贵妃借朱见深对自己的宠爱，搜罗了大批太监和奸佞之人为自己的喽啰。这些人依仗万贵妃的势力，颐指气使，骄横跋扈，内外大臣敢怒而不敢言，朱见深也因为爱屋及乌，对他们任意放纵。

有了这个万贵妃，朱见深再无治国之心，而是与万贵妃肆意享乐，大肆挥霍，尽情歌舞，连早朝也很少前去，大臣们纷纷上书劝谏，朱见深根本不予理睬。万贵妃由于年龄已过生育之期，并不能给朱见深孕育龙种，但为了独享专宠，横行六宫，对怀孕的后宫妃子大加迫害，采取毒杀、堕胎等办法，使得朱见深日思暮想的皇子一直没有出生。直到公元 1474 年，才有一个太监悄悄告诉朱见深，有一个来自广西的宫女纪氏，已经替他生了一个儿子。朱见深便在大臣们的建议下，将这个儿子交给皇太后周氏抚养，并将其立为太子。万贵妃见此情况，索性让各个妃嫔多生几个皇子，以与太子争宠。于是一时间，皇宫内生龙子的喜讯接连不断，短短几年中，后宫的嫔妃就为朱见深生下了 11 个儿子。

万贵妃嫌自己深居后宫，不能控制宫外局势，因此又找来一个阉货以作外应，这个人就是汪直。汪直被万贵妃推荐给朱见深后，很快得到重用，并被授命成立并掌管新的特务机构西厂。

在朱见深的支持下，汪直结党营私，屡屡制造骇人听闻的冤狱，到后来朝中公卿大臣，一遇到他就像避瘟神似的改道而行，没人敢招惹是非。大臣们不满汪直的胡作非为，便上书朱见深请求处罚他。朱见深不得不撤掉西厂，但让汪直暂避风头，令他回御马监再操旧业。没过多久，朱见深就接到了汪直党羽对汪直的吹捧，说汪直公正无私，建议恢复西厂。对汪直念念不忘的朱见深立即顺水推舟，恢复西厂，让汪直官复原职。

汪直从此更是飞扬跋扈，但大臣们还是一直没有放弃劝谏。

但也不再像上一次扳倒汪直那样直接进言，而是旁敲侧击，从侧面提示朱见深，朱见深也渐渐地对汪直产生了怀疑。公元 1479 年的秋天，朱见深终于让汪直巡视边疆，以此来试探汪直，而汪直却不明就里，沿途接受边官的讨好，奢侈铺张到了惊人的地步，还将对自己不敬的兵部侍郎马文升加上了扰边的罪名，把他贬戍边城。此事被人密奏给朱见深知道，朱见深终于有了疏远之心，两年后，朱见深连连拒绝了汪直要求回京的要求，只是召还了跟随他的官吏。大臣们非常明白，这是朱见深疏远汪直的信号，于是纷纷上疏，揭批汪直，请求撤销西厂。朱见深终于下定决心，将汪直及其党羽罢官驱逐，并撤销了西厂。

公元 1487 年，在万贵妃死于肝疾后，朱见深也染上重病，一病不起，很快就结束了自己平庸的一生。

明孝宗朱祐樘

侥幸得生　任贤理政

在宪宗时的后宫中，是没有嫔妃敢怀孕生子的，这是因为被年龄已大、无法生子但又专宠的万贵妃残害的结果。

朱祐樘能侥幸出生并存活下来，其间充满了戏剧色彩。

朱祐樘的母亲纪氏是宫中一个小小的女史（女官名称），负责管理宫中藏书。1469 年的秋天，宪宗偶然来到书房，见纪氏长得如花似玉，便与之偷欢，自此有孕。纪氏生下朱祐樘后，忍痛将他交给门监张敏，让张敏把他溺死。为人善良的张敏想到皇上无子，就背着万贵妃秘密抚养，从而保全了朱祐樘的生命。6 年后的一天，宪宗召张敏梳头，对镜叹道："朕将老了，可是还没有儿子！"张敏立即跪下说："皇上并非无子！"宪宗大为惊诧，张敏接着说："现在安乐堂内就有您的龙种。"宪宗更加奇怪了，于是追问，张敏就把朱祐樘的事情告诉了他。宪宗大喜，立即派人把朱祐樘接来，随即命礼部定名，并册封纪氏为淑妃。但纪氏终究还是没能逃过厄运，不久就在新居永寿宫暴死。1469 年的冬天，朱祐樘被立为太子，并于 1487 年即位，是为孝宗。

即位后，孝宗立即对太监梁芳、礼部右侍郎李孜省等前朝奸臣一一罢免。两个月后，孝宗又下令将那些冒领官俸，总计有 3000 人之多的艺人、僧徒一概除名。

接下来，孝宗以各种方式处罚了另外一些奸佞之徒。在清理过程中，孝宗注意方式方法，没有大开杀戒。被砍掉脑袋的，只是一个罪大恶极的僧人继晓。

罢斥完奸佞后，自然任用的就是贤能之人。为了熟悉官吏的情况，孝宗曾下令吏、兵两部把官吏姓名全部抄录下来，贴在文华殿的墙壁上，一旦有人员变更随时更改。他多次指示吏部、都察院提拔、罢免官吏的主要标准，是看此人有无政绩。

因而在当时，形成了“朝多君子”的盛况，出了许多名臣。孝宗还采纳了吏部尚书王恕的意见，在早朝之外，还在便殿召见大臣，谋议政事，这便避免了早朝因时间限制，皇帝与大臣不能深入交流而导致所实施的政策会有偏差的弊端。并且，孝宗还于早朝外开始增加“午朝”，每天在左顺门接见大臣，倾听他们对政事的见解，从而做出了许多重大决策。

勤于政事　关注民生

孝宗即位后，还很注意广开言路，上台不久就出现了臣子纷纷上书的生动局面。弘治元年（1488 年）三月，都御史马文升上疏言时政十五事，其中的一条是“节约费用，以解救百姓生活的艰难困顿”。孝宗对这个建议非常赏识，嘉奖了马文升，并下令削减宫中开支。

其实，孝宗能够做到广纳善言这一点，是因为他的周围有一批对朝廷忠心耿耿的大臣。在群臣之中，孝宗最信任的是王恕。以“好直言”著称，在成化年间，曾被宪宗强迫致仕，孝宗即位后，孝宗让他出任吏部尚书。王恕在职期间，除了继续抨击时弊之外，还向孝宗推荐了许多有才学的正直之士。孝宗极为赏识的还有马文升，这是一位文韬武略双修的大臣，弘治二年（1489 年）由左都御史升任兵部尚书。马文升就职以后，严明纪律、严整军务，罢免了 30 余名不称职的将校。此后数年，孝宗仍把重用忠良之士作为治理朝政的保证，又陆续把刘健、谢迁、李梦阳等人，提升到内阁当中参与机务。

同时孝宗亦能做到亲贤逐佞，勤于政事。弘治九年（1496 年）闰三月，少詹事王华揭发太监李辅国与张皇后关系甚密，招权纳贿。李辅国知道后马上对王

华进行报复,他向孝宗进谗言说王华恶行昭著,以予严惩。孝宗听后,不但没有对王华进行惩罚,反而传令中官赐食给王华,以示亲近。弘治十年二月,孝宗在后苑游玩的时间过长,侍讲学士王鏊便对皇上此举提出劝诫,告诫他切忌过于玩乐,以免玩物丧志。孝宗当时听了没有反应,继续玩自己的。但在事后,他却对诱导他玩乐的太监说:"讲官指出这一缺点完全正确,是一片诚挚之情,完全是为我着想啊!"为了引导大臣们踊跃进言,孝宗还经常提起这件事情,目的是希望大臣们能够知无不言,言无不尽。他为打消讲官的顾虑,还多次说道:"讲书必须要讲那些圣贤之言,如此直言不妨。"孝宗如此虚心,在明王朝历代君主中实属难得。

在勤政爱民方面,孝宗也是一个不错的典范。这主要表现在减免灾区的赋税征收上。从弘治三年(1490 年)河南因灾免秋粮始,他对每年奏报来的因灾免赋要求,几乎无一例外地加以同意。弘治六年,山东因灾情发生严重饥荒,孝宗闻奏之后,向灾区发送去帑金 50 余万两,米 200 余万担。为了整治黄河以及江南的水患,孝宗钦命刘大夏、徐贯到山东及江南,他们通过对当地实际情况的勘测,出色地完成了钦命,治服了水患。

知过能改　抑制皇戚

所谓"金无足赤,人无完人",作为一个皇帝,要想一点过错都没有,也是不太可能的。所以孝宗这个比较英明的皇帝,也干了一些糊涂事。有个叫刘吉的内阁大臣,乃宪宗朝之遗臣,此人善于投机,经常被科道官揭发,所以对科道官一直怀恨在心,伺机报复。但由于孝宗的宽厚仁慈,一直没有对此人进行惩治。直到多年后,由于自己和刘吉为封外戚的事情发生矛盾,才将他驱出内阁,但到这时,刘吉已经迫害了多位正直的官员。另外,朱祐樘对太监也不是太反感,东厂的权力仍然掌握在太监手中。对朱祐樘发生影响的是太监李广。当时,王越不知从哪里得知北方鞑靼部首领小王子要来入侵,为了赢得功勋,他暗中遣人

拜托李广，希望他能向孝宗美言让自己带兵出征。结果孝宗真按李广的举荐起用了王越，命为总制三边的将领。王越年已 70 多岁，奉诏即行，挥军驰至贺兰山，袭破小王子营，大获全胜。李广也因举荐有力得到重赏。从此使得孝宗对他另眼相看。也就是在李广的导引下，孝宗开始对修炼斋醮之事产生了兴趣，召用了方士、真人，研究符箓祷祀诸事。

大学士徐溥以及阁臣均上书力谏，希望孝宗能够以唐宪宗、宋徽宗等事迹为鉴，孝宗虽不无嘉许，有所收敛，但对李广仍有所爱。在李广的建议下，孝宗在万寿山建了玩乐场所毓秀亭。谁知山亭建好之后，清宁宫即起大火，这是太皇太后周氏居住的地方。于是司天监官员向太皇太后奏称，起火原因是因为建了毓秀亭，犯了岁忌所致，引起太皇太后震怒。李广胆小如鼠，怕太皇太后惩罚，竟然服毒自杀了。谁知孝宗仍不死心，还派人到李广家中去寻找那些修炼长生不老的秘籍。结果，寻找来的那些书簿中，不但没有炼食仙丹的方法，反而记载了一些李广收受贿赂的数据，约略核计，竟是一批不小的数字。孝宗大怒，说："百官之中，有此无耻之徒，实属可恶！"即手谕刑部，按名单逮问。事后，还是张皇后出面讲情，才没对巴结李广的官员们严加处置。

这件事对孝宗的触动很大，使他开始反思自己以前的所作所为，认识到自己以前的糊涂。同时，亦是这件事情使得孝宗重新振作起来，朝政也日渐恢复好转。

为了加强军事力量，在边境上，他积极练兵，开拓垦田，使得北部的鞑靼不敢贸然向大明发动战事。弘治十五年（1502 年），孝宗将曾修治黄河有功的刘大夏，由总督两广军务的左副都御史提升为兵部尚书。

在孝宗的支持下，刘大夏大力整顿军事。先是从核查军队虚额入手，补进了大量壮丁，同时也请孝宗停办了不少"织造"和斋醮。孝宗看了刘大夏写的"兵政十害"的疏奏，解决了军队中存在的许多问题。

由于朝中一些太监对孝宗的影响太重，所以孝宗身上还是存在着不少的问题，虽然这些缺点掩饰不住他作为明主的光辉，但毕竟有失明君的形象。自李广死后，他热衷于斋醮修炼的毛病虽有所收敛，但不久又重新燃起了热情。

在政务上，孝宗对一些好的措施也不能完全持之以恒，言而不行和中途动

摇、发生曲折的情况，并不少见。在情况最严重的几年当中，他甚至停止了午朝的做法，除了早朝，与大臣们几乎不再见面。奏章的批答也不及时，有的竟能滞留数月之久，批示过的也不过问执行的情况。对经筵进讲也不太感兴趣，每年只有短短的几天时间。幸好这种情形，到了弘治末年得到了改变。这都得归功于那些敢于冒死犯谏的正直之臣，是他们用自己的性命在捍卫国家社稷。弘治十四年(1501 年)之后，孝宗接到的劝谏疏奏日益增多，使他越来越清楚地认识到了自己的错误，并且注意了改正。

在孝宗的诸多失误当中，有一条是对皇戚勋爵的不法行为缺乏一以贯之的打击。弘治十八年(1505 年)三月，李梦阳向孝宗上书陈述各种弊政，言辞恳切，洋洋洒洒数万字，其中一条就是指责张皇后之兄弟张鹤龄的，揭发他招纳无赖，鱼肉百姓。张鹤龄与张皇后之母金夫人听说后，天天在孝宗面前哭闹，要将李梦阳下狱。孝宗不得已，照着做了。科道官纷纷上疏营救，金夫人也不放弃攻势，又在孝宗面前哭闹，要求孝宗对李梦阳施以重刑，孝宗被其无理取闹、仗势欺人气得大怒，直接掀翻了桌子，刑部来请示处理意见，孝宗毫不犹豫地提笔批示："梦阳复职，罚俸三月。"过了一些日子，孝宗夜游南宫，张鹤龄入内陪酒，皇后、金夫人也在场。酒至半酣，皇后、金夫人入内更衣，孝宗独召张鹤龄谈话，左右不得闻，但见张鹤龄脱帽磕头不止。从此，鹤龄兄弟俩再也不敢放肆。不久，孝宗在和刘大夏谈事时，询问刘大夏，朝中大臣对自己处理李梦阳一案的做法持何种评价。刘大夏告诉他："最近放了李梦阳，朝廷内外皆称赞陛下圣德。"孝宗对他说："李梦阳的上疏中有'张氏'两字，有人说这是对皇后的污辱，朕无奈之下才将他下到狱里。刑部的请示一到，朕曾问左右如何裁夺，结果有人说将李梦阳杖责。这时朕即明白是有人欲置李梦阳于死地，以讨好主子。此风不可助长，故下令将其释放复职，也不让司法拟罪。"

孝宗在执掌权力的最后一段时间里，全力以赴整顿朝纲，渴望帝国的振兴。弘治十八年(1505 年)，李梦阳奉旨去山东曲阜祭祀孔子，时值大旱。沿途一路饥民众多，景况惨不忍睹。李梦阳遂将其所见如实奏报孝宗，说今日之情况，多为朝廷弊政所致。孝宗看了奏报，反躬自省，竟夜不能眠。也就与此同时，工部尚书曾鉴为削减宫中的开支，向他进言，裁减尚衣局、军器局、司设监的匠人，他

毫不犹豫地同意。后来,他又下令裁减“织造中官”数额的三分之一,节省了经费开支。

可惜,天不假年,1505 年,朱祐樘这位明朝中期政治最为清明、政绩最为卓著的一代明君告别了人世,享年 35 岁。

明武宗朱厚照

1505 年夏,孝宗因病去世,15 岁的皇太子朱厚照即位,是为明武宗。

没有经过很好教育、且心已玩疯了的朱厚照即位,就非常厌烦繁复的礼仪、枯燥的奏疏和繁乱的国家大事,于是每日早朝就成了他一天中最难挨的时光。

既然朱厚照想玩,自然身边就会有陪他玩的人。虽说伴君如伴虎,但陪着一个贪玩的皇帝,只要想方设法让他开心,就不再是伴着老虎,而是伴着权势了。这个人就是非常阴险的太监刘瑾。

刘瑾善于揣摩朱厚照的心思,知道朱厚照爱玩,他就千方百计地寻找些鹰犬、歌伎、角抵之类的玩意来满足朱厚照的玩心,还经常陪着这个小皇帝出宫玩乐,自然就得到朱厚照的信任和宠爱,也就得到了想得到的权势。为了巩固自己的权势,刘瑾还收罗了马永成、高风、罗祥、魏彬、丘聚、谷大用、张永等七个太监,以形成自己的势力圈子。从此他们相互勾结,骄横跋扈,人称“八党”

“八虎”。

有了刘瑾等人，朱厚照玩小吏盛，经常率手持武器的太监在皇宫里驰骋，或整日泛舟于湖上。逐渐染上流氓习气的朱厚照竟然追逐宫女，溜出皇宫进妓院，酒后肆意闯入民宅调戏良家妇女，纵情玩乐，丑态百出。每次玩累了，就不再上早朝，大臣们多次劝谏，也无力改变。许多正直的大臣见此情况非常痛心，加上屡谏不听，于是心灰意懒，纷纷要求退休，回家颐养天年。朱厚照巴不得这些束缚手脚的大臣赶紧离开，于是随请随批，然后听从刘瑾等太监的怂恿，任用一些只会溜须拍马、阿谀奉承的小人，没过多久，朝中就成了奸佞小人的天下。

顾命大臣们眼见“八党”胡作非为，朝政日非，遂忍无可忍，联合上书，要求杀掉刘瑾。朱厚照在咄咄逼人的形势面前，只得同意对刘瑾等人处以死刑。但刘瑾得知这一消息后，当天夜里就带上另外 7 个人哭诉，并趁机进谗。朱厚照还是太宠爱这几个忠心耿耿陪他玩乐的太监，于是改变了主意，不但没有杀掉刘瑾等人，反而将他们分别擢升为司礼监太监、东厂提督、西厂提督，将宫廷权力几乎全交给了刘瑾。而那些顾命大臣见此情形，个个心灰意懒，纷纷提出辞职回家。朱厚照也没有客气，在他们的辞呈上挥笔写了“钦准”。大臣们见朱厚照贬斥顾命大臣，纷纷冒死向朱厚照劝谏，结果被认为是对皇威的冒犯和轻蔑的朱厚照下令施以杖刑，削职降级。那几天，皇城内血肉飞溅，哭号震天。京城的各城门，也不时有遭贬官员及家眷的马车匆匆驶过。

有点良心的大臣们被贬的贬，被杀的杀，朝政大权自然就落到刘瑾的手里。从此以后，刘瑾不断扩充个人的势力范围，暗杀正直大臣，罢免与自己不同心的官员，命令厂卫监视官员，派出亲信太监分镇各边镇，擢升对自己摇尾乞怜的人。此后，刘瑾党羽遍布朝内外。

“假皇帝”刘瑾对手中的权力仍不满足，竟生了发动政变，做“真皇帝”之心。但阴谋还没有实施，就被与刘瑾有些矛盾的“八虎”之一张永告发。朱厚照听了后，还大惑不解地反问：“刘瑾他这是要干什么呢？他想要天下，朕给他不就完了？”张永说：“到那时候，陛下又该居于何处呢？”朱厚照这才醒悟过来，立即抓捕刘瑾，并亲自率领锦衣卫去查抄刘瑾，从刘瑾家中搜出了伪玺、穿宫牌以及衣甲、弓弩、衮衣、玉带等违禁品及大量的钱财，还从刘瑾常常使用的扇子中

发现了两把锋利无比的匕首。半信半疑的朱厚照这才恼羞成怒,下令将刘瑾处以磔刑。刘瑾行刑的那天,许多人争相向刽子手买他的肉吃,以此发泄埋藏多时的怨恨。

虽把刘瑾集团给消灭了,但朱厚照还是继续他的玩乐,甚至已经不满足于在宫中或京城中玩乐,竟然在没有侍卫的保护下,跑到塞外去享受了一番风光。

在阅尽塞上绮丽风光后,朱厚照又对细雨轻烟笼罩的南方发生了兴趣,结果遭到众大臣的反对。朱厚照虽将阻拦的黄巩等 30 余人捕入锦衣卫狱中,对其他 146 名反对的大臣当廷施以杖刑,使得 15 个大臣毙命于杖下,但其余大臣并没有被吓倒,还是死谏不退。朱厚照不得不怏怏不乐地放弃了这一打算。

但朱厚照还是得以南巡了,因为身在江西南昌的宁王朱宸濠发动了叛乱。叛军杀掉了巡抚江西副都御史孙燧等一批官员,任命了所渭左右丞相,以及兵部尚书,挥师沿长江而下,攻打安庆,明军迅速对其围剿。正当明军与朱宸濠激战并取得决定性胜利的时候,朱厚照认为可以南巡了,于是以南征为名的十万队伍浩浩荡荡涌出京城。一路上,朱厚照边走边玩,随行的奸臣江彬等人则狐假虎威,肆意妄为。这时,明军已将叛乱镇压,并向朱厚照传报。朱厚照因率军击败叛军的王守仁劝阻,只得表示留在南京,不再继续南下。但没有亲自捉到朱宸濠,朱厚照还是觉得不过瘾,于是在南京搞了一场非常可笑的受俘仪式。他设了一个广场,树起威武大将军的大旗,由全副武装的士兵围场一周,令去掉朱宸濠身上的枷锁,自己着戎服,持利剑,在伐鼓鸣金声中,冲进场去与朱宸濠格斗,将其擒获,重上桎梏,然后接受献俘。这场闹剧结束了,朱厚照才觉满意,在大臣们的劝说下,决定“班师”。

回京师途中,朱厚照划着小船在一个叫积水池的地方捕鱼捉虾,结果翻船跌落水中,幸好左右的人及时跃入水中将他捞起。

朱厚照的身体状况已经不好,这次虽没被淹死,但受了凉后便一病不起,随后于公元 1521 年病死。

明世宗朱厚熜

改革弊政　仪礼之争

明宪宗朱厚照驾崩，天下发丧。由于其并无子嗣，按照兄终弟及的惯例，朱厚熜得以继承皇位。

正德十六年(1521年)四月二十二日，风尘仆仆的朱厚熜由湖北安陆兴献王府赶来。内阁用对待皇太子的礼仪于京城郊外迎接他，但朱厚熜立即拒绝了这个仪式，他责问众臣道："遗诏写得很清楚，我遵照兄终弟及的祖训嗣皇帝位，你们按照太子的礼仪迎接我，难道是让我来做太子的吗？"新君的机敏和强硬态度，出乎大臣们的意料。大学士们只好重新做出安排，改由皇太后率文武百官上表劝进，劝进表上了三次，朱厚熜觉得已经让文武百官充分承认自己的地位了，觉得他们已经完全当自己是大明王朝的皇帝后，才起身自大明门进入宫中。

嘉靖帝在初登大宝之时，对国事尚有所作为。在杨廷和的辅佐下，对武宗时期的弊政进行了一番改革：诛杀佞臣江彬、钱宁，裁汰冒滥军校、匠役共18余万人；放走内苑的珍禽异兽，明令各地不许再献关闭不成体统的皇店，送还全国进献的美女；废除宦官出镇的制度。在很短时间内，世宗采取了这样果敢的行动，显示了他的威仪，缓和了社会矛盾，天下臣民盛称新天子圣明，歌颂杨廷和功高。明朝出现了令人欢欣鼓舞的新局面。

但不久，嘉靖帝就在如何尊崇其父母的问题上与杨廷和及众多朝臣发生了矛盾。杨廷和恪守礼法，认为嘉靖帝既是以宗藩入继，就应称孝宗"皇考"，而改称其父兴献王为皇叔父。他让礼部尚书将这个意见告诉嘉靖帝，并用坚决的口吻对左右说：“再有异议者就是奸臣，杀无赦！”嘉靖帝对此事坚决反对，以放弃皇位要挟张太后；其母蒋氏闻说后，也以拒绝进京表示抗议。此事在历史上被称为“大礼仪”。经过三年的白热化争执，最终以皇权的至高无上压倒了众大臣的反对之声，嘉靖帝的意愿得以实现，其父被尊称为“皇考恭穆献皇帝”，其神主被摆放在奉先殿旁新建的观德殿内。这时，虽然嘉靖帝对杨廷和等顾命大臣还算尊重，但是这只是一些表面现象而已。同时，朝廷中的奢侈之风一点点地消蚀着嘉靖帝的内心，阿谀奉承、谄媚讨好的行为也慢慢地渗透到了他的生活中来。阅览疏奏的时间开始减少，遇事再不肯动脑筋，遇到重大问题也不再与大臣商议。另一方面，他开始出入教坊诸司，迷醉于乐工、舞女们精湛的技艺表演。到最后，问题越发严重了，即位之初纳谏如流的情形不复再见，锦衣卫、监局里的冗员开始增加，封爵世庙之风再度抬头……

1523 年，南京礼部尚书上疏，一针见血地指出目前嘉靖帝有“八不如初”。嘉靖帝阅后有所触动，但这也仅仅是触动了一下心灵而已，在行为上依然没有实质性的改变。

杨廷和见嘉靖帝已经变得与当初的武宗朱厚照无甚差别，料自己也无回天之力，于是决意辞职，与他一同要求辞职的，还有礼部尚书毛澄。嘉靖帝在辞呈上写了“听之去”三个字。杨廷和去职后，嘉靖帝更加独断专行，肆意施暴，动辄就将不如意的大臣下狱廷杖。而当时在“大礼仪”一案中支持嘉靖帝的张璁、桂萼，分别被授予礼部尚书兼文渊阁大学士和吏部尚书兼武英殿大学士，入主内阁，执掌大权。他们又在嘉靖帝的支持下，以在“大礼仪”中的态度为准绳，对反对派官员进行排挤报复。一些佞幸之徒看到张璁等因礼仪升迁，也纷纷进言，极尽巴结。一时之间，朝风混乱不堪，奸臣当道，贤良受害，封建王朝的统治有如风雨飘摇中的一只小舟，随时都有倾覆的危险。

迷信僧道 重用严嵩

因为纵欲过度的原因,嘉靖帝的身体开始大不如前。接连生了几场大病,憔悴不堪,似乎一阵风都能将他吹倒。大理卿郑岳为此曾劝说他,要他遵照圣祖寡欲勤治的训导,尽心裁决奏章,日暮还宫,节制房事,以保养身体。身体的每况愈下,使嘉靖帝心中忧虑不已,同时亦使他考虑到了如何能够长生不老,永享天下美人。

嘉靖三年冬,嘉靖帝听说江西有一道士邵元节,有长生不老之法,便即刻差人召他进宫。交谈后嘉靖帝龙颜大悦,让他居住在显灵宫,专司祷祀,驱鬼通神。有几次嘉靖帝让邵元节呼风唤雨,碰巧灵验,遂大为赏识,敕封其为"至一真人",为他在京城中建了真人府,命其总领道教,统辖朝天宫、显灵宫、灵济宫3个庙宇。邵元节将宫中原设的斋醮重新整理了一番,整个皇宫都沉浸在为皇帝谋求长生不老的活动之中。

斋醮仪式上,需用写给"天神"的奏章表文,一般为骈丽体,因用朱笔写在青藤纸上,称为"青词"。嘉靖帝将写青词水平的高低作为评价文臣学识的依据。许多大臣为了取得他的青睐,终日琢磨青词的写法。醮事不断,青词也就花样翻新,源源不绝地炮制出来。满朝文武,不以国家社稷为重,反以求仙画咒为业,黑白颠倒,日月混浊,朝廷内外兴起了一股攀比撰写青词的不正之风。

转眼之间,嘉靖帝已届而立之年,虽然夜夜新欢,但始终未能生下皇子,他不免为此感到焦虑。为了早日得子,他让邵元节在钦安殿建祈嗣醮,并命以大臣为监礼使和引导官,由文武大臣轮流进香。嘉靖十五年,邵元节因祈嗣醮一直没起作用而自感惭愧,暂乞还山修炼,临行仍编了一套鬼话,说嘉靖帝多福多寿,皇子指日可出。邵元节走后,后宫阎贵妃有了孕,嘉靖帝认定为邵元节祈求有功,着人将其召回。皇子生下后,嘉靖帝大喜过望,加授邵元节为礼部尚书,给一品服俸。阎妃生的皇子叫载基,不幸于两个月后病夭。幸而王贵妃复又怀

胎，生下一男，取名载壑，随后杜康妃、卢靖妃也各为嘉靖帝产下一子。嘉靖帝这才安下心来，脸上有了笑意。

嘉靖十八年(1539 年)，邵元节病死。嘉靖帝听到这一消息，悲痛不已，亲书手谕，派太监锦衣护丧归籍。邵元节死前曾给嘉靖帝介绍了方士陶仲文。陶仲文比邵元节画符念咒的本领更胜一筹，他教唆嘉靖帝用童女初至的经血做原料，制作“元性纯红丹”，说服后可以长生不老。嘉靖帝渴求长生不老，已经到了无所不用的地步，随即传谕各处的地方官，挑选了 300 余童女入宫，为制药做准备。在不太长的时间里，陶仲文凭借嘉靖帝对他的信赖，平步青云，官至少保、礼部尚书，又兼少傅，食一品俸，总领道教之事，后来，又加封为少师。就连陶仲文的子孙、徒弟也大批被录用，真可谓“一人飞升，仙及鸡犬”。

就在陶仲文为嘉靖帝炼丹制药的时间里，皇宫里又来了一个叫段朝用的方士。

他先是炼了百余件白金器具，托人献进宫来，说是仙家之物，服用之后，可长生不死，用以斋醮神仙可至。嘉靖帝一听说此物如此神奇，立刻派人把段朝用召进宫来，询问天机。段朝用对他鼓吹说：“你如果深居不与外人接触，则黄金可成，不死药可得。”嘉靖帝听后信以为真，便下诏让 4 岁的太子载壑监国，自己退到了后宫，对大臣们说，等身体健康后再出亲政。监察御史杨爵及主事周天佑等上奏极力反对此事，嘉靖帝就把他俩关进了大牢。

世宗信奉道教，在实践了多种成仙之术后，自我觉得从中获得了极大的乐趣。

但他并没有遵循道家“清心寡欲”的教规，却是时常令人到民间去为他物色美女佳丽。进宫的女子兼有供他淫乐和奴婢的双重身份，备受欺凌侮辱。于是，爆发了一起宫女造反的事件，这在历朝历代的皇帝中，是绝无仅有的。嘉靖二十一年(1542 年)十月二十一日，世宗在端妃处寻欢作乐，过后精神不支，倒头大睡。趁端妃不在的间隙，宫女杨金英带领了十几个姐妹，一拥而上，差一点将世宗勒死，幸亏皇后方氏及时赶来才得以获救。

宫婢造反给世宗敲了一记警钟，不过他并未觉悟，只是从此以后，再也不敢住在乾清宫，并宣称自己是尘世之外的人，一心修道成仙，不与任何妃子和宫女

见面，也不跟大臣们见面。

然而国不可一日无君，太子年幼尚不能理政，因而，朝臣之间为了夺取最高的指挥权，相互之间展开了激烈的争夺，目标是内阁首辅这一职位。首辅位置自杨一清、止出后，人选曾多次改变，直到夏言才算有几天安稳。然而夏言也没有坐稳，因为遇到了强有力的对手严嵩。

夏言掌权是由于其祭醮青词写得好的缘故，并且也肯为祷祀的事情卖力气。但是逐渐取得大权后，便对此事表现得非常不耐烦，皇帝对此甚为不满。世宗经常派太监到大臣府邸宣诏达事，夏言自恃位高，说话从不客气，待之如奴仆；严嵩则毕恭毕敬，殷勤问候，并且还给这些人好处，于是这些人回来后争着向世宗说严嵩的好话。世宗几次将两人送来的青词做了比较，发现夏言的多为僚属代写，有时还把用过的又拿来充数，而严嵩写得越来越精彩。嘉靖二十三年(1544 年)，夏言下了台，代之以严嵩主政。到嘉靖二十五年(1546 年)，在严嵩的挑拨下，夏言最终被砍了头。

虽然嘉靖帝将严嵩任命为内阁首辅，但心里却明白严嵩不是什么治国良相，他之所以用他是因为赏识严嵩的顺从。世宗在西苑修炼，不想与朝臣见面，严嵩就住在西苑内，朝夕相伴，随时等候召见，连洗沐都顾不上，真可谓勤勤恳恳，一心服侍皇上。正当世宗做着成仙的梦时，无能的严嵩却将国家搞得混乱不堪，这终于给北方的少数民族以入侵的机会。蒙古彪悍的马队长驱直入，明朝的边防溃不成军。

嘉靖二十九年(1550 年)六月，北方鞑靼部首领俺答率军攻破古北口，越过通州、密云，直抵北京城下。而这时，明朝的兵部尚书丁汝夔也没了主意，一时竟不知道是该守还是该战，所以他只好请教狗屁不通的严嵩，没想到严嵩说："在边防上打了败仗，还可以隐瞒，在这里打败了，谁人不晓？当然是坚壁勿战，保存实力，等敌人掠夺够了，自然就会退走。"大明军队未出一兵一卒，眼睁睁地看着鞑靼兵在城外烧杀抢掠了 8 天之后，满载而归。这次之后，俺答又曾两次率兵攻至北京城下，世宗仍是听之任之，任其抢掠，使京郊百姓饱受兵燹之苦。

罢除奸相　命丧红丸

北部的边防漏洞百出，烽烟常起，南方也是麻烦不断。从辽东经山东到广东漫长的海岸线上，来自于日本的倭寇也扰得当地百姓难以安心。

1552 年，嘉靖帝同意了内阁的意见，在沿海一带复设巡视大臣，加强对海防的管理。一年之后，嘉靖帝又派南京兵部尚书张经总督沿海军务，委以平倭重任。张经到任后，积极筹划军事行动，准备全力抗击倭寇，结果却遭到严嵩等人的陷害，被押解到北京斩首。

正当倭寇屡平不定的时候，明军里出现了名将戚继光，他对招募的义军进行了严格训练，创造了“鸳鸯阵”战术，这支精锐之师在短短几年中，由浙东打到福建，屡立奇功，倭寇闻声丧胆，百姓亲切地誉之为“戚家军”。

在戚继光与俞大猷、刘显等将领的精心组织下，明军终于解决了倭患。倭寇从此一蹶不振，渐渐地退出了沿海一带，南方趋于平安。

就在抗倭英雄们在沿海一带为保家卫国而浴血奋战的时候，朝廷之中亦是明争暗斗，杀机四伏。由于夏言生前曾向嘉靖帝推荐过徐阶，所以严嵩对他非常警惕。徐阶觉察到了危险，在起初他始终深藏不露，处理朝政既光明磊落，又善施权术。严嵩看他没有什么野心，也就不再事事监视这个潜在的对手，还让他顺利地升到了礼部尚书兼东阁大学士的位子上，开始参与政务。徐阶此时仍不动声色，与严嵩继续和平共处，直到时机的到来。

就在“南倭北虏”最严重的时候，嘉靖帝对严嵩的态度开始有了变化。由于俺答的进攻，倭寇的骚扰，国家出现严重的财政危机，这个责任，作为首辅的严嵩是不可推卸的。同时，国库空虚，财政紧张，再加上贪污受贿、奢侈骄横等严嵩自身所存在的问题，使世宗对他失望透顶。1561 年，嘉靖帝居住的永寿宫失火，不得已移居到玉熙殿去住。玉熙殿又小又矮，嘉靖帝便想再建永寿宫，他把严嵩找来，询问意见。谁知严嵩竟然不识时务地说让嘉靖帝住到南宫去。谁不

知这南宫是当年明英宗失位之时被软禁的地方?嘉靖帝因此而不高兴。又问大学士徐阶,徐阶则提出重修永寿宫,并亲自制定了具体规划。不久,永寿宫拔地而起,改名万寿宫。

万寿宫的营造,标志着严嵩政治生涯的结束。

当严嵩掌权的时候,只要有人不听话或是稍加忤逆,便会受到严嵩的严厉打击。因此,当严嵩失宠之时,他们自然也想报当年被打击报复的怨仇,所以联合弹劾严嵩父子。嘉靖帝找来徐阶商议如何处理,徐阶说:“严家父子罪恶昭彰,陛下要果断处理,否则可能发生事变。”于是,嘉靖帝立即下令将严嵩罢官告老,将严世藩杀掉,严嵩在朝中的心腹也陆续被罢免。严嵩倒台之后,徐阶代为首辅。徐阶当政后,做了一些好事,使嘉靖一朝在最后的5年里稍有起色。

但此时的嘉靖帝还是不理朝政大事,除了迷信僧道外,又相信起祥瑞来,很多奸佞小人以谎报祥瑞得到了嘉靖帝的赏赐,朝中还是充斥着大批不学无术的奸臣。

为了长生不老,嘉靖帝还服食用水银制成的丹药。结果长期服用后,嘉靖帝的脸色开始呈暗灰色,四肢也变得不灵活,走起路来摇摇晃晃,就连说话也变得困难。

1565年正月,嘉靖帝服食了陕西方士王金等人献来的金石药,结果顿觉头晕目眩,鼻孔流血,很快就不省人事了,此后一直卧床不起。

1566年十二月的一天,嘉靖帝突然变得精神饱满起来,周身不再觉得痛疼。日夜守候在他身边的徐阶感到大事不好,连忙下令将他从西苑抬回乾清宫,没过多久,嘉靖帝就咽了气,享年60岁。

明穆宗朱载垕

世宗有过8个儿子,但其中5个夭折,只有二子朱载壡、三子朱载垕、四子朱载圳长大成人。在立储的时候,年龄较大的朱载壡自然成为太子,但这个朱

载壑没有做皇帝的福分，还没有熬到登基那天，就于公元 1549 年死去。如果按照“有嫡立嫡无嫡立长”的礼仪，接下来就应该是被封为裕王的载垕为太子。可命运偏偏跟这个后来的穆宗皇帝开起了玩笑。世宗信奉道教，自然对那些只会妖言惑众的道士们言听计从，就连立太子这件大事，世宗也去找当时受宠的道士陶仲文商量。也不知道载垕与这道士有什么仇和怨，这个道士故作深沉地掐指算了半天，然后说皇帝是龙，太子当然是小龙，而“二龙不能见面”，就请世宗回去斟酌。

世宗考虑再三，虽认为必须按照“有嫡立嫡无嫡立长”的礼仪来决定太子地位，但自己宠爱的是四子朱载圳的母亲，爱屋及乌，想立的自然是四子，加上觉得道士的话不无道理，正好以这个为借口，索性不再立太子。

当时的形势对朱载垕极为不利，不光是自己的弟弟朱载圳四处活动，争立太子，就连当时权倾朝野的内阁首辅严嵩对载垕也相当冷淡，还经常拖欠朱载垕应得的岁赐，世宗对严嵩言听计从，而世宗、裕王父子经常不能见面，如果严嵩感到裕王是威胁，一切变化都可能发生。

有一次，严世藩问朱载垕的侍读官高拱、陈以勤说：“听说裕王殿下对家父有些不满意，是不是真的啊？”陈以勤急中生智，从容地辩解道：“严阁老格外看待殿下，殿下也常说，只有严阁老才算得上社稷之臣。请问您是从哪听来的殿下不满之言？”

事情总算有了转机，公元 1561 年，世宗留朱载垕在京，而把朱载圳打发回封地去，显示出了传位于朱载垕的讯号。一年后，严嵩下台，代替他的是徐阶，徐阶则为朱载垕在世宗面前多方圆承，拼命维护朱载垕的地位。后来朱载圳于公元 1565 年病死，载垕已成为唯的一皇位继承人，从此不再担心废立问题。公元 1567 年，已经 30 岁的朱载垕终于熬到了即位称帝的那一天，世宗因服食丹药而中毒身亡，朱载垕即位，是为明穆宗。

穆宗即位后，立即将引起朝野怨声不止的世宗弊政大部分废止。例如将蛊惑世宗炼丹求仙的道士逮捕下狱、停止所有的斋醮活动和庙观、宫殿的工程、禁止采买香蜡、珠宝、绸缎等例外采买等民愤极大的活动，并起用因上疏言事被罢撤、拘囚的海瑞等官员，免除全国百姓当年的一半田赋和拖欠的赋税。这些措

施一出,群臣号啕感激,百姓竞相称颂,一时大得民心。经过一番初步治理,朝政有了一番新气象。

但穆宗本来就是个无所作为的皇帝,即位之后想着的还是及时行乐,他为此做了一番布置。穆宗将亲信的大臣徐阶、李春芳、高拱、郭朴留任内阁,又将即位前的心腹张居正、陈以勤授予内阁大学士的要职,参与内阁机要大事,再就是把亲信的太监黄锦、王本、冯保、曹宪、李芳等人都安置在要害部位。经过这一番布置后,穆宗就玩了个大撒把,把日常朝政都推给内阁,连对大臣的操纵、协调的责任也统统放弃。准备躲在后宫纵情声色,及时行乐。但不久,他就发现自己的如意算盘落空了,大臣们互相倾轧,闹得他在统治的6年中就从来没有享过一天平静。

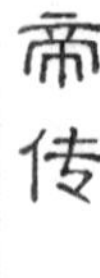

首先就是内阁中最重要的两位大学士徐阶和高拱之间的争斗。其实两人间并没有什么仇恨,而且挑起这场争斗的还是因为高拱的小心眼。徐阶把高拱举荐为内阁大学士,在当时来说,徐阶就可以算是恩师了,所以在很多方面忽略了高拱机敏练达的卓越能力,以及位居高官后要求平等处事的自尊心,依然把高拱当作后生晚辈对待,高拱自然心生芥蒂。后来高拱因为在世宗病危时回家,结果遭到吏科给事中胡应嘉弹劾,虽说是“有惊无险”,但高拱偏偏认为是胡应嘉的同乡徐阶指使。后来徐阶在草拟世宗遗诏的时候,竟然冷落了高拱,因此高拱便有了一腔怨恨。

在后来的一场争斗中,高拱虽把曾经弹劾他的胡应嘉给扳倒,将其革职,但却受到与胡应嘉同为言官的大臣们的纷纷弹劾。穆宗到没有被几个言官所打动,还安慰了高拱,可朝廷中对高拱气势汹汹的弹劾,弄得高拱苦闷不已。高拱便找到徐阶帮忙,但遭到徐阶的拒绝,高拱马上把多年的怨恨连带着对言官们的愤怒,统统撒到徐阶身上,指使亲信揭发徐阶的弟弟和三个儿子都是横行乡里的大恶霸,有凭有据。这更激怒惟徐阶之命是从的言官们,他们将矛头一齐对准高拱,弹劾更是接连不断,逼得高拱只得辞职不干,徐阶取得了胜利。

内讧未了,外患又起。这个外患是来自北方的蒙古族。公元1567年秋,蒙古俺答部和土蛮部同时进犯,使京师陷入战争的恐慌中。穆宗赶紧命大臣们讨论京师守备和边境作战策略,于是工科给事中吴时来推荐了谭纶、俞大猷、戚继

光这三位抗倭名将，并得到徐阶、张居正等大学士的竭力拥护，很快得到穆宗的批准。

将谭纶、戚继光以及西北边防名将王崇古等人提拔上来，负责整治华北边防。几位名将到任后，雷厉风行地进行整顿，边防确实达到了军容严整，士气大增的要求。

这时，俺答的孙子把汉那吉前来投奔，使明朝中央政府与蒙古关系发生重大转折，对此后几十年的边境安定，产生了难以估量的巨大影响。把汉那吉前来投奔的原因很简单，就是祖父俺答抢了把汉那吉的妻子，俺答的外孙女三娘子。这在当时，是可以被蒙古风俗所接受的事。可把汉那吉实在忍受不了这种羞辱，一气之下弃家南奔。把汉那吉来降的消息传到北京，穆宗在杀把汉那吉还是接纳把汉那吉两派之间的激烈争斗中，权衡全局利弊之后，采纳了接纳派意见，向汉蒙言和的道路迈出了重要的一步。

把汉那吉南奔之后，疼爱孙子的俺答立刻率大军向长城袭来，要索回自己的孙子，整个北部边境立刻紧张起来。在反对派的猛烈抨击下，穆宗继续给接纳派以坚决的支持，让张居正、王崇古等接纳派在坚守备战的同时，积极展开了对俺答的攻心战。

俺答虽来势汹汹，但面对今非昔比的明军，他清楚地知道，此次进攻并没有决胜的把握。

这时明朝的使者带来了议和的信号。俺答在得到孙子安全的消息后，便向明朝使者表示，要求封他为蒙古王，并允许进贡称臣，开放边境贸易。明王朝答应了俺答的要求。俺答立即把唆使他与明为敌的汉奸赵全、李自馨等十几人捆起来，送到明军大营。

穆宗得到俺答言和献俘的消息，大喜过望，用最优厚的礼节护送把汉那吉回蒙古。俺答见孙子神采飞扬地平安归来，立即向穆宗上表称谢，从此，俺答和明朝结束了战争关系，打开了和平友好相处的大门。隆庆和议，是明朝处理与边疆少数民族关系最成功的一例，也是穆宗一朝最值得称道的政绩。

不过穆宗也就做了这么件大事，此后又龟缩到后宫，在几个无耻太监的引导下纵情玩乐，玩遍了后宫又出城游玩，玩遍了京城四周又想去南海子游玩，结

果遭到以徐阶为首的大臣们的竭力反对。但劝谏的结果是，吏科给事中石星被打得血肉模糊，昏死过去，石星的妻子郑氏误以为丈夫被打死，悲恸至极，一头撞到柱子上气绝身亡，失宠的内阁首辅徐阶也因太监们的坏话而不得不回家养老。

穆宗和太监们取得了胜利，于是更加纵情声色，使得短短几年时间里，本来身体强健的穆宗被耗尽了精力，在公元 1572 年夏的一次早朝中，穆宗突然中风，随后于第二天死去，年仅 36 岁。

明神宗朱翊钧

公元 1572 年，8 岁的朱翊钧被父亲明穆宗册立为皇太子，几个月后，父亲穆宗去世，于是这个刚被立为太子的朱翊钧在懵懵懂懂中被抱上龙椅，接受百官的朝贺，成为明朝历史上第 13 个皇帝，明神宗。

朱翊钧是穆宗的第三子，5 岁的时候，就被父亲批准读书，这在大明历代皇子中，可算是一个特例了。他的老师便是后来叱咤风云的名相张居正。张居正对这个小皇帝的教诲可谓是孜孜不倦，为了让这个小皇帝能够对历史、对为君之道有个初步的了解，张居正将尧、舜以来天下君主所做的可效法的善事 81 件，应警戒的恶事 36 件，编成类似于连环画的故事书《帝鉴图说》。后来，张居正从历代皇帝的实录和明太祖的《宝训》中，分门别类地编成《创业艰难》《励精图治》《勤学》等 40 本书让朱翊钧阅读。上课之余，张居正总向朱翊钧讲一些如何为君的正论。张居正行事端正，似乎永远是智慧的象征，他很注重外表，袍服每天都像崭新的一样折痕分明，他不开口则已，一开口便能点中事情的要害，这些使少年朱翊钧极其敬畏。李太后对此极为赞赏，每当朱翊钧不用功的时候，他便把张居正搬出来，说："告诉张先生吧，怎么样？"或者"这叫张先生知道了可如何是好？"朱翊钧虽害怕，但也暗暗地滋生了不满情绪。这给以后朱翊钧残酷地报复张居正埋下了祸根。

朱翊钧即位后的前十年，是万历朝最为昌盛的时期，当时国泰民安，太仓的积粟可用10年，国库的钱财多达400余万。当然，这主要是张居正励精图治的结果。

张居正是穆宗东宫时的亲信，穆宗上台后，张居正也得以进入仕途，于1567年被选入阁。第二年，张居正便向穆宗上了一封《陈六事疏》。主张实行改革，提出“省议论”“振纲纪”“重诏令”“覆名实”“固邦本”“饬武务”六大急务，深得穆宗嘉许。但可惜穆宗早逝，张居正当时又不是首辅，所以这些颇具见识而又切中时弊的主张暂时还得不到实行。不过张居正还是受到穆宗的重视，让他负责对朱翊钧的教育。朱翊钧即位之初的内阁首辅是高拱，高拱自以为是先帝重臣，对小皇帝朱翊钧并不是很尊重，因此张居正立即献上奇计，高拱于是下台，张居正取而代之。此后，大权在握的张居正便雷厉风行地将他的改革梦想付诸实施。

这场改革最先从政治上开始。张居正力主整顿吏治，为的是解决当时全国贪污腐败成风，农民起义此起彼伏的日益恶化的形势。1573年，整顿吏治的措施“考成法”出台了，这项由张居正提出来的措施，着重点在于清查官吏的腐败问题和提高政权机构的办事效率，此令一出，可谓轰轰烈烈、朝野震动，吏治与办事效率有了明显改观，为其他改革的推行，奠定了基础。

张居正随后进行的便是经济方面的改革。张居正首先是裁减冗官冗费，而且控制皇室费用，以减少开支，随后于1577年清查丈量全国各类土地，实现“开源”，增加生产。在此基础上，张居正开始施行“一条鞭法”，这个制度后来被称为我国赋税史上的一次大改革。它主要包括统一役法、田赋及其他土贡方物一律征银、以县为单位计算赋役数目、赋役银由地方官直接征收等四项内容。这次改革所取得的效果，使生产和货币经济都得到充分发展。在军事方面，张居正主要进行的是整顿军备，加强边防。他重用了戚继光、李成梁、王崇古等名将加强边防，同时对蒙古采取安抚睦邻政策，从而确保了明王朝边防的巩固。对此朱翊钧非常满意，他曾为此褒扬张居正说：“先生公忠。为国，所用的人没有不当的。”

但张居正并不是一个完人，首先他并不是个廉官，曾利用权力为自己的家

人谋私利；其次就是张居正父亲死后，张居正居然不回家丁忧，而是继续在朝中当职，这现在可以说成是一心扑在事业上，但在当时，却是非常大逆不道的事情。而后来张居正回家葬父，大肆铺张，沿途官吏纷纷前来郊迎，甚至连藩王都得出府迎接这个当朝最为权重的内阁首辅。

1582 年，这个深受朱翊钧和皇太后重视的内阁首辅张居正终于去世。朱翊钧最初十分悲痛，他特意下诏罢朝数日以致哀，追赠张居正上柱国的荣衔，赐谥文忠公，并命四品京卿、锦衣卫堂官、司礼太监等人护送归葬江陵。身后的恩礼如此隆重，在大明历代的臣僚中，都是极罕见的。但是不久，朱翊钧的态度却来了个一百八十度的大转弯。促使朱翊钧对张居正态度改变的，便是曾被张居正设计陷害而被罢官回家的高拱。高拱临死前，曾写了一本《病榻遗言》，里面揭露了早年张居正和冯保等人的一些丑恶事情。这本书被辗转呈到朱翊钧的手里，朱翊钧看后大怒，首先就将冯保逐出宫去，查没其财物。这次对冯保的查抄，朱翊钧得金银 100 余万、珠宝无数，结结实实地尝了次查抄的甜头。

冯保被抄后，朱翊钧下一步就会将矛头对准张居正了。这也是出于树立自己的权威，达到总揽朝纲的原因，但还没有找到借口。这时，恰有大臣弹劾张居正 14 条罪状，朱翊钧立即抓住了这个机会。于是在张居正死后一年，朱翊钧下令追夺张居正的上柱国、太师荣衔，文忠公谥，并罢其两子的官职，随后对张家进行查抄。查抄的结果，却只得黄金一万余两、白银十几万两，算不上什么巨富。钦差觉得不好向朱翊钧交代，于是把张居正的长子张敬修抓来拷问，张敬修受不住皮肉之苦，信口说还有 30 多万两银子，分藏在别人家里，结果那些人家也受牵连，被查抄。

不久张敬修投河自尽，张家的惨状也令朝野惊悸，于是大臣们上疏请求从宽处理，朱翊钧才下诏留空宅一所、田 10 顷，赡养张居正的母亲。

在对张居正和冯保清算报复之后，朱翊钧终于洋洋自得地亲政了。但这个从小就受到张居正严格教育的皇帝，却因为那段中规中矩的学习生活，产生了严重的逆反心理。张居正曾劝他做的都不做，张居正执行的政策他统统废除，全然不管这些措施是否是真对国家有利。于是被张居正革除的冗官冗费恢复了，皇室的生活用度也大大地增加。而张居正千辛万苦地教育朱翊钧，希望他

成为一代明君,朱翊钧也反着来,日夜纵酒作乐,动辄大醉,醉后必怒,怒了则要胡乱打人,宫女、中官稍不留意,就要遭杖责,重的常被打死。他还逐渐学会了抽大烟,玩花鸟。最后就连日讲、经筵和早朝等也是三天打鱼,两天晒网,到后来索性以“圣体违和”为由,停止了日讲和早朝,从此大臣们就很难再见到这个当朝皇帝,于是便纷纷上疏劝谏。朱翊钧见了太多大臣们的上疏,烦也烦死了,干脆把不理朝政公开化,从1590年起,到死都不再临朝,大臣的章奏,他的批示、谕旨,全靠内监传达。甚至连郊祀等礼仪,也不亲自参加,而让别人代替。直到1615年因要解决自己宠爱的郑贵妃的“梃击案”,这才召见过一次群臣。

朱翊钧的反叛心理是越来越突出,张居正专权期间,提拔了大批的官员,朱翊钧便将这些官员大多免职,之后也不再进补。

到1602年,官员短缺的现象已令人震惊。中央九卿要员中空缺一半,有的衙署竟无一人。到1612年时,内阁仅剩下叶向高一人,六卿仅有赵焕一人,都察院连续八年没有领导,全国半数以上的府没有知府,而新科文武进士及教职数千人,却待命在京无人管。更让人哭笑不得的是1617年的一天早晨,官员们上朝的时候,发现有100多个人在长安门外聚集,围成圈跪着号哭,上前询问,回答说是镇抚司所管犯人的家属,因衙门里没有主事的官,好长时间犯人不得判决,只在那里耗着,人都快死光了!

朱翊钧是幸运的,因为在他即位后的那段时间,中国已出现资本主义的萌芽。商品经济迅猛发展,城市更加繁华,物产日益丰富,贸易往来也急剧增加。大量的钱财搜集上来,使得这个本来就贪财好货、纵情酒色的朱翊钧更是放开手脚,极尽铺张浪费之能事。为给他的皇子办冠婚礼,朱翊钧竟然花费了相当于今天4亿人民币的银两。为买称心的珠宝,一次就花掉相当于20多亿人民币的白银。在朱翊钧的带动下,朝廷兴起一股奢靡之风,不久就将国库掏空了。为了继续维持庞大的花销,朱翊钧竟然搬出了当年张居正开源节流的做法,“节流”当然没有必要,而“开源”则是个好办法。于是,他以空前的热情,开始了敛聚钱财的活动。

万历最初想到的“开源”的点子,首先就是让官吏向他“进奉”,把进奉财物的多少,作为衡量官吏是否效忠皇上的标准。他平白无故地把太监拖来拷问,

兜一阵圈子后，就要他们献金银珠宝。头脑灵活立即献上的，当即释放，执迷不悟的，就往死里打。这样搜刮上来的钱财毕竟为数不多，朱翊钧于是又将手伸向百姓，他借口乾清、坤宁两宫被烧需要大笔款子修建，抽调大批太监，充当"矿监""税使"，分派到全国各地，搜刮民脂民膏。这就是十分有名的"采榷之祸"。万历皇帝对钱财的奇贪，前无古人。当时征税的对象，不仅是商人、土地所有者，就连官吏、农工等也都成了征税的对象，凡是涉及房屋、车船、米、麦、鸡、猪、牛、马等等，没有一样不纳税。

但税使同矿监比起来，可真是小巫见大巫了。矿监们都是些不学无术的阉货，根本就不懂什么勘探，而是随便指鹿为马，不论田园房屋，只要看好就可以敲诈一笔，有的还借口找矿，到处挖掘坟墓，搜取金银陪葬品。

这矿监和税吏还曾经停止过一段时间，原因是朱翊钧的一次病危。朱翊钧在1602年皇太子大婚典礼刚结束不久，就一病不起，朱翊钧害怕自己亡故，于是在安排了托孤之事后，又下令将矿税、江南织造、江西陶器等停止，关押的罪犯都放掉，因上疏而削职的官员也都官复原职，并将官员统统擢升，以补朝廷衙门的缺。这个令人振奋的消息使文武百官兴奋不已，个个摩拳擦掌，准备大干一场。但他们还是失望了，朱翊钧很快就起死回生，并要大臣们将前边的诏旨统统收回。

朱翊钧统治的中后期，政治极端腐败，朱翊钧的挥霍无度、横征暴敛，加上水、旱、蝗之灾连年不断，百姓穷困，搞得国家财政枯竭，民怨沸腾，尤其是矿监税使肆无忌惮地压榨，更使人民的反抗情绪如干柴遇烈火，反抗斗争遍及全国。1601年，江南就爆发了一次明朝末年最有声势、组织最严密的反矿监税使斗争。

这时，北方的女真族已趁机迅速崛起，统一了女真各部的努尔哈赤，于1616年称帝，建立后金，并以"杀祖杀父之仇"等"七大恨"告天，誓师伐明。

努尔哈赤率军南下，很快就攻克了抚顺。朱翊钧这时才着急起来，命令兵部调集了约10万人马，企图将后金一举歼灭。但这时因国库无钱，军饷竟缺300万两银子，于是户部请求从银两充足的大内存银中调拨。但是，向来视内库为己库的朱翊钧认为，要自己掏钱给国家去打仗，这实在是太划不来了，因而他坚决不同意。户部无奈之下，只好自己去东拼西凑，总算是凑齐了所需军饷。

随后又于 1618 年要求增加赋税，以筹征辽银两。

朱翊钧一看捞钱的机会又来了，马上同意，3 年之内每亩田赋竟增达 9 厘，年田赋增征总额为 520 万余两，但这些银两大多都被朱翊钧充实到自己的大内库中去了，国库里还是没有多少银子。

许多农民因此被夺去土地，流离失所，怨声载道，终于导致后院起火，山东、河南等地农民暴动接连不断。

1619 年春，明军兵分四路合围努尔哈赤主力，结果被努尔哈赤采用诱敌深入，集中优势兵力歼灭的战略方针，打得明军伤亡 4.6 万余人，大将战死 300 余人，这就是历史上著名的“萨尔浒之战”。此战过后，后金与明的力量对比得以扭转，后金的军事力量大大增强，由战略防御转入战略进攻。

此时的朱翊钧已经是风烛残年，再也受不到如此沉重的打击，便于 1620 年夏死去，结束了他荒唐的一生。

明思宗朱由检

明思宗朱由检(1611－1644 年)，明光宗朱常洛第五子，明熹宗朱由校弟。熹宗死后继位。在位 17 年，李自成起义军攻破北京后自缢，终年 34 岁，葬于思陵(今北京市十三陵)。

朱由检，于 1622 年封为信王。熹宗于 1627 年 8 月死后，由于没有子嗣，他受遗命于同月丁巳日继承皇位。第二年改年号为崇祯。

朱由检继位伊始，就大力清除阉党。他对阉党的所作所为，早就恨之入髓。当他从哥哥手中接过庞大躯壳的腐朽政权后，把清除阉党列为首要实施计划。朱由检比他哥哥睿智，知道政府官员中几乎都是魏忠贤的人，如果操之过急只能逼得魏忠贤孤注一掷，狗急跳墙。对此，朱由检采取公元前二世纪西汉王朝的“强干弱枝”的手段，先将精力投入稳定自己的特权上，然后开始拿阉党的外围分子开刀。这一下子，魏忠贤的阉党个个心神不定，他们预感到形势将要发

生变化，许多人开始寻找退路。

朱由检认为时机已经成熟时，有人站出来直接弹劾魏忠贤，并且言辞激烈，天下震动。接着又有人上疏，将魏忠贤的罪行列为十大罪状，极力要求将魏忠

贤依照法律处以极刑，一泄天下之愤。朱由检将这些奏章命人念给魏忠贤听时，魏忠贤不由得魂飞天外、魄散九霄，除了跪地匍匐嚎啕、叩头饶命外，往日的威风一扫而光。朱由检不愠不怒，宣布本应将魏忠贤寸斫（用刀斧一块一块的砍剁）以谢天下，但念先帝还未出殡，姑且安置于凤阳。魏忠贤刚一离京，朱由检立刻命令首都北京全城戒严，对魏忠贤的亲属以及那些“狗”“孩儿”“孙”之类，展开大规模逮捕整肃。接着，朱由检又以魏忠贤离京带了许多人马和车辆为由，命令兵部差人将他擒押凤阳。当魏忠贤一行走到中途，闻知朱由检的命令，知道死期来临了，当晚便在旅舍中上吊自杀。

此后，朱由检将阉党260余人，或处死，或遣戍，或禁锢终身，使气焰嚣张的阉党受到致命打击。崇祯皇帝谈笑间铲除了魏忠贤集团，一度使明室有了中兴的可能。

当时的明王朝外有后金连连攻逼，内有农民起义的烽火愈燃愈炽，而朝臣

中门户之争不绝，疆场上则将骄兵惰。面对危机四伏的政局，朱由检殷殷求治。每逢经筵，恭听阐释经典，毫无倦意，召对廷臣，探求治国方策，勤于政务，事必躬亲。同时，他平反冤狱，起复天启年间被罢黜官员。全面考核官员，禁朋党，力戒廷臣交结宦官。整饬边政，以袁崇焕为兵部尚书，赐尚方宝剑，托付其收复全辽重任。与前两朝相较，朝政有了明显改观。

朱由检求治心切，很想有所作为。但因矛盾丛集、积弊深重，无法在短期内使政局根本好转。加之其性刚愎自用，急躁多疑，又急于求成，因此在朝政中屡铸大错。在与后金战争的紧要关头，朱由检中了皇太极的反间计，冤杀袁崇焕，使辽东防卫几近崩溃。他又增加赋税，增调重兵全力防范雄居东北的后金政权，镇压李自成、张献忠领导的农民军。

因对外廷大臣不满，朱由检在清除魏忠贤为首的阉党后，又重用另一批宦官。给予宦官行使监军和提督京营大权。大批宦官被派往地方重镇，凌驾于地方督抚之上。甚至派宦官总理户、工二部，而将户、工部尚书搁置一旁，致使宦官权力日益膨胀，统治集团矛盾日益加剧。无奈中，他不断反省，四下罪己诏，减膳撤乐，但终无法挽救明王朝于危亡。

崇祯十七年(1644 年)，明王朝面临灭顶之灾。明军在与农民起义军和清军的两线战斗中，屡战屡败，已完全丧失战斗力。三月十七日，农民起义军围攻京城。十八日晚，朱由检与贴身太监王承恩登上煤山(也称万寿山，今北京市景山)，远望着城外和彰义门一带的连天烽火，只是哀声长叹，徘徊无语。回宫后写下诏书，命成国公朱纯臣统领诸军，辅助太子朱慈良。又命周皇后、袁贵妃和3 个儿子入宫，简单叮嘱了儿子们几句，命太监将他们分别送往外戚家避藏。他又哭着对周皇后说："你是国母，理应殉国。"周皇后也哭着说："妾跟从你 18 年，陛下没有听过妾一句话，以致有今日。现在陛下命妾死，妾怎么敢不死?"说完解带自缢而亡。朱由检转身对袁贵妃说："你也随皇后去吧!"袁贵妃哭着拜别，也自缢。朱由忙又召来 15 岁的长公主，流着泪说："你为什么要降生到帝王家来啊!"说完左袖遮脸，右手拔出刀来砍中了她的左臂，接着又砍伤她的右肩，她昏死了过去。朱由检又砍死了妃嫔数人，并命令左右去催张皇后自尽。张皇后隔帘对朱由检拜了几拜，自缢身亡。十九日凌晨，李自成起义军从彰义门杀入

北京城。朱由检咬破手指写了一道给李自成的血书，说自己所以有今天，都是被臣下所误，现在死了也无脸到地下见祖宗，只有取下皇冠，披发遮面，任你们分割尸身，只是不要去伤害百姓。他将血书藏入衣襟，登上煤山，自缢于寿皇亭。王承恩也在对面树上吊死。明朝灭亡。

李自成进城后，将他的尸体抬到东华门，搜出身上的血书，葬在昌平州。当地平民又将他合葬在田贵妃墓中。清军入关后，将他移葬思陵，谥为怀宗，后改谥庄烈帝。南明政权谥他为思宗烈皇帝，后又改谥为毅宗，史又称崇祯皇帝。

清太祖努尔哈赤

坎坷少年　军门立功

努尔哈赤出生在一个自元朝起就世代为官的贵族家庭。

到明朝年间，努尔哈赤的六世祖猛哥帖木儿被明成祖朱棣封为建州卫指挥使，并率部落南迁到图们江下游（今朝鲜会宁）定居。女真部落间互相征伐兼并的事情延续不断，到努尔哈赤出生的时候，女真各部之间的争斗依然没有停息，这便给了自小就渴望建立一番功业的努尔哈赤以实现自己理想的机会。

努尔哈赤 10 岁的时候，母亲便因病去世了，由于继母对待他和弟弟非常刻薄、阴毒，因此，在努尔哈赤 15 岁那年，他就带着 10 岁的弟弟舒尔哈齐离家出走，投奔了外祖父王杲。

王杲由于长时间和汉人打交道，因此受汉化较深。在外祖父王杲的影响下，努尔哈赤也结识了不少汉人，并学会了汉语和汉字。努尔哈赤当时最喜欢看的两本书是《三国演义》和《水浒传》，看到精彩处，努尔哈赤常常是情不自禁

地拍手称赞，也正是这些英雄事迹在潜移默化地影响着这个少年。

王杲是建州女真部落中著名的首领之一，随着自身势力的逐渐强大，王杲开始与明王朝作对。1574 年，明朝辽东总兵李成梁率兵消灭王杲，王杲及其家属被杀，机智的努尔哈赤当即跪在李成梁的面前痛哭流涕，因而被李成梁收为随从和侍卫。

此后，善于骑射的努尔哈赤因作战英勇、屡建战功而深受李成梁的赏识和器重，待努尔哈赤也如儿子一般。

三年后，对外祖父被李成梁所杀而怀恨在心的努尔哈赤借口回家成亲，离开了李成梁，并在结婚后另立门户。此后在辽东地区的 6 年游历生活，使努尔哈赤的人生见识和军事才能都得到了充分的锻炼。

到了 25 岁时，努尔哈赤的祖父和父亲被讨伐女真部落的明将意外给杀害了。

噩耗传来，努尔哈赤悲痛欲绝，愤然责问明朝驻边官吏，为何杀死他一向忠于朝廷的祖父和父亲。那官吏自知理亏，无言以对，只好抚慰努尔哈赤，并让他袭任祖父之职，担任现任的建州左卫都指挥使。努尔哈赤为了报仇，强忍了心中的仇恨，接受了明朝的抚慰。

报父祖仇　统一女真

原来祖父及父亲的突然丧命是因为明将受建州女真图伦主尼堪外兰的唆使而致。为替父祖报仇，努尔哈赤整点出父祖的 13 副遗甲，率领不足百人的部众，击败并杀死了帮助明军的尼堪外兰。此后，努尔哈赤东征西讨，势力日益扩大，万历十五年（1587 年）在烟筒山下建赫图阿拉城称王，并很快将整个建州女真统一在他的麾下。

努尔哈赤的崛起，成为了居住在开原以东和松花江中游一带的海西女真的心腹大患。万历二十一年（1593 年）九月，海西女真各部集 3 万兵马，分三路向

建州进攻。

当时,大家听说三万人马来攻建州都非常惊惧,努尔哈赤却泰然自若地对众人说:“九部联军号称三万,但不过是些乌合之众;我们尽管人少,却心齐志坚,又能立险扼要,以一当十。只要先击杀他们的头目,其部属必会不战自溃。”听了这番鼓动,将士们顿时信心倍增。战斗打响,努尔哈赤身先士卒,宛如天神一般神武无敌,力斩联军首领布斋,联军没了首领,顿时溃不成军。这一仗努尔哈赤大获全胜,从此威名远震。

万历二十七年(1599 年)九月,叶赫与哈达两个部落之间发生冲突。哈达首领孟格布禄自知不是叶赫对手,便把自己的三个儿子送到费阿拉城做人质,请求努尔哈赤派兵相助。这无疑给了努尔哈赤一个出兵的良机。他即刻派费英东、噶盖率领 2000 兵马前去救援。叶赫得知哈达引来了努尔哈赤的援兵,顿时没了主意。后来有人提议将哈达收买,然后与哈达对付努尔哈赤,这样不仅可解目前之困境,还可使努尔哈赤受挫。叶赫部派人给孟格布禄送去一封信,信中极尽威胁利诱之能事,并声言如果哈达能够捉住建州派来的两员大将,叶赫将与哈达重修前好。孟格布禄还真上了叶赫的圈套,答应按其主意行事。得知此事,努尔哈赤火冒三丈,恨透了这个出尔反尔、过河拆桥的哈达,当即命令弟弟舒尔哈齐做先锋,率兵 1000 人去征伐那个恩将仇报的哈达。舒尔哈齐率军赶到哈达城下,见敌军气势正盛,不可轻易交战,便在城下按兵不动。随即赶到的努尔哈赤冒着矢石带兵猛攻,经过七天七夜的激战,终于攻克了哈达城,生擒了孟格布禄。

随后,在万历三十五年(1607 年),努尔哈赤先派精兵数十人装扮成商人混入辉发城,作为内应。然后自己亲率兵马逼近辉发城下,里应外合,一举灭亡了辉发。

万历四十年九月,努尔哈赤又亲率大军征讨乌拉。人强马壮、骁勇善战的建州兵以迅雷不及掩耳之势连下乌拉 6 城。贪生怕死的乌拉首领苦苦哀求努尔哈赤手下留情,才保住了自己的小命。努尔哈赤命令布占泰将人质送到建州,留下军士千人驻戍,遂率大军撤回。

第二年,布占泰再次背约,努尔哈赤又一次兵临城下。在来势凶猛的建州

大军面前，布占泰丢盔弃甲，只身逃往叶赫。建州军击溃敌兵3万，斩杀1万，获甲7000副，灭亡了乌拉。至此，海西扈伦四部仅剩下叶赫一部了。

万历四十七年(1619年)，努尔哈赤发动了攻取叶赫的战争。当时叶赫有东西两座坚固的城堡，分别由两个首领金台石和布扬古坚守。勇猛善战的叶赫兵与久经沙场的建州兵拼杀得你死我活，经过多次激战，建州兵冲入东城，叶赫人据家死守。努尔哈赤见此就传下命令：凡城内军民，投降者一概不杀。结果此令一下，叶赫军民纷纷放弃抵抗，除了首领金台石继续带着家眷、近臣躲在堡楼上负隅顽抗。努尔哈赤的兵士准备用斧子砍毁石楼，金台石见走投无路，又想放火自焚，结果建州兵士一拥而上，将他俘获，随即被下令绞死。东城沦陷，西城也乱作一团，没过多时，布扬古的堂弟打开城门投降，布扬古被迫投降后也被努尔哈赤绞死。

在统一建州和海西女真的同时，努尔哈赤对海东女真诸部也采取了征伐与招抚两手并用的策略。从万历二十六年(1598年)开始，努尔哈赤从海东女真瓦尔喀部、窝集部和虎尔哈部先后向建州迁入5万多人。到万历末年，努尔哈赤统一了所有的女真部落，成为了女真部落真正的王。

创建八旗　颁布满文

万历四十四年(1616年)正月初一，努尔哈赤建立了大金国，定年号为天命。这就是我国历史上的“后金”。

为了弥补建州地区的经济缺陷，努尔哈赤一方面积极发展建州地区的经济，一方面致力于发展与汉族地区的贸易。他用当地出产的人参、貂皮、东珠、马匹等特产，换回建州人民缺乏的生活必需品。为了解决湿人参容易腐烂的问题，努尔哈赤还创造了煮晒法，即把人参煮熟晒干，然后保存起来待价而沽。这样做便避免了汉商低买高卖现象的发生。仅在抚顺地区，努尔哈赤每年就获利高达几万两。

创建八旗制度，也是努尔哈赤的一大功绩。八旗制度的雏形是女真氏族公社末期的狩猎组织。那时，每逢出师行猎，氏族成员便每人出一支箭，以10人为一单位，称“牛录”，汉语是箭或大箭的意思。10人中立一总领，称“牛录颜真”。牛录颜真即大箭主。随着女真社会的不断发展，牛录组织也日益扩大，并演变成奴隶主贵族发动掠夺战争和进行军事防御的工具，但那时候它只是临时性的。努尔哈赤把它扩展为常设的社会组织形式。1601年，他把每个牛录扩充为300人，分别以黄白红蓝四色旗作为标志。由于兵力不断增加，1615年努尔哈赤又将5牛录作为一甲喇，5甲喇作为一固山，分别由甲喇额真与固山额真来管辖。每个固山还设梅勒额真二人，作为固山额真的助手。这样，原来的四大牛录便扩大为四大固山，仍以四色旗为标志，又称四旗。同时又增编镶黄、镶红、镶蓝、镶白四旗，与前面四旗合称八旗。八旗制度是“以旗统人，即以旗统兵”的兵民一体、军政合一的社会组织形式。八旗兵丁平时耕垦狩猎，战时则披甲出征。八旗旗主即8个固山额真，都由努尔哈赤的子孙担任，他们集军事统帅和政治首领的身份于一身。努尔哈赤则是八旗的家长和最高统帅，他为八旗军队制定了严密的纪律。八旗制度的实行，提高了女真的军事战斗力，也促进了满族社会的发展。

创制和颁行满文，对满族文化的发展起到了里程碑式的作用。努尔哈赤兴起后，女真族仍没有自己的文字，但因为这时的建州经常与明朝、朝鲜有公文来往，所以每次都只能让汉人用汉文书写。每逢向女真人发布政令，则先用汉文起草，然后再译成蒙古文。女真人讲的是女真语，书写却用蒙古文，语言与文字的不统一为女真社会的发展设置了层层阻碍，这便促使努尔哈赤决意创制记录满族语言的符号——满文。他命额尔德尼和噶盖承担了创制满文的任务。但他们俩都觉得女真人使用蒙古文由来已久，现在要创造自己的文字，真是困难重重，不知如何下手。努尔哈赤便让他们参照蒙古文字母，并结合女真语言的发音方法及发音规律，通过拼读成句的方式，再撰制成满文。噶盖后来因罪被杀，就由额尔德尼完成了创制满文的任务。满文的创制和颁行，加速了满族社会封建化，加强了满族人民内部以及满汉之间的思想文化交流。

大败明军　迁都江阳

万历末年，明朝的政治已经腐败到了无以复加的地步，宦官把持朝政，党派之争激烈。神宗朱翊钧已20多年不问朝政，整日在深宫之间与宫女、太监厮混，“穷耳目之好，极声色之欲”，而广大人民早已不堪这种黑暗的统治，日日夜夜不停地挣扎在水深火热的痛苦生活之中。

对于明朝内部的种种暴政恶行，努尔哈赤了如指掌，并认为这为他南伐创造了有利的社会因素。那时正逢辽东女真地区灾荒严重，饿殍遍野，整个女真社会人心不稳，努尔哈赤认为这是一个南征大明的绝好机会。这不仅可以将女真人的不满情绪引向明朝，还可通过对明战争掠夺汉人的财富，来缓和后金的危机。

天命三年（1618年）春天，努尔哈赤召来众大臣，向他们宣布了自己准备出师伐明的决定。四月十三日，兵马粮草准备就绪，努尔哈赤率领众臣众兵，祭祖告天，宣读了“七大恨”伐明誓词。第二天，努尔哈赤率领着千军万马浩浩荡荡向抚顺进发。青年时代的努尔哈赤经常在抚顺这个明朝边防的重镇进行贸易活动，因此对抚顺的地形了如指掌。这次，他便以3000女真人要来做生意为由，将自己的先遣部队混进了抚顺城，然后来了个里应外合，一举攻取了抚顺城。抚顺守将李永芳在毫无防备的情况下束手就擒。这时，努尔哈赤派往东州、马根单的一路大军也传来了捷报。辽东总兵张承胤闻讯率兵万人仓促来援，然而这时努尔哈赤早已带着缴获而来的大批武器辎重撤出了抚顺，并在中途设下埋伏，全歼了张承胤的援军。

抚顺、清河两地在短短时间内相继失守，全辽震动，告急文件如雪片般飞向京师，一向置国家大事于不顾只一心渴求长生不死的万历皇帝此刻也坐立不安了。他亲自颁布圣旨，交九卿科道会议辽事，并当即起用杨镐为兵部右侍郎兼辽东经略。

为了进攻后金，明朝在全国加派军饷，转输粮秣，以应军需；辽东都司咨文朝鲜，胁迫其出兵，合力征讨。

万历四十七年(1619 年)二月，杨镐坐镇沈阳，调动十几万大军，号称 47 万分兵四路合力进攻赫图阿拉。这时，突然天降大雪，出师日期只得向后推迟 4 天。杜松和刘綎分别以大雪迷路和不熟地形为由，请求再缓行期，但骄傲自大又无谋略的杨镐只想着自己人数众多绝对可以取胜。因此在前路未明，敌我不辨的情况下置各种不利因素于不顾，仍然大举进兵。明朝十几万大军压境，后金大臣顿时乱作一团，努尔哈赤却依然镇定自若，谈笑风生。

而此时，东 北两路明军由于山路崎岖等各种原因，行军速度相当缓慢。唯独杜松一路日行百里，昼夜兼程，于三月一日来到萨尔浒。他兵分两部，一部在萨尔浒山下扎营，另一部由杜松亲自率领向东北方向的吉林崖进军。

努尔哈赤率军迎战。奉命在萨尔浒扎寨的明军，初至萨尔浒谷口便遭后金 400 名埋伏者的袭击，后军又受到八旗军的拦截，还没有开始战斗，就已经锐气大挫，兵伤马毙。

随之，努尔哈赤挥师前往吉林崖。原来驻守吉林崖的后金军队见杜松率部抵达山脚，便从山上冲下来迎击。此时，皇太极率领的两骑兵马正好赶到。杜松军腹背受敌，正准备鸣旗收兵，谁知努尔哈赤率军正好赶至，挡住了明军的去路。本就士气不高的明军在经过长途跋涉之后，早已兵困马乏，腹背受敌之时便都无法支撑，这下只能是任人宰割了，没多大一会，明军尸陈遍野。明军主将杜松左右冲击，也未能杀出重围，最后矢尽力竭，落马而死。

接着，北路明军被后金的代善、阿敏和莽古尔泰打败，仅总兵马林等少数人脱逃。之后，努尔哈赤又命明军降卒假扮杜松的使者去催促东路明军统帅刘綎前来会战，刘綎立功心切，果然中计，结果落入了努尔哈赤的包围圈，由于孤军深入，难以退出又艰以救援，兵力几乎被消灭殆尽。自己奋战了几十个回合，最后力竭身亡。李如柏的另一路明军出师最晚，且行动迟缓，还没同后金交手，就接到明军辽东主帅杨镐的命令，仓皇撤军，得以保全。

征战后金的四路大军三路被灭，一路败逃。萨尔浒之战的惨重失败使整个大明朝廷震惊，万历帝在严惩主帅杨镐和总兵李如柏的同时，随即起用因党争

之祸回籍听勘的前任御史熊廷弼宣慰辽东，收拾败局。

熊廷弼的到来使人心惶惶、准备外逃的百姓又安下心来，濒于溃散的军队重新焕发了斗志，一度陷于混乱的前线终于稳定下来。这一切也迫使努尔哈赤不得不谨慎从事，放慢了继续进军的脚步。

然而，明朝内部的矛盾，又给了努尔哈赤可乘之机。万历四十八年(1620年)，万历皇帝病死后，刚刚继位的太子朱常洛即明光宗又因吞红丸而于继位后的一个月死于乾清宫。朱常洛的长子朱由校继承了皇位，是为熹宗。从此，统治集团内部的党争愈演愈烈。大臣之间结党营私，排斥异己，互相攻讦。熊廷弼虽然身居千里之外的边陲，但由于他性情刚直，不受贿徇私，不巴结权贵，得罪了一些奸佞之人，遂被卷入了这场政治漩涡之中，成为被攻讦的对象。忌恨他的权贵们屡次上书，以莫须有的罪名弹劾熊廷弼。他先后5次上疏自辩，针砭弊政要害，并请求圣上信任边吏，用而不疑。但是这时的朝政早已由魏忠贤把持，而魏忠贤肯定是不容这些正直而固执的忠臣的，因此熊廷弼被罢免，改派袁应泰任辽东经略。

而袁应泰根本就不懂军政管理，实属草包一个。他很快就将熊廷弼费尽心力整治好的辽东地区又弄得一塌糊涂。袁应泰又不分良莠，收纳了许多蒙古和女真的降兵，大量敌探乘机混入，成了后金的内应。

努尔哈赤抓住这个时机，于天命六年(1621年)春发动了辽沈之战。他先于沈阳城外设下埋伏，然后诱敌出战。沈阳守将贺世贤在没有充分了解敌方的情况下，轻兵冒进，结果可想而知，不但全军覆没，自己也中数箭而亡。之后，努尔哈赤统军奋力攻城。激战之中，一些原先混入城内的女真降民突然将吊桥绳索砍断，放下吊桥，后金兵一拥而入，攻占了沈阳城。

沈阳失守，辽阳顿时门户洞开。努尔哈赤大军赶到辽阳城下时，袁应泰自知大势已去，即使此刻不被努尔哈赤所杀，亦会被朝廷重罚，遂焚楼身亡，监军崔儒秀上吊自杀。占领辽阳后，努尔哈赤随即迁都辽阳。然后指军各处，兵锋所指，攻无不克。不久，山海关已经在眼前了。

迁都沈阳　安抚蒙古

长期的激战使辽沈地区的生产破坏严重，许多人民都已逃离了这个是非之地，所以这片地方已经成了荒凉之地。新迁入的八旗军民和当地汉民，都急需恢复生产以安定社会。天命六年，努尔哈赤颁布了“计丁授田”以及“按丁编庄”的命令，将大量闲废田地分给后金旗兵，将所有被俘获的奴隶均编入田庄，这样便使原来的私有庄田转变为官田，使私有财产转变为国有财产，从而增加了征税的土地面积，有利于国家财政收入。以“计丁授田”和“按丁编庄”为标志，后金初步完成了由奴隶制向封建制的转变。

努尔哈赤迁都辽阳一年后，认为辽阳城面积过大不宜防守，遂另建新城，并将新城命名为“东京”。还将景祖、显祖的陵墓也迁到附近的鲁阳山上。后经过一番考察，努尔哈赤认为沈阳的战略位置不可小视，西可征明，北可攻蒙古，南可御边，于是他又在沈阳大兴土木，并于天命十年（1625 年）迁都沈阳，使之成为后金新的统治中心。

明后期，蒙古逐渐形成了漠西厄鲁特蒙古、漠北喀尔喀蒙古和漠南蒙古三大部，其中漠南蒙古与后金接壤。为了消除同明军作战的后顾之忧，努尔哈赤对蒙古采取了攻抚结合、以抚为主的策略。漠南蒙古的科尔沁部曾参加以叶赫为首的九部联军，努尔哈赤尽弃前嫌，欣然与科尔沁部通婚，他的十几个儿子都先后娶蒙古王公之女为妻，同时将建州女子嫁给蒙古王公为妻。对来朝的蒙古王公，他也是礼遇有加。努尔哈赤的这些策略，对蒙古诸部首领产生了极大的吸引力，科尔沁、喀尔喀等部先后成为后金的政治同盟，同时亦成为进攻明朝的有力力量，而且也解决了一直困扰努尔哈赤多年的兵力不足的问题。

但是，以察哈尔部林丹汗为首的蒙古诸部，却一直与明朝交好，成为明朝抗金的同盟军。而明朝为了对付后金，也在极力笼络林丹汗。万历四十七年（1619 年）十月，林丹汗遣使给后金送了一封信，信中自称“蒙古国统四十万众

的英主成吉思汗”，称努尔哈赤为“水滨三万人的英主”。但林丹统治后期骄奢无度，残暴至极，从而导致了蒙古国内部分化严重，不仅人心涣散，而且到了分崩离析的地步。他属下的一些部落将领暗中与后金来往，就连他的两个孙子也跑到后金，向努尔哈赤叩首行礼。努尔哈赤对林丹汗始终采取孤立、打击的策略。天启五年(1625 年)，林丹汗与后金的姻盟科尔沁部发生战争，努尔哈赤立即出兵援助，大败林丹汗。

努尔哈赤以抚为主的对蒙政策，为日后满族统一蒙古诸部奠定了基础。与蒙古交好也成为清朝历代的基本政策。

兵败宁远　抑郁而终

辽东地区的失陷使明朝政府深感国势的衰微，如果说此时能保住大明王朝不被后金铁蹄侵略的，那就只剩“一夫当关，万夫莫开”的山海关了。因此，大明王朝又一次征调全国各地的军队会集山海关，全力固守，并将积极主张抗击后金的大学士孙承宗、兵部主事袁崇焕派往关外主持军务。

孙承宗早年就对辽东的形势特别关注，对这一片的地形也较为熟悉。广宁兵败后，他曾亲赴山海关考察，否定了兵部尚书王在晋于山海关外再修关城的计划。在朝廷无人愿往山海关前线督师的情况下，孙承宗毅然自请出任辽东经略，得到熹宗同意。孙承宗上任后，重用部将袁崇焕，立即着手整饬边防。

袁崇焕本来就在边关治理边防，虽取得了一定成效，但在原来的辽东经略王在晋手下，他的许多想法都不能实现。孙承宗上任后，袁崇焕的雄才大略才得以充分发挥，他提出要固守山海关必须先守宁远的建议，要求重新修建宁远城。宁远(今辽宁兴城)地处辽西走廊中段，它依山傍海，地势险要，是由沈阳通往山海关的咽喉要塞。孙承宗采纳了袁崇焕的建议，同意修筑宁远。

努尔哈赤此时正忙于迁都，探知孙承宗在辽西严阵以待，他一直没有贸然进攻。但不久明朝内部的党争再起，满腹雄才伟略的孙承宗即便是守边有方，

却也敌不过一手遮天的阉党魏忠贤，在党派之争中，被排挤出了朝廷，继任孙承宗的是魏忠贤的同党高第。高第精于投机钻营，对打仗却是一窍不通。贪生怕死的他整天想的都是如何躲在山海关之内苟全自己的性命。因此，他不顾袁崇焕等人的强烈反对，尽撤锦州等地的防务，将各城兵力强行调入山海关。孙承宗苦心经营的“宁锦防线”就这样被破坏了。只有袁崇焕坚决不撤。

而因孙承宗及袁崇焕镇守山海关后，一直愁眉不展的努尔哈赤在得知明军撤换主帅、全线撤防的消息后，喜出望外，决定立即出兵。天命十一年（明天启六年，1626 年）正月十四日，努尔哈赤亲率 10 余万八旗大军向辽西杀来。

由于锦州等地的防线尽撤，一路上，后金军队长驱直入，不费吹灰之力就占据了锦州、松山等大小城池，只剩下宁远这座孤城还由袁崇焕固守着。努尔哈赤认为，后金大军压境，袁崇焕自然没有招架之力，攻地拔城是意料之中的事情，因此他便派人给袁崇焕送去招降信，用高官厚禄引诱他献城投降。袁崇焕毅然拒绝了后金的招降，而且准备全力迎战，誓与宁远共存亡。

努尔哈赤见袁崇焕如此坚决，竟敬酒不吃吃罚酒，便亲自指挥千军万马齐攻宁远城。后金的战车、骑兵、步兵铺天盖地向宁远压来。努尔哈赤采用战车同步骑结合的战术几乎是所向披靡，不知攻下过明军多少城堡，但是在宁远城下，他们的战术失效了。

努尔哈赤指挥后金军队在宁远城下整整攻了三天三夜，部下死伤无数，他自己也负了伤，但宁远城依然固若金汤，巍然屹立。努尔哈赤知道，要想拿下宁远，必须另想他法，草率不得。在凛冽的寒风中，他带着残存的兵力撤回沈阳。

宁远之战后不久，努尔哈赤又率兵征讨蒙古喀尔喀巴林部。受宁远之败的影响，喀尔喀巴林部背弃与后金的前约，转而又与明朝修好。但这仍然不能掩盖努尔哈赤卓越的军事才能和神勇无敌的英雄气概。

天命十一年（1626 年），努尔哈赤因痈疽突发离开了人世。享年 68 岁。

清太宗皇太极

皇太极的生母叶赫那拉氏很受努尔哈赤的恩宠。子以母贵，她所生的儿子也得到了努尔哈赤的疼爱。在努尔哈赤众多儿子中，皇太极是很早就接受教育的一个。以至于在努尔哈赤军中众多的战将几乎都是不识字的文盲，只有皇太极够得上一个粗通文墨的“秀才”。

由于连年烽烟不息，父兄经常出征作战，皇太极7岁以后，努尔哈赤就把大部分家政交给了他。努尔哈赤拥有众多的妻妾、子女、奴仆和财产，并且当时国事和家事之间的界限并不是很清楚，要处理这样繁杂的家政，对皇太极来说是副不轻的担子，也是个极好的锻炼机会。而皇太极根本无须父亲多加指点，就能把繁杂的事务干得井然有序。

公元1612年秋，年方21岁的皇太极第一次跟随父兄出征作战，从此以后逐渐成为父亲麾下一员能征善战的大将，皇太极也在戎马生涯中逐渐提高自己的军事才干。

努尔哈赤于公元1616年称帝后，命将年轻的皇太极和次子代善、侄子阿敏、五子莽古尔泰等四人负责管理国家政务。皇太极也没有辜负父亲的期望，逐渐成为努尔哈赤身边的一位得力助手，努尔哈赤也逐渐将皇太极作为自己的继承人着力培养。

等到努尔哈赤死后，深得父亲信任和兄弟爱戴的皇太极顺理成章地于1626年继承父亲的帝位，即为清太宗。

1635年，后金在与蒙古的战争中，从蒙古苏秦太后手中得到了传国玉玺，于是皇太极便在群臣的拥戴下，于1636年称帝，改国号为大清，并仿照明朝官制，初步建立大清王朝的行政机构，清朝由此建立。

皇太极在位期间，在充分研究了当前的军事形势后，确定了对明朝议和，先进攻朝鲜和蒙古，待朝鲜和蒙古被征服后，再挥师南下攻明的策略。实践证明

这一策略是非常正确的，皇太极首先征服朝鲜和蒙古，解决了后院起火的问题并通过征伐取得了大量土地和人口，增强了清朝的实力而且还通过战争扩大了兵源，锻炼了队伍的作战能力。可谓是一举多得。

皇太极首先征伐的是明朝的忠实盟友朝鲜。1627 年，皇太极趁朝鲜内乱之机，派大军出征朝鲜。后金军队一路凯歌高奏，不久就攻占了义州、铁山等地，俘虏了朝鲜王妃、王子和宗室大臣，逼迫朝鲜国王出降，成为清的属国，并全歼了明朝派驻朝鲜的守军。通过讨伐朝鲜，皇太极既取得了大量土地和人口，迫使朝鲜纳贡称臣，又去掉了明朝的一个胳膊，将朝鲜完全控制在自己的手中。

随后，皇太极又挥师西进，与蒙古科尔沁、喀喇沁和敖汉等部，联合出兵征讨漠南蒙古中实力最强的察哈尔部，连续两次击溃察哈尔部，逼使其首领额哲率部归降。从此，皇太极便控制了漠南蒙古。

同时，皇太极还采取招抚与军事相结合的手段，不断向黑龙江中上游地区发展势力。在他恩威并用的策略指导下，当地部落纷纷前来归附，到 1642 年时，东自鄂霍次克海滨、西至贝加尔湖的广阔地区都成为清朝的管辖之地。这样，皇太极完全肃清了后方的异己力量，可以全身心地投入到对明作战中来。

1628 年，皇太极得知明天启帝死崇祯帝即位的消息后，立即率领大军南下，并绕过袁崇焕所镇守的宁远锦州防线，一举突入到北京城下，逼得崇祯帝不得不下令袁崇焕回师救援。皇太极深知袁崇焕统兵作战的能力，于是巧施离间计，让多疑的崇祯帝剥夺了袁崇焕的兵权，下狱治罪，并在第二年将其凌迟处死。

得知袁崇焕的死讯后，皇太极先是拍手叫好，后又扼腕叹息，叫好是因为皇太极不费吹灰之力，便借崇祯之手除掉了皇太极的最大劲敌，叹息的是一代名将竟这样死去。皇太极用离间计除掉袁崇焕后，在北京城下一举击溃前来勤王的各路明军，攻克了永平、遵化、迁安和滦州等城，然后布置好永平等 4 城的防守后，班师回到沈阳。当时曾有大将劝皇太极乘胜一举攻陷北京城，但皇太极认为当时的明朝国力还比较强盛，并不可能将其消灭，于是他制定了不断骚扰明朝边境，对边境人民大肆屠杀，以削弱明边防军乃至整个明朝的实力，同时也让边境地区百姓产生厌战情绪，然后再战而胜之。

此后，皇太极与明朝时和时战，派小股兵力不断骚扰明朝边境，使得明朝为增加“辽饷”而在国内横征暴敛，并因此而激起了明末农民大起义。这是皇太极始料未及的，得到明朝境内起义此起彼伏的消息后，皇太极竟兴奋地直说：“天佑大清，天佑大清！”于是皇太极又于1639年发起了历史上有名的松锦大战。历时两年多的松锦之战以皇太极的大获全胜而结束，此后，明朝精兵良将损失殆尽，再加上李自成等农民起义军在明朝境内的一再折腾，明朝再无力量与清抗衡了，清军入关南下并统一全国已经是水到渠成。

可正当清军为南下灭明作着精心准备的时候，皇太极却因为所宠爱的妃子宸妃去世，悲伤过度，再加上他的精力已经被多年操劳政务和四处征战耗尽，这个清朝实际上的开国皇帝便在清军入关的前一年病逝，享年51岁。

清世祖福临

少年即位　叔父摄政

由于皇太极在世时，一直没有立王储，所以在他病逝后，围绕着继承人的问题，眼看一场流血冲突就要发生。争夺的焦点当时停留在皇太极的弟弟多尔衮及长子豪格之间。在这千钧一发之际，多尔衮提出拥立皇太极第九子、6岁的福临继位，由郑亲王济尔哈朗和自己共辅国政。能够避免一场宫廷内部的兵刃之战，大臣们自然赞同。

福临的登基表面上看，有很多偶然性，但实际上这是多方面因素合力的结果。

在多尔衮看来，拥立年幼的福临为帝，他既可将劲敌豪格排斥于权力圈外，

又可以利用自己辅政的机会操纵大权。而另一方面的力量却来自于福临的生母孝庄太后，这是个颇具谋略的女人。皇太极在位时，她辅助内政，成为他的得力助手和得宠的妃子；儿子福临即位后，为了辅佐幼帝，她忍辱负重，并加封多尔衮为皇父摄政王。福临亲政后，为了笼络汉官为清王朝效力，她破例让孔有德的女儿在宫中享受郡主的待遇，后又因调和朝廷与各藩王之间的矛盾，将皇太极的第十四女建宁公主嫁与平西王吴三桂之子吴应熊为妻。清初战乱频仍，经济凋敝，为此她提倡节俭，几次将宫中节省下来的银两散发给灾民以示抚慰。这些都对巩固福临的统治起到了重要作用。后来，她又辅佐福临的儿子玄烨当政。身历三朝，为大清基业的建立和巩固发挥了不可替代的作用，亦是我国历史上一位杰出的女性。

崇德八年(1643 年)八月二十六日，福临在沈阳正式即位，第二年改元顺治。

此时，明朝内部的农民起义运动正如火如荼地进行着。崇祯十七年(1644年)三月，李自成的大顺军攻占了北京城，再也无能为力的崇祯皇帝在煤山自缢而亡。

在这历史转折的紧要关头，降清汉人范文程上书为多尔衮出谋划策，力劝他要不失时机地攻取北京，取明朝而代之。遇事一向敏捷果断的多尔衮，也觉察到此乃千载难逢的天赐良机，他以迅雷不及掩耳之势火速调集了大批人马，日夜兼程向山海关进发。

几天之后，山海关一带展开一场殊死的搏斗。李自成的农民军与多尔衮率领的清军和对李自成降而复叛的吴三桂军打了起来，原来是吴三桂引清军入关

了。在清兵和吴军的夹击下,农民军败退到北京,但所剩兵力已难以据守京城,旋即仓皇撤离北京。由于清军进占北京的最大障碍已不复存在,各地官绅望风而降,多尔衮的大队人马长驱直入,开进了紫禁城。

顺治元年(1644 年)九月,顺治帝在济尔哈朗护送下来到北京城,十月初一举行了隆重的开国大典。那天清晨,在诸王及文武百官的护卫下,顺治帝亲至天坛宣读告天礼文,正式宣告了清王朝对全国的统治。随后是对这些开国元勋进行封赏,顺治命令将多尔衮兴邦建国的伟业刻于石碑以传告后世,还封他为叔父摄政王。这一天,尽管在隆重的大典上即位告天的是幼帝福临,但实际上掌握着清廷命运的却是将军政大权集于一身的摄政王多尔衮。

此后,在多尔衮的指挥调度下,清军兵下江南,攻取西部,展开了统一天下的战争。不久,明朝遗臣奉福王朱由崧建立的南明弘光政权被剿灭,同时又传来了李自成被杀的消息,清廷上下无不弹冠相庆,似乎整个天下已是自己的囊中之物。而此时的多尔衮由于入主中原、定立天下有功,地位愈加尊崇,也愈加擅权专断,有恃无恐。多尔衮肆无忌惮地排除异己;豪格被罗织的罪名置于死地,济尔哈朗也因"擅谋大事"被削夺了辅政大权。同时他亦不满足于一人之下,万人之上的地位,逐渐开始有了僭越之心。每当他入朝时,诸臣皆下跪行礼,甚至自己的府中都藏有大内的"信符"。多尔衮是大清国实际上的皇帝,已成为当时朝野皆知的事情,而顺治不过是"惟拱手以承祭祀"而已。

君临天下　治国有方

几年过去了,当年的幼帝已成为了少年,他开始关心治国用兵之道,亲政的想法也越来越强烈,但多尔衮却丝毫没有归政的意思。但历史却常常因偶然事件而改写。顺治七年(1650 年)十一月,多尔衮出外打猎,坠马受伤。由于他素患风疾,入关后的过度操劳更使病情日渐加重。此次受伤致使其卧床不起,并于十二月初九日在喀喇城去世,年仅 39 岁。不久,多尔衮的灵柩运到了北京,

顺治帝一直出迎到东直门5里之外的地方，“跪奠三爵”，其悲伤哀悼之情，难以言表。

多尔衮死后两个月，苏克萨哈、詹贷首告多尔衮曾“谋篡大位”。以郑亲王济尔哈朗为首的诸王大臣也纷纷上奏，追论多尔衮独擅威权，挟制皇帝，逼死豪格、纳其妃子等一系列罪行。顺治皇帝下诏削夺了多尔衮的爵位，没收了他的财产，又命令毁掉他的陵墓，将其鞭尸，由此举可以看出顺治其实对多尔衮是满怀恨意的。

顺治八年(1651年)正月十二日，14岁的顺治帝开始亲政，成为了真正的一国之主。

顺治帝自小就对读书非常感兴趣，加之宫廷中良好的学习条件，到了8岁，顺治帝对满文俱已熟习。但由于多尔衮的原因，他失去了接受汉文化教育的最佳时机。到他14岁亲政时，对汉文仍十分陌生，大臣们的奏章使他感到茫然不解。

为了学习古代贤王的治国之道及修身养性的方法，同时提高自己的汉文水平，顺治帝亲政后便发奋攻读。他以少年人所特有的热情和勤勉，阅读了大量汉文书籍，左史庄骚，先秦两汉，唐宋八大家，宋元著述，都在阅读之列，连刚刚刊印出版的金圣叹所批的《西厢》《水浒》也不曾遗漏。

对汉家文学历史的大量阅读，使这个来自少数民族喜欢骑马射箭的小伙子完全摆脱了其先祖身上特有的那种草莽之气，而颇具文人学士之风，良好的汉文化教育使他不再像自己的先辈一样单靠“武功”治天下，转而以“文教”作为治国之本。

受汉文化的影响，顺治帝将“四书五经”奉为最高教义，把儒家治国平天下的理论作为指导思想，大力提倡德治和教化，反对苛政和嗜杀，来缓和当时尖锐的民族矛盾和阶级矛盾，特别是满汉两族人民之间的仇怨。他接受了儒家“三纲五常”“忠孝节义”等思想，并将它用来为自己统一天下服务。当时一些人提出了“唯有忠于明朝，才能忠于清朝”的观点，他也表示认可，因为他已经能够理解“忠臣不事二主”的意义。顺治十年(1653年)，他为范景文、倪元璐、王承恩等明末殉难忠臣立碑旌表，赐地供祭，以之作为忠臣的楷模。他对誓死不降的

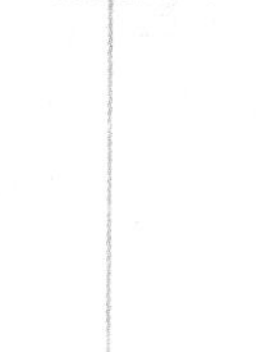

史可法给予很高评价，并亲自著文赞颂。

顺治帝深知“帝王临御天下，必以国计民生为首务”，为了迅速改变国穷民匮的局面，他将主要的精力放在了发展社会生产上来。顺治十年（1653 年），他采纳了范文程等人的建议，设立兴屯道厅，在北方推行屯田开荒。在四川等地，则实行由政府贷给牛犋种银，任兵民开垦的鼓励政策。但由于清政府国库空虚，缺乏足够的银两来推行，所以未能推行全国，收效不大。此后，顺治帝又先后颁发了“督垦荒地劝惩则例”和“官员垦荒考成则例”等，鼓励垦荒。顺治十四年（1657 年），清政府以明代万历年间的赋役额为准，免除天启、崇祯年间繁重的杂派，编成《赋役全书》颁行天下。政府还向税户发放“易知单”作为缴纳赋税的凭据，以防止各级官吏从中作梗，增加人民负担。第二年，河南巡抚贾汉复就递上了清查垦荒土地 9 万余顷，每年可增收赋银 48.8 万余两的报告。顺治帝看后十分喜悦，他对贾汉复大为称赞，并立即加以提拔重用。

然后，顺治帝又对多尔衮摄政时期所实行的圈地弊政进行了改革，下令禁止圈地，要求将土地还给原主，恢复耕种。

后来，虽然零星圈占土地的行为时有发生，但在顺治统治期间再没有进行大规模的圈地，这种危及千家万户的滋扰总算暂时中止了。顺治还多次赈济京畿一带因圈地而流离失所的汉民，于顺治十年、十一年和十二年在京城广设粥厂，用以缓和广大汉民的不满。

重用汉人　礼遇洋人

顺治帝很明白，要想真正的统一中国，做天下人的皇帝，就不能只依靠一个人或一部分人的力量，必须人尽其才。因此，在他亲政后，清廷中汉官的地位和作用发生了明显的变化。原来清廷有一条旧规，汉官在各衙门中不能掌印，也就是当家不能做主，顺治帝规定，谁的官衔在前，谁就掌印。顺治十二年（1655 年）八月，都察院署承政事固山额真卓罗奉命出征，顺治帝即命汉官承政龚鼎孳

掌管部院印信。龚鼎孳闻命后吓得差点跪倒，并以无掌印的先例推辞顺治帝之命。后在顺治帝的执意坚持下，龚鼎孳只得领命。从此以后，汉官可以掌印才正式作为一种制度确定下来。内阁大学士，起初满人是一品，汉人只是二品，顺治十五年(1658 年)改为全是一品。六部尚书起初满人一品，汉人二品，顺治十六年(1659 年)也全部改为二品。

汉族大学士洪承畴、范文程、金之俊等，既熟悉典章制度，又善于谋划，富有政治斗争经验，都可谓是经邦济世的股肱之臣。顺治帝对他们都很信任和重用。亲政不久，顺治帝就任命范文程为议政大臣，使之得到了汉人从未得到的宠遇。他与范文程常在一起探讨如何治理国家的问题。

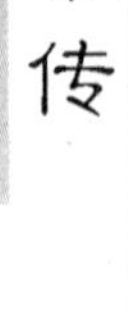

疑人不用，用人不疑。在任用汉官上，顺治帝从多尔衮那里承继了这一特点。

无论东林党还是宦党，只要是有才之士，能为社稷大业做贡献，他都兼收并蓄。冯铨本是宦党骨干，清朝一入关就被录用，官至礼部尚书。御史吴达曾经告发他，说他是魏忠贤的干儿，揽权受贿等等，多尔衮压而不发。顺治十年(1653 年)，顺治帝遂任命他做了宏文院大学士，第二年又加“少师”衔，顺治十六年(1659 年)以太保、中和殿大学士衔离职养老。

虽然顺治帝对汉官不拘一格地任用，但这毕竟只是出于利用汉人加强自己对天下的统治的意图，实际上，在其内心深处，仍存在着满洲贵族对汉人本能的一种猜忌心理。他最担心汉官结党，因此时时加以防范。顺治十年(1653 年)四月，大学士陈名夏、户部尚书陈之遴、左都御史金之俊等 27 名汉官联名上疏，要求顺治帝严惩杀害妻妾的总兵任珍。27 人的一致行动使得顺治帝立刻警觉起来，认为陈名夏等人是党同伐异，便令各部七品以上官员云集在午门外，对陈名夏等人议罪，结果，陈名夏等人分别受到降级、罚俸的处分。后来，大学士宁完我又以痛恨剃发、鄙视满族衣冠、结党营私、包藏祸心的罪名弹劾陈名夏，使得陈名夏终被顺治帝处决。

顺治帝不仅能重视汉官，而且也能吸纳洋人。顺治八年(1651 年)，由大学士范文程引见，顺治帝与汤若望相识了。这位年已 59 岁、学识渊博的外国传教士，很快就博得了年轻皇帝的好感和敬仰。这一年，汤若望被诰封为通议大夫，

他的父亲、祖父被封为通奉大夫，就连汤若望母亲和祖母也被封为二品夫人，并将诰命绢轴寄往德国。汤若望不久又被加封为太仆寺卿，接着又改为太常寺卿。顺治十年(1653 年)三月，又赐名“通玄教师”。顺治皇帝不仅使他生前尊贵荣耀，连他的身后之事也打算到了。顺治十一年(1654 年)三月，顺治帝就将阜成门外利玛窦墓地旁的土地赐给汤若望，作为他百年后的墓穴之所。后来，顺治帝亲笔书写“通微佳境”的堂额，赐给他悬于宣武门内的教堂内，还撰写碑文一篇，刻于教堂门前，赞扬他“事神尽虔，事君尽职”。

当时不少传教士不仅传教，而且通医术，汤若望也不例外。顺治八年，皇后博尔济吉特氏有病在身，孝庄皇太后便派侍女向汤若望求医。当时并未说明患者身份，汤若望从来人叙说的症状断定，患者病情并不严重，便将一面圣牌交与来者，叫他将此牌挂在患者胸前，并断言几天后就会奏效。皇后果然痊愈了。太后为了表示感激，赐给汤若望大批物品，后又认汤若望为自己的义父。自此，顺治帝与汤若望的往来更加频繁，并按满族人们的习惯称汤若望为“玛法”，即汉语的爷爷。顺治十三年(1656 年)至十四年间，顺治曾 24 次就访汤若望的馆合。尤其使汤若望受宠若惊的是，顺治在 19 岁生日时，竟向群臣宣布要在玛法家庆贺自己的寿诞。

对皇帝的知遇之恩，汤若望感激涕零。因而，他常常直言以谏，为顺治帝执政出谋划策，充当着心腹顾问的角色。顺治皇帝临终时议立皇嗣，专门征求汤若望的意见。汤若望以玄烨出过天花为由，主张立玄烨为皇位继承人，顺治帝最后一次遵从了他的意见。

崇尚佛事　废后立妃

历代皇帝中，对佛事感兴趣的并非顺治帝一人，但将佛事推崇到一定高度的，他属于为数不多的几位之中的一位。清初，临济宗中著名禅僧玉林琇年仅 23 岁就做了湖州报恩寺主持，这在禅门实属罕见。顺治帝耳闻玉林琇的大名

后，便诏请他入京说法。玉林琇竟不买皇帝的账，反而高高地端起了架子来，多次谢绝了顺治帝的邀请。直到顺治帝应允问道完毕立即送归，玉林琇才终于到了北京，并受到了顺治帝十分优厚的礼遇。顺治帝对玉林琇以禅门师长相待，请他为自己取法名为“行痴”，自称弟子，还时常亲临其馆合请教佛道。玉林绣也极力以佛教影响顺治帝，经常讲得皇帝喜悦异常，并因此授给他黄衣、紫缰、银印、金印等，还先后赐予他“大觉禅师”和“大觉普济禅师”的称号。尽管两人目的不同，玉林绣是借皇权扩大自己的影响，而顺治帝则从佛学中得到了慰藉自己心灵的意念，但却殊途同归，皇帝与禅僧因佛教而被联系到了一起。

顺治帝刚满 14 岁时，皇太后根据当时摄政王多尔衮之意，选定科尔沁卓礼克图亲王吴克善之女博尔济吉特氏为皇后。皇后虽然天生丽质，乖巧聪慧，但是却一点不得顺治帝的欢心。顺治帝一向崇尚简朴，但皇后却奢侈无度，这使得本来就看她不顺眼的顺治帝更加对其厌恶。因此，两人结婚后，感情很快就出现了裂痕，对于皇后的许多行为，顺治帝忍无可忍，竟忧郁成疾。后来在取得了皇太后的同意下，顺治帝就废黜了皇后。

顺治帝最宠爱的妃子董鄂氏原本为其异母兄弟襄亲王博穆博果尔的妻子，博穆博果尔在知道自己的妻子与皇帝存有一段私情后怨愤而死。等董鄂氏 27 天的丧期服满，便被顺治帝接进宫，册立为贤妃，一个月后又晋为皇贵妃。

董鄂氏曾为顺治帝生下了皇四子，顺治帝原打算将他立为太子，但还未命名的皇四子出生三个月就夭亡了，董鄂妃不久也因忧伤过度而死。董鄂妃死后，顺治帝万分悲痛。为了抚慰他，孝庄皇太后同意追封董鄂妃为孝献皇后，但顺治帝哀痛至极的心情仍无法得到慰藉。此后，他的情绪日益消沉，本来就多病的身体此时更是虚弱。

1661 年农历正月初二，顺治帝前往观看亲信太监吴良辅的削发出家仪式，回宫后便卧床不起，不久，就因天花而死，享年 24 岁。另外还有一种传说，说他看破红尘，到五台山出家当了和尚。

清圣祖玄烨

康熙是清朝入关后的第二代皇帝。他在位61年，日理万机，励精图治，为清代中国的大一统和全盛奠定了基础。

他在少年时代，就成功地粉碎鳌拜集团，在朝廷内部实现了大权归一。但是当时南方有手握大权的吴三桂、尚之信、耿精忠。郑京控制的台湾拒不归顺，在西北有骠悍雅服、时或掳掠的准噶尔部。康熙肩负着统一祖国的大任。

对三藩，朝廷内部意见不一。康熙坚决主张撤藩，结果三藩起兵反清。这时有人主张杀掉主张撤藩的大臣以息三藩之兵，年仅20岁的康熙坚决反对，他说："如果有错误，朕一个人承担。"随即把吴三桂之子等人投进监狱。康熙制定了重点打击吴三桂，争取其他叛军中立、归降的政策。终于经过八年的战争，平定了叛乱。清政府多次想和平解决台湾问题，但郑经要求台湾像琉球、朝鲜一样藩属中国。康熙断然拒绝，他说郑经是中国人，台湾皆闽、福人，与琉球、朝鲜不同。1681年，清政府用兵台湾，兼用招安之法，最终和平统一台湾。他特别下诏，郑氏一族不是"乱臣贼子"，可以归葬安南。然后在台湾设一府散县，驻兵台湾、澎湖。台湾在政治、军事、行政上重又与大陆成为一个整体。准噶尔部位于巴尔喀什湖以东、天山以北和伊犁河流域。首领噶尔丹是一个野心勃勃、掠夺成性的人。他表面臣服，却步步南逼。1690年，康熙御驾亲征，一举击溃噶尔丹的驼军。之后，噶尔丹又卷土重来。康熙力排众议，决定二次亲征。两军在克鲁伦河附近对峙。噶尔丹望见康熙的御营和清军的威武阵容，不禁为之胆寒，立刻下令拔营逃走。康熙率军追击。

在昭莫多大战中，几乎全歼敌军。噶尔丹仅带少数人逃走。由于噶尔丹拒绝投降，1697年，康熙第三次亲征。噶尔丹走投无路，在众叛亲离中死去。

从12岁起，康熙帝就注意到沙皇对中国的侵略。1682年，康熙第二次东巡，商议抗俄大事。经过两次雅克萨之战，清军打败了俄国侵略者。中俄双方

签定《尼布楚条约》，从法律上肯定了黑龙江和乌苏里江流域的辽阔土地都是中国的领土。由于噶尔丹叛乱，清政府也做了很大让步，将原属中国的尼布楚划归俄国。

康熙热爱科学，努力向西方学习。他重视数学，向传教士南怀仁学习几何，他学过欧几里德的《几何原本》和巴蒂斯的《实用理论几何学》的满文译本。晚年在北京畅春园设“算学馆”，召集大数学家梅毂成等编成巨著《律历渊源》，集当时乐律、天文、数学之精华。

康熙以皇帝的权威，在全国推行种痘法，挽救了很多人的生命。当时天花流行，夺去了无数人的生命。世界上还没有治天花的好办法。只有我国首创预防天花的种痘法。方法是把患者的痘痂研成细末，用湿棉花将之塞入健康人的鼻孔里，使患者发生一次轻微的感染，从而获得免疫力。但由于很多人怀疑而没有推行。康熙首先在自己的子女中推行，还介绍到蒙古等少数民族中，取得了很好的效果。

康熙还开展了一项史无前例的伟大工程，即绘制全国地图《皇舆全览图》。这次测绘采用了比较先进的大地测量术和经纬度绘图的方法。到 1716 年，除新疆的少部分地方外，对大多数省区进行了测绘。它是中国历史上第一部完全实测、比较精确的地图集，也是世界地理测量史一的伟大成果之一。

康熙曾发现、培育和推广过双季稻御稻种。这种稻米第一季的成熟时间平均不到一百天，最短的只有 70 天左右，因此收割后可再种一季。这种米粒长、色红、味香。《红楼梦》中所描写的“御田胭脂米”和“红稻米粥”就说的是这种御稻米。为农业需要，康熙下令每天记录气象，并作为一种制度保留下来。故宫内保存了大批清代的《晴雨录》，是研究气象的宝贵史料。

清世宗胤禛

关于雍正即位的野史传闻也有很多版本，其中最有说服力的版本说的是，康熙本来是把皇位传给十四子胤祯的，但在临死前，雍正与负责收藏康熙传位遗诏的隆科多合谋，先趁机将病入膏肓的父亲康熙闷杀，然后将传位遗诏中的"传位十四子"改为"传位于四子"，因而得以继承皇位。

几百年以来，雍正因这个弑父改诏得以即位的故事，遭到很多文人的口诛笔伐，雍正也被他们誉为清朝历史上最为残暴的皇帝。但这个故事本身的疑点就很多，最大的疑点便是改遗诏的事情。清朝的诏书一向是以满文书写，入关之后，随着汉族官吏的增多，才逐渐改为用满、汉两种文字书写诏书，而满、汉两种文字是根本不同的。如果按照故事里面改遗诏的方法，即使改得了汉字，也改不了满文，况且用汉字书写的遗诏中，按规定也应该在"十四子"之前加上"皇"字。如果真按照这个传闻，且不就成了"传位皇于四子"，除非雍正手握重兵和众多的支持者，其他诸皇子不敢与之争夺皇位，众皇子和王公大臣才不可能看出来。但当时的情况是雍正并没有太多的支持者，也没有手握重兵，当时被封为大将军的十四子倒是拥有重兵众多的支持者。

看来雍正的皇位来历是很清楚的，并非所谓的弑父篡位，但为什么雍正会在历史上留下这么个印象呢？这只有用雍正即位后所施行的一些措施才能说明。

其实在康熙末年，由于康熙对臣下过于宽仁，使得吏治逐渐腐败，官僚贪污问题也越来越严重，加上康熙对边疆的多次用兵，造成了国库空虚，钱粮短缺。雍正即位后，为解决这些问题以富民富国，采取了一系列相应的措施。

首先便是整顿吏治，雍正即位之时，便下令户部全面清查官员积欠国库钱粮的命令。这个命令看起来是非常苛刻的，要求所有拖欠钱粮的官吏必须在三年内还清补齐，清查中即使涉及高级官员也决不容情，当时就曾出现很多郡王、贝子不得不将家产变卖以赔补亏空的事情。如果官员不能按时还清补齐，雍正

就抄他的家，以家产赔补亏空。对地方的清查更是彻底，许多地方官员因亏空被抄家的抄家，革职的革职。当时被革职罢官的地方官员竟多达三分之一，有的还达到一半以上。三年之内，雍正基本上清查了康熙以来的所有积欠，充实了国库，打击了贪官。但因此举而得到雍正"好抄家"的名声，并得罪了很多官吏。

雍正得罪官吏的第二项措施便是"火耗归公"。"火耗"是指在征收赋税时收上来的是散银，上交国库时要熔铸成银锭，因此要有损耗。这就是"火耗"的来历。为了填补损耗，在征收赋税时便要多征一些。由于当时清朝的俸禄太低，一品官员的俸禄每年才180两银子，七品才45两。这点银子，别说应酬，就连养家糊口都不够。因此地方官便靠征收赋税银两时加收"火耗"，以贴补俸禄，这在雍正以前的清朝已经成了一个惯例。

但后来这"火耗"征收得越来越重，有的地方甚至达到一两加征四五钱，这就增加了人民的负担，给清朝的统治酿成了隐患。雍正帝在权衡利弊后，毅然决定实行"火耗归公"，规定各地"火耗"必须全部提解到省，再拨出一部分作为养廉银分给官吏，其他则用于地方公费。养廉银的数额很多，如一品官的养廉银就达到每年两万两，七品官的养廉银也达到2000两左右。

其实此举只是将"火耗"填补官吏俸禄公开化，并增加了地方公费，可谓是一石二鸟。这项措施虽得到部分清廉官吏的响应，但大多数官员还是因此举减少了很多收入。雍正又一次得罪了官吏。

雍正第三个措施的实行，也得罪了人，这次得罪的范围也扩大了，基本上所有的地主官僚都得罪得一干二净。雍正为了增加国家收入，避免地主官僚逃避赋役，将负担转到农民身上的情况，于1725年决定实行"摊丁入亩"制度。规定将丁役摊到土地上，谁的田地多，谁出的力役就多，没有田的就少出役或不出役。这个办法当然是对小农有利的，此后便没有了丁役，小农负担得以减轻，富户遭到压抑，彻底解决了丁役不均，放富差贫的弊端。同时由于丁粮合收，使清政府的丁银收入有了保证，对国家非常有利。所以这次赋税改革是一个有重大意义的历史事件。但那些养尊处优的地主老爷们根本不会考虑国家有没有利的问题，自然对这项改革非常抵制，对雍正也恨之入骨。

雍正第四个得罪人的措施便是完善密折制度。清朝官员上呈皇帝的公文主要是由通政司负责送皇帝的,但在送到皇帝之前便已经由内阁看过了,因而公文都是公开的,使得官员不敢公开讲有些事情,皇帝便无从知道。康熙在位期间,为了解下情,便采取了秘密奏折的补救办法。康熙将上秘折的权力只是交给了最信任的心腹大臣,其所奏内容,包括风俗民情、地方治安、官员情况以及气候、粮价、民间琐事等等。这种奏折直接送皇帝,别人不得开启。皇帝看完,批示后发回本人保管。但是康熙时期,能用密折奏事者不多,还没有形成严格的密折制度。

雍正即位后,认为密折是了解下情的最好办法,于是扩大了可写密折的人的范围,使各省督抚都有权力上密折。后来又扩大到包括提督,总兵官,布政使,按察使和学政官员,就是一些中下级官员,在得到雍正特许后,也有权力上密折。密折制度的建立,使雍正更能对全国上上下下了如指掌,处理各类事情都能洞察秋毫,加强了行政效率。同时又起到了控制官员的作用,使官僚人人自危,密折就像一根无形的鞭子,驱使他们兢兢业业地一心为公。当然在他们兢兢业业一心为公的同时,心里难免对这个苛刻的雍正皇帝心怀怨恨。

雍正实行的另外一个措施,便是设立军机处。在对准噶尔用兵期间,雍正为了更准确,迅速地处理各种军机大事,便于 1729 年在养心殿附近设立了军机处。军机处内设军机大臣和军机章京,都是由雍正的亲信和心腹大臣组成。雍正每天都定时召见军机大臣,有事随时召见,军机大臣经常半夜都不能休息。军机处本来是个临时机构,后来雍正觉得用的顺手,干脆就将其转变为固定机构,用来办理国家所有机密事务,代替内阁成为国家的行政中枢。内阁只能处理一般性事务,这样雍正就把国家一切权力紧握在自己手中。这样一来,内阁那些本来掌握重权但又不是雍正亲信的大臣,就这样失去了手中的权力,能不恨雍正乎?

后来,雍正对边疆地区所采取的措施,又把边疆少数民族贵族统统都给得罪了,这就是对青海、西藏、准噶尔部、西南少数民族土司所采取的措施。对青海,是将青海叛乱的罗布藏丹津剿灭后,便对青海地区加强了统治,设立了青海办事大臣,处理蒙藏民事,使青海直接隶于中央政府,改变了康熙时对青海间接

统治的方法。对西藏，是于1728年平定阿尔布巴叛乱后，雍正决定强化对藏控制，在四藏设立驻藏大臣，并派兵防守，还将西藏宗教领袖达赖六世迁于康定，派兵看守。对准噶尔部，雍正则终其一生也没有达到平叛的目的。对西南的少数民族土司制度，雍正便实行云贵土司改土归流，使土司成为“流官”不再控制这些地区的少数民族人民。

这些措施，每一项的都旨在巩固清朝的统治，巩固国家的统一。但对那些自由自在惯了的少数民族贵族来讲，要向清王朝低下他们高贵的头颅，在他们看来，简直是勉为其难，自然是恨上了雍正。

再加上雍正统治时期文字狱尤为兴盛，不好声色犬马的雍正很少去顾及后宫那些怨妇。雍正用人唯才是举，对国家栋梁则高官厚禄、越级提拔，对无能官吏则大加贬抑等等，或措施，或性格。

雍正简直就是把天下人都给得罪遍了，能不说他弑父篡位吗？就连雍正的死也成了野史津津乐道的话题，传说雍正是被吕四娘所杀，埋进陵墓里的雍正连头都没有，头是被吕四娘拿去祭奠她被文字狱所杀的父亲去了。

“子在川上曰:逝者如斯乎?”不管雍正是否弑父篡位，不管雍正是否真的被割去脑袋，我们所要了解的，是由于雍正的大力改革和整治，才使得乾隆时代的盛世景象得以出现。这就是雍正的功劳，这就是一个做皇帝的标准。

清高宗弘历

清高宗，名爱新觉罗·弘历，雍正皇帝第四子，雍正病死后继位，为清代入关第四帝。在位60年，终年89岁。葬于河北裕陵（今河北省遵化县西北）。

乾隆帝弘历，生于康熙五十年（1711年）八月十三日。雍正在位时其被封宝亲王。雍正死后，群臣和总管太监从正大光明匾额后面取出锦匣，开读密诏，上面写着“皇四子弘历为皇太子，继朕即皇帝位。”弘历于同月即位。第二年改年号为“乾隆”。

文治武功　盛世转衰

乾隆在位期间，实行宽猛互济的政策，务实足国，重视农桑，停止捐纳，使社会上出现一片繁荣的景象，“康乾盛世”在此期间达到了顶峰。同时乾隆平定了准噶尔部，消灭了天山南路大小和卓木的势力，加强了中央政府对边疆地区的管理，巩固和发展了中国这个多民族国家，奠定了今天中国固有版图；严厉拒绝了英国特使马嘎尔尼提出的侵略性要求。乾隆帝向慕风雅，精于骑射，曾先后六次下江南，遍游名城，笔墨留于大江南北。乾隆还是一个有名的文物收藏家。清宫书画大多是他收藏的，他在位期间编纂的《四库全书》共收书 3503 种，79337 卷，36304 册，其卷数是《永乐大典》的 3 倍，成为我国古代思想文化遗产的总汇。但乾隆所兴起的文学狱，在清朝历代中为数最多。如有个文人胡中藻写了一句“一把心肠论浊清”的诗句，乾隆认为这是诽谤清朝，将胡中藻灭族。不过这并不有损于乾隆的功绩。

但乾隆好大喜功，为人重奢靡，铺张浪费，并自称为“十全老人”。他在位后期任用和坤 20 年。和坤是中国历史上最大的贪官，致使这 20 年间朝野贪污成风，政治腐败，各地农民起义频繁。清王朝开始从强盛走向衰败。

市井传言　子虚乌有

相传乾隆不是雍正的亲生儿子。而是海宁陈阁老之子。在雍亲王（雍正）妃分娩的那一天，恰好陈阁老的夫人也生下了一个孩子，只是前者是女孩，后者则是个男孩。此时的雍正听说后，密令家人将陈阁老请来，并强调一定要带着小孩。然后借口福晋要看孩子，将小孩带入内室，将自己的女孩换给陈家。陈

家后来发现不对，但不敢声张。没想到，男孩天资聪明，深得康熙、雍正二帝的喜爱，最后竟成为一代君王。传说乾隆在六下江南时，曾暗去海宁省亲。

不过有学者认为，乾隆并不是雍正的长子，也就是说，雍正并不担心无人继承他的王位。而且，当时的皇位之争已经进入白热化，雍正怎么敢与他人交换孩子，而给政敌留下话柄。因此，乾隆身世之谜是子虚乌有。

在平定天山南路时，清军俘虏了小和卓木的一个妃子，她是一位绝色佳人，身上又散发出一种天然的奇香，人称香妃。乾隆便将她收为妃子送入宫中，还特地招来回教徒服侍她的吃穿。又在宫中西苑造了回族的住房、礼拜堂，以博取她的欢心。香妃却毫不动心，坚决不从。一天，宫女奉乾隆之命来劝说，香妃猛地取出一把匕首，吓得宫女四散躲避。太后怕乾隆遭到不测，趁乾隆去郊祭时，把香妃召来，令其自杀。乾隆知道后还生了一场病，事后下令将香妃遗体用软轿抬回新疆喀什入葬，建香妃墓。近年来，专家经过大量考证，认为香妃实为乾隆的容妃，在宫中生活了 28 年，55 岁时病殁，葬于东陵，棺上书有阿拉伯文的《可兰经》。

高寿皇帝　禅位嘉庆

乾隆皇帝养生有术，25 岁登帝位，到乾隆六十年（1795 年）底，乾隆已经做了 60 年的皇帝。他决定将皇位禅让给皇太子。他下诏说："我 25 岁时继位，当时曾经对天起誓，如果能够在位 60 年，就一定自行传位给皇太子，不敢与皇祖（指康熙）的在位年数一样。现在我在位已经满 60 年，不敢食言，决定禅位与皇十五子颙琰。他如一时难以处理朝政，由我训政。"和坤等大臣极力劝阻，乾隆不听，于嘉庆元年（1796 年）正月初一在太极殿举行禅位大典，自称太上皇，但仍掌握着朝廷实权。嘉庆四年（1799 年）正月，乾隆得病，虽经过不少名医医治，都不见起色，初三死于养心殿。

乾隆死后的庙号为高宗纯皇帝，史称乾隆帝。

清仁宗颙琰

内禅继位　治理国家

1795 年，乾隆已经做了 60 年的皇帝，此时他已是垂垂老者了，又称自己不敢超过圣祖康熙在位 61 年的先例。因此，在这一年他正式宣布册立颙琰为皇太子，决定举行内禅，让出帝位，自己退为太上皇。这是清朝历史上唯一一次内禅帝位，在整个中国古代社会也不多见。

1796 年正月，颙琰正式称帝，是为清仁宗，年号嘉庆。嘉庆帝登基后的最初几年，因为太上皇乾隆对皇权的贪恋，宣称自己健康状况良好，每天都是勤勉不倦地处理政事，所以继续由他把握着朝廷中的一切军政大权，各种措施包括用人、理政等也都必须由他亲手操办。

直到 1799 年正月，89 岁高龄的乾隆一命归西，嘉庆帝才开始亲政，成为真正的天下之主。但此时的清王朝正呈下滑趋势，局势动荡。为了扭转衰败的政局，嘉庆帝决定以铲除和珅作为切入点。

乾隆帝去世的第二天，和珅就被嘉庆帝撤除了军机大臣、九门提督等职务，

并遭到了软禁。不久，嘉庆帝又宣布了和珅的20条罪状，将他关进大狱，家产抄没入官，随后又将其赐死。

嘉庆帝亲政伊始，决定以清廉为治国方针。以往各省官员进京觐见皇帝时，按照俗例都要进呈贡物。但嘉庆皇帝认为，这些古玩珍宝，饥不可食、寒不可衣，连粪土都不如。因此在惩办和珅的同时，嘉庆帝通谕内阁，禁止官员再操办各种贡物，凡是进呈违禁宝物的官员，都要予以惩处，决不轻恕。

嘉庆帝身体力行，带头倡导节俭，以遏制奢侈之风的蔓延。他把乾隆帝巡游地方时各地官员修建的许多行宫给作价卖掉，剩下的也不许刻意修饰。1809年，嘉庆帝巡幸五台山。他先向地方官员打了招呼，要求在途中不得大肆铺陈，务必追求俭朴。

嘉庆帝大力整顿吏治。长期以来，腐败堕落的吏治一直殃国害民，为害匪浅。他鉴于此种情形，专门撰写了《义利辨》《勤政爱民论》等文章，颁示给群臣。他对贪官的处罚从不手软。嘉庆帝曾将经管湖北的军需供应而亏空银两20多万的湖北襄阳道员胡齐仑判处极刑；将谎报县里户口、侵吞大量赈灾银两，并毒死查赈官员李毓昌的江苏淮安府知县王伸汉和与之狼狈为奸、掩饰劣迹的知府王毅两人处死；将贪婪卑污的总管内务大臣广头、巡漕御史英纶先后处以绞刑；将造假印、写假条，从户部冒领了数十万两白银的工部书吏王书常处死，罢黜了有关大员禄康、费淳等。

在大力惩治贪官的同时，嘉庆帝也破格提拔和重用了一批为官清廉、勤勉称职的官员。刘清就是其中的一位。嘉庆帝在审讯被俘的白莲教起义军首领王三槐时，得知时任四川南充知县刘清居官很得人心，百姓称之为"刘青天"。嘉庆帝先是对其进行了一番考察，然后决定提拔重用他。刘清后来历任四川建昌道员、山西布政使等要职，在镇压四川白莲教起义中也立下了许多功劳。

内乱不断 外夷寻衅

嘉庆帝刚刚即位，白莲教大起义就在川、楚、陕等地爆发，震撼全国。这次起义首先在湖北宜都、枝江两县爆发，接着迅速扩大到襄阳、长乐、长阳等地，四川、陕西的白莲教组织也纷纷起义响应，起义烈火汇成一片，声势浩大。深厚的群众基础，险要的地理形势，机动灵活的战术使起义军屡败清兵，令嘉庆帝忧愤交加，寝食不安。亲政之后，在总结以往经验教训的基础上，嘉庆帝立即着手调整对付起义军的对策。嘉庆四年(1799 年)，他惩治了和珅、戴如煌、常丹葵、胡齐仑等人，把"官逼民反"的罪责都推到了这些贪官污吏身上，借以平息民愤。同时调整战略部署，三次更换经略大臣，严惩了一批作战不力的统兵大员。在方针上，不再一味地进行军事围剿，而采用了剿抚兼施的策略。尤其是采用坚壁清野策略，在起义军出没地区四处合并村落、修建堡垒，在山区扼险结寨；在平原地区掘壕筑堡，将百姓都驱赶到堡垒之中，清查户口、限制人员出入，将起义军和百姓强行隔断。寨堡四起之后，嘉庆帝又积极组织团练乡勇，扩大地主武装，乡勇无论立功、阵亡都要同正规军一样对待，不得存在歧视。嘉庆帝推行这些措施后，白莲教起义军遭到沉重打击。嘉庆九年，在花费 10 年时间、2 亿白银的代价下，终于将白莲教起义镇压了下去。

白莲教起义方兴未艾，湘、黔一带的苗民起义又掀起了狂风巨浪。虽然起义规模较小，但此起彼伏，相互呼应，直到嘉庆十二年才彻底平息。

嘉庆十八年，李文成、林清等人领导的天理教起义在北方爆发。这支起义军甚至一度打进了北京皇宫。九月十五日，林清组织的一部分起义军化装潜入了北京城，在内线太监的引导下分别由东华门和西华门闯进了宫中。他们白布裹头，奋勇冲杀。虽然以失败告终，但极大地震惊了躲避在承德避暑山庄的嘉庆帝。他称这次事件是旷古奇闻，前所未有。不久，林清被捕，李文成战死，天理教起义的火焰被扑灭了。

嘉庆当政时期，正值英、法等国东扩之时，古老的中华帝国成了西方殖民者觊觎的重要目标，商人、传教士、炮舰、鸦片纷纷涌来。嘉庆帝继续推行闭关自守的对外政策，通谕东南沿海各省督抚，要严禁国内商人私自到国外贸易。对于国内商人对外贸易的商品种类，嘉庆帝也是多有限制，拒绝了大臣允许在厦门出口茶叶的建议。当时，外国商人在华的贸易活动只能在广州进行，并且要受到许多束缚。他在前期不允许外国人在广州过冬，中国商人不准向外国商人借款等基础上，又增加了中国人不准私自前往外商住处，店铺不准使用外文招牌，商行里不准兴建外国式样的房屋等规定。

嘉庆十年，英国4艘军舰以为货船护航为名，闯到澳门和广东口岸。嘉庆帝立即训令两广总督要密切注意英国人的动向，不准其自由行动。嘉庆十三年，英国又借口帮助澳门的葡萄牙人抵御法国人，派军队在澳门登陆，随后有3艘军舰闯到黄埔，并进驻十三行商馆。面对英国人如此嚣张的行动，嘉庆帝以日传500里的特急军令，指示广东地方官员迅速整饬军备，在英国人面前要态度强硬，甚至可以使用武力。他还革掉了软弱、措施不力的广东督抚大员吴熊光、孙玉庭，并一再嘱咐继任官员到任后对涉外问题要悉心筹划，不能大意。嘉庆二十一年，英国派遣阿美士德率领一批人，带着一些外交、商务上的要求来到北京，要求觐见嘉庆帝，嘉庆帝允诺予以接见，但就在接见之前，清朝官员把阿美士德使团当作贡使对待，而英国人坚持不行三跪九叩大礼，双方形成了僵局。嘉庆帝十分生气，下令把英国使节立即遣送回国，又严加处置了那班接待的大臣。

中国最早把鸦片当成药品引进，且数量不大。明朝末年，西方殖民者为了扭转在对华贸易中的不利地位，赢得巨额利润，不择手段地将大批鸦片运进了中国，并且每天都有所增加，乾隆时已达到每年4000箱左右。鸦片的大量输入，使中国国内财政、军事、人民生活等方面都受到严重损害。头脑清醒的嘉庆帝采取了多种戒烟措施。嘉庆帝规定，外国货船来华贸易时，在澳门要受到检查，并要由行商出具保证书，保证船上没有夹带鸦片。在内地，嘉庆帝打击鸦片贩子，惩处禁烟不力的官员，那些吸食鸦片的人也要被治罪。

嘉庆帝对西方传教士的活动也多方予以了限制。嘉庆十年，一个名叫德天

赐的西方传教士在内地刊书传教，结果被嘉庆帝下令押到热河加以囚禁，为其递送书信、地图到澳门去的陈若望等人也被发配到伊犁。同年，嘉庆帝还下令销毁了一批西方传教士的经卷，惩处了对西方传教士约束不严的内务府大臣。嘉庆十六年，嘉庆帝将除了在钦天监负责天文观测之外的西方传教士全部打发回国。

嘉庆在位期间，用了20多年的精力依旧没有使清王朝出现中兴局面。嘉庆二十五年七月，嘉庆前往热河行猎途中突然中暑，身体状况恶化。二十五日，在避暑山庄与世长辞，享年61岁。葬清西陵之昌陵。

清文宗奕詝

兄弟争位　终登帝位

在奕詝10岁的时候，他的生母孝全成太后去世，本来过着快乐生活的他一下子陷入极深的痛苦之中。之后，奕詝由恭亲王奕䜣的生母静贵妃抚养。静贵妃十分同情爱怜奕詝，处处关心照顾他。

奕詝是正宫皇后所生，而且年长，按照一般的惯例和传统，将来继承皇位的定为奕詝；而奕䜣生性聪明、才华出众，尤其是相貌和平时的行为都很类似道光，所以虽然是庶出而年少，却受到道光帝格外的器重和垂青。

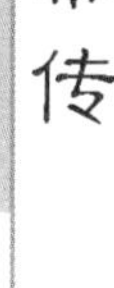

为此，想早日立储的道光帝一时却犹豫不决，不知立谁更为合适。

随着年龄的增长，奕詝和奕䜣逐渐懂事了，两人都有继承皇位之心，并时常暗中较量。一年春天，道光帝去南苑校猎，命诸皇子都随从自己去。校猎结束时，奕䜣猎获的禽兽最多，道光心中自然高兴；四子奕詝却一箭未发，道光十分

不解，便问其原因。奕詝答道：“现在是春天，鸟兽正在孕育，我不忍心伤害天下生灵。”道光听后，心中大喜，说：“这才是有道明君的话呀！”经过几次反复考察，道光逐渐认为奕詝更适合继承帝位，但他不能委屈了奕䜣，所以亲笔朱谕：“皇四子奕詝立为皇太子，皇六子奕䜣封为亲王，世袭罔替。”

1850 年正月十四日，道光帝病死，20 岁的奕詝正式即位，改年号咸丰。出于兄弟之情和能力的考虑，咸丰帝任命恭亲王奕䜣为军机大臣。但恭亲王对哥哥继承皇位并不服气，因此心怀不满，恃才傲物。这就使咸丰帝逐渐失去了对恭亲王原有的信任，兄弟之情也淡漠了。

后来，恭亲王的生母静皇贵太妃认为自己抚养咸丰帝有功，便请求皇太后的封号。而恭亲王也想借母亲晋封皇太后来提高自己的地位。可是咸丰帝认为这不合祖制没有答应。1855 年，静皇贵太妃病危，咸丰帝前去探视，恰巧碰上恭亲王从太妃的房中出来，便询问病情如何。没想到，恭亲王在这个时候提出封号的问题，不知所措的咸丰帝应付了两声，恭亲王以为咸丰帝答应给静皇贵太妃以皇太后的封号，便十分高兴地赶往军机处传皇上的旨意，立即置办册封礼。等咸丰帝得到消息时，已无法收回成命了。但咸丰帝却认为这是恭亲王有意胁迫自己，非常气恼，下令减少太后的丧仪，不按太后的规格发丧，并罢免了恭亲王的职务，不准他亲自料理太后的丧事，并再也没有重用过他。

励精图治　大力改革

清王朝传到咸丰帝时，朝政一片混乱，财政匮乏，民不聊生。咸丰帝雄心勃勃，决定对清王朝的统治政策进行全面的修整，以便中兴清朝。针对清王朝政府机构臃肿，人浮于事和大臣们结党营私、互相倾轧的现象，咸丰帝决定从整顿吏治入手。

军机大臣穆彰阿是咸丰帝第一个整治的对象。穆彰阿是满洲镶蓝旗人，历任内务府大臣、步兵统领、兵部尚书、吏部尚书、大学士等职，深得道光帝的信任

和宠幸，任军机大臣20余年。但他结党营私，排斥异己，压制群僚，无恶不作。咸丰帝在即位10个月后，历述穆彰阿的罪状，将其革职永不叙用。大学士、曾任广州将军、签订《南京条约》的耆英也因其与穆彰阿狼狈为奸，咸丰帝先贬其官职，后处死了事。

同时，咸丰帝还选拔了一批他认为有才能的人，穆荫、肃顺、匡源、杜翰及怡亲王载垣、郑亲王端华等。

咸丰帝重用肃顺等人整顿朝纲，虽然也取得了一些成效，但肃顺等人利用这个机会打击异己、结党营私，最终使清朝内部的分裂和斗争更加剧烈。

同时，咸丰帝也加强了对腐败现象的治理。由于科举考试中的行贿受贿及舞弊事件时有发生，使咸丰帝十分担忧，害怕长此以往会危及自己的统治，所以决定加以整顿。1858年，咸丰帝借顺天府乡试舞弊案对所有监考官或杀或革职或贬，受株连的有数十人。

不久，肃顺主持查出铸币局贪污案，咸丰下令追查，处分了主管财政的大学士翁心存、协办大学士周祖培等，诛杀十几个户部官员，籍没其家产。另外还有商人、胥吏数十人，也一同被抄查家产，数百人受到株连。

重用汉人　致力平叛

道光三十年（1850年）十二月初十日，金田起义爆发，洪秀全自称天王，建号太平天国。咸丰帝立即调兵遣将，抓紧进剿，企图把太平军扼杀在摇篮里。但事与愿违，太平军在与清廷的斗争中不断成长壮大，最终于咸丰三年（1853年）二月十日占领了南京，并改南京为天京，建立政权，颁布新的政策及纲领。

在失败面前，冷静下来的咸丰帝终于认识到八旗军队已经不是太平军的对手，要想打败太平军，必须另找对策。于是，咸丰帝接受了大臣的建议，重新采用旧制办团练。这一政策也确实收到成效，在镇压太平天国的过程中起到了关键的作用。

在这些团练中，以曾国藩带领的湘军最为出名。湘军在曾国藩的管制下，纪律严明、内部稳定、战斗力强，成为平剿太平军的重要力量。

自清朝建立之初，清王朝就有抑制汉人的传统祖制，因此，既利用又提防是清朝统治者任用汉人的原则。咸丰帝也是如此，他不敢放手重用汉人曾国藩，而是把希望寄托在由八旗兵组成的江北、江南大营身上，在火器、粮饷上都优于湘军，甚至或多或少地干涉湘军，以此监视曾国藩。但在接下来的战斗中，江北、江南大营先后被太平军摧毁。与之相反的是湘军在曾国藩等人的精心经营下，实力逐步增强，成为清政府对付太平军的最有力的武装力量。在这种严峻的形势下，咸丰帝不得不任命曾国藩为两江总督兼钦差大臣，督办江南军务，大江南北的水陆各军均归曾国藩节制。至此，曾国藩才真正得到重用。

物资力量的强弱很大程度影响着战争的胜负，随着战争规模的扩大，军需也大增，这使本来已经十分困难的清廷财政更加捉襟见肘。咸丰帝为了消灭太平天国，在大臣的策划下，采取了捐纳、铸造大钱、发行钞票和征收厘金等一系列的措施来解决财政危机，其中以厘金尤为重要。厘金是一种商税，分为行厘和坐厘两种，也就是过境税和营业税。厘金首先在扬州征收并初见成效，因此咸丰帝在1857年把征收厘金推行全国各省实施。清政府的财政困难虽然在一定程度上得到了解决，但老百姓的负担也进一步加深了。

兵败英法　命丧热河

太平天国运动使得咸丰帝心力交瘁，然而祸不单行，1856年，英国借口“亚罗号”事件侵犯广州，与此同时，法国也以“马神甫”事件为借口与英国狼狈为奸，一起进攻中国，挑起第二次鸦片战争。然而，这时的咸丰帝虽不愿意英法列强来掠夺自己的权益，可是他已经被太平天国运动搞得力不从心，使他不敢放手去对付外国侵略者。是战是和，咸丰帝都难以从中作出选择。面对这种情况，咸丰帝采取了软硬兼施和恩威并用的政策，他命令两广总督叶名琛根据这

一政策要灵活掌握，但不能轻言议和。1857年十一月，英法联军攻陷广州，俘虏了两广总督叶名琛，咸丰帝深以为耻。但咸丰帝仍然坚持刚柔并济的策略，派大臣去与英法联军晓之以理，若英法军队主动退出广州，只是要求通商，则清政府可以根据情况而定；若英法军拒不退兵，清政府则要用武力把英法军驱逐出城。不满足既得利益的英法联军立即率军北上，于1858年的三月攻陷大沽口，直逼天津。咸丰帝无奈与英法签订了《天津条约》，英法联军南退，军事危机暂时缓解。可之后，咸丰帝认为条约的签订有种种不当，于是便想通过谈判使条约失效。英法列强岂能答应，咸丰帝非常气恼，决定修筑大沽炮台，并命令"洋人北来，我军必先开炮"。

1859年，咸丰帝要求进京的英法美三国公使按照朝贡国进京的礼节，并由指定路线进京。三国公使断然拒绝，还要求咸丰帝撤除大沽口内所设的炮台，而咸丰帝也坚持不准，双方呈僵持状态。五月二十五日，英法美的舰队炮轰大沽炮台，遭到早有准备的清朝官兵的还击，英法美的舰队败退。咸丰帝认为列强已无力还击，态度立即强硬起来，宣布完全取消《天津条约》。

咸丰十年六月十三日，英法联军兵船数十艘，突入渤海湾，仅用不到一个月的时间，相继攻下了北塘、大沽、天津。英法联军长驱直入，直逼京师。咸丰帝知道大势已去，无可挽回，决意以巡幸为名出逃。八月七日，咸丰帝命恭亲王为议和全权大臣，速与英法公使议和，自己则带领一批亲信大臣和妃嫔匆忙逃到了热河。

长期的内忧外患使咸丰帝的健康遭到严重损害。为了排忧解愁，他又寄情声色。逃到热河后，咸丰帝明显感到体力不支，健康状况更加恶化，经常痛泄呕血。

十一年（1861年）七月七日，31岁的咸丰帝在忧虑和淫乐中逝世。葬定陵。

清穆宗载淳

幼年即位　不更世事

1856年三月，载淳降生，这使一直渴望有个儿子的咸丰帝异常高兴，立即将其母叶赫那拉氏由懿嫔晋升为懿妃，次年又晋升为懿贵妃。

在第二次鸦片战争中，英法联军进逼北京，咸丰帝仓皇出逃。这时，4岁的小载淳也随父母逃到了热河的避暑山庄。咸丰帝逃到热河后，病情逐渐加重，经常吐血。他深知自己病情严重，于是便于1861年七月十六日，将怡亲王载垣、郑亲王端华、协办大学士肃顺等人召至榻前，宣布立载淳为皇太子，并任命载垣等8人为"赞襄政务王大臣"，辅佐载淳。第二天，咸丰帝病死，年仅6岁的载淳即位，拟年号祺祥。但很快发生的一场政变使这个年号还未正式使用就废除了，同时这个斗争的结局影响了小皇帝载淳的一生。

在咸丰帝生前，西太后那拉氏就十分嫉恨受到皇上宠信、权力过大的肃顺等人，因此，双方时有摩擦。待同治帝载淳继位后，肃顺等人以"赞襄政务大臣"之名，手握朝廷大权，主掌朝政，这就引起权力欲极强的西太后的极度不满，所以双方的矛盾越来越激化。西太后为了能在这场夺权斗争中取胜，在征得东太后的同意后，密旨令留在北京的恭亲王奕䜣速来热河议事。同样对肃顺等人不满的奕䜣到热河后立即与西太后一拍即合，并作好了政变的准备。在很短的时间内，西太后与奕䜣联合一举击垮了肃顺等人的势力，肃顺被斩首，其余7人或自尽，或革职流放。之后，西太后开始"垂帘听政"，同治帝从此也失去了家庭应有的温情和乐趣，成为他母亲西太后手中的统治工具。

同治帝自幼聪颖，有成人风度，而且天性浑厚，如果能有良好的教育，完全可以成为一代明君。但其父早死，使他过早地失去了父爱；母亲自“垂帘听政”以来，一味倾心于宫廷斗争，对他关心很少，根本没有什么母爱可言，更谈不上母教了。只有当他和宦官们在一起寻欢作乐时，心灵才会得以慰藉。太监们多是阿谀奉承之辈，他们根本不可能对同治帝进行有益的照顾和教育，往往以声色犬马诱惑小皇帝，使同治帝幼小的心灵受到极大的污染。在他们的诱惑下，同治帝开始走向了歪门邪道，变成了一个典型的浪荡公子。

受制太后　含恨而终

同治帝母子之间既没有一般人家的那种天伦之乐，也没有封建伦理纲常所要求的母慈子孝。作为母亲，慈禧太后因为儿子才登上了清王朝权力的巅峰，儿子无非是她争权夺利的工具而已，她对儿子只有控制和利用，毫无母爱和温情可言。同治帝性格倔强，对母亲也没有那种骨肉亲情，相反的是反感和不满，尤其是年长以后，对母亲的专横揽权更加不满和恼火，时时想摆脱母亲的控制。

同治十一年(1872 年)，两太后开始为已经 17 岁的同治帝议婚。当时，在备选的女子中，侍郎凤秀之女富察氏相貌出众，而侍郎崇绮之女阿鲁特氏虽然相貌上较富察氏逊色，但雍容华贵，举止端庄。关于让谁作皇后，两太后争议不下，就让同治帝拿主意，结果大出西太后的意料，自己的亲生儿子竟不向着自己，表示喜欢阿鲁特氏，要选她为皇后。九月，同治帝举行了大婚典礼，阿鲁特氏入宫，被封为孝哲毅皇后，富察氏同时入宫，被封为慧妃。

同治帝和孝哲毅皇后在结婚以后相敬如宾，情投意合。孝哲毅皇后不苟言笑，气度端凝，同治十分钦佩和敬重。宫中没事的时候，同治帝常常给皇后提问唐诗，皇后都能对答如流，同治帝心中十分喜欢。可西太后偏偏有意挑拨同治帝与皇后的关系，使婆媳、母子关系都十分紧张。慈禧还极力赞扬慧妃贤惠，要同治帝多加眷爱。不仅如此，西太后还派人时时刻刻监视同治帝。同治帝对西

太后干涉自己私生活的做法十分不满，但他敢怒而不敢言，只好索性独自一人居住在乾清宫，以示对母亲的抗议。

同治十二年(1873年)一月二十六日，西太后归政，同治帝开始亲政。同治帝亲政后，朝政大权依然把持在慈禧手中，自己毫无作为可言，只好把全部精力和心思放在母子间唯一无任何分歧的修复圆明园一事上来。但修复圆明园这一工程非常庞大，耗资甚巨，不仅给清政府的财政带来沉重的负担，还将引起奢华的风气，最终因大臣们的极力反对而使修复一事成为泡影。

同治帝虽说是一国之君，可毫无皇帝的尊严可言，生活上又遭受母亲的监视和干涉，家庭的温暖和乐趣对他是十分遥远的事情，同治帝对此十分的烦恼和苦闷。

于是，他只有恣意纵情，频频出宫寻花问柳。在这种情况下，同治帝染上了梅毒，身体迅速垮了下来。虽然太医诊视后知道同治得病的原因，但不敢明言。西太后为了顾全皇家的声誉，也不好明说，便说同治帝得的是天花。用治天花的药治疗梅毒，无疑使同治帝的病情不断恶化。在同治帝病重期间，甚至病危的时候，西太后也没有给她的儿子一个母亲应给的母爱，只有皇后阿鲁特氏不断去看望同治帝，并亲自为同治帝擦洗身子，以尽夫妻之情。可西太后对皇后仍不喜爱，经常借故大骂皇后，无力抗争的同治帝只好把对母亲的痛恨压在心中。

1875年1月12日，年仅20岁的同治帝病逝，在同治帝死后还不到100天，无法承受西太后虐待的孝哲毅皇后也殉节而死。

清德宗载湉

光绪虽与慈禧以“母子”相称，实际上他并不是慈禧亲生。光绪皇帝是同治皇帝的堂弟，咸丰皇帝的侄子。同治十年六月二十八日(1871年8月14日)，出生在宣武门太平湖畔的醇郡王府的柳荫斋，其父醇亲王奕譞是道光皇帝的第七

子，咸丰皇帝的弟弟。其母叶赫那拉氏，是慈禧太后的妹妹。从这些关系讲，他既是慈禧的侄子，又是慈禧的外甥。同治十三年十二月初五日（1875 年 1 月 12 日），清穆宗同治帝患天花驾崩，死时年仅 20 岁，身后无子，按“兄终弟及”做法，可由其弟即位。但同治帝为独生子，则应从其最亲近的亲属中选一子弟继承帝位。大臣们提出的最佳方案，是由他的大伯父即道光长子奕纬之孙溥伦作为他的嗣子，由其即位。但慈禧太后不同意，表面上是因为溥伦之父载治不是奕纬亲生子，同样是由旁支过继，实际上是因为若要载淳的子侄辈继位，自己身为祖母便无权以太后身份临朝。国不可一日无君。第二天，慈禧压制众论，一人做主，执意让只有 3 岁的载湉入宫即位为帝。载湉，也就是光绪，之所以能够当上皇帝，一方面是因为慈禧亲生之子同治皇帝去世后，无子嗣继承皇位；更重要的还是慈禧权欲熏心，找个儿皇帝，可再次创造机会垂帘听政。

光绪继位后，由慈禧专权。至光绪 16 岁，慈禧“归政”，但仍实掌大权。光绪二十年（公元 1894 年），岁次甲午，朝鲜发生东学党之乱，日本趁机进占汉城，击沉中国运兵船，并攻击驻牙山清军。七月一日中、日两国正式宣战，后清廷战败，签订《马关条约》，史称为甲午战争。

年轻的光绪皇帝眼见甲午战争给中国带来了巨大的痛苦和耻辱，“不甘做亡国之君”，一心想有所作为。他接受康有为、梁启超提出的变法，准备进行资本主义改革，提高中国的国际地位，一度成为维新派心中的“救世主”。光绪二十四年（1898 年）光绪皇帝下诏变法，以康有为、梁启超、谭嗣同等人为推行新政的力量，变法图强。光绪发布了一些有利于资本主义发展的诏令，但变法危及封建守旧势力的利益，遭到以慈禧为主的清室贵族的阻挠。维新派康有为、梁启超、谭嗣同等人把希望寄托在统辖新军的直隶按察使袁世凯身上，派谭嗣同深夜去见袁世凯，要他发动兵谏，协助光绪推行新政。袁世凯也表示坚决忠

于皇上,一定照办。但谭嗣同走后,他便去向荣禄告密。慈禧在颐和园得到荣禄密报,立刻返回紫禁城。光绪料到事情败露,急忙派人送信要康有为等人赶快逃命,他自己被慈禧带到议政堂,被迫写了退位诏书,将政权全部交给了慈禧,然后被关进了南海中的瀛台,也就是荷花池中央一座四开间的平房中,断绝了和外界的一切接触,他最知己的珍妃也被慈禧关押在别处。康有为、梁启超逃亡日本,谭嗣同等人被杀,戊戌变法宣告失败,使清王朝改变旧貌的一线生机被扼杀。因变法历时仅103天,又称为“百日维新”。

由于变法维新失败,光绪被慈禧囚禁在瀛台,由慈禧的4名亲信太监监视着。他或者坐在露台,双手抱膝,愁思哀伤,或者睡在木床上苦思苦想。在太监的监视比较松懈时,就偷偷地记日记。这样差不多被关押了整整两年。光绪二十六年(1900年),中国北方爆发了以“扶清灭洋”为口号的义和团运动,引起英、俄、法、德、美、日、意、奥匈等八国联军入侵。在八国联军逼近北京时,光绪被慈禧带着逃往西安。临行前,慈禧命总管太监崔玉贵将珍妃推入东华门内的一口井内。在逃亡中慈禧下令剿杀义和团运动。光绪二十七年(1901年),岁次辛丑,九月七日,清政府在北京与各国订立条约,共12款,以赔款一项为最重,数目高达白银4.5亿两,为不平等条约中最苛刻的。光绪二十八年(1902年)一月,光绪又被慈禧带回北京,仍然被囚禁在瀛台。光绪帝没有勇气冲破封建伦理思想的束缚,“天颜戚戚,常若不悦”,心境悲怆,终其一生是屈辱和哀怨的悲剧命运。

光绪三十四年(1908年)十月,光绪生病卧床。这时慈禧也生病了。光绪在日记中写道:“我现在病得很重,但是我心觉得老佛爷(指慈禧)一定会死在我之前。如果这样,我要下令斩杀袁世凯和李莲英。”不料这段日记被李莲英获悉,他立即报告了慈禧,说:“皇上想死在老佛爷之后呢!”慈禧听了,恨恨地说:“我不能死在他之前!”当天(癸酉日),即21日就命令光绪的饮食、医药之事统统由李莲英服侍。这天下午,光绪的病情突然转危,不久死去。据说是慈禧令太监将他毒死的。有的学者认为,由于袁世凯的叛变告密,使慈禧镇压了维新运动。袁世凯担心慈禧死后光绪重新执政,将会问罪于他,于是就与庆亲王勾结,打算废黜光绪,立庆亲王之子为帝,事不成,就下手毒杀了光绪。又有学者认为光绪是病死的。光绪自幼身体孱弱，一直有脾胃虚弱的毛病。成年后又有滑精症状，而且一天比一天厉害。他又长期咳嗽，似乎患有肺结核。

2008 年 11 月 2 日，在用法医学的手法历时 5 年研究之后，国家清史编纂委员会在北京举行清光绪帝死因研究工作报告会，正式宣布其死于急性砒霜中毒。光绪被人用砒霜毒死，一段纠缠了 100 年的光绪死因之谜，就此破解。光绪病死后的庙号为德宗景皇帝，史称光绪皇帝。

末代皇帝溥仪

三立三废　几经波折

1908 年，光绪已经在瀛台生活了 10 年。本来就多病的他又加上心情忧郁，终于一病不起。消息传来，大病缠身的慈禧下令把光绪弟弟载沣的儿子，年仅 3 岁的溥仪接到宫中抚养，以便将来等光绪帝死后，自己仍能垂帘听政。没想到，光绪帝死后，慈禧也在次日归天。临终前，慈禧让隆裕皇后及载沣负责辅佐这个小皇帝。

于是，同年十一月，在大臣的簇拥之下，溥仪登上了皇帝的宝座，年号宣统。

宣统的登基，并没有使朝廷内部的斗争平息。而摄政王载沣与袁世凯之间的矛盾更是越积越深。载沣自从掌握朝政大权后，就有心想借机报其兄光绪皇帝 10 年囚徒生涯之仇，杀掉袁世凯，况且袁世凯的权力已大大威胁到清朝皇室的权威。

1911 年辛亥革命爆发以后，手握重兵的袁世凯成为清廷和革命党人都争取的对象。袁世凯此时大玩两面派手法，软硬兼施，最终既使隆裕太后和摄政王

载沣交出了政权,逼迫溥仪宣布退位,又使革命党人做出了让步,由自己出任中华民国临时大总统的职务。

清王朝灭亡了,但宣统皇帝的称号依然保留着。此后,不但民国历任总统如袁世凯、黎元洪、徐世昌等,无论在私函亦或公文中,都赫然称溥仪为“大清皇帝陛下”;紫禁城外的遗老遗少、各地一些大小军阀政客以至像胡适那样著名的“新潮人物”,更是毕恭毕敬地尊称溥仪为“皇上”。

1917 年,张勋复辟帝制,率数千辫子军进军北京,扶溥仪“重登大宝”,不过,仅仅 12 天,溥仪就在一片声讨和段祺瑞的讨伐中再次退位,复辟宣告破产。

1924 年 11 月,第二次直奉战争爆发,跟随吴佩孚进兵山海关的冯玉祥突然倒戈,发动“北京政变”,将大清小朝廷赶出了紫禁城。溥仪结束了他 15 年的“大清皇帝”生活,携后、妃迁往天津日租界居住。

1931 年 9 月 18 日,日本人发动了“九·一八事变”,侵占了我国东北领土。为了加强对东北的控制,日本人决定将溥仪迎回他的东北老家,去做“满洲国”的皇帝。喜出望外的溥仪十分乐于接受邀请,但身边除日本人的走狗郑孝胥以外,都极力反对他“北幸”,认为他这是第二个石敬瑭。南京的蒋介石也派人来说,只要他不去东北与日本人合作,可以恢复民国初期的优待条件。但溥仪仍然不顾,于 1931 年 11 月 10 日夜,悄然前往东北,出任由日本人建立的伪“满洲国”的执政。

在溥仪做了两年伪满洲国的“执政”后,一方面迫于溥仪的强烈要求,另一方面为了更好地利用溥仪这个傀儡,于是在日本人的同意下,溥仪于 1934 年 3 月 1 日第三次登基,就任“满洲国皇帝”,年号“康德”。

溥仪也知道自己的处境,但他只想拥有表面的权威,至于是否有实权,他现在也不是那么看重。但随后日本人炮制的“帝位继承法”和命令溥仪的弟弟溥杰与一个日本女人完婚的举动,令溥仪彻底放弃了恢复祖业的妄想,不再追求实际的或名誉的皇帝,只求保住性命就行。

1945 年 8 月 15 日日本宣布投降。这天,苏联军队进入东北,抓获了准备乘飞机逃跑的溥仪,并作为重要战犯,关押在苏联。

自食其力　重获新生

1950 年 7 月,溥仪被移交给中华人民共和国政府。但他是非常不愿意回来的,他认为不论是蒋介石统治下的中华民国,还是共产党建立的中华人民共和国,他都不会有好结果的。可他又一次错了,回到国内后,政府并没有处死他,而是把他送到了抚顺战犯管理所。在这里,溥仪受到了与其他战犯同等的待遇,这使溥仪感到吃惊,他在这里没有皇帝的权威,刷牙、穿衣、洗脚、洗衣都必须自己完成;甚至还得和别人一样值日,打扫房间卫生,提倒马桶。溥仪终于明白,共产党是不会杀他的,而是要把他改造成一个中华人民共和国的公民,要让他进入新社会,做新人,过新生活。

1955 年,溥仪在管理人员的带领下参观了东北各地,请各方面人士述说日本帝国主义的种种暴行和伪满政权的倒行逆施。人们对当初这个唯命是从,犯下罪行的溥仪并没有加以指责,而是以热情帮助的态度对待这个昔日的皇帝,这使溥仪深受感动。

1957 年,溥仪又见到了七叔载涛。载涛告诉溥仪,爱新觉罗家族的老人和青年一样,都在新中国的建设中尽其所能,他本人更是当选了全国人民代表大会的代表和全国政协委员,并曾多次受到毛泽东等国家领导人的接见。同时载涛还带来了毛泽东的问候。七叔的到来,更给溥仪带来了希望,他经过自己的努力,已经可以自食其力了。

1959 年建国 10 周年前夕,担任国家主席的刘少奇发布了特赦令,溥仪被特赦。

回到北京的溥仪遍游了京城名胜古迹,会见了爱新觉罗家族在京的所有成员。在此期间,毛泽东为他举行了家宴,详细询问了他的个人生活情况,并郑重地建议他重新建立一个幸福的家庭。周恩来亲自征求他的意见,对他今后的工作和生活做了周到细致的安排。这一切都使溥仪增添了重新生活的勇气。

1960 年 3 月，溥仪被分到中科院植物研究所北京植物园工作，一年后到全国政协文史资料研究委员会任文史专员，负责清理清末和北洋政府时期的文史资料，并开始撰写自传《我的前半生》。1962 年 4 月 29 日，溥仪与北京关厢医院的护士李淑贤结婚。婚后夫妻感情很好，年过半百的溥仪的生活也十分幸福。

此后，溥仪更加努力工作、勤奋学习，从各方面严格要求自己，从周围生活工作人员，到国内各界名流以至国际上，都产生了良好的影响。《我的前半生》一书对李宗仁的影响很深，他觉得一个封建皇帝和伪满战犯在新中国都能生活得很好，何况自己作为一个民国总统，从而坚定了他回到大陆报效祖国的信心和决心。

1967 年 10 月 17 日，62 岁的溥仪因肾癌去世。骨灰存放在八宝山革命公墓。